Gedichte und Interpretationen 2

Gedichte
und Interpretationen

Philipp Reclam jun. Stuttgart

Gedichte
und Interpretationen

Band 2

Aufklärung
und Sturm und Drang

Herausgegeben von
Karl Richter

Philipp Reclam jun. Stuttgart

Universal-Bibliothek Nr. 7891
Alle Rechte vorbehalten
© 1983 Philipp Reclam jun. GmbH & Co., Stuttgart
Gesamtherstellung: Reclam, Ditzingen. Printed in Germany 1993
RECLAM und UNIVERSAL-BIBLIOTHEK sind eingetragene
Warenzeichen der Philipp Reclam jun. GmbH & Co., Stuttgart
ISBN 3-15-007891-1

Inhalt

Karl Richter

Einleitung

Daß die Lyrik zu den bevorzugten Äußerungsformen des
Sturm und Drang gehört, ist allgemein anerkannt. Die Aufklärung dagegen hatte zur Lyrik – glaubt man gelegentlichen
Äußerungen der Wissenschaft – kein rechtes Verhältnis.
»Die deutsche Lyrik der Aufklärungszeit von 1700 bis etwa
1770 hat wohl nicht nur deshalb keine hervorragende Blüte
erlebt, weil die Sternstunde deutscher Lyrik noch nicht
geschlagen hatte, sondern aus dem inneren Gegensatz ihres
irrationalen Wesens zu jenem erstarrenden Zug der Aufklärung, die das Formale überschätzte und unhistorisch auf
wesensverschiedene Inhalte anpassen wollte«:[1] so z. B. lesen
wir es in einer namhaften Lyrikgeschichte. Doch das Zitat
dokumentiert zugleich fragwürdige Vorurteile aus einer
zurückliegenden Phase unserer Wissenschaft. Die Lyrik der
Folgezeit wird offenkundig als Norm aufgefaßt, an der die
Lyrik der Aufklärung gemessen und abgewertet wird. Lyrik
erscheint wesensgemäß ganz dem Irrationalen verhaftet.
Verkürzt man nun noch die Aufklärung auf die geläufige
geistesgeschichtliche Antithese von Rationalismus und Irrationalismus, unter der man sich Erscheinungsweise und
Überwindung der Aufklärung gern vorstellte, so kann sich
in der Tat der Eindruck eines prinzipiellen Mißverhältnisses
von Lyrik und Aufklärung ergeben. Macht man sich freilich
von solchen Vorurteilen frei, so steht gerade auch im Bereich
der Lyrikgeschichte eine lohnende Entdeckungsreise bevor.
Auch die Aufklärung zählt dann zu den eher reichen lyrikgeschichtlichen Epochen.
Der Vorgang, in dem die Lyrik des Barock abgelöst wird
von der Lyrik der neuen Epoche, erstreckt sich über Jahr-

1 August Closs, *Die neuere deutsche Lyrik vom Barock bis zur Gegenwart*, in:
Deutsche Philologie im Aufriß, 2., überarb. Aufl., hrsg. von Wolfgang Stamm-
ler, Bd. 2, Berlin [West] 1960, Sp. 133–348, hier: Sp. 168 f.

zehnte. Wir haben uns daran gewöhnt, von Gestalten des Übergangs zu sprechen, was sinnvoll ist, solange wir bereit sind, auch dem Übergangsstil seine eigene Einheit zuzubilligen. Altes und Neues durchdringen sich dabei jedoch in sehr verschiedenen Prozentsätzen. Johann Christian Günther, bei dem die Befolgung und Sprengung barocker Formtraditionen z. T. deutlich ineinandergreifen, erörtert man am richtigsten wohl immer noch im Kontext des ausgehenden Barock. Die sogenannten Hofpoeten – Friedrich Rudolf von Canitz, Johann Besser und Johann Ulrich von König – geben Ansätze eines neuen Stilideals zu erkennen, das sich an Boileau ausrichtet; doch in der Nachdrücklichkeit ihrer höfischen Orientierung deutet sich zugleich an, daß ihre Rückbindung an das Alte wenigstens so stark ist wie die Richtung auf ein Neues. Bei Brockes und Haller stößt man – vor allem im Bereich der Metaphorik – zwar noch immer auf »Spuren des Lohensteinischen Geschmacks«;[2] doch das Neue überwiegt bei weitem, so daß man sie mit vollem Recht an den Anfang der neuen Epoche stellt.

In der Geschichte der Lyrik bedeutet das Jahr 1721, in dem der erste Band des *Irdischen Vergnügens in Gott* von Barthold Hinrich Brockes erschien, einen bedeutsamen Einschnitt. Besonders prägend für die Gedichte dieses Werkes ist, daß sie von genauer, geradezu naturwissenschaftlich reflektierter Beobachtung ausgehen, die in der empirischen Naturwissenschaft, der sensualistischen Philosophie und der Physikotheologie der Zeit wesentliche Voraussetzungen hat. Sie nehmen die Natur als Raum sinnlicher Erfahrung auf, entdecken in der Schönheit und Zweckmäßigkeit der Natur aber gleichzeitig die Zeichen göttlicher Offenbarung. Beobachtung und Beschreibung; betrachtende Reflexion, die das Beschriebene auf das Bild eines weisen, gütigen und allmächtigen Schöpfers hin deutet; schließlich der Lobpreis dieses Schöpfers: das sind typische Phasen, die in den Gedichten durchlaufen und aufeinander bezogen werden.

2 So Albrecht von Haller im Vorwort zu seinem Gedicht *Die Alpen*.

Die zeitgenössische Poetik spricht von »malender« oder »beschreibender« Dichtung. Ungeachtet aller Probleme der Gattungszugehörigkeit scheint es mir richtig, die besondere geschichtliche Bedeutung von Brockes in den Anfängen einer neuen Naturlyrik zu sehen,[3] deren Voraussetzungen solche des neuen Jahrhunderts sind. – Auch Albrecht von Haller, vor Klopstock der angesehenste Dichter deutscher Sprache, hat auf seine Weise zu dieser Lyrik beigetragen, und auch bei ihm kann man in diesem Zusammenhang in erster Linie an die Anteile »beschreibender« Dichtung denken, wie es sie z. B. in den *Alpen* gibt. Doch uneingeschränkt gilt diese Tendenz schon hier nicht. Er selbst betont seine Orientierung an den »philosophischen Dichtern« Englands;[4] die meisten seiner Gedichte verstehen sich denn auch als »philosophische Gedichte«. Gattungsvorbehalte kann man hier freilich erst recht geltend machen. Denn die Poetik der Zeit wertet solche Gedichte als Spielart des Lehrgedichts, nicht als Lyrik. Und doch belegt gerade die *Unvollkommene Ode über die Ewigkeit* die fließenden Abgrenzungen. Denn einerseits sind die thematischen wie stilistischen Verbindungen mit den »philosophischen Gedichten« unverkennbar; andererseits haben wir es mit einer Ode zu tun und entfaltet sich an dem Gegenüber von Mensch und Ewigkeit z. T. ein hymnischer Stil, der bereits typische Gestaltungselemente der Hymnen Klopstocks vorwegnimmt. Viel spricht jedenfalls dafür, daß sich die Aufklärung auch auf dem Umweg über das Lehrgedicht neue Möglichkeiten der Lyrik erschließt.

Nach Brockes und Haller trifft das Bemühen, die wesentlichsten Etappen und Phasen der Lyrikgeschichte unseres Zeitraums zu markieren, die in unserer Sammlung von

3 Dies etwa mit Paul Böckmann, *Anfänge der Naturlyrik bei Brockes, Haller und Günther*, in: *Literatur und Geistesgeschichte. Festgabe für Heinz Otto Burger*, hrsg. von Reinhold Grimm und Conrad Wiedemann, Berlin [West] 1968, S. 110–126.
4 Vgl. Albrecht von Haller, *Gedichte*, hrsg. und eingel. von Ludwig Hirzel, Frauenfeld 1882, S. 248 f.

Interpretationen zu dokumentieren sind, in der Lyrik des Rokoko auf den zweiten bedeutsamen Neueinsatz. In Gedichten Friedrich von Hagedorns kündigt er sich bereits Ende der zwanziger Jahre des 18. Jahrhunderts an. Doch erst seit etwa 1740 verbreitet sich das literarische Rokoko zu einem beherrschenden Zeitstil. Die anakreontische Dichtung ist ein wesentlicher Teilbereich des literarischen Rokoko, das sich insgesamt aber darin erschöpft.[5] Hagedorn, Uz, Götz, Gleim, Gellert und Lessing sind mit Rokokogedichten in diesem Band vertreten. Die Typik der immer gleichen Themen, verbunden mit dem Gewicht antiker wie zeitgenössischer französischer und englischer Anregungen, kann über die literarische Bedeutung dieser Literatur leicht täuschen. Sie liegt u. a. gerade darin, daß der Reiz der Form den Eigenwert des Inhaltlichen bei weitem überwiegt. Es ist eine spielfreudige Formkultur, die sich mit dem Rokoko entfaltet. Ein Selbstbewußtsein des Ästhetischen gelangt hier zum Durchbruch, das der frühen Aufklärung fehlt: »Die ästhetische Befreiung des Dichterischen aus den Fesseln von Philosophie und Moral der Aufklärung und die Ausbildung des deutschen Bürgertums zu einer ästhetischen Gesellschaft vollzieht sich im Rokoko, womit es ein wesentliches Bildungselement an die Klassik weitergibt und die klassische Befriedung von Leben und Kunst vorbereitet.«[6] Noch in anderen Punkten antwortet die Lyrik des Rokoko in vielfältiger Weise allgemeineren geschichtlichen Bedingungen der Epoche, verrät das scheinbar selbstgenügsam artistische Spiel geschichtlichen Sinn. Die Natur der Schäfer und Hirten ist sentimentalisches Produkt einer Zeit, die sich des – seit Rousseau leidenschaftlich diskutierten – Fort-

5 Zum Verhältnis von Rokoko und Anakreontik u. a. Alfred Anger, *Literarisches Rokoko*, Stuttgart 1962, S. 52–56. – Zur anakreontischen Dichtung selbst besonders auch die Darstellung von Herbert Zeman, *Die deutsche anakreontische Dichtung. Ein Versuch zur Erfassung ihrer ästhetischen und literarhistorischen Erscheinungsformen im 18. Jahrhundert*, Stuttgart 1972. – Zur Aufnahme der Rokokolyrik Christoph Perels, *Studien zur Aufnahme und Kritik der Rokokolyrik zwischen 1740 und 1760*, Göttingen 1974.
6 Anger (Anm. 5), S. 36.

schreitens der Zivilisation deutlich bewußt war. Das betont Einfache im Bild dieser Natur versteht sich als Gegenbild einer hochgradig reflektierten Natur- und Wirklichkeitsauffassung, die mit der naturwissenschaftlichen Revolution an Boden gewonnen hatte. Die Lyrik des Rokoko ist gesellige Lyrik: eine Lyrik zumal der Liebe und Freundschaft, die bis in die landschaftliche Szenerie hinein die Intimität des bergenden Umschlossenseins sucht[7] und doch Momente eines Spiels beibehält, in das der Leser einbezogen wird. Aber Geselligkeit erscheint dabei zugleich als wesentlicher Aspekt eines betont bürgerlichen Wertbewußtseins, das sich gegen Lebensformen und Wertnormen der höheren Gesellschaft absetzt.[8]

Der dritte wichtige lyrikgeschichtliche Neueinsatz ist mit dem Namen Friedrich Gottlieb Klopstocks verbunden. Schon die gesellige Freundschafts- und Liebeslyrik des Rokoko zeigt in zunehmendem Maße Tendenzen einer empfindsamen Überformung. In der Freundschafts- und Liebeslyrik des jungen Klopstock findet die Empfindsamkeit zu neuen Dimensionen des Ausdrucks. Wo die Lyrik des Rokoko die Freude am Spiel und an rollenhaften Einkleidungen nie ganz aufgibt, dominiert bei Klopstock der Eindruck einer neuen Verbindlichkeit und persönlichen Betroffenheit. Wo sich dort der gesuchte lyrische Affekt eher in der sanften Bewegung und Bewegtheit zu erkennen gibt, ist hier die Aussage einer gesteigerten enthusiastischen Erregung das Ziel, die unmittelbar in sprachlich-rhythmische Dynamik umgesetzt, die »dargestellt« werden soll.[9] Bereits Karl Viëtor würdigte Klopstock im Kontext der deutschen Lyrikgeschichte als den eigentlichen Schöpfer der »enthusia-

---

7 Dazu Alfred Anger, *Landschaftsstil des Rokoko*, in: *Euphorion* 51 (1957) S. 151–191.

8 Dazu Karl Richter, *Geselligkeit und Gesellschaft in Gedichten des Rokoko*, in: *Jahrbuch der Deutschen Schillergesellschaft* 18 (1974) S. 245–267.

9 Zu diesem Begriff, den Klopstock selbst immer wieder gebraucht, vgl. u. a. seine Schrift *Von der Darstellung*, in: Friedrich Gottlieb Klopstock, *Ausgewählte Werke*, hrsg. von Karl August Schleiden, München 1962, S. 1031–38.

stischen Ode«.[10] Der Enthusiasmus bedarf darin erhabener Gegenstände, an denen er sich entzünden und artikulieren kann. Klopstock selbst sah das Religiös-Erhabene als die höchste Form des Erhabenen an.[11] Wir sprechen heute mit Bezug auf seine religiösen Oden lieber von »Hymnen«,[12] erkennen in den freirhythmischen Hymnen die wohl eigenwilligste und auch wirkungsgeschichtlich bedeutsamste Leistung Klopstocks auf dem Feld der Lyrik. Über die Voraussetzungen dieser Lyrik in der Aufklärungstheologie und im Pietismus sind wir genau unterrichtet.[13] Aber hingewiesen wurde auch auf die bedeutsame Tatsache, daß sich die Hymnen dem Erkenntnisfortschritt der Naturwissenschaft stellen und das moderne naturwissenschaftliche Weltbild, das Astronomie und Physik entworfen haben, in sich aufnehmen.[14] Sie finden in den kosmischen Bezügen, die die revolutionierenden Erkenntnisse der kopernikanischen und nachkopernikanischen Kosmologie bis hin zu Newton voraussetzen, gleichzeitig aber stets transparent bleiben für die Erfahrung der Allgegenwart Gottes, eine wesentliche Schicht jenes ansprechbaren Gegenüber, auf das hymnisches Sprechen stets gerichtet bleibt. Die Bedeutung der Hymnen liegt darin nicht zuletzt, daß sie die Frage des Glaubens und den Fortschritt wissenschaftlicher Erkenntnis aufeinander beziehen – daß sie in diesem Sinne vermitteln, was geschichtlich gesehen auseinanderstrebt.

Klopstock hat die Wege der hymnischen Dichtung bis hin zu Hölderlin nachhaltig geprägt. Für den Dichterbund des

10 Karl Viëtor, *Geschichte der deutschen Ode*, München 1923, Nachdr. Darmstadt 1961, S. 110–132.
11 Vgl. Klopstock (Anm. 9), S. 1004 f.
12 Gemäß dem Vorschlag von Hans-Henrik Krummacher, *Bibelwort und hymnisches Sprechen bei Klopstock*, in: *Jahrbuch der Deutschen Schillergesellschaft* 13 (1969) S. 155–179, bes. S. 156.
13 Vgl. Gerhard Kaiser, *Klopstock. Religion und Dichtung*, Gütersloh 1963.
14 Dazu eingehender u. a. Paul Böckmann, Einleitung zu: *Hymnische Dichtung im Umkreis Hölderlins. Eine Anthologie*, hrsg. von P. B., Tübingen 1965, S. 1–23, und Karl Richter, *Literatur und Naturwissenschaft. Eine Studie zur Lyrik der Aufklärung*, München 1972, bes. S. 131–181.

Göttinger Hain wurde er zum beherrschenden Anreger, obwohl es dann doch zunehmend neue und eigene Töne waren, zu denen die Autoren des Kreises fanden. Mit dem Namen stellen sich in der Regel erste – literaturgeschichtlich vermittelte – Assoziationen ein. So sehen wir Ludwig Christoph Heinrich Hölty bevorzugt als Verfasser von Liedern, die oft elegisch getönt sind und gerade in der Schlichtheit des Sagens eine neue Innigkeit gewinnen; Friedrich Leopold von Stolberg als das eigentliche hymnische Talent des Kreises; Johann Heinrich Voß als den Präzeptor, der nach Pyra und Lange, Klopstock und Ramler die Adaption antiker Metrik weiter vorantrieb. Vorliegende Anthologien, vor allem die von Alfred Kelletat,[15] sind da ein heilsames Korrektiv, weil sie – für den einzelnen Dichter wie über ihn hinaus – eine weit größere Vielgestaltigkeit der lyrischen Produktion dokumentieren, als danach zu erwarten wäre. Das gilt bereits in thematischer Hinsicht: Naturlyrik, Gedichte der Liebe und Freundschaft, politische und religiöse Lyrik – nichts bleibt ausgenommen. Aber es gilt auch in formaler Hinsicht. Hölty z. B. ist außer mit seinen Liedern auch vertreten mit Romanzen und Balladen, Idyllen, Elegien und Oden. Vom Sonderfall der Ballade einmal abgesehen, sind es vor allem die lyrischen Gattungen Lied, Ode, Hymne und Elegie, die im Göttinger Hain besonders gepflegt wurden. Man wird Kelletat recht geben dürfen, wenn er die lyrikgeschichtliche Bedeutung des Göttinger Hain u. a. in einer Phase des Experimentierens sieht: der »Erprobung so vieler Formen [...], die für die weitere Geschichte der lyrischen Dichtarten vielfältig anregend und fruchtbar geworden sind«.[16] Die Berufung auf die Autorität Klopstocks und die auch sonst spürbaren guten Kontakte zu Lyriktraditionen der Aufklärung sprechen dagegen, den Göttinger Hain einfach als Variante des Sturm und Drang anzusehen. Aber auch die Annäherungen an den Sturm und Drang sind nicht

15 *Der Göttinger Hain*, hrsg. von Alfred Kelletat, Stuttgart 1967 [u. ö.].
16 *Der Göttinger Hain* (Anm. 15), S. 446.

zu verkennen: im Lied z. B. dort, wo sich die gemeinsamen Sympathien für das Einfache und Ursprüngliche mit der Orientierung am Volkslied verbinden; in den Hymnen, soweit der für den Sturm und Drang charakteristische ›Titanismus‹ Eingang findet.

Wenn bisher mehrere Neueinsätze in der Lyrikgeschichte des 18. Jahrhunderts unterschieden wurden, so bedeutet ihr zeitliches Nacheinander nicht, daß jeweils die eine Entwicklung die andere ablöst. Als das Rokoko einsetzt, sind die Traditionen der frühaufklärerischen Naturlyrik im Sinne von Brockes und Haller noch längst nicht erschöpft; neben den hohen Oden und den Hymnen Klopstocks und der Lyrik des Göttinger Hain bleiben wiederum die Traditionen der Rokokolyrik in Geltung. Die zeitlichen Überschneidungen tragen wesentlich dazu bei, daß das lyrische Schaffen in den Jahrzehnten nach der Jahrhundertmitte das Bild einer neuen Vielgestaltigkeit bietet. Auch der Sturm und Drang ist bekanntlich ja nicht so zu verstehen, daß eine ›Epoche‹ die andere ablöst: vielmehr als deutlich begrenzte literarische Bewegung, die in den weiteren Kontext der Aufklärungsepoche eingelassen bleibt, ja Grundimpulse der Aufklärung darin fortführt, daß »noch nicht erkundete Regionen des Menschen und seiner Erfahrungsmöglichkeiten hinzugewonnen« werden.[17]

Die Aufnahme eines Gedichts von Herder in den Kreis der interpretierten Gedichte trägt der programmatischen Bedeutung Rechnung, die Herder für die Bewegung des Sturm und Drang und im weiteren Sinne die Entwicklung der Literatur im letzten Drittel des Jahrhunderts hatte. Aber man denkt an Goethe und Schiller doch vor allem, wenn von Sturm und Drang die Rede ist. Die *Sesenheimer Lieder* und die frühen Hymnen Goethes bestätigen Lied und Hymne als bevorzugte lyrische Gattungen des Sturm und Drang, obwohl auch damit Akzentuierungen weitergetragen werden, die

---

17 So Karl Otto Conrady, *Zur Bedeutung von Goethes Lyrik im Sturm und Drang*, in: *Sturm und Drang. Ein literaturwissenschaftliches Studienbuch*, hrsg. von Walter Hinck, Kronberg (Ts.) 1978, S. 97–116, hier: S. 100.

sich in der Lyrikgeschichte des Jahrhunderts viel früher abzeichnen. 1783 stellt Johann Joachim Eschenburg fest: »Überhaupt lassen sich *zwey Hauptgattungen* lyrischer Gedichte absondern, die sich durch Inhalt und Vortrag merklich unterscheiden; nämlich, die eigentliche *Ode* und das *Lied.* Jene hat erhabnere Gegenstände, stärkre Empfindung, höhern Schwung der Gedanken und des Ausdrucks; dieses wird gewöhnlich durch leichtere und sanftere Gefühle veranlaßt, und hat daher auch einen leichtern, gemässigtern Ton.«[18] Die tatsächliche Entwicklung der Lyrik folgt zumindest in der Verteilung der wesentlichsten Gewichte einer solchen Polarisierung. Die Lyrik des Rokoko tendiert (oft selbst noch unter anderen Gattungsbezeichnungen) bevorzugt zum Lied; Klopstocks eigentliche Leistung liegt auf dem Gebiet der hohen Ode (und ihrer Besonderung als Hymne). Was immer an weiteren Differenzierungen geboten erscheint: bis zum Einschnitt des Sturm und Drang und im Grunde noch darüber hinaus gehört die Begünstigung der Liedkunst einerseits, von Ode und Hymne andererseits zu den prägenden Merkmalen der lyrikgeschichtlichen Landschaft. Neue Akzente konnten sich so gesehen nicht mit der Gattungswahl verbinden, sondern mit der Funktionalisierung bewährter Gattungen gegenüber einer modifizierten literarischen Intention: darin z. B., daß sich ein gesteigertes Selbstgefühl, das zum Sturm und Drang gehört, auf je eigene Weise in der Innigkeit des Liedes, dem subjektivistischen Pathos der Hymnen (schließlich dann wieder anders im gesellschaftskritischen Aufbegehren besonders auch der Balladen) äußern konnte. Unsere Wissenschaft hat zumal die Liebeslyrik der *Sesenheimer Lieder* gern als »erlebnisunmittelbare Lyrik« angesprochen, sie früher zuweilen in einer problematischen Weise zum Inbegriff von Lyrik überhaupt erhoben. Die Tatsache, daß die »Wieder- und Weitergabe *authentischer Erfahrung*« hier als Bedingung der literarischen Wahrheit gesehen wird, haben wir

18 Johann Joachim Eschenburg, *Entwurf einer Theorie und Literatur der schönen Wissenschaften,* Berlin/Stettin 1783, S. 106 f.

auch heute noch zu betonen.[19] Es fragt sich nur, ob die geläufigen Assoziationen von Spontaneität und Distanzlosigkeit mehr wiedergeben als einen bewußt vermittelten Schein. Die Interpretation von *Mir schlug das Herz...* jedenfalls zeigt, was an Kunstbewußtheit in Wahrheit im Spiel ist. Der höhere Anteil an Reflexivität, der Ode und Hymne eigen ist, was sich an Goethes Hymnen ebenso zeigen läßt wie an den Gedichten der *Anthologie auf das Jahr 1782* von Schiller, macht den Kunstaufwand hier nur deutlicher bewußt.

Die umschriebenen Phasen der Lyrikgeschichte sollten in der vorgelegten Sammlung von Interpretationen angemessen belegt werden. Doch die dabei vorgenommenen Akzentsetzungen erweisen sich in mehrfacher Hinsicht als ergänzungsbedürftig. Dies zunächst bereits dort, wo literarische Entwicklungen weniger punktuell besondere Bedeutung erlangen und in den Vordergrund des literarischen Geschehens rücken, sondern eher durch die Beharrlichkeit und Verbreitung ihres Auftretens unser Interesse beanspruchen. Dazu gehört das geistliche Lied, für das zahlreiche Autoren, auch z. B. Gellert und Klopstock, zu nennen wären. Repräsentiert wird es in dem vorliegenden Band mit einem relativ frühen Beispiel, einem Gedicht von Zinzendorf, und einem vergleichsweise späten, dem bekannten *Abendlied* von Matthias Claudius, deren Interpretation ungeachtet aller dazwischengeschalteten Wandlungen eine besondere Berücksichtigung der Gebrauchsfunktion erfordert. Außer dem geistlichen Lied gehört dazu aber auch eine vielgestaltige politische Lyrik, die in früherer Literaturgeschichtsschreibung zu wenig Beachtung fand. Sie entstand vor allem im Zusammenhang mit bewegenden politischen Ereignissen wie dem Siebenjährigen Krieg und später dann der Französischen Revolution und stellt wesentliche Bereiche der Gelegenheitsdichtung der Zeit.[20] Gleim ist für seine Zeitgenossen

19 Conrady (Anm. 17), S. 102.
20 Zu dieser Wulf Segebrecht, *Das Gelegenheitsgedicht. Ein Beitrag zur Geschichte und Poetik der deutschen Lyrik*, Stuttgart 1977.

eben nicht nur der Autor anakreontischer Gedichte, sondern berühmt auch für seine *Preußischen Kriegslieder in den Feldzügen 1756 und 1757 von einem Grenadier*, Muster einer ausgedehnten patriotischen Lyrik der Zeit. Von Claudius stammt nicht nur das *Abendlied*, sondern auch das nachdenkliche *Kriegslied*. Auch die Lyrik des Göttinger Hain zeigt beträchtliche Anteile politischer Lyrik. Die Form der ›enthusiastischen Ode‹ bei Klopstock schließlich war unschwer ins Politische zu überführen, indem politische Werte und Ideen die Stelle der ›erhabenen‹ Gegenstände einnahmen: das Vaterland, die Freiheit, schließlich auch die Thematik der Revolution, in deren Aufnahme die späte Lyrik Klopstocks die zeittypische Verlaufskurve von der Begeisterung zum Pathos der Desillusion zur Geltung bringt. Doch mehren und verschärfen sich im geschichtlichen Vorfeld der Revolution[21] auch in Deutschland – im Umkreis des Sturm und Drang wie der späteren Lyrik der Aufklärung – auch die antifeudalistischen und antiabsolutistischen Töne. Schubarts Gedicht *Die Fürstengruft* als Beispiel dafür ist bekannt und in vielen Anthologien vertreten. Daß sich auch ein scheinbar harmloses Gedicht wie *Die Forelle* als politisches Gedicht erweist, gehört zu den überraschenden Ergebnissen der vorgelegten Analysen.[22]

Eine Ergänzung anderer Art betrifft Gattungen, von denen bisher nicht oder nur am Rande die Rede war. Mit Wernicke und Lessing sollte das Epigramm am Beispiel repräsentativer Autoren einbezogen werden, die in gewissem Sinn auch für den Weg des Epigramms von der Frühaufklärung zur Hochaufklärung stehen. Gellert und Lessing sind nicht nur die bekanntesten Fabeldichter des Jahrhunderts, sondern vertreten zugleich unterschiedliche Typen der Fabel. Auch die

---

21 Vgl. dazu auch die Dokumentation von Hans W. Engels (Hrsg.), *Gedichte und Lieder deutscher Jakobiner*, Stuttgart 1971.
22 Zur ganzen Zwiespältigkeit des Verhältnisses von Lyrik und Gesellschaft, Lyrik und Politik in der zweiten Hälfte des 18. Jahrhunderts vgl. Wolfgang Promies, *Lyrik in der zweiten Hälfte des 18. Jahrhunderts*, in: *Deutsche Aufklärung bis zur Französischen Revolution 1680–1789*, hrsg. von Rolf Grimminger, S. 569–604.

Verserzählung schließlich, wie sie mit einem Beispiel Gellerts in den Band aufgenommen wurde, zählt zu den erfolgreichen literarischen Gattungen der Zeit. Handelt es sich in allen drei Fällen um bevorzugte Gattungen der Aufklärung, so erfreut sich die Ballade besonders im Umkreis des Göttinger Hain und des Sturm und Drang großer Beliebtheit. Der Lyrik freilich sind diese Beispiele nicht mehr so eindeutig zuzuordnen. Im Fall der Ballade haben wir uns in der Regel die Auffassung der Goethezeit zu eigen gemacht, daß darin lyrische, dramatische und epische Elemente zusammentreten. Bezüglich der anderen genannten Gattungen ist zunächst zu sagen, daß die Aufklärung kaum schärfere Ansätze einer eigenen Lyriktheorie kannte, wohl aber recht präzise Vorstellungen von einem eigenen Bereich didaktischer Gattungen hatte, der neben den Gattungen der Lyrik, Dramatik und Epik angesetzt wurde.[23] Das Epigramm, mit Einschränkungen auch die Fabel[24] sind nach der Auffassung der Zeit nicht Lyrik, sondern Didaktik, wie auch die Gedichte von Brockes und Haller zunächst Spielarten des beschreibenden und des philosophischen Lehrgedichts repräsentieren.[25]

Die Auswahl der hier interpretierten Texte orientiert sich in der Gattungsfrage an einem eher weit gefaßten Begriff von Lyrik; und auch die Einbeziehung von Benachbartem sollte zugelassen sein. Der Titel des Bandes spricht denn auch nicht von »Lyrik«, sondern von »Gedichten«, worunter kürzere, metrisch gebundene poetische Texte verstanden seien. Nur im Fall der Lessing-Fabel erfüllt ein interpretierter Text diese Bedingung metrischer Bindung nicht. Hier

---

23 Dazu besonders Klaus R. Scherpe, *Gattungspoetik im 18. Jahrhundert. Historische Entwicklung von Gottsched bis Herder*, Stuttgart 1968.

24 Vgl. zu den Vorbehalten Hans-Wolf Jäger, *Lehrdichtung*, in: *Deutsche Aufklärung bis zur Französischen Revolution 1680–1789*, S. 500–544, hier: S. 503.

25 Zu den Spielarten des Lehrgedichts vgl. – neben Jäger (Anm. 24) – besonders auch Christoph Siegrist, *Das Lehrgedicht der Aufklärung*, Stuttgart 1974, und Leif Ludwig Albertsen, *Das Lehrgedicht, eine Geschichte der antikisierenden Sachepik in der neueren deutschen Literatur*, Aarhus 1967.

gab der Verfasser der Interpretation, der ursprünglich eine Versfabel erläutern wollte, später zu bedenken, daß Lessings Prosafabeln der konsequentere Ausdruck seiner Fabeltheorie seien. Tatsächlich war der Ausschluß der Prosafabeln auch nicht mehr in jeder Weise plausibel, wenn man Fabeldichtung dem Band grundsätzlich einbezog. Zur Aufnahme der Interpretation trug zuletzt auch bei, daß die Vergleichsmöglichkeit zwischen Gellert und Lessing erhalten bleiben sollte.

Der Band enthält 30 Gedichte und ihre Interpretationen. Die Texte sind so ausgewählt, daß sie insgesamt als repräsentativ für die literarischen Tendenzen und Formen gelten können, von denen die Rede war. Mitunter sollen mehrere Texte eines Autors mehrere wesentliche Aspekte in seinem Schaffen beleuchten. Die geradezu ›kanonischen‹ Texte, die als beherrschende literarische Muster in das literaturgeschichtliche Bewußtsein eingegangen sind, sollten nach Möglichkeit nicht fehlen, der Spielraum für ›Entdeckungen‹ an weniger bekannten Gedichten ihnen aber auch nicht durchwegs geopfert werden.

Christian Wernicke

An den Leser

Man muss auf meinem Blatt nach keinem *Amber* suchen,
Und meine *Mus' im Zorn* bäckt keine *Biesem-Kuchen*;
Ich folge *der Natur*, und schreib' auf ihre Weis':
Vor *Kinder* ist die *Milch*, vor *Männer starcke Speis'*.

Bäckt keine Biesem-Kuchen.) Diese *Zuckerbeckerey* lässt man gar
gerne den *heutigen Schlesischen Poeten* über, als welche dergleichen
leckerhaffte Sachen in ihren Versen so häuffig zu kauf haben, dass sie
sogar auch nicht der *Mandeln* und des *Marzipans* vergessen, und
man sich folgends einbilden solte, *dass sie alle ihre Leser vor Kinder
hielten*. Ich weiss zwar wol was Deutschland *Schlesien* wegen der
Dichtkunst schuldig ist. Derselben *Ursprung, Fortgang*, so gar *alle
Poeten* die bisshero sich einen *Nahmen* unter uns gemachet haben.
Es fehlet aber so weit, dass sie unsere Poesie annoch in den Stand
solten gesetzet haben, worinnen wir, ich will nicht sagen der *Grie-
chen* und *Römer*, sondern nur der heutigen *Frantzosen* und *Engel-
länder* ihre finden, dass sie vielmehr uns zu vielen Fehlern verführt,
und dieselbe durch ihre *wollfliessende und zahlreiche Verse* so gar
unter uns gangbar gemachet, dass man sich so gleich einen gantzen
Schwarm *Deutscher Dichterlinge* auf den Hals ladet, so bald man
Liebe gnug zu seinem Vaterlande trägt, dieselbe *als Fehler anzu-
mercken*. Triarius, sagt Seneca, compositione verborum belle ca-
dentium multos *Scholasticos delectabat*, omnes *decipiebat* l. 3.
Contr. 19. Die *Rede* nach der unterschiedenen Ahrt der Gedichte
unterschiedlich einzurichten; In einem *Schäffer-Gedichte* sittsam zu
sincken ohne zu fallen, in einer *Ode* hergegen zwar *hoch* aber nicht
aus dem Gesichte zu steigen, und in dieser unterweilen eine *künstliche Unordnung* sehen zu lassen; In den *Schauspielen* die Einigkeit
der Zeit des Orts und der Sache gantz genau zu beobachten, und
zwar in den *Lustspielen* die Sitten zu verbessern, und in den *Trauer-
spielen* die Hörer zum *Schrecken* oder zum *Mittleiden* zu bewegen;
In allen aber insgemein voller sinnreichen Gedancken und *Einfälle*,
und grossmühtigen und schönen *Meinungen* zu sein, so dass die-

Triarius ... decipiebat: Triarius hat durch die Komposition schön gesetzter
Worte viele *Redner ergötzt* und alle *getäuscht*.

selbe nach Lesung des Gedichtes *in des Lesers Gedächtniss stecken bleiben*, und nach Gelegenheit der Zeit *von ihnen angezogen werden können*; Dieses alles, sage ich, ist das worauf entweder die wenigste unserer Poeten bisshero gedacht, oder die wenigste ihrer Leser in ihnen gesuchet haben. Ein wenig Zeit, hoffe ich, wird diese Anmerckung in *ihr rechtes Licht setzen*, und ihr den *Neid und Hass benehmen*, den sie sich hiedurch bey unbedachtsamen und partheyschen Lesern anitzo ohne Zweiffel erwecken wird.

Vor Männer starcke Speiss'.) Ornatus virilis fortis et sanctus sit: nec effoeminatam levitatem, nec fuco eminentem colorem amet, *sanguine et viribus niteat.* Quintil. l. 8. c. 3.

Abdruck nach: Christian Wernicke's Epigramme. Hrsg. und eingel. von Rudolf Pechel. Berlin: Mayer & Müller, 1909. Neudr. New York: Johnson, 1970. (Palaestra. 71.) S. 211 f.

Erstdruck: [Christian Wernicke:] Poetischer Versuch / In einem Helden-Gedicht Und etlichen Schäffer-Gedichten / Mehrentheils aber in Uberschriff-ten bestehend / Als welche letztere in zehn Bücher eingetheilet / aufs neue übersehen [...] sind. Mit durchgehenden Anmerckungen und Erklärungen. Hamburg: Hertel, 1704.

Weitere wichtige Drucke: [Christian Wernicke:] Uberschrifte Oder Epigrammata, In kurtzen Satyren, Kurtzen Lob-Reden und Kurtzen Sitten-Lehren bestehend. Amsterdam: Brockmann, 1697. – [Christian Wernicke:] Uberschriffte oder Epigrammata In acht Büchern, Nebst einem Anhang von etlichen Schäffer-Gedichten. Hamburg: Hertel, 1701.

Manfred Beetz

Die kupierte Muse. Anmerkungen zu einem literaturkritischen Epigramm Wernickes

Zwiespältig, ganz wie es Wernickes literarhistorischer Stellung zwischen Barock und Aufklärung entspricht, präsentiert sich seit Lessings und Herders Urteilen die Einschät-

Ornatus ... niteat: Der männliche Zierat sei stark und erhaben; er liebe weder weibische Glätte noch den Schein greller Farbe, *er glänze durch Leben und Kraft.*

24

zung der Forschung zur Epigrammproduktion dieses Aufklärers vor der Aufklärung (Lessing, S. 16 f., 41; Herder, S. 352 f.). Seine Prosakommentare zu den Gedichten erwekken bei Angress den Eindruck, »as if he were not quite at ease with either form« (Angress, S. 78). Auch das hier ausgewählte Epigramm trug dem Autor mehr Kritik als Anerkennung ein, so von Blackall:

Dieser unbeholfene Vierzeiler zeigt, wie schwer es gewesen sein muß, sich in dieser Sprache treffsicher auszudrücken; aber dennoch spricht er die allgemeine Einstellung der Zeit zur barocken Dichtersprache aus.
(Blackall, S. 170.)

Umgekehrt stellt sich gegenüber Autoren, die Wernicke jederzeit in Schutz nehmen, gelegentlich der Verdacht ein, dies geschehe zu unbedenklich und nicht immer aus triftigem Grund. Läßt sich beispielsweise anhand des vorliegenden Verstextes eine autorcharakterisierende These wie die folgende stützen?

Wernicke ist frei von Künstelei; gerade heraus, oft derb sagt er sein Sprüchlein, denn der Zorn der satirischen Muse ›bäckt keine Biesem-Kuchen‹.
(Pechel, S. 22 f.)

Im selbstkritischen Rückblick schreibt der Satiriker, er habe in früheren Epigrammen die Laster mit der Peitsche verfolgt, in den späteren die Torheit lächelnd aufgezogen (S. 117). Zu fragen wäre demnach, ob nicht auch in diesem späteren, literaturkritischen Epigramm ironische und parodistische Stilmittel sowie literarische Differenzierungsstrategien die derbe satirische Verunglimpfung ersetzen.

Schon der Titel sowie die Stellung des Epigramms innerhalb der Sammlung weisen es als eine Art Vorrede aus: Es eröffnet das dritte Buch der *Uberschriffte*, und sein Lemma hat den nämlichen Wortlaut wie die Überschrift der Gesamtvorrede. Als Einleitungsepigramm steht es exemplarisch für andere Lesetexte; darum ist es explizit »An den Leser« adressiert, an ihn, »sofern er wesentlich Leser« und nicht beliebiger Literaturkonsument ist (Nolting, S. 14). Die Epigrammlektüre zwingt den Leser hier zur Selbstreflexion: im Leseakt trifft der Rezipient in Vers 1 auf die Identität von Lese- und beschriebenem Suchvorgang, wobei versteckte Selbstironie dem Gedicht die Gewichtigkeit einer Theorieproklamation nimmt: Indem eine Praeteritio-ähnliche Paradoxie-Figur die Suche auf dem »Blatt« nach einer bestimmten poetischen Terminologie verpönt, wird damit gerade auf sie die Aufmerksamkeit gelenkt. Sowohl für die Praeteritio wie für die Lektürereflexion des Textes ist der Akt des Lesens konstitutiv. Ebenso wie zur poetologischen Instruktion des Lesers bieten sich Prologepigramme zur epigrammatischen Selbstreflexion an. Die Eingangsepigramme seiner sämtlichen zehn Bücher nutzt Wernicke konsequent zur Steuerung von Rezipientenerwartungen wie zur literarhistorischen Gattungsbesinnung.

Die Autothematisierung epigrammatischer Literatur im Verstext (»auf meinem Blatt« – »meine Mus'« – »Ich [...] schreib'«) hat dem Leser gegenüber auch den Sinn einer programmatischen Selbstrechtfertigung. Der Sprecher wagt es immerhin, herrschenden Erwartungen ein eigenes literarisches Konzept entgegenzusetzen – im Spätbarock keine Selbstverständlichkeit. Zur Legitimierung und Verdeutlichung dieses Konzepts sind darum Erläuterungen beigefügt. Alle ausführlichen Anmerkungen dienen bei Wernicke entweder der Literaturkritik oder poetologischen Reflexionen, also dem literarischen Selbstverständnis, oder beidem zugleich. Verschiedene strukturelle Mittel wie wiederholte Negation, Zäsur – sie am auffälligsten in der letzten Zeile, erkennbar aber auch in den ersten beiden Versen – unterstreichen die Abgrenzungsbemühung des Sprechers von einer barock-manieristischen Bildersprache und die Bewertungsdistanz des Satirikers zu seinem Gegenstand, zu der er auch das Publikum einlädt. Über die Abfolgeschritte des Gesamttextes durchläuft der Leser auf engstem Raum, der einer ausladenden Schwulstrhetorik von vornherein keinerlei Entfaltungschancen läßt, einen historischen Epochenwandel von der Ablehnung barocker Metaphernerwartungen in den Versen 1 und 2 zur Andeutung eines frühaufklärerischen Literaturprogramms in Vers 3, von Kritik und Negation also zur positiven Bestimmung des durchzusetzenden Konzepts, eine Abfolge, der die antithetische Struktur des gnomischen Resümees im Schlußvers noch einmal Gültigkeit verleiht.

Minimale Details registriert der Leser in Kleinformen aufmerksamer als bei größeren Gattungsmustern, und dies nicht ohne Grund, wachsen derlei ›Kleinigkeiten‹ doch vergleichsweise bedeutsamere Aufgaben zu. Daß z. B. nicht nur metrische Gründe für die Elision der »Mus' im Zorn« ausschlaggebend waren, gewinnt anhand interpretativer und poetologischer Argumente an Plausibilität. Mit der Elision wird im Text ein genuin poetisches Verfahren – das Vermeiden des Hiats – auf einen genuin poetischen Topos, den Musenanruf, angewendet. Poesie thematisiert sich selbst, weil es im Gedicht und expliziter noch in der metasprachlichen Anmerkung um die Reflexion des Produktions- wie Rezeptionsaspekts von Poesie geht. Fragen der Elision schenkten Barockautoren seit Opitz gesteigertes Interesse, handelte es sich hierbei doch – auf verschiedenen Instanzebenen – um eine Prestigeangelegenheit. Einmal für den Autor selbst: Mit unerlaubten Elisionen zog er sich nach 1624 unweigerlich den Titel eines Pritschmeisters und Nachfolgers von Hans Sachs zu; denn schließlich betraf die Frage der zulässigen Elisionen, Apokopen, Synalöphen ja noch auf allgemeinerer Ebene die Reinheit der deutschen Sprache und den Entwicklungsstand der deutschen Literatur, den Opitz u. a. im Anschluß an die lateinische und romanische Metrik durch das Hiatverbot erkämpft hatte. Wernicke beschäftigte sich mehrmals mit dem Elisionsproblem und verbesserte sorgfältig Elisionen ohne Vokalnachfolge (vgl. S. 113, 332 f., 462 f.). Entscheidend für eine Deutung der »Mus'«-Elision als bewußte Parodie ist die Ausnahmeregel des anerkannten Lehrmeisters:

Hiervon [von der Elision bei Hiat] werden außgeschlossen / wie auch Ernst Schwabe in seinem Büchlein erinnert / die eigenen namen / [...]. (Opitz, S. 44.)

Als Eigenname kann nach Maßgabe dieser Bestimmung die dichtereigene Muse angesehen werden. Das heißt aber, Wernicke elidierte in diesem Fall ohne Elisionserlaubnis. Bestimmte Funktionen des Regelverstoßes stützen die Vermutung, daß er vom Autor kalkuliert war. Die apostrophierte Muse im Prologepigramm parodiert zunächst gattungstraditionell den Musenanruf zu Beginn der Großform ›Epos‹, wo an der Schwelle zwischen außerliterarischer Wahrheit und literarischer Nachahmung Wahrheiten, die menschliche Kenntnis übersteigen, durch die Musen vermittelt werden sollen (vgl. Schlaffer, S. 120 f.). Das verkürzte Wort entspricht nicht allein der kleinen Gattung, sondern bringt über den Kontext auch niedere mit höheren Stilschichten in Konflikt; höchste Kunst wird mit alltäglichem Handwerk konfrontiert. Literarische Gegner degradieren, wie die Anmerkungen noch näher ausführen, die Muse unfreiwillig zur Bäckerin. Poetische Verfahren wie Wortspiele (»Mus'« – »muss« – »Mus«), Alliteration und Elision scheinen parodiert, erhabene Inhalte zurechtgestutzt: die kupierte »Mus'« kann nur verstümmelt ins Prokrustesbett des Metrums gezwängt werden.

Der Musenanruf als Inspirationsquelle des Dichters war zur Zeit Wernickes bereits in einer mehr als zweitausendjährigen Tradition verwurzelt, und zwar sowohl in der poetischen Praxis wie in poetologischen Schriften. Homer, Pindar, Vergil, Ovid, Statius, Prudentius, Dante, auf deutschem Boden Paul Schede Melissus und Jakob Balde verpflichten in Dichtungen die Muse oder wenden sich an die dichterische Inspiration (vgl. Curtius, S. 235 ff.). Und seit Plato gilt die Inspirationsmantik, das geniale Entrücktsein des Dichters, die Θέα μανία, als die dichterische Gabe katexochen: Cicero, Literaturtheoretiker der Spätantike, des Mittelalters, insbesondere des in der italienischen Renaissance wiederbelebten Platonismus erneuerten die Lehre vom göttlichen

Wahnsinn der Dichter (vgl. Buck, S. 90 ff.). Wernickes Epigramm liest sich vor der italienischen Humanistentradition wie eine Gegenthese zur Auffassung Patrizios, der 1586 Platon-treu den Ursprung der Dichtung dezidiert im »entusiasmo« und gerade nicht in der Naturnachahmung sucht (Buck, S. 97).

Selbst die barocke Herstellungspoetik will nicht auf den Topos der hohen Eingebung und göttlichen Erleuchtung des Dichters verzichten. Opitz rahmt in der Nachfolge Scaligers seine *Poeterey* im ersten und letzten Kapitel mit Betrachtungen zum göttlichen Ursprung der Poesie ein; Buchner, Harsdörffer, Schottel, Zesen, Titz, Kindermann, ja noch Wernickes Lehrer Morhof in seiner Dissertatio *De enthusiasmo seu furore Poetico* (1661) geben ihrer Wertschätzung der künstlerischen Inspiration Ausdruck (vgl. Brates, S. 351 ff.).

Die Musen, eigentlich Freudespenderinnen, können nach antiker Auffassung auch zürnen, so wenn sie ein Sterblicher zum Wettstreit herauszufordern wagt. Wernickes zürnende Muse verweist zum einen auf das Kritikeramt des Sprechers: »Zorn« als strafender Unwille dessen, der zu richten befugt ist; zum andern bringt die Formulierung, nicht zuletzt über die Elision, das ekstatische, ›rasende‹ Sprechen des Dichters – »Zorn« als Bedeutungsäquivalent für ›Wahnsinn‹ – auf eine ironische Formel. Wernickes Respektlosigkeit gegenüber der Inspirationsmantik darf jedoch nicht schon als Abkehr von der Tradition aufgefaßt werden, denn beinahe so alt wie die Beschwörung der dichterischen Muse ist ihre Ablehnung und die Ironisierung des Furor poeticus: Ovid, Horaz, Persius, Isidor von Sevilla, christliche Autoren des Mittelalters, Tasso, im deutschen Barock so ungleiche Autoren wie Zesen und Sacer setzten sich kritisch mit der numinosen Inspiration auseinander. Die naheliegendste Erklärung für eine erneute satirische und kritische Auseinandersetzung mit dem traditionsbeladenen Topos vom Furor poeticus liefert bei Autoren wie Wernicke und Canitz indessen nicht die Tradition, sondern die aktuelle literarische Diskussion um

1700 (vgl. S. 327 f. und Canitz' Satire *Von der Poesie*, S. 65).
Die Auseinandersetzung mit dem Topos ist bei Wernicke
Bestandteil der Auseinandersetzung mit der Zweiten Schlesischen Schule. Er wirft Lohenstein in der ausführlichen Vorrede zu den zehn Epigrammbüchern vor, dieser habe sich

durch *seine Hitze* so weit *verführen* lassen, dass er *schöne Sachen zur
Unzeit angebracht*, und *prächtige* Worte *seinem Verstande zum
Nachtheil*, und gleichsam in einer *Poetischen Raserey* geschrieben.
(S. 122.)

Der Vorwurf faßt einige für die frühaufklärerische Poetik
spezifischen Argumente zusammen, die der Autor auch in
anderen Epigrammen wie *Auff Artemons Deutsche Gedichte*
(S. 215 f.), *Furor poeticus* (S. 327 f.) variiert: Einem kühlen,
kritischen Kopf müssen die Exaltationen poetischer Rausch-
zustände verdächtig werden, da der von ihnen Ergriffene
über Selbstkontrolle sich hinwegsetzend auf eine unprüfbare
Eingebung vertraut. Vor allem Tesauro hatte den Wahn als
poesiekonstitutiv erachtet und die antike poetische Konzes-
sion des »furere« zum Angelpunkt seines Literaturkonzepts
erhoben (Beetz, S. 273 f.). Gegen die »éclatante folie« der
Italiener hatte der von Wernicke hochgeschätzte Boileau
bereits den »Bon sens« ins Feld geführt (Boileau, S. 9). Dem
esoterischen Wissen des numinos Inspirierten setzt die Auf-
klärungspoetik Allgemeinverständlichkeit und Klarheit entgegen. Die Absage gilt einer bis in die Antike zurückrei-
chenden Tradition, derzufolge die »Dunkelheit der Inspirationsmantik [...] mit Enthusiasmus und Pathos, mit Ver-
zückung und Zuständen höchster Erregung verknüpft«
wurde (Fuhrmann, S. 52). Ein sozialhistorisches Moment
für die Ablehnung des Schwulststils im ersten Drittel des
18. Jahrhunderts, eines Stils, zu dem hermetische Exklusivi-
tät, ein nur dem Eingeweihten verständliches Sprechen
gehört, dürfte mit Schwind im sich ankündigenden sozialen
Wandel zu suchen sein, der von der Nobilitas literaria
schließlich zum Berufsschriftstellertum führte (Schwind,
S. 1 f., 29).

Mit der Metaphorisierung einer Metapher (»Biesem-Ku-chen«) greift Wernicke die verrätselnde Metaphorik der schlesischen Manieristen an – Bisam und Amber sind zunächst Parfüms, keine Speisen – und gleichzeitig die mit der beliebten Metaphernpotenzierung einhergehende Ver-selbständigung des Bildbereichs (vgl. Schöberl, S. 29). Wer-nicke identifiziert die Metaphernverdopplung an anderer Stelle mit dem Ausdruck »Zwilling-Wort« (S. 287). Seine sprachliche Mimikry will den »Unverstand« und die Reali-tätsferne von Metaphernbildungen decouvrieren, deren Funktion sich in Klangwirkungen erschöpft (vgl. S. 215 f.). Er setzt nationalsprachliche Verständlichkeit gegen eine vor-mals extravagante, nun konventionalisierte exotische Meta-phorik (vgl. S. 127); konträr zur preziösen Künstlichkeit der in den ersten beiden Versen gekennzeichneten Barockmeta-phorik schöpft er seinen Schlußvergleich aus dem Naturbe-reich menschlicher Alltagserfahrung. Nur folgerichtig wen-det er sich in seinen Texten immer wieder dialogisch »An den Leser«, an eine Gebildetenschicht, die den Insiderkreis des höheren Gelehrtenstandes überschreitet.

Für das satirisch-polemische Epigramm bietet sich darüber hinaus die Anmerkung als willkommenes Instrument der Rezeptionssteuerung an, um möglichen Mißverständnissen vorzubeugen. Da zeitgenössische Poetikregeln die Personal-satire verbieten, darf die Anmerkung genauer und differen-zierter als der knappe Haupttext ausfallen. Und um Diffe-renzierungen seiner in der Vorrede offiziell deklarierten literaturkritischen Epigrammintention (S. 127) zeigt Wer-nicke sich in den Anmerkungen ohne Frage unablässig bemüht. Der vorliegende, 1704 publizierte Text geht an die Adresse der »*heutigen* Schlesischen Poeten«! Mit dem »Schwarm Deutscher Dichterlinge« sind nicht so sehr Lohenstein und Hofmannswaldau selbst gemeint, die sich um den »Fortgang« der deutschen Poesie verdient gemacht haben, sondern ihre Nachfolger. Von den schlesischen »Nachtigallen« die epigonalen »Buntspechte« zu trennen (S. 328) war Wernicke auch darum wichtig, weil er sich mit zweien von ihnen, Hunold und Postel, in einer aktuellen Literaturfehde auseinandersetzte und mögliche Parteigänger seiner Auffassungen nicht unnötig verstimmen mochte (vgl. S. 458, 472, 557 f., 561). Wenn Wernicke Front gegen Lohenstein-Verehrer bezieht, die sich mehr an dessen Fehler als Tugenden halten (S. 126), und ähnlich die Vorzüge und Schwachstellen Hofmannswaldaus kritisch sichtet (S. 319), läßt er seine eigentlichen literaturkritischen Intentionen erkennen, die nicht in schlichter Ablehnung lagen, sondern in abwägender Beurteilung, um den durch die Schlesier erreichten Stand der poetischen Diktion nicht unbedacht preiszugeben (vgl. VII,63, S. 402). Der uneingeschränkten Verteidigung der Schlesier durch Postel und – bis damals noch – Hunold begegnet Wernicke mit einer Differenzierungsstrategie, die des weiteren Unterschiede zwischen Lohenstein und Hofmannswaldau festhält: An Lohenstein findet der Frühaufklärer mehr und anderes als an Hofmannswaldau zu tadeln (S. 125). Ähnliches gilt für die mit den Exempla gesetzten Orientierungsmaßstäbe. Hier sind es vor allem die Franzosen, auf deren klassizistisches Programm er auch die deutsche Literatur einschwören will. Obwohl Wernicke in der vorliegenden Anmerkung Seneca zustimmend zitiert, erkennt er andernorts – eine angesichts der undifferenzierten Antikerezeption des Barock erstaunliche Leistung – die folgenreichen Unterschiede zwischen goldener und silberner Latinität: Er spielt Cicero, Vergil, Horaz gegen Florus, Vellejus Paterculus, Valerius Maximus und Seneca aus (S. 311).

In der umgangssprachlichen Schlichtheit seiner Syntax und Wortwahl, in der Lakonik des Stils sucht der Gedichttext den Leser – z. B. über das Bibelzitat der letzten Zeile – auf dessen Verständnisebene auf, spricht der Autor ihn von gleich zu gleich an, ohne das Informationsgefälle eines Poeta vates oder die Selbstdarstellung des Artisten. Gerade weil der Furor poeticus üblicherweise an eine hohe Stilschicht gebunden ist, bedient sich die Absage an ihn einer prosanahen Diktion. »Ich folge der Natur, und schreib' auf ihre

Weis'« beinhaltet zunächst also ein Stilprogramm, dessen Natürlichkeitspostulat einen Schwerpunkt frühaufklärerischer Literaturtheorie bezeichnet, in dem Richtlinien der Poetik, Rhetorik und Logik des frühen 18. Jahrhunderts zusammentreffen. Der bürgerliche Prosastil im Vers, durch Christian Weises Konstruktionsregel theoretisch expliziert (vgl. Weise, T. 1, S. 141), gilt als Ausdruck der Ungezwungenheit, des natürlichen Sprechens, und richtet sich damit eo ipso gegen eine ostentativ artifizielle Schreibart, oder – in der Terminologie der Frühaufklärung – gegen »gesuchte Schönheiten« und »erborgte Schmincke« (vgl. Bouhours, S. 296 f.; Hallbauer, S. 283 f.; v. Besser, S. II). Zur Zeit der Epochenwende schließen sich Natürlichkeit und Kunst indessen noch keineswegs wie in der zweiten Hälfte des 18. Jahrhunderts aus; das nämliche Phänomen wird dabei lediglich unter verschiedenen Aspekten, rezipienten- oder produzentenbezogen, anvisiert. Der Eindruck der Natürlichkeit soll in der Tradition antiker Rhetorik durch das Verbergen der Kunst erzielt werden. Die Forderung nach natürlicher Schreibart darf Wernicke darum in seinem Textkommentar an der »künstlichen Unordnung« der Ode illustrieren. Wernicke bestätigt hier die Thesen der Forschung vom formalen Charakter der Naturnachahmung in der deutschen Poetik bis zur Mitte des 18. Jahrhunderts: die »Natur« unterliegt der rhetorischen Aptum-Forderung, oder, mit Wernickes Worten, der »Anständligkeit« (S. 121; Herrmann, S. 27 ff.). Ebenso wie Gottsched noch die natürliche Schreibart in der Erfüllung von Gattungskonventionen sieht, indem von hohen Dingen hoch, von mittelmäßigen auf mittlerem Stilniveau usf. gesprochen wird (Gottsched, S. 398), geht Wernicke in der Anmerkung auf die Kovarianz von Gattungs- und Stilnorm ein und trägt keinerlei Bedenken, in einem Atemzug mit dem Natürlichkeitsanspruch die dramaturgischen Regeln der Renaissance und französischen Klassik zu nennen. Wenn Natürlichkeit in der konventionellen Angemessenheit von Res und Verba besteht, wird die falsche Stilhöhe zur Unnatur (Bruck, S. 147). Als Natur gilt die Konvention dessen, was für Natur gehalten wird. Die poetologische Forderung der Naturnachahmung bezieht sich bei Aristoteles auf die Darstellung des Möglichen und Wahrscheinlichen (Bruck, S. 58 f.). Alles Gesuchte ist unwahrscheinlich und widerspricht insofern dem Mimesis-Postulat. Die Aptum-Regel der Rhetorik fordert ferner die Genauigkeit der Res-Verba-Entsprechung. Wernickes Ausführungen in der Gesamtvorrede über die Pretiosen-Metaphorik beanspruchen entsprechende Geltung – echtes Ambra wurde teurer als Gold gehandelt – bei erlesenen Duftstoffen: Statt den Wert der Gegenstände zu erhöhen, verringert ihn vielmehr nach dem Maßstab der neuen Poetik ihre Ungenauigkeit (S. 125 ff.).

Wenn von »natürlicher« Darstellung in Theorietexten der Frühaufklärung die Rede ist, kann schließlich auch noch die dispositionelle Entwicklung der Gedanken gemeint sein, deren Ordnung eben nicht aus dem konstruierenden Intellekt resultieren soll, sondern aus der Sache, von der man spricht (vgl. Bouhours, S. 296 f.). »Ich folge der Natur« wäre mit Blick auf die frühaufklärerische Logik- und Rhetoriktheorie dann auch als immanente Absage an das schematisierten Dispositionsmuster eines Ordo artificialis zu verstehen. Die Textrealisierung führte so gesehen gleichzeitig vor, wie sich Ordnung und Darstellungsmethode der Sache anpassen und nicht umgekehrt – wovor die Theoretiker warnen – die Sache sich nach der Ordnung richten muß (vgl. Klemmius, S. 95; Hallbauer, S. 375; Schatz, S. 50). Die klare Frontenklärung, die kalkulierte Wirkung von Verstechnik, Syntax, Rhythmus und semantischer Aussage sollen den Leser für den Standpunkt und Kritikmaßstab des Autors gewinnen, indem sie sich in ihrer Abgestimmtheit aufeinander zum Eindruck verdichten, was der Text behaupte, gelinge ihm selbst: die kraftvolle Überwindung »effeminierter« Stilerscheinungen (vgl. das Quintilian-Zitat); Stil als Aufklärung. Die durch Doppelelision erwirkten männlichen Kadenzen sowie die Reihenfolge, in der weibliche und männliche Reime angeordnet sind, tragen nicht allein zum erwünschten »nachdrücklichen« Schluß bei, sondern gewinnen vor dem Hintergrund der zeitgenössischen Poetik zusätzlich einen literaturkritischen Beschreibungswert. Wie Opitz, aber dabei ausführlicher, geht Morhof auf nationalsprachliche Bedingungen unterschiedlicher Reimarten ein:

Die Teutsche Sprache hat vor der Italiänischen und Spanischen den Vorzug / daß sie eine Abwechselung unter den Reimen hat. Da hingegen diese mehrentheils Weibliche Reime gebrauchen müssen / welches ein Poema schwach und krafftloß machet / weil die Worte alle abfallen [...]. Die Frantzosen / insonderheit Malherbe, endigen ihre Stances und Sonnette viel lieber mit Männlichen / als Weiblichen Reimen, weil sie besser schließen / als die weiblichen / insonderheit in Sachen / da eine Härtigkeit und Hefftigkeit außzudrücken.

(Morhof, S. 296; vgl. Opitz, S. 48 f.)

In den weiblichen Versen des Epigramms zitiert Wernicke die literarischen Gegner, die in seiner Sicht allzu ergebenen Schüler des italienischen Marinismus, während er die männlichen Verse der Profilierung der eigenen, von der französischen Klassik des 17. Jahrhunderts nachhaltig bestimmten poetologischen Konzeption vorbehält. Wie sein Mentor verbindet Wernicke nationalsprachliche Argumente mit literaturkritischen und ästhetisch-formalen: Der »lieblichen« und »sinnreichen« Schreibart der verweichlichten, verspielten Marino-Schule kontrastiert er in der Vorrede eine »nachdrückliche und Männliche Ahrt zu schreiben«, wie sie am Königlich Preußischen Hof Anerkennung finde (S. 120). Die nach Einsichten der zeitgenössischen Poetik gegenüber dem sinkenden Tonfall der weiblichen Kadenz ansteigende Intonation der männlichen (vgl. Opitz, S. 47 f.) bringt im Schlußvers bis auf die phonetische Realisierung genau die Souveränität und den Triumph des »männlichen Verstandes«, wie es an anderer Stelle heißt, über »weithergesuchten Witz« zum Ausdruck (S. 254). Das Selbstbewußtsein des Satirikers, das sich bereits in den betonten Possessivpronomina der 1. Pers. Sing. und dem durch Oppositionsstellung zu »Man« syntaktisch markierten Personalpronomen der

1. Pers. Sing. (V. 3) artikuliert, wird im letzten Vers endgültig von der Kraft und Prägnanz des biblischen – nach der Erfindungsquelle der Anspielung und des Zeugnisses ermittelten – Spruches beglaubigt (vgl. 1. Kor. 3,2 und Hebr. 5,12–14). Die Opposition der Nahrungsmittel von Milch und fester Speise nach den Lebensaltern ist schon im Mittelalter ein beliebter pädagogischer Topos, den selbst Goethe noch in einer Rezension aufgreift (Goethe, S. 18; vgl. Grubmüller, S. 91). Der gnomische Schluß erhebt die zunächst nur persönlich formulierte Ansicht des Sprechers auf die Stufe der Allgemeinverbindlichkeit und macht für den literarischen Epochenwandel die zwingende Kraft eines Naturgesetzes geltend: Die frühere poetologische Entwicklungsstufe ändert sich samt ihren Bedürfnissen so zwangsläufig wie die menschlichen Lebensphasen und ihre Bedürfnisse. Der kindlichen Entwicklungsstufe kann das Barock aufgrund seiner Freude am selbstgenügsamen literarischen Spiel (vgl. *Auf das Wörter-Spiel*, S. 287, sowie S. 247 f.) und der Vorliebe für metaphorische Süßigkeiten als Kennzeichen einer Präferenz der Delectatio-Funktion der Dichtung zugeordnet werden (vgl. das Seneca-Zitat der Anmerkung; zur barocken Metaphorik des Süßen vgl. Windfuhr, S. 245 ff.). Schon der von Wernicke bewunderte Pseudo-Longin charakterisierte ebenso wie Bouhours den Schwulststil als kindisch und schülerhaft (Pseudo-Longinos, S. 33 ff.; Bouhours, S. 532). Zu denselben polemischen Vergleichen läßt sich später Gottsched gegenüber den Pegnitzschäfern verführen (Gottsched, S. 373).

Summarisch wären demnach mehrere Auslösefaktoren für den Rückgriff auf den Robur-Begriff der Rhetorik innerhalb der literarischen Situation um 1700 zu nennen:

1. Die »männliche« Schreibart steht im Zusammenhang einer nationalsprachlichen Aufwertung des Deutschen und seiner Gleichstellung mit fremdsprachlichen europäischen Literaturen.

2. Die Gegenüberstellung von Näscherei und gehaltvoller Speise in Verstext und Anmerkung gewinnt Indikatorfunk-

tion für ein literarisches Programm, das weniger erlesene Metaphern – Verba – als gehaltvolle »Sachen«, die Res der Rhetorik, anbietet. Indem er die bloße Sprachrealität an der »Natur«-Realität als der ihn selbst leitenden Norm mißt (vgl. Weisz, S. 108), sucht sich der Kritiker den literarischen Gegnern überlegen zu erweisen.

3. »Männlicher« Stil und »starke Speis'« deuten in Opposition zur Feudalmetaphorik und zu schönen Worten – letzteres vor allem im Umkreis der hofsatirischen Epigramme Wernickes (vgl. S. 137, 238, 313 f., 376, 470) – auf die bürgerlichen Wertvorstellungen der Schlichtheit, Genügsamkeit, Aufrichtigkeit und Bewahrung der eigenen Würde. Schminke und Parfüms werden mit Verstellung und Lüge in Zusammenhang gebracht: Das lateinische »fucus« im Quintilian-Zitat heißt sowohl ›Schminke‹ wie ›Verstellung‹. Stilkritik wird damit zur moralischen und ansatzweise sozialen Kritik.

Die Hamburger Literaturfehde, in die Wernicke durch die Veröffentlichung seiner zehn Epigrammbücher nur noch stärker verwickelt wurde, entzündete sich ersichtlich an ästhetischen Problemen. Fulda unterschätzt sie doch wohl, wenn er sie als rein persönlichen Streit abtut (Fulda, S. 513). Nicht nur die Geltung bestimmter Musterautoren stand zur Diskussion, sondern auch Fragen der Natürlichkeit des Stils, der angemessenen Metaphorik, der Elisionsanwendung – Hunold parodierte Wernickes Elisionen im *Thörichten Pritschmeister* (S. 70, 81) – oder nach dem Verpflichtungsgrad der Naturnachahmung: Wernicke orientierte sich im Epigramm *Auf ein Gemähld der Amarillis* (S. 400 f.) am Richtmaß der Imitatio naturae, während Hunold die künstlerische Eigenleistung höher veranschlagte (Hunold, S. 47 f.).

Wernicke wollte in seiner Anmerkung zwischen Text und zeitgenössischem Leser und darüber hinaus, im Vertrauen auf die historische Entwicklung, auch zum künftigen Leser eine Brücke schlagen. Seine Prognose sollte sich bald erfül-

37

len: Die Aufklärung setzte die in den Anmerkungen vorgetragene Kritik an der »Lohensteinischen Schreibart« in »ihr rechtes Licht«.

Zitierte Literatur: Ruth K. ANGRESS: The Early German Epigram. A Study in Baroque Poetry. Lexington 1971. – Manfred BEETZ: Rhetorische Logik. Prämissen der deutschen Lyrik im Übergang vom 17. zum 18. Jahrhundert. Tübingen 1980. – [Johann von BESSER:] Des Herrn von Besser Schrifften, Beydes In gebundener und ungebundener Rede. 2 Tle. Hrsg. von J. U. König. Leipzig 1732. – Eric A. BLACKALL: Die Entwicklung des Deutschen zur Literatursprache 1700 bis 1755. Stuttgart 1966. – Nicolas BOILEAU-DESPREAUX: L'Art poétique. In: Die Dichtkunst. Hrsg. von Ute und H. L. Arnold. Stuttgart 1967. – Dominique BOUHOURS: La Manière de bien penser dans les Ouvrages d'esprit. Paris ²1688. Neudr. Hildesheim / New York 1974. – Georg BRATES: Die Barockpoetik als Dichtkunst, Reimkunst, Sprachkunst. In: Zeitschrift für deutsche Philologie 53 (1928) S. 346–363. – Jan BRUCK: Der aristotelische Mimesisbegriff und die Nachahmungstheorie Gottscheds und der Schweizer. Diss. Erlangen/Nürnberg 1972. – August BUCK: Italienische Dichtungslehren vom Mittelalter bis zum Ausgang der Renaissance. Tübingen 1952. – Friedrich Rudolf Frhr. von CANITZ: Neben-Stunden Unterschiedener Gedichte. Berlin 1700. – Ernst Robert CURTIUS: Europäische Literatur und lateinisches Mittelalter. Bern/München ⁵1965. – Manfred FUHRMANN: Obscuritas (Das Problem der Dunkelheit in der rhetorischen und literarästhetischen Theorie der Antike). In: Immanente Ästhetik. Ästhetische Reflexion. Hrsg. von Wolfgang Iser. München 1966. S. 47–72. – Ludwig FULDA: Christian Wernike. Einleitung. In: Die Gegner der zweiten schlesischen Schule. T. 2. Berlin/Stuttgart [o. J.]. – Goethes Werke. Hamburger Ausgabe. Hrsg. von Erich Trunz. Bd. 12. Hamburg ⁷1964. – Johann Christoph GOTTSCHED: Ausführliche Redekunst [...]. Leipzig ⁵1759. Neudr. New York 1975. – Klaus GRUBMÜLLER: Meister Esopus. Untersuchungen zu Geschichte und Funktion der Fabel im Mittelalter. München 1977. – Friedrich Andreas HALLBAUER: Anweisung Zur Verbesserten Teutschen Oratorie. Jena ³1736. – Johann Gottfried HERDER: Anmerkungen über das griechische Epigramm. In: Herders Sämmtliche Werke. Hrsg. von Bernhard Suphan. Bd. 15. Berlin 1888. S. 339–392. – Hans Peter HERRMANN: Naturnachahmung und Einbildungskraft. Zur Entwicklung der deutschen Poetik von 1670 bis 1740. Bad Homburg / Berlin 1970. – Christian Friedrich HUNOLD: Der Thörichte Pritschmeister / Oder Schwermende Poete / In einer lustigen COMOEDIE [...]. Von Menantes. Köln 1704. – Joannes Christianus KLEMMIUS: Elementa philosophiae rationalis succinctissima [...]. Tübingen 1721. – Gotthold Ephraim LESSING: Zerstreute Anmerkungen über das Epigramm und einige der vornehmsten Epigrammatisten. In: G. E. L.: Gesammelte Werke. Hrsg. von Paul Rilla. Bd. 7. Berlin [Ost] 1965. S. 5–140. – PSEUDO-LONGINOS: Vom Erhabenen. Griechisch und Deutsch. Hrsg. von Reinhard Brandt. Darmstadt 1966. – Daniel Georg MORHOF: Unterricht von der Teutschen Sprache und Poesie [...]. Lübeck/

Frankfurt ²1700. Neudr. hrsg. von Henning Boetius. Bad Homburg / Berlin / Zürich 1967. – Winfried NOLTING: Die Sinngedichte an den Leser. Zu Theorie und Geschichte des Epigramms. In: Literatur für Leser. H. 1 (1979) S. 11–32. – Martin OPITZ: Buch von der Deutschen Poeterey (1624). Hrsg. von Cornelius Sommer. Stuttgart 1970 [u. ö.]. – Rudolf PECHEL: Prolegomena zu: Christian Wernicke's Epigramme. [Siehe Textquelle.] S. 1–108. – Johann Jacob SCHATZ: Kurtze und Vernunft-mäßige Anweisung Zur ORATORIE oder Beredsamkeit [...]. Jena/Leipzig 1734. – Heinz SCHLAFFER: Musa iocosa. Gattungspoetik und Gattungsgeschichte der erotischen Dichtung in Deutschland. Stuttgart 1971. – Joachim SCHÖBERL: »liljen-milch und rosen-purpur«. Die Metaphorik in der galanten Lyrik des Spätbarock. Untersuchungen zur Neukirchschen Sammlung. Frankfurt a. M. 1972. – Peter SCHWIND: Schwulst-Stil. Historische Grundlagen von Produktion und Rezeption manieristischer Sprachformen in Deutschland 1624–1738. Hamburg 1977. – Christian WEISE: Curiöse Gedancken Von Deutschen Versen [...]. 2 Tle. Leipzig 1692. – Jutta WEISZ: Das deutsche Epigramm des 17. Jahrhunderts. Stuttgart 1979. – Christian Wernicke's Epigramme. [Siehe Textquelle. Zit. mit Seitenzahl.] – [Christian Wernicke:] Uberschriffte oder Epigrammata In acht Büchern. [Siehe Textquelle.] – Manfred WINDFUHR: Die barocke Bildlichkeit und ihre Kritiker. Stilhaltungen in der deutschen Literatur des 17. und 18. Jahrhunderts. Stuttgart 1966.

Weitere Literatur: Walter DIETZE: Abriß einer Geschichte des deutschen Epigramms. In: W. D.: Erbe und Gegenwart. Aufsätze zur vergleichenden Literaturwissenschaft. Berlin/Weimar 1972. S. 247–391. – Therese ERB: Die Pointe in der Dichtung von Barock und Aufklärung. Bonn 1929.

Nikolaus Ludwig von Zinzendorf

Lied vor eine Königl. Erb-Printzeßin

Christen sind ein göttlich Volck,   I
Aus dem Geist des HErrn gezeuget,
Ihm gebeuget,
Und von seiner Flammen-Macht
5 Angefacht;
Vor des Bräutgams Augen schweben
Das ist ihrer Seelen Leben,
Und sein Blut ist ihre Pracht.

Ach! du Seelen-Bräutigam!   II
10 Hast Du mich der Welt entzogen,
Ausgesogen
Von der alten Creatur,
Und die Cur,
Welche Deine Seelen heilet,
15 Auch mir armen mitgetheilet;
Schencke mir die Geists-Natur!

Königs-Cronen sind zu bleich,   III
Vor der GOtt-verlobten Würde;
Eine Hürde
20 Wird zum himmlischen Pallast:
Und die Last
Drunter sich die Helden klagen,
Wird den Kindern leicht zu tragen,
Die die Creutzes-Krafft gefaßt.

25 Ehe JEsus unser wird,   IV
Ehe wir uns selbst vergessen,
Und gesessen
Zu den Füssen unsers HErrn,

Sind wir fern,
30 Von der ewgen Bundes-Gnade,
Von dem schmalen Lebens-Pfade,
Von dem hellen Morgenstern.

Pilgrimschafft zur Ewigkeit   V
Bleibet immerdar beschwerlich,
35 Ja gefährlich;
Biß man ringt und dringt zu Dir,
Enge Thür,
Ein'ge Ursach der Vergebung,
Glut der Göttlichen Bewegung,
40 JEsu, unser Liebs-Panier!

Zeuch uns hin, erhöhter Freund!   VI
Zeuch uns an dein Hertz der Liebe,
Deine Triebe
Führen mich, du Sieges-Held!
45 Durch die Welt,
Daß ich deine Seele bleibe,
Und so lange an dich gläube,
Biß ich lieb' im innern Zelt.

Da ist meine Hand und Hertz: VII
50 Du hast deine Seel gewaget,
Unverzaget,
Und das alles bloß allein,
Daß ich dein
Und du meine heissen köntest,
55 Wenn du nicht vor Liebe brenntest;
Hätte das nicht können seyn.

Nun ihr Cronen fahret hin,   VIII
Fahre hin, erlaubte Freude!
Meine Weide
60 Sey des HErren letztes Mahl

Vor der Qval,
Meine Ehre deine Schande,
Meine Freyheit deine Bande,
Mein Geschmuck die Ros' im Thal.

Abdruck nach: Graf Ludwigs von Zinzendorff Teutscher Gedichte Erster Theil. Herrnhut: Waisenhaus, 1735. Nr. 96. S. 231 f.
Erstdruck: Nachlese Einiger Geistlichen Lieder. [Herrnhut/Görlitz: Marche (?),] 1733. [Zugabe zum »Marcheschen Gesangbuch«: Sammlung Geist- und lieblicher Lieder. Herrnhut/Görlitz: Marche, 1731.]

Jörn Reichel

Die Wahrheit in der Empfindung. Zu Zinzendorfs geistlichem Lied *Christen sind ein göttlich Volck*

Nikolaus Ludwig Graf von Zinzendorf (1700–60), der Gründer der Herrnhuter Brüdergemeine, gehört zu den farbigsten und anregendsten, zugleich aber auch umstrittensten Gestalten des 18. Jahrhunderts. Aus dem Pietismus stammend, hat er dessen moralische Erstarrung durch eine heiter-gelöste Frömmigkeitshaltung überwunden; von der Aufklärung beeinflußt, hat er doch dem Verstandeskult durch die Betonung von Herz und Gefühl entgegengewirkt, zugleich aber auch einer subjektivistischen Gefühlsschwärmerei Einhalt geboten durch den nachdrücklichen Hinweis auf die objektiven Grundlagen des Glaubens und durch die Einordnung des Individuums in eine feste Glaubensgemeinschaft. Widersprüchliche Zeitströmungen finden sich hier in genialer Weise vereint, und so sind von der Person Zinzendorfs Anregungen nicht nur auf das kirchliche Gemeinschaftsleben und die Theologie, sondern auch auf die Geistesgeschichte insgesamt ausgegangen. Der geistlichen Lieddichtung hat Zinzendorf neue Bereiche erschlossen und auch der weltlichen Lyrik neue Ausdrucksmöglichkeiten eröffnet.

Das hier abgedruckte Lied kann von alledem nur einen sehr begrenzten Ausschnitt zeigen, aber es kann als exemplarisch für Denkweise und Dichtungsart Zinzendorfs gelten. Das Lied stammt aus dem Jahr 1731, also aus einer relativ frühen Phase, und ist als Akrostichon gedichtet: Die Anfangsbuchstaben der einzelnen Strophen ergeben aneinandergereiht den Namen des Empfängers: *C*harlotte *A*malie *K*önigliche *E*rb-*P*rinzessin *Z*u *D*äNemark. Zinzendorf verwendet hier eine virtuose Form der Huldigung, die vor allem im Barock beliebt war, und eine Strophenform, die hohe Ansprüche an die Dichtkunst des Autors stellt. Zinzendorf steht durchaus in der Dichtungstradition des Barockzeitalters, nutzt die dort entwickelte Rhetorik zur eigenen Aussage und vernachlässigt zumindest anfangs keinesfalls die künstlerische Form um des religiösen Gehalts willen.

Die hier angesprochene Prinzessin Charlotte Amalie war die Schwester des dänischen Königs Christian VI. Zu diesem Hof bestanden von Herrnhut aus besondere Beziehungen; Mitglieder des Hofes und der königlichen Familie zählten zu den ›Erweckten‹ und förderten Zinzendorf und sein Werk. Über die Prinzessin schrieb Zinzendorf an seine Frau: »Die Prinzeßin Charlotte, des Königs Schwester, hat mich heute zu meinem Geburtstage so aufgemuntert, daß ich Gott nicht genug preisen kan. Sie ließ mich in ihre Retirade rufen, und gratulirte mir so herzlich zu meinem Geburtstage, und der Nachfolge JEsu, daß ich ganz innig erwekt wurde. Wir redten über eine Stunde zusammen; Sie hält weit mehr von uns, als wir verdienen« (Spangenberg, S. 694).

Für das Verständnis des Liedes ist es wichtig zu wissen, daß es sich bei der Adressatin um eine Seelenverwandte handelt. Dadurch ist eine Gemeinsamkeit im Erleben und Sprechen vorhanden, die eine freie Ich-Aussprache möglich macht und das unmittelbare Verständnis religiöser Symbole und durch Bilder verschlüsselter Begriffe erwarten läßt. Dieses Grundverhältnis zwischen Autor und Empfänger – hier eine gleichgesinnte Prinzessin, im weiteren die singende Gemeinde – ist eine wichtige Voraussetzung für das Verständnis vieler Lieder Zinzendorfs: Hinter jedem scheinbar leicht hingeworfenen, oft zusammenhanglos erscheinenden Bild verbirgt sich eine inhaltsschwere theologische Aussage, die sich nur dem gleich Empfindenden und in dieser Sprache Behausten unmittelbar erschließt.

Von daher wird nun auch verständlich, daß dieses Lied, das ausdrücklich einer bestimmten Person zugeeignet ist, so wenig über die Empfängerin selbst aussagt. Außer der im Akrostichon verborgenen Anrede und der mehrfachen Erwähnung der Königskrone weist nichts auf das Mitglied der Königsfamilie hin. Die Eigenart des Individuums tritt zurück hinter die Gemeinschaft im Glauben. Das Lied erhält dadurch eine allgemeinere Gültigkeit, und so ist es auch – unter Wegfall der Überschrift, aber sonst völlig unverändert – in das Gesangbuch der Herrnhuter Brüdergemeine übernommen worden und gehört seitdem zu ihrem Liedgut (Melodie 155: *O du Hüter Israel...*).

In diesem Lied kommen wesentliche Grundgedanken Zinzendorfs zur Sprache. Bereits die erste Strophe enthält in nuce eine ganze Theologie. Sie beginnt mit der programmatischen Aussage: »Christen sind ein göttlich Volck, | Aus dem Geist des HErrn gezeuget«. Es gehört zu den theologischen Grundansichten Zinzendorfs, daß es keine grundsätzliche Trennung zwischen einem allmächtigen Vatergott und dem Gottessohn gibt, der als Werkzeug des Vaters die Menschheit erlöst, sondern daß der Gekreuzigte Gott selbst und damit auch Schöpfer ist. Die Geburt der Einzelseele wie der Gemeinde geschieht aus und durch Christus. In einer späteren Phase wird diese Vorstellung in das aus dem Hohenlied stammende Bild des aus dem Felsenritz (der Seitenwunde des Gekreuzigten) hervorgehenden und darin Zuflucht findenden Vogels gebracht. Die Göttlichkeit der Seele des Christen, von der hier die Rede ist, beruht auf ihrer Schöpfung (»gezeuget«) durch den Heiland, der zugleich der Herr ist (3: »Ihm gebeuget«). Im Kreuzestod ist die Gotteskindschaft der Seelen begründet. Die daraus entspringende Erlösungsfreude ist der zentrale Gedanke dieses Liedes, und so erscheint es im ersten Gesangbuch der Brüdergemeine auch unter der Überschrift: *Von der Herrlichkeit der Kindschaft.*

Das Bild des Feuers, der Macht der Flammen, bringt die brennende Freude der Erlösten, den Enthusiasmus der aus Christus zu neuem Leben Geborenen zum Ausdruck. Doch spricht aus diesen Worten nicht die Glut schwärmerischer Mystik, wie sie uns bei einigen Autoren des Barock begegnet, und nicht die subjektive Empfindung des Christen, sondern es ist die Rede vom objektiven Grund (4: »*seiner* Flammen-Macht«) freudig erregter Seelenstimmung: der brennenden Liebe Christi (vgl. Str. 6 und 7). Auf diese andeutende Beschreibung der Ursache neuen Lebens folgt unmittelbar die bildliche Darstellung der Wirkung, die von dem Heilsgeschehen auf die Seelen der Erlösten ausgeht: »Vor des Bräutgams Augen schweben« (6).

Im Grunde sind es zwei Vorstellungen, die hier in ein Bild gepreßt sind. Da ist einmal das im christlichen Denken stets gegenwärtige Bild von Jesus als Bräutigam der Seele (Matth. 9,15), das sich mit Elementen des Hohenliedes zu einer erotischen Christus-Mystik verbinden kann und bei Zinzendorf eine eigenartige Ausprägung erfährt. Für die Darstellung des innigen Verhältnisses von Christus und Seele greift Zinzendorf auf das geläufige Bild von Bräutigam und Braut zurück, entwickelt es aber im menschlichen Vorstellungsbereich weiter, um es aus dem Bereich mystischer Spekulation zurückzuholen und sinnlich faßbar zu machen. Im Bilde bleibend, entwickelt er eine stark anthropomorph gefärbte Vorstellung von der Trinität als Heiliger Familie, wobei der Heilige Geist als Tröster das Mutteramt einnimmt, die Seele bzw. Gemeinde zur Schwiegertochter wird und Christus als Ehemann erscheint. Auf diese Weise wird das ursprünglich nur als Vergleich fungierende Bild zur Verdeutlichung eines abstrakten Sachverhalts auf der sinnlichen Ebene weitergeführt und ausgemalt. Wenn dies auch eine spätere Entwicklung der Zinzendorfschen Bildersprache ist, schwingt im Bild des Bräutigams doch auch hier schon dieser Vorstellungsbereich mit.

Dieses Bild wird nun überlagert von einem anderen Vorstellungskomplex, der in dem Wort »schweben« wiederum nur angedeutet ist. Um die Passionsgeschichte als Heilsgeschehen bewußt zu machen, erläutert Zinzendorf nicht Heilswahrheiten und religiöse Erkenntnisse, sondern versucht, das Geschehen sinnlich faßbar zu machen. Abstrakte Begriffe und Ausdrücke subjektiven Gefühls treten zurück hinter Bilder, die die objektiven Heilstatsachen vergegenwärtigen und allen Sinnen zugänglich machen sollen. So wird das Element, in dem sich der aus Christus neu geborene Mensch bewegt, als »Kreuzluft« bezeichnet. Um die Erlösungsfreude der Seelen zu versinnbildlichen, die in dieser vom Kreuz ausgehenden Atmosphäre leben, werden Vergleiche mit Tieren wie Vögel, Bienen, Kälber etc. gebraucht, die die innere Hochstimmung als ein Fliegen, Springen oder Schweben faßbar machen. Dem »Schweben« der Seelen liegt hier deshalb keine Jenseitsvorstellung zugrunde, sondern es ist die bildhafte Darstellung der Heilswirkung, also eine Objektivierung religiöser Erfahrungen und Empfindungen.

Diesen Bildern folgt nun abschließend und zusammenfassend die Erwähnung des Blutes Christi als sichtbaren Garants der Erlösung. Im Christozentrismus Zinzendorfs zieht sich die Vorstellung immer wieder auf diesen Punkt des Blutes und der Wunden zusammen, da in ihm die Grundanliegen von Theologie und dichterischer Bildgebung konvergieren: Das Blut ist vom sensualistischen Standpunkt Zinzendorfs aus keine bloße Metapher, sondern real erfahrbar, und in der Erfassung der Sache wird zugleich die dahinter stehende Heilswahrheit mit erfahren. Dieser Sensualismus und Empirismus Zinzendorfs kommt hier darin zum Ausdruck, daß das Blut Christi als sichtbarer und damit sinnlich wahrnehmbarer Schmuck des Christen beschrieben wird.

Wir haben die erste Strophe dieses Liedes etwas ausführlicher analysiert und in den weiteren Kontext Zinzendorfschen Denkens gestellt, um anhand dieser Analyse einige Wesenszüge seiner Denkweise und seiner Dichtungsprinzipien exemplarisch deutlich zu machen. Es ist bemerkenswert, daß religiöse Erfahrungen weder als subjektives, individuelles Gefühlserlebnis erscheinen, wie dies in der pietistischen Lyrik gemeinhin der Fall ist, noch auf einen dem Verstand zugänglichen Begriff gebracht werden. Vielmehr geht es darum, die objektiven Heilstatsachen durch Bilder und Vergleiche anschaubar und nachempfindbar zu machen.

Doch sind die Bilder, die hier auf engem Raum zusammengedrängt sind, nicht aus einer an Bilderreichtum überfließenden Phantasie hervorgegangen, sondern scheinen eher Illustration und sehr bewußte Veranschaulichung einer in sich geschlossenen Gedankenwelt zu sein. Dies liegt zum einen an einem Mangel an Einbildungskraft, dessen sich Zinzendorf selbst sehr wohl bewußt war. So klagt er in einer Rede darüber, »daß ich so entsetzlich abstrakt denke. Ich kann mir gar keine Bilder machen. Wenn ich die Augen zumache, so kriege ich kein Bild, sondern es ist mir schwarz.« Dies mag eine Sache persönlicher Veranlagung sein; nicht minder aber spielt die Tatsache eine Rolle, daß Zinzendorf bei aller Betonung des Gefühls als Erkenntnisprinzip doch ein Kind des Aufklärungszeitalters war, sich mit den Schriften der Aufklärer auseinandersetzte und stets die objektive Begründung der Heilswahrheiten suchte. Bilder sind für einen in diesem Denken geschulten Theologen etwas Sekundäres und scheinen deshalb oft etwas gesucht und mit Überlegung verwendet zu sein.

Das Verständnis der Zinzendorfschen Bildersprache und Dichtungsart wird weiter erschwert durch eine sehr eigenwillige, nahezu hermetische Symbolik, die nachzuvollziehen und in ihrem Bedeutungsgehalt voll zu erfassen nur dem in diese Sprache Eingewiesenen möglich ist. Man muß nicht nur bibelfest sein, um Zinzendorfs Lyrik verstehen zu können, man muß auch die hinter jedem Bild stehende, oft höchst komplizierte Gedankenwelt kennen, da diese Bilder nicht unmittelbarer Ausdruck eines Gefühlserlebnisses sind.

Während die erste Strophe zentrale Gedanken einer christozentrischen Kreuzestheologie zusammenfassend darstellt, werden die hier oft nur in verkürzten Bildern angesprochenen Themen in den übrigen Strophen weiter ausgeführt. In der zweiten Strophe nimmt das Lied eine zunächst unerwartete Wendung: Auf die Darstellung eines religiösen Sachverhalts in der ersten Strophe folgt hier unvermittelt der Anruf Christi und das persönliche Bekenntnis. Es ist die Antwort der gläubigen Seele auf das den Menschen widerfahrene Heil. Die zunächst allgemeine Aussage des Beginns wird nun auf das Individuum bezogen, das dankbar-demütig (15: »Auch mir armen«) die Erlösung für sich annimmt. Persönliche Erfahrung kommt hier zum Ausdruck, aber nicht als individuelles Bekehrungserlebnis, sondern als überindividuell gültige Haltung des neu geborenen Christen, wobei diese Neugeburt in der sprachlich ungewöhnlichen, äußerst plastischen Wendung: »Ausgesogen | Von der alten Kreatur« (11 f.) erscheint. Der Autor knüpft an die Bräutigamsvorstellung der ersten Strophe an und bezieht die dort angesprochene Nähe und Verbundenheit auf sein eigenes Verhältnis zu Christus. Zur Vergewisserung des neuen Lebens aus dem Glauben steht am Ende dieser Strophe ein Gebetsanruf, der zugleich Anfang und Ende der Strophe zusammenschließt.

Die Eigenart Zinzendorfscher Lyrik zeigt sich nun darin, daß das Lied im weiteren nicht in ein ichhaftes Bekenntnislied übergeht, sondern daß die Mitte zwischen subjektivem Empfinden und der Darlegung objektiver Sachverhalte gewahrt wird. Der Ansatz eines persönlichen Bekenntnisses wird aufgefangen durch die antithetische Wendung der dritten Strophe, die auf einer neuen Ebene die objektive Seite christlichen Lebens betont. Das zuvor angeschlagene Thema der Weltverachtung (10: »Hast Du mich der Welt entzogen«) wird hier konkretisiert, indem die weltliche Monarchie – eine Anspielung auf die Adressatin – mit der weit höheren Würde verglichen wird, die aus der »Verlobung« Gottes mit den Menschen (vgl. Hos. 2,21 f.) folgt. Die Strophe lebt aus Gegensätzen (19 f.: »Hürde«/»Pallast«, 21/23: »Last«/»leicht«), die die Nichtigkeit der Welt und die Erhöhung der Gläubigen versinnbildlichen.

Dabei fällt mit dem Wort »Kinder« (23) ein weiteres wichtiges Stichwort, hinter dem wiederum ein Komplex von Vorstellungen steht. Es sind hier nicht Kinder im wörtlichen Sinne gemeint, sondern die durch Christus Erlösten. Sie sind neu geboren und verhalten sich wie Kinder, denen alles leicht wird und die in heiterer Gelöstheit leben. Kindlichkeit als Zeichen der Erlösungsfreude ist einer der Leitwerte Zinzendorfs, und in der Übertreibung des spielerischen Moments, im bewußt nachvollzogenen Kindsein nimmt diese Haltung zuweilen auch sprachlich bizarre Formen an. Im Zusammenhang dieses Liedes weist der Begriff des Kindes wiederum auf das zentrale Thema der Erlösungsfreude hin, und in der Betonung der spielerischen Leichtigkeit stellt sich dieser Begriff an die Seite des Schwebens der in der Atmosphäre der Kreuzluft Lebenden (Str. 1).

Die vierte Strophe führt ein weiteres, für Zinzendorf sehr wesentliches Moment ein, den Gedanken der Gemeinschaft der Gläubigen. Der Satz Zinzendorfs »Ich statuiere kein Christentum ohne Gemeinschaft« gehört zu den Grundelementen seines Denkens und praktischen Handelns, wie dies etwa in der Gemeindebildung in Herrnhut und von dort ausgehend an anderen Orten zum Ausdruck kommt. Subjektive religiöse Erfahrung darf für ihn nicht zum Selbstgenuß führen, sondern muß zur Gemeinschaft der Erlösten führen. Das Ichbekenntnis weitet sich deshalb hier zur Schilderung einer gemeinsamen Erfahrung. In dem Maße, in dem die Aussage allgemeiner wird, wird nun auch der Sprachstil belehrender, predigthafter. Das Thema dieser und der nächsten Strophen ist die Jenseitssehnsucht, das Verlangen nach der Nähe des Herrn und die Aufforderung, den

schmalen, beschwerlichen Weg zur Seligkeit (Matth. 7,14)
zu beschreiten.
Die letzten Zeilen der fünften Strophe stellen die Verbindung zu zentralen Aussagen der ersten Strophe her und schlagen gleichzeitig das Thema der beiden folgenden Strophen, die Liebe Christi, an. Es ist eine Wiederaufnahme und Intensivierung der in den ersten beiden Strophen beschworenen Nähe. Fast unmerklich geht dabei bereits in der fünften Strophe der räsonierende Ton in Anruf und Gebet über. Der Bräutigam wird hier zum Freund, dessen hingebungsvolle Liebe von der einzelnen Seele beantwortet wird. Wo es um diese Entscheidung des einzelnen geht, wechselt der Autor wieder in die Ichform. Vergleiche und biblische Bilder treten zurück, die Ansprache wird zunehmend direkt und unmittelbar. Hoffnung auf letzte Vereinigung, Treueversprechen (49: »Da ist meine Hand und Hertz«) und die Versicherung gegenseitiger Liebe wechseln in der sechsten und siebenten Strophe miteinander ab. In der Unmittelbarkeit des Ausdrucks nähert sich das Lied hier der weltlichen Liebeslyrik an.
Doch bleibt es nicht bei diesem beseligenden Gefühl der Nähe oder bei einem schwärmerischen Selbstgenuß. Die letzte Strophe bricht wiederum den Ausdruck einer Empfindung, die auszuufern droht, ab und lenkt die Gedanken in eine andere Richtung. Alle subjektiven Erfahrungen münden ein in die Aufforderung zu einer neuen Einstellung der Welt gegenüber – in diesem Fall nicht zur völligen Weltabsage, was nicht den Anschauungen und dem realen Wirken Zinzendorfs entsprechen würde, sondern zur Geringschätzung weltlicher Macht und irdischer Vergnügens.
Der Schluß spricht mit der Erwähnung des Abendmahls und der Passion Christi – diesmal in einer Reihe abstrakter, antithetisch gesetzter Ausdrücke – noch einmal die zentralen Themen des Anfangs an. Die letzte Zeile geht von einer Stelle im Hohenlied aus (2,1 f.), in der die Geliebte als eine unter Dornen versteckte Rose im Tal bezeichnet wird. Damit ist der Verweisungszusammenhang hergestellt zum

Geheimnis der Liebe Gottes, das nur dem Gläubigen sich enthüllt, zur Dornenkrone und damit zum Leiden des Erlösers. In kunstvoller Weise schließt diese Zeile den Kreis des Liedes, indem sie sich – analog im Aufbau und gleichbedeutend im Inhalt – der letzten Zeile der ersten Strophe an die Seite stellt: »Und sein Blut ist ihre Pracht« – »Mein Geschmuck die Ros' im Thal«.

Das Lied scheint gleich weit entfernt zu sein von der Gedankenlyrik der Aufklärung wie von der subjektbezogenen Seelendichtung des Pietismus oder der Empfindsamkeit und vereint doch Elemente beider Richtungen in sich. Barocke Rhetorik, sachliche Darstellung der objektiven Glaubenswelt und emphatischer Ausdruck der persönlichen Empfindung gehen eine eigenartige Synthese ein. Bildgebung und Gefühlsaussprache sind dabei stets an die theologischen Dogmen gebunden. Doch erscheinen diese nicht in abstrakter Begrifflichkeit, denn nach Zinzendorf ist »an der Wahrheit in den Begriffen weniger gelegen als an der Wahrheit in der Empfindung«. Heilstatsachen werden nur dort zu Glaubenswahrheiten, wo sie subjektiv empfunden und persönlich erlebt sind. Doch löst sich die subjektive Empfindung nicht von ihrem Anlaß und wird nicht zum schwärmerischen Selbstgenuß, sondern wird aufgefangen und zurückgebunden an die Grundlagen des Glaubens. Daraus entsteht eine starke innere Bewegung der Dichtung zwischen subjektivem Gefühlsausdruck und einer bildhaften Veranschaulichung der christlichen Erlösungslehre. Zinzendorfs Lyrik steht damit im Zeichen des Übergangs. Sie bindet das subjektbezogene Gefühl an eine überindividuelle Wirklichkeit, arbeitet aber zugleich der Erlebnislyrik im Sinne einer freien Selbstaussprache vor durch den intensiven und gefühlsbetonten Ausdruck individueller Erfahrung.

Zitierte Literatur: August Gottlieb SPANGENBERG: Leben des Herrn Nicolaus Ludwig Grafen und Herrn von Zinzendorf und Pottendorf. 8 Tle. Barby 1772–75.

Weitere Literatur: Wilhelm BETTERMANN: Theologie und Sprache bei Zinzendorf. Gotha 1935. – Hans-Günther HUOBER: Zinzendorfs Kirchenliederdichtung. Untersuchung über das Verhältnis von Erlebnis und Sprachform. Berlin 1934. – Joseph Th. MÜLLER: Hymnologisches Handbuch zum Gesangbuch der Brüdergemeine. Herrnhut 1916.

Barthold Hinrich Brockes

Die uns / im Frühlinge /
zur Andacht reizende
Vergnügung des Gehörs,
in einem Sing-Gedichte

Ps. CIV. 12.

An den Bergen sitzen die Vögel des Himmels,
und singen unter den Zweigen.

Recitirende.

5 1. Die Aufmunterung. 2. Die Betrachtung.

    ARIA à 2.

    Alles redet itzt und singet /
    Alles tönet und erklinget /
       GOTT / von Deiner Wunder-Macht!
10   Wem ist itzt Dein Heyl verborgen?
       Jeder Tag erzählt's der Nacht /
    Und die Nacht dem andern Morgen.

Aufm.

So bald das güld'ne Morgen-Licht
15 Durch die begrau'te Dämm'rung bricht;
So bricht der Vögel muntres Heer,
Da Erd' und Luft fast aller Töne leer,
Der dunkeln Nächte tiefe Stille.
Sie öffnen gleich, nach Nacht und Nebel,
20 Entzücket ob der Sonnen Stral,
Die Tön- und Lieder-reichen Schnäbel,
Und füllen Wälder, Berg' und Thal;
Es gurgeln ihre kleine Kählen,
Des Schöpfers Wunder zu erzählen.

25   ARIA.

        Geflügelte Bürger beblätterter Zweige /
            Befiederte Sänger / ihr preiset / ihr rühmt /
            Da alles belaubet / da alles beblühmt /
        Die Güte des Schöpfers / und ich schweige?
30   Nein:
        Dieß / durch die Geschöpfe / gerührte Gemüthe
        Lobsinget des Schöpfers allmächtiger Güte /
            Und wünschet / Ihm ewiglich dankbar zu seyn.

        Betr.

35 Hier flötet, lockt und singet,
    Dort zwitschert, schläget, ruft und pfeift
    Der Vögel schnelle Schar, wenn sie bald fliegt, bald läuft,
    Durch Laub und Blätter schlupft, von Zweig' auf Zweige springet,
    Die Hälse dreht, die Köpfgen rührt,
40 Von Sehen nimmer satt, sich wundert, sich ergetzet,
    Und, durch des Frühlings Pracht, fast aus sich selbst gesetzet,
    Dem grossen Schöpfer dankt, und jauchzend jubilirt.
    Dort steigt die gurgelnde, gehaubte muntre Lerche
    Lobsingend in die Luft; hier rühmt mit starker Schar,
45 Den warmen Sonnen-Stral der Stieglitz, Spatz und Star,
    Der Dross- und Amseln Heer, die Specht' und Klapper-Störche:
    So Dol' als Häher schreyt, die schnellen Schwalben schwirren,
    Das kleine Zeisgen pfeift, die Wachtel lockt und schläg't,
    Die Grasemücke singt, die Turtel-Tauben girren.
50 Kurz: Alles jauchzt, was sich in Lüften reg't.

        ARIA à 2.

        Auf zum Loben / zum Danken / zum Singen /
            Preiset und rühmet den herrlichen GOTT!
        Nichts müss' auf der Welt erklingen /
55   Als Dein Ruhm / HErr Zebaoth!

        Aufm.

    Wie aber, schweigen wir vom Wunder-Schall
    Der Wälder Königinn, der Nachtigall?

Sie lässet Tag und Nacht, zu ihres Schöpfers Ehren,
60 Viel tausend süsse Lieder hören,
Womit sie Feld und Wald, Luft, Herz und Ohren füllt.
Ihr kleiner Hals, woraus ein flötend Glucken quillt,
Lockt, schmeichelt, girret, lacht, singt feurig, schlägt und pfeift;
Erst zieht sie lange, dehnt und schleift,
65 Dann wirbelt sie den Ton, zertheilet, füg't ihn wieder,
Und ändert Wunder-schnell die mannigfalt'gen Lieder.
Fast aller Singe-Vögel Klang,
Manieren, Melodey, Gesang
Hat der Natur-Geist, wie es scheint,
70 In einer Nachtigall vereint.

ARIA.

Unbetrügliche Wald-Sirene /
Deiner unerschöpflichen Töne
  Süsses Locken lockt mein Herz.
75 Durch dein künstlich und liebliches Singen
Flieg't / auf feurigen Andachts-Schwingen /
  Mein Gemühte Himmel-wärts.

Betr.

Indessen wächst der Laut, da Mensch und Vieh erwacht;
80 Die Stille scheidet samt der Nacht;
Man höret ein verwirretes Getön
Allmälig in der Luft entstehn.
Da stellen sich in dem beblühmten Grünen,
Das, durch den Thau, geschmückt mit Demant-gleichem Schein,
85 Die ämsigen, die unverdross'nen Bienen,
Mit sumsendem Gemurmel, ein;
Worunter bald hernach der Flügel tönend Zischen
Die scherzenden geschwinden Fliegen mischen:
Man wundert sich, wie stark ihr schwebend Gaukeln lermt,
90 Die Brems' und Hummel summt, der Käfer brummt und schwärmt;
Hier brüllt ein satter Ochs; dort wiehern muntre Pferde;
Im Grase rauscht und knirscht der Biß der fetten Herde;
Es schnattert Ent' und Gans; es kräh't der frühe Han;
Dort bläk't ein zartes Lamm; hier meckern kleine Ziegen;
95 Der muntre Tauber theilt der dünnen Lüfte Bahn
Mit klatschendem Geräusch', und girret vor Vergnügen.

ARIA.

Aufm.

Da Welt und Himmel jubiliret /
100 Da die Natur selbst musiciret /
    Da alles / was nur lebet / singt;
Auf! auf! mein Herz / mit Stimm' und Saiten /
Des Schöpfers Wunder auszubreiten /
    Von Dem allein die Harmonie entspringt.

105 Der Guckguck schreyt und ruf't: Guck! guck! des Frühlings Pracht!
Guck, in der schönen Welt des großen Schöpfers Macht
Mit froher Andacht an! Wenn er sie dann beschaut,
Und, daß die Welt so wunderschön,
Nun eine Zeitlang angesehn,
110 Lacht er vor Anmuht überlaut.

Betr.

Die Schneppe schnarrt und ächzet
Im feuchten Schilf, vor Lust; Ein junger Rabe krechzet;
Es quackt der feuchte Frosch; es rauscht der rege Bach;
115 Es saus't der laue West; es lispeln Zweig' und Blätter,
Und, in verdünnter Luft und heiterm Wetter,
Vermehrt der Wiederhall den Schall, und ahmt ihm nach.

ARIA à 2.

Willt du / Mensch / da GOtt zu Ehren /
120 Alles tönet / schallt und spricht;
Tauben Ottern gleich / nicht hören?
    Höre / rühme / schweige nicht!
Laß / da selbst von harten Klippen
    Schöne Töne rückwärts prallen /
125 Die durchs Ohr gereizte Lippen
    GOTT ein Dank-Lied wieder schallen!

Abdruck nach: Herrn B. H. Brockes / Rahts-Herrn der Stadt Hamburg /
Irdisches Vergnügen in GOTT, bestehend in Physicalisch- und Moralischen
Gedichten, nebst einem Anhange etlicher übersetzten Fabeln des Herrn de la

Motte. 2., durchgehends verb., und über die Hälfte verm. Aufl., mit einer gedoppelten Vorrede von Weichmann. Hamburg: Joh. Christoph Kißner, 1724. S. 20–25.
Erstdruck: Erste Auflage dieser Ausgabe 1721.

Leif Ludwig Albertsen

Erstes Gebot Gottes: Genieße die Wirklichkeit. Eine Beschreibung von Brockes

Wenn Brockes die lange Reihe seiner Gedichtbände *Irdisches Vergnügen in Gott* nennt, könnte mancher vorsichtige Literaturhistoriker versucht sein, das Wort »Vergnügen« in anderer, heute veralteter Bedeutung aufzufassen und den Titel als die Demut des Irdischen vor Gottes Antlitz oder ähnlich zu interpretieren. Das muß man aber nicht. Für Brockes ist es schon ein Gottesdienst, wenn die Kuh fröhlich und ohne viel Energie wiederkäut, und viel mehr als den unmittelbaren Genuß eigenen Besitzes und umgebender Natur verlangt er auch vom Menschen nicht. Das ist eine kommode Religion, hinter der man oft vergeblich nach einer ordentlicheren Philosophie fahndete. Die Hauptleistung dieses Dichters und wohl auch seine wichtigste Bestrebung ist aber im sprachlichen Formulieren, im Errichten weiterer Schönheiten zu finden, in denen sich die irdischen widerspiegeln.

Das hier abgedruckte Gedicht vermittelt Schönheit im Inhalt wie im Äußeren. Es erschien in einem schmuckreicheren und differenzierteren Druckbild, als es heute üblich ist, womöglich mehrfarbig; der Text war mit Umrahmungen versehen und hübsch auf eine gerade Anzahl von Seiten verteilt. Als Element der Umrahmung dient dabei ein Zitat aus einem Davidspsalm – das kann man nach Belieben als intensive Besinnung auf das Christentum oder vielmehr als dessen Veräußerlichung interpretieren. Der Text ist für die Vertonung bestimmt, eine Kantate mit der Angabe der Sänger sowie der Arien und der dazwischen stehenden Rezitative. Teil eines Gesamtkunstwerks.

Hier und sonst strebt Brockes die große Vollständigkeit des sinnlichen Genusses an und erreicht sie raffinierterweise durch strikte thematische Begrenzungen, die er sich selber auferlegt. Hier wird besprochen nicht der Frühling, sondern der Frühling mit Bezug auf einen einzelnen der fünf Sinne. Andere Abgrenzungen sind noch auffallender und führen zu seltsamen Gedichttiteln, die aber niemals komisch gemeint sind. Auch geht es Brockes nicht um eine systematische Aufreihung, in der die übrigen Sinne entsprechend besungen wären, sondern um verschiedene jeweils selbständige Sujets, die dann nachträglich, als der Band zustande kam, als ein Gang durch die Jahreszeiten arrangiert wurden (wie das auch für die folgenden Bände gilt).

Die wortreiche Sprache erinnert in ihrer Komprimiertheit zunächst an das vorhergegangene Barockzeitalter. So wie bereits im Druckbild ein Horror vacui herrscht, spricht auch noch der Dichter des angehenden 18. Jahrhunderts ungern mit vielen Silben ›von Drosseln und von Amseln‹, sondern faßt zusammen in »Dross' und Amseln« (46). Beliebt sind angehäufte einsilbige Wörter, auch wenn sie im alternierenden Vers nicht alle in die Hebung geraten: »Féld und Wáld, Luft, Hérz und Óhren« (61). Das konnte aber die Leser des Dichters kaum beeindrucken.

Was die Zeitgenossen an Brockes faszinierte und seine Bücher jahrelang zum immensen Verkaufserfolg machte, was neu war oder zumindest viel besser als bisher, war die lautmalende oder jedenfalls suggerierende und scheinbar lautmalende Verwendung eines sehr differenzierten Vokabulars, nach dem die Lerche »gurgelt« (43), die Schwalben »schwirren« (47) und sich die Bienen mit »sumsendem Gemurmel« »emsig« (85 f.) einstellen. In anderen Gedichten hat Brockes wechselnde Witterungen z. B. dadurch gemalt, daß er die Buchstaben l und r bald gar nicht, bald überhäufig verwendete. Daß dieser direkte Bezug zwischen Laut und Inhalt künstlich ist, bemerkt der Zuhörer nicht, der vom Inhalt einiger Zentralwörter verlockt wird, Lautwerte ethisch einzuschätzen. Im gegenwärtigen Text werden weitere innere Konnexe behauptet, wenn der Kuckuck »Guck! guck!« (105) schreit, und zwar, um den deutschen Menschen auf Gottes Allmacht aufmerksam zu machen. Spätestens an dieser Stelle möchte man einen schmunzelnden Brockes annehmen; aber den gibt es nicht.

Diese Sprachequilibristik steht immer in den Rezitativen, nicht in den Arien. Eine Arie ist überwiegend strophisch; ein Rezitativ in freien Versen erlaubt, daß sich die dazugehörige Musik in jeweiligen Exkursen zur Programmusik entfaltet, in der man die Ochsen brüllen und die Pferde wiehern hört. So beabsichtigte es der musikalisch sehr erfahrene Brockes, und so hat denn auch Telemann diese und etliche andere Kantaten vertont. Die Arien sind strophischer, näher dem Kirchenlied, aber daß Brockes auch hier auf neue Bezüglichkeiten zwischen Form und Inhalt aus ist, lehrt ein Blick auf die zweite Aria, die daktylisch bzw. im Dreivierteltakt verfaßt ist (xxxxxxxxx) und deren erste Hälfte (26–29), wäre sie regelmäßig, sich etwa so lesen ließe:

Geflügelte Bürger beblätterter Zweige,
Befiederte Sänger, ihr preiset, ihr rühmt,
Da alles belaubet, da alles beblümt,
Die Güte des Schöpfers, und ich aber schweige?

So steht es aber nicht da. Vielmehr kommt das Reimwort »schweige« zu früh an, so daß der Leser für einen Augenblick folgendes erwartet:

Da alles belaubet, da alles beblümt,
Die Güte des Schöpfers, und ich schweige? —

wobei — die fatale Pause des Schweigens als Inhalt ausdrükken würde. Aber diese Pause wird durch ein unerwartetes, weil durch keinen Reim introduziertes »Nein« (30) aufgehoben, das den Wendepunkt des Gedichts bedeutet. So etwas ist höherer und inspirierender Formalismus für sehr erfahrene Leser; Klopstock hat eine Generation später versucht, diesen Effekt in seiner *Frühlingsfeyer* nachzuahmen.

In der von Bach vertonten *Johannespassion*, für die Brockes um dieselbe Zeit den Text verfaßte, finden sich ähnliche Überraschungen, so die voropitzianischen Tonbeugungen im Choral Nr. 21. Man kann vielleicht sagen, daß Brockes als Formkünstler für den kleinen originellen Schnörkel mehr Sinn hat als für den großen Zusammenhang, der einen Überblick erfordert. Nicht als der Erneuerer der deutschen Liedstrophe tat sich Brockes hervor.

Bahnbrechend ist neben der Perfektionierung des Umgangs mit überraschenden Verben vor allem der ›realistische‹ Inhalt dieser Beschreibungen. Wer ›Barock‹ sagt, denkt an Alabaster und Korallen, und hiervon ist ja bei Brockes überhaupt keine Rede. Geschildert wird ein holsteinischer Bauernhof, seine Akustik so eingehend wie möglich, aber darüber hinaus fast nichts, nicht einmal der abstrakte Begriff des Landlebens. Brockes erobert in entschiedenerem Maße als irgendein anderer zeitgenössischer Dichter neue Bereiche der konkreten Wirklichkeit, nicht alle, aber überraschend viele. So besingt er z. B. das Meer, direkt und nicht wie bisher jenes wilde Meer des Lebens, auf dem das Schicksalsboot des Menschen umhergeworfen werde. Für Brockes sind solche Eroberungen von Wirklichkeitsbereichen vielleicht wenig mehr als rhetorische Leistungen; wichtig ist aber, daß Brockes im Gegensatz zu früheren und auch zu zeitgenössischen Rhetorikern die Gemeinplätze meidet. In seinem Drang, möglichst konzentriert Originelles zu bringen, vermeidet er jene festen Elemente der ländlichen Beschreibung, die seit der Antike selbstverständlich waren: die Rede vom armen, aber fleißigen und genügsamen Bauern, der die eigene Scholle bebaut und nach wohlgetaner Arbeit gut schläft, im Gegensatz zum verfeinerten Städter usw. Brockes beschreibt einfach das Gegebene, ohne es eingehender zu deuten denn als ästhetisches Erlebnis, sprich: als Beleg für die Güte Gottes.

Mit dieser Behauptung distanziere ich mich von manchen bisherigen Forschungen, die bei Brockes ein höheres Maß an reflektierender Intelligenz annehmen wollten. Daß unabhängig von den Absichten und Fähigkeiten ihres Verfassers die Gedichte wohl auch als philosophische Traktate gelesen werden können, zumal dort, wo Brockes soeben Gelesenes referiert, wird noch zu erwähnen sein.

Telemann hat dieses Gedicht und auch andere vertont. Werner Braun führt Beispiele an, wie Telemann fast jeden Tierlaut nachzuahmen trachtete und wie seine Zeitgenossen diese Manier parodierten. Die Kantaten erschienen auch später separat, so als *Harmonische Himmelslust im Irdischen* 1741, aber im Prinzip funktionierte Brockes vom zweiten Band des *Irdischen Vergnügens* an seine Kantaten immer mehr zu Lesegedichten um, und als solche blieben sie in der deutschen Literatur stehen. Man warf Telemann vor, daß ein nochmaliges musikalisches Nachquäken eines bereits quäkenden Textes zuviel des Guten sei, und Brockes scheint eingesehen zu haben, daß seine Texte eben zu ›musikalisch‹ waren, um auch noch einfühlend vertont zu werden. (Vergleichbar läßt sich Eichendorff leichter vertonen als etwa Brentano, der bereits selber mit ›musikalischen‹ Vokalharmonien und -symbolismen arbeitet.)

Schließlich fehlte Brockes jene Selbstironie, durch die auch die ausgefallensten Ideen einen Charme wahren. Von Telemann dürfte vielen noch heute die komisch-heroische *Kanarienvogel-Kantate* oder *Trauermusik eines kunsterfahrenen Kanarienvogels* (in der Interpretation von Dietrich Fischer-Dieskau) bekannt sein, über die ein empfindsamer Zuhörer ununterbrochen zu gleicher Zeit lachen und weinen muß; ein solches Timbre fehlt den Texten von Brockes. Er produziert naiv drauflos, den lieben Gott zu ehren, indem er – und dies ist ein hübscher aufklärerischer Zug – immer neue Reize entdeckt, die die Freude des Menschen erwecken.

Die Gedichte von Brockes, die von der Kantate herkommen, werden also umfunktioniert zu Lesegedichten, in denen die Rezitative alles kunstvoll beschreiben und die Arien zu moralischen Kernsätzen, gottgefälligen Schlußmaximen schrumpfen, an deren Herkunft nur noch die größere Schrifttype erinnert. Die Moral: überall Gottes Güte zu erblicken, ändert sich dadurch nicht, aber eine andere, diffizilere Moral fällt dem Dichter auch schwer ein. Seine prosaische Selbstbiographie bezeugt genau dieselbe genüßliche Egozentrik: es sei Gottes gütiger Hilfe zu verdanken, daß es Brockes gelang, eine reiche Frau zu heiraten, so daß er nicht hart zu arbeiten brauchte. Wenn auch der Dichter so spontan schreibt, daß sich gelegentlich eine vorübergehende schlechte Laune in den Gedichten abzeichnet, etwa über eine verwelkte Blume, so klärt sich der Himmel immer schnell wieder. Man kann die großen teleologischen Philosophien der Zeitgenossen zur Erklärung heranziehen, und sicher hat sie Brockes gekannt, aber das muß nicht heißen, daß er die Ansichten seiner Zeit anders als ganz naiv widerspiegelt. Den Versuch, diese Widerspiegelung als bewußte Rezeption und Weiterverkündigung physikotheologischer Gedanken zu verstehen, unternahm in einer engagierten und materialreichen Darstellung vor allem Uwe-K. Ketelsen, der Brockes als Intellektuellen ernst nimmt. Man kann das tun oder (wie hier) nicht tun.

Brockes hielt das Leben nicht nur am Wort fest. Goethe erinnert im zehnten Buch von *Dichtung und Wahrheit* daran, daß zur damaligen Zeit jene Dichter zählten, die auch sonst lebenstüchtig waren: Hagedorn war ein weltmännischer dänischer Diplomat, Haller ein berühmter Mediziner, Brockes Senator in Hamburg, kaiserlicher Pfalzgraf, schließlich Amtmann. Er dichtete nur in seiner freien Zeit, und er konnte eben auch anderes. Goethe mag dies mit leicht ironischem Unterton anführen, und seit Goethe sind wir gewohnt, nur diejenigen Dichter für voll zu nehmen, deren Produktion nicht die Gespielin ihrer Nebenstunden blieb. Das 18. Jahrhundert dachte hierüber anders; auffallend viele

Dichter jener Zeit waren z. B. Ärzte (und blieben Ärzte im Gegensatz etwa zu Schiller). Brockes selber hatte die Rechte studiert.

Wollen wir Brockes als typischen Dichter seiner Zeit betrachten, was freilich nur eine Möglichkeit unter anderen ist, rücken Gedichte wie die *Vergnügung des Gehörs* in die Nähe jener mehr reflektierenden Lehrgedichte, die vor allem in der Nachfolge der Engländer Pope und Thomson auch in Deutschland entstanden. Brockes hat Thomsons *Jahreszeiten* und auch andere Lehrgedichte übersetzt, aber er schrieb selber einen anderen Stil. Einiges mag im Gedicht an beschreibende Lehrgedichte wie das von Thomson und Hallers *Alpen* erinnern, z. B. das Aufreihen von Beobachtungen durch ein systematisches ›*Hier* sieht man jenes, *dort* dies‹. Aber über die Gliederung des Einzelsatzes wächst die Systematik bei Brockes wenig hinaus. Wo philosophischere Zeitgenossen um Allgemeines bemüht sind, schildert Brockes einfach Punktuelles aus seinem holsteinischen Alltag. Man könnte daher unmittelbar an eine Affinität zur Epistel der Antike und der Renaissance denken, die ja auch im Privaten ihren Ausgangspunkt nimmt, aber um eine solche Gedankenfülle ist Brockes gar nicht bemüht. Seine himmelwärts gerichtete Moral bleibt ein mechanischer und wenig überraschender Appendix, die Beschreibung des feinen Details aus der Wirklichkeit die Hauptleistung für ihn wie für uns.
Man kann denn auch beobachten, daß Brockes an Stellen, wo er eine höhere Abstraktion anstrebt, etwa in seinen regelmäßig erscheinenden essayistischen *Neujahrsgedichten*, bereits auf formaler Ebene versagt. Er hat nicht die Geduld, um die sechs Hebungen der langen Alexandrinerverse nachzuzählen. Gottsched hat ohne viel Pietät Madrigalverse bzw. freie Verse wie die von Brockes als die »Poesie der Faulen« bezeichnet.
Wenn andere Brockes bewunderten, so war dies der Grund dafür, daß sie im Zuge der Bewunderung auch seine aufgeklärte vernünftige Philosophie lobten, denn einem ohnedies

geschätzten Manne spricht man auch die Fähigkeit zu, auf der allgemeinen Höhe der Zeit zu sein. Nur den Verfasser phantastischer Wortkaskaden zu loben blieb auf die Dauer nicht nobel, und so galt denn Brockes als Dichter der deutschen Aufklärung und wurde mit der Aufklärung abgewertet und aufgewertet. Dichter war er als einer der großen Sprachkünstler zwischen Fischart und Holz, aber auch im Sinne Rilkes: »O sage, Dichter, was du tust? – Ich rühme.« Brockes verfaßt (unsymbolische) Dinggedichte.

Damit ist freilich ein Bogen geschlagen um jene Jahrhunderte, in denen sich die Dichter ›Schöpfer‹ nannten und behaupteten, Welt zu schaffen statt in inspirierender Weise Welt zu spiegeln. Brockes läßt sich weder als genialer Poeta vates noch als großer Realist feiern. Seine Welt ist ohne Arbeit und ohne Geld fast wie ein Paradies, und blicken wir die hier gedruckte Kantate noch einmal an, bemerken wir manche Stellen, an denen die Freude an der schönen Form kräftiger ist als die an der Wirklichkeit. Wenn wir z. B. erkennen, wie der Gang des Gedichts als Heraufkommen des Morgens mit zunehmendem fröhlichen Landlärm zu verstehen ist, so befindet sich der Abschnitt über die Nachtigall an überraschender, um nicht zu sagen sinnloser Stelle. Wir kommen also mit fotografischem bzw. chronometrischem Realismus an das Gedicht nicht heran. Die Mitte im Gedicht behauptet die Nachtigall aus nicht realen, sondern idealen Gründen; an dieser Stelle ist eine wundervolle Nachtigallenarie am schönsten untergebracht, als geheime ruhige Mitte des Kunstwerks. Was diese über das Realistische hinausreichende Formung anbelangt, könnte man das vielleicht etwas an den Haaren herbeigezogene einleitende Zitat aus David, das mehr in der Klippenwüste spielt, als den einen Teil jenes Rahmens auffassen, als dessen anderer Teil in der letzten Aria die harten Klippen dienen, von denen das Echo tönt, und die ebenfalls in Holstein nichts zu suchen haben, insofern sie einen Ton in das Gedicht bringen, den man als gemeinplatzhaft deuten könnte. Schon vor der Aria ist entsprechend vom »lauen West« (115) die Rede, der nur als Übersetzung des mediterranen Zephyr einen Sinn gibt, da der Westwind in den Gebieten östlich der Nordsee niemals lau, sondern eher kalt ist – und der Widerhall, der alles verdoppelt, wird dann im Arienbild vom Felsenecho noch einmal aufgegriffen. Somit wird auch das Gedicht ein Widerhall, das Echo einer Wirklichkeit, die es bereits gibt.

Das ist trotzdem grundsätzlich etwas anderes als jene Gemeinplätze, von denen fast alle bisherigen ländlichen Gedichte strotzten, jene sogenannten Topoi der Hirtenunschuld, des gesunden einfachen Essens (Brockes sieht keinen Grund, puritanisch zu essen!), des Schlafens auf hartem Lager. Brockes ist nicht sentimental, ist kein Nostalgiker, über sein ganz einfaches Programm des Genießens in Gott hinaus hat er keine Moral zu verkünden. Er ist nicht reflektiert genug, um sich als Epikureer zu bekennen, und zu wenig selbstironisch, um sich als das zu sehen, was er wohl in Wahrheit ist: ein Philister. Ein rühmender Philister rühmt philiströs. Ein genießender Philister genießt auf philiströser Ebene.

Das ist holsteinische Weisheit, so einfach wie die Musik von Telemann. Ein heutiges mehr als historisches Verständnis für Brockes wird durch die allgemein verbreitete Vorstellung behindert, daß der heutige Mensch gar nicht versuchen darf, sein Leben zu genießen, wie es die alte schöne Kunst von Brockes lehrte. In Zeiten, wo ein Gespräch über Bäume fast ein Verbrechen ist, scheint die Betrachtung des zeitlos Natürlichen den Blick auf Wichtigeres zu verdecken. Ich halte es für unrichtig, Brockes dadurch für diese kritische Haltung zu retten, daß man ihm eine größere Tiefe zuschreibt. Denn seine staunende Naivität ist übergroß; in dieser Hinsicht ist er vielleicht eben heute ein moralisches Ärgernis.

Zitierte Literatur: Werner BRAUN: B. H. Brockes' »Irdisches Vergnügen in Gott« in den Vertonungen G. Ph. Telemanns und G. Fr. Händels. In: Händel-Jahrbuch 1 (VII) (1955) S. 42–71. [Nicht, wie behauptet, auch in: Archiv für

Musikwissenschaft 11–14 (1954–57).] – Uwe-K. KETELSEN: Die Naturpoesie der norddeutschen Frühaufklärung. Stuttgart 1974.
Weitere Literatur: Georg GUNTERMANN: Barthold Heinrich Brockes' »Irdisches Vergnügen in Gott« und die Geschichte seiner Rezeption in der deutschen Germanistik. Bonn 1980. [Forschungsanalyse mit Bibliographie.] – Karl RICHTER: Die kopernikanische Wende in der Lyrik von Brockes bis Klopstock. In: Jahrbuch der Deutschen Schillergesellschaft 12 (1968) S. 132–169. – Wilhelm SCHNEIDER: Ausdruckswerte der deutschen Sprache. Eine Stilkunde. Berlin 1931. S. 203–206. [Grundsätzliches über die sogenannte Lautmalerei.]

Albrecht von Haller

Unvollkommne Ode über die Ewigkeit

I
*

Ihr Wälder! wo kein Licht durch finstre Tannen strahlt /
Und sich in jedem Busch die Nacht des Grabes mahlt:
Ihr holen Felsen dort! wo im Gesträuch verirret
Ein trauriges Geschwärm einsamer Vögel schwirret:
5 Ihr Bäche! die ihr matt in dürren Angern fließt /
Und den verlohrnen Strom in öde Sümpfe gießt:
    Erstorbenes Gefild' und Grausen-volle Gründe!
     O daß ich doch bey euch / des Todes Farben fünde!
O nährt mit kaltem Schaur / und schwarzem Gram mein
                        Leyd!
10 Seyd mir ein Bild der Ewigkeit!

II

    Mein Freund ist hin.
    Sein Schatten schwebt mir noch vor dem verwirrten Sinn;
Mich dünkt ich seh sein Bild / und höre seine Worte:
Ihn aber hält am ernsten Orte
5   Der nichts zurücke läßt
    Die Ewigkeit mit starken Armen fest.

III

Noch heut war er was ich / und sah auf gleicher Bühne /
    Dem Schauspiel dieser Welt / wie ich / beschäftigt zu.
    Die Stunde schlägt und in dem gleichen Nu
10 Ist alles nichts so würklich als es schiene.

* Auf daß sich niemand an den Ausdrücken ärgere / worinnen ich von dem
Tode als einem Ende des Wesens / oder der Hoffnung spreche / so berichte /
daß alle diese Reden Einwürfe haben seyn sollen / die ich würde beantwortet
haben / wann ich fähig wäre / diese Ode zu Ende zu bringen.

Die dicke Nacht der öden Geister-Welt
Umringt ihn itzt / mit Schrecken-vollen Schatten /
    Und die Begier ist was er noch behält /
Von dem was seine Sinnen hatten.

IV

25 Und ich? bin ich von höherm Orden?
    Nein / ich bin was er war / und werde was er worden.
        Mein Morgen ist vorbey / mein Mittag rückt mit Macht:
        Und eh der Abend kömmt / kan eine frühe Nacht /
    Die keine Hofnung mehr zum Morgen wird versüssen /
30 Auf ewig meine Augen schliessen.

V

    Forchtbares Meer der ernsten Ewigkeit!
    Uralter Quell von Welten und von Zeiten!
        Unendlichs Grab von Welten und von Zeit.
        Beständigs Reich der Gegenwärtigkeit!
35   Die Asche der Vergangenheit
    Ist dir ein Keim von Künftigkeiten.

VI

    Unendlichkeit! wer misset dich?
    Bey dir sind Welten Tag' und Menschen Augenblicke.
        Vielleicht die tausendste der Sonnen welzt itzt sich /
40 Und tausend bleiben noch zurücke.
        Wie eine Uhr beseelt durch ein Gewicht /
    Eilt eine Sonn aus GOttes Kraft bewegt:
        Ihr Trieb lauft ab / und eine andre schlägt /
    Du aber bleibst und zählst sie nicht.

VII

45   Der Sternen stille Majestät /
        Die uns zum Ziel befestigt steht /
    Eilt vor dir weg / wie Gras an schwülen Sommer-Tagen /

Wie Rosen die am Mittag jung /
Und welk sind vor der Dämmerung /
Ist gegen dich der Angelstern und Wagen.

VIII

Als mit dem Unding noch das neue Wesen rang /
Und kaum noch reif die Welt / sich aus dem Abgrund
schwang /
Eh als das Schwere noch den Weg zum Fall gelernet /
Und auf die Nacht des alten Nichts /
Sich goß der erste Strom des Lichts /
Warst du so weit als itzt von deinem Quell entfernet.
Und wann ein zweytes Nichts wird diese Welt begraben;
Wann von dem ganzen All / nichts bleibet als die
Stelle;
Wann mancher Himmel noch / von andern Sternen
helle
Wird seinen Lauf vollendet haben /
Wirst du so jung als itzt / von deinem Tod gleich weit /
Gleich ewig künftig seyn / wie heut.

IX

Die schnellen Schwingen der Gedanken
Wogegen Zeit / und Schall / und Wind
Und selbst des Lichtes Flügel langsam sind /
Ermüden über dir / und hoffen keine Schranken;
Ich häuffe ungeheure Zahlen
Gebürge Millionen auf.
Ich welze Zeit auf Zeit / und Welt auf Welt zu Hauf /
Und wann ich von der grausen Höhe
Mit Schwindeln wieder nach dir sehe /
Ist alle Macht der Zahl vermehrt mit tausend mahlen
Noch nicht ein Theil von dir /
Ich zieh sie ab und Du liegst ganz vor mir.

X

75 O GOtt du bist allein des Alles Grund /
Du Sonne bist das Maaß der ungemeßnen Zeit /
Du bleibst in gleicher Kraft und stetem Mittag stehen /
   Du giengest niemals auf und wirst nicht untergehen /
   Ein einzig Itzt in dir / ist lauter Ewigkeit.
80 Ja / könnten nur in dir die festen Kräfte sinken
   So würde bald mit aufgesperrtem Schlund
Ein allgemeines Nichts des Wesens ganzes Reich /
   Die Zeit und Ewigkeit zugleich /
   Als wie der Ocean ein Tröpfgen Wasser trinken.

XI

85 Vollkommenheit der Grösse!
   Was ist der Mensch der gegen dich sich hält!
   Er ist ein Wurm / ein Sandkorn in der Welt.
Die Welt ist selbst ein Punct wann ich an dir sie messe.
   Nur halb gereiftes Nichts / seit gestern bin ich kaum /
90 Und morgen wird ins Nichts mein halbes Wesen kehren /
   Mein Lebens-Lauf ist wie ein Mittags-Traum /
Wie hoft er dann den deinen auszuwähren.

XII

Ich ward / nicht aus mir selbst / nicht weil ich werden wolte /
   Ein etwas das mir fremd / das nicht ich selber war /
95 Ward auf dein Wort mein Ich. Zu erst war ich ein Kraut
Sich unbewußt / noch unreif zur Begier /
   Und lange war ich noch ein Thier
Da ich ein Mensch schon heißen solte.
   Die schöne Welt / war nicht für mich gebaut /
100 Mein Ohr verschloß ein Fell / mein Aug ein Staar /
Mein Denken stieg nur noch biß zum Empfinden /
Mein ganzes Kenntnüß war / Schmerz / Hunger und die
                      Binden.

XIII

Zu diesem Wurme kam noch mehr von Erdenschollen
  Und etwas weißer Saft /
05   Ein inn'rer Trieb fing an die schlaffen Sehnen
Zu meinen Diensten auszudehnen /
Die Füsse lernten gehn durch Fallen /
Die Zunge reiffete zum Lallen
  Und mit dem Leibe wuchs der Geist.
10   Er prüfte nun die ungeübte Kraft
  Wie Mücken thun die von der Wärme dreist
Halb Würmer sind und fliegen wollen.
  Ich starrte jedes Ding als fremde Wunder an /
Ward reicher jeden Tag / sah vor und hinder heute /
15 Maaß / rechnete / verglich / erwählte / liebte / scheute /
Ich irrte / fehlte / schlieff' / und ward ein Mann.

XIV

Itzt fühlet schon mein Leib, die Näherung des Nichts,
Des Lebens lange Last erdrückt die müden Glieder;
Die Freude flieht von mir, mit flatterndem Gefieder,
20 Der sorgenfreyen Jugend zu.
Mein Eckel, der sich mehrt, verstellt den Reitz des Lichts,
Und streuet auf die Welt den Hofnungslosen Schatten.
Ich fühle meinen Geist in jeder Zeil' ermatten,
Und keinen Trieb, als nach der Ruh.

Abdruck nach: Dr. Albrecht Hallers Versuch Schweizerischer Gedichte. 3., verm. und veränd. Aufl. Bern: Niclaus Emanuel Haller, 1743. S. 149–153. [Erstdruck. Ohne Strophe 14.] – D. Albrecht Hallers [. . .] Versuch Schweizerischer Gedichte. 4., verm. und veränd. Aufl. Göttingen: Abram Vandenhoeck, 1748. S. 228. [Strophe 14.] [Neuere Ausgaben, die den Text der Ausgabe letzter Hand (1777) zugrunde legen, weisen von Zeile 70 an eine abweichende Verszählung auf, da in der Ausgabe von 1777 zwischen Zeile 69 und 70 ein Vers (»Und wann ich auf der March des endlichen nun bin«) eingefügt ist.]
Weitere wichtige Drucke: Albrecht von Haller: Gedichte. Hrsg. und eingel. von Ludwig Hirzel. Frauenfeld: J. Huber, 1882. [Text der Ausgabe letzter Hand.] – Albrecht von Haller: Gedichte. Hrsg. von Harry Maync. Leipzig: H. Haessel, 1923. [»Kritisch durchgesehene« Ausgabe im Anschluß an Hirzels Text.]

Karl S. Guthke

Der Sinn der Frage ohne Antwort. Zu Hallers Ode über die Ewigkeit

Bis in die unmittelbare Gegenwart gilt die *Unvollkommne Ode über die Ewigkeit* als Hallers »glänzendstes«, »vollkommenstes« und »großartigstes« Gedicht.[1] Aber warum dies, wenn doch offenkundig war und ist, daß es sich um ein bloßes Fragment handelt? Ein großes oder auch »großartiges« Thema gewiß, gestaltet aber doch nur in der Form einer bloßen Frage, auf die sich keine bündige Antwort abzeichnet. Oder ist der Sinn der Frage eben in dieser Antwortlosigkeit zu suchen und *darin* der die Jahrhunderte überdauernde Reiz dieses Gedankengedichts?

Kaum vielversprechend zwar ist der Auftakt, die erste Strophe: eine Naturbeschreibung, ein Stimmungsbild, in dem weniger die Landschaft eine Gestimmtheit suggerieren soll, als daß diese Natur ihrerseits von der seelischen Verfassung des Sprechenden zunächst einmal ›inszeniert‹ wird: »Seyd mir ein Bild der Ewigkeit!« (10). Die dunklen Wälder und leblosen Felsen, die »matten« (5) Bäche und »erstorbenen« (7) Felder sind eine ›gestellte‹ Natur, eine passende Kulisse für die Gedanken, die nun aus emotionaler Betroffenheit heraus ausgesprochen werden sollen. Nicht an Natur denkt man, sondern an Theater; und in der Tat begegnet schon wenige Zeilen später der barocke Topos von der Welt als »Bühne« und dem Leben als »Schauspiel« (17 f.). Der Eingang wirkt daher (um in der Theatersprache zu bleiben) wie ein bloßes Versatzstück der barocken Literaturtradition. Doch was auf diesem Theater gespielt wird, ergreift den Leser oder Zuschauer sofort mit der Gewalt des Wirklichen:

---

1 Frey, S. 30; Mayne, S. 39; Helbling, S. 83. Äußerungen der Zeitgenossen referieren Fehr, S. 10; Hirzel, S. CCCLII–CCCLIII, CDXXIII, CDXXV, CDXXX; Frey, S. 138, 179–212.

des biographisch Wirklichen zunächst, des emotional und denkerisch Authentischen sodann.

»Mein Freund ist hin« (11). Die sorgsam stilisierte Ordnung der Alexandriner der ersten Strophe, ausgeklügelt wie die Naturszenerie, die sie beschreiben, zerbricht jäh; unregelmäßig und unbehauen, wie Geröll, finden sich die Worte in den nächsten Zeilen zusammen unter dem Ansturm der Wirklichkeit. Denn diese abrupte Stelle, die den eigentlichen Einsatzpunkt des ganzen Gedichts bezeichnen dürfte (dem Haller dann den vermutlich schon viel früher entstandenen Natureingang hinzufügte) spricht nicht etwa von einer »poetischen Fiktion«, wie man lange genug geglaubt hat (Helbling, S. 85), sondern von einem realen Vorfall, der Haller aufs tiefste erschüttert hat (Guthke, *Hallers »Ode über die Ewigkeit«*, S. 301–311). Entsprechend schreibt Haller kein konventionelles Leichencarmen. Nicht eigentlich der Verlust des Freundes ist sein Thema, sondern die dadurch ausgelöste persönliche Betroffenheit von der aktuellen Möglichkeit des eigenen Todes. Der Duktus der Rückwendung auf das eigene Ich bestimmt den gedanklichen Verlauf der Ode:

Noch heut war er was ich / und sah auf gleicher Bühne /
  Dem Schauspiel dieser Welt / wie ich / beschäftigt zu. (17 f.)

Und wieder:

Und ich? bin ich von höherm Orden?
Nein / ich bin was er war / und werde was er worden. (25 f.)

Was dieses Ich erfährt, ist die Konfrontation mit jener »Ewigkeit«, die der Tod im christlichen Selbstverständnis bedeutet: abberufen von der Bühne des barocken Welttheaters, tritt die Seele vor das Angesicht des Herrn und Richters. Die »Ewigkeit« (16), in die der Freund eingegangen ist und die dem autobiographisch Sprechenden bevorsteht (30), ist jenes Reich der »Schatten« (22), das das Christentum als das Jenseits bezeichnet. Denkbar einfach scheint das Thema »Ewigkeit« damit umrissen zu sein.

Indem Haller diese Extremsituation gedanklich erlebt und gestaltet, geschieht nun aber etwas Eigenartiges. Die ›Ewigkeit‹ als theologischer, ›barocker‹ Begriff (die christliche Transzendenz als Gegenstand des Glaubens an das ›ganz andere‹, doch in der Zeitlichkeit immer Gegenwärtige) changiert in den ›modernen‹, den mathematisch-naturwissenschaftlichen ›Ewigkeits‹-Begriff im Sinne der unendlichen Ausdehnung von Raum und Zeit. »Forchtbares Meer der ernsten Ewigkeit« (31) – das ist nicht die Furcht oder ›barocke Weltangst‹ des Gläubigen vor seinem alttestamentarisch schrecklichen Schöpfer, jene Furcht, der, schon in Hallers Gedichten selbst, die ebenso gläubige Zuversicht auf die Gnade das Gleichgewicht hält (*Über den Ursprung des Übels* III, V. 226–232); das ist vielmehr der Horror vor der Unbegrenztheit des Raums und der Zeit (ein Horror, der indes schon bald auch Aspekte der Faszination annehmen wird): »Unendlichkeit! wer misset dich?« (37). Hier also spricht der Naturwissenschaftler Haller, der sich auch sonst in der Ode nicht verleugnet: und zwar denkt er an dieser Stelle kosmologisch – obwohl er doch sonst, und sogar in den Gedichten, in den *Alpen* etwa (V. 86), wenig von der Astronomie hält, da sie eine weltferne Wissenschaft sei, die den Menschen sich selbst, nämlich der Selbsterkenntnis, entfremde. Wenn er hier jedoch, in den Strophen 5 bis 9, die poetische Gedankenbildung in seiner emotionalen Betroffenheit ausgerechnet von der Astronomie inspirieren läßt, indem er sich die unendlichen zeitlichen und räumlichen Ausmaße des Universums imaginativ-sinnlich vergegenwärtigt, ist die Frage nach dem Menschen nur scheinbar verdrängt. Aus dem Hintergrund macht sie sich insgeheim, zwischen den Zeilen, dennoch geltend; denn das Ich ist es ja, das diese astronomische Unendlichkeit »mit Schwindeln« (71) erfährt, und bald genug kommt es denn auch direkt zu Worte mit der Frage nach sich selbst: »Was ist der Mensch der gegen dich sich hält!« (86), ähnlich wie in Klopstocks *Frühlingsfeyer* (1759), wo die grandiose Schau des »Oceans der Welten alle« einmündet in die Frage: »Und wer bin ich?« – nämlich in Hinblick auf dieses Universum, das die damalige Wissenschaft ins Bewußtsein rückte.

Was also sieht der Naturwissenschaftler, der Kosmologe? Wie für den heutigen Astrophysiker Raum und Zeit quasi identisch werden, sofern sie gegenseitig Funktion ihrer selbst sind unter der Voraussetzung eines seit dem Urknall evolvierenden Universums, so auch für Haller, wenn er gleich im Anschluß an den Ausruf »Forchtbares Meer der ernsten Ewigkeit!« diese definiert als »uralten Quell von Welten und von Zeiten!« (32) – mit dem Unterschied allerdings, daß die Ausdehnung von Raum und Zeit bei Haller anfangslos zu denken ist, wie spätere Stellen andeuten (Str. 8). Davon gleich mehr. Der Plural »Welten« zeigt zunächst präzis, in welchen Zusammenhängen der Kosmologe Haller hier denkt. Nicht Klopstock, in dessen Lyrik die »Welten« als thematisches Leitmotiv auf die geistesgeschichtliche Stunde der Breitenwirkung der durch Kopernikus inaugurierten »Neuen Naturwissenschaft« deuten, ist, wie es üblicherweise heißt, in den deutschsprachigen Ländern der erste gewesen, der das Weltbild der kopernikanischen und nachkopernikanischen Astronomie in der Dichtung fruchtbar gemacht hat, sondern Haller. Denn der Plural »Welten« ist im 18. Jahrhundert unmißverständlich das Stichwort für eine Vorstellung, die sich aus Kopernikus' Gleichsetzung der Erde und der Planeten als Trabanten der Sonne ergibt. Wenn die Erde ein Planet ist, warum sind dann nicht die anderen Planeten Erden, »Welten« mit Bergen, Flüssen, Pflanzen, Tieren und – Menschen oder doch menschenähnlichen Wesen; und warum schließlich sollte Entsprechendes nicht auch von den Planeten anderer Sonnen, nämlich der Sterne, gelten? Giordano Bruno zog diesen Schluß mit der triumphalen Logik des astronomischen Schwärmers und brach dabei zugleich den von Kopernikus noch beibehaltenen geschlossenen Kosmos, eingegrenzt vom Kranz der Fixsterne, auf zum Unendlichen ohne Mittelpunkt, ohne hierarchische Ordnung, ohne Anfang und ohne Ende. Galileis Observationen, die er 1610 im *Sidereus nuncius* nicht nur den Fachkollegen, sondern »jedermann« unterbreitete, schienen den Schluß zu bestätigen; manche Schüler Descartes' bekannten sich dazu (privat auch Descartes selbst); und die Anhänger Newtons (wenn auch nicht Newton selbst) machten im 18. Jahrhundert geradezu ein Evangelium aus dieser Vorstellung von der »Mehrheit der Welten« (vgl. Guthke, *Der Mythos der Neuzeit*). Haller hat sich zeitlebens als Newtonianer verstanden; Newton war ihm Inbegriff dessen, wozu der menschliche Geist überhaupt nur fähig sei, ja: »ein Newton übersteigt das Ziel erschaffner Geister« (*Gedanken über Vernunft, Aberglauben und Unglauben*, V. 51). Hallers Faszination von der Vorstellung der vielen Welten, schon in seinen frühesten Gedichten, ist zweifellos mit dieser Verehrung Newtons als des Vollenders der kopernikanischen Revolution in Verbindung zu bringen. »Die Sterne sind vielleicht ein Sitz verklärter Geister« ist der Locus classicus in den *Schweizerischen Gedichten* (*Über den Ursprung des Übels* III, V. 197).

Sieh Welten über dir, gezählt mit Millionen,
Wo Geister fremder Art in andern Körpern wohnen [. . .].
(*Antwort an Herrn Bodmer*, V. 127 f.)

In der Ode über die Ewigkeit malt Haller die »Welten« und ihre Bewohner allerdings nicht näher aus; er verwendet sie auch kaum als Chiffre der Unendlichkeit im Raum, d. h. im Raum der »tausend neuen Sonnen« Galileis (*Gedanken*, V. 31). Mehr jedenfalls betont er ihr Entstehen und Vergehen, so daß er sie, die Elemente des *Raums*, als *Zeitmesser* fungieren lassen kann, ja als *Zeitäquivalent*: »Bey dir sind Welten Tag'« (38) – nämlich »bei« der hier apostrophierten »Unendlichkeit«, die dem »Meer von Welten und von Zeiten«, also der »Ewigkeit«, gleichgesetzt wird – der mathematischen Ewigkeit (Ausdehnung ohne Anfang und Ende), nicht der theologischen (Unsterblichkeit der Seele im ›Jenseits‹, im Nicht-Endlichen).

Der Raum der Astronomen also als Zeitmesser – aber als einer, der versagt vor der Unendlichkeit dieser Erstreckung. »Unendlichkeit! wer misset dich? | [...] | Vielleicht die tausendste der Sonnen welzt itzt sich / | Und tausend bleiben noch zurücke« (37–40). Die Unendlichkeit kann nicht ausgelotet werden durch die unübersehbare Abfolge von Welten in Vergangenheit und Zukunft. Worauf Haller hier anspielt – sein Briefpartner Werlhof warnte ihn mehrmals vor der theologischen Gefährlichkeit dieser Vorstellung (Guthke, *Hallers »Ode über die Ewigkeit«*, S. 307) –, ist die seit dem 17. Jahrhundert wieder virulent gewordene atheistische Kosmologie der antiken Atomisten, Demokrits wohl in erster Linie. Unverkennbar ist die Anziehungskraft dieser suspekten Lehre in Hallers Vorstellung vom Entstehen und Vergehen von ungezählten Sonnen und ihren »Welten«, deren jeweilige Lebenszeit wie ein Uhrwerk »abläuft« (43).

Doch wie reagiert Haller darauf? Mit dem affektbetonten »Forchtbaren Meer der ernsten Ewigkeit!« setzt die Mittelpartie der Ode (Str. 5–9) zwar ein; charakteristisch aber ist die betonte Nüchternheit, mit der der Naturwissenschaftler spricht. Die neunte Strophe stellt tatsächlich die literarische Gestaltung der mathematischen Gleichung $\infty - x = \infty$ dar (Stäuble, *Albrecht von Haller*, S. 14):

Ich häuffe ungeheure Zahlen
  Gebürge Millionen auf.
Ich welze Zeit auf Zeit / und Welt auf Welt zu Hauf /
Und wann ich von der grausen Höhe
  Mit Schwindeln wieder nach dir sehe /
Ist alle Macht der Zahl vermehrt mit tausend mahlen
  Noch nicht ein Theil von dir / [von der Unendlichkeit]
  Ich zieh sie ab und Du liegst ganz vor mir. (67–74)

Ein *gefühlsmäßiger* Respons deutet sich in dem kühl berechnenden Versuch dieser fünf Strophen, das Unermeßliche zu ermessen, nur zwischen den Zeilen an, und da bleibt es nicht bei der »Furcht«. Vielmehr verquicken sich kosmischer Schauer und kosmischer Enthusiasmus zu jenem komplex-einheitlichen Gesamteindruck, den die Ästhetik der Zeit »das Erhabene« nennt. Wenn »der Sternen stille Majestät« (45) vor der Unendlichkeit oder Ewigkeit verblaßt, so ist diese um so majestätischer – und erschreckender in ihrer jene Majestät auslöschenden Gewalt. Horror und ergriffenes Staunen mischen sich bei der Vergegenwärtigung, daß diese Ewigkeit schon da war, ja: genauso alt war wie jetzt, bevor die (für Haller mit der Aura des Göttlichen umgebenen) Naturgesetze existierten, zumal die von Newton formulier-ten Gravitationsgesetze, »die Gott einmal gemacht, daß er sie nie verletze« (*Gedanken*, V. 56). Das heißt also: die Ewigkeit »war« schon vor der biblischen Schöpfung, als »auf die Nacht des alten Nichts / Sich goß der erste Strom des Lichts« (des Lichts Gottes oder der von ihm geschaffe-nen Sonne und Sterne, 54 f.). Und ebenso bewirkt die Vergegenwärtigung »Furcht« und Staunen, daß die Ewigkeit nach dem Untergang dieser Schöpfung »so jung als itzt« (61) sein wird.

Furcht und Staunen wovor aber? Vor Gott oder einer auto-nomen Natur? Die eben aus den *Gedanken* zitierte Stelle lautete in den Ausgaben von 1732 bis 1749: »die *die Natur* gemacht«. Eine ähnliche (nicht identische) Eigenständigkeit gewinnt die Natur an der zuletzt erwähnten Stelle aus der Ode über die Ewigkeit: die Ewigkeit liegt der biblischen Weltschöpfung, liegt also Gottes alles begründender Tätig-keit weit voraus; sie wird diese geschaffene Welt überdau-ern, die »vielleicht die tausendste« ist, die von jener Ewig-keit überdauert wird. Es scheint, das in Raum und Zeit Unendliche, die Natur doch wohl, wird – ebenso wie das »alte Nichts« und »Unding«! – absolut gesetzt als unerschaf-fen. »Kosmischer Nihilismus des Barock« mit seinem kos-mischen Grauen und seiner »nihilistischen Ewigkeitsvor-stellung« als Auswirkung des kopernikanischen Schocks (Philipp, S. 78–82)? Atomistischer Atheismus? Die Neo-

Atomisten des 17. Jahrhunderts, auch Newton und Leibniz, rekurrierten angesichts dieses Vorwurfs beflissen auf Gott als den Schöpfer der Atome und damit als den Schöpfer des (durch das Zusammenspiel der Atome konstituierten) Raums und *implicite* der Zeit (und Ewigkeit). Haller läßt zwar ebenfalls die biblische Schöpfung und auch alle ihr vorausgehenden Schöpfungen betontermaßen »aus GOttes Kraft bewegt« (42) sein. Nichtsdestoweniger kommt auch er der materialistischen, anti-metaphysischen Häresie, nämlich der »Vergöttlichung« der unerschaffenen Natur (Helbling, S. 87 f., 121 f.), unverkennbar nahe. Damit aber riskiert er die Absolutsetzung der Ewigkeit als der Unendlichkeit der empirischen, physischen Welt – die ebenso ohne »Jenseits« wäre wie die unendliche oder doch unbestimmte »extensio« der »materia« bei Descartes, der nicht ohne Grund unter Atheismusverdacht stand. Denn Hallers »Ewigkeit« wird in der Mittelpartie der Ode über die Ewigkeit ja die Summe der Zeit, ähnlich übrigens schon in dem thematisch verwandten Gedicht *Die Nacht*, das zu seinen frühesten gehört. Keine Rede also mehr von der Ewigkeit im theologischen Sinne (als Unsterblichkeitsmodus der Seele in der Präsenz Gottes jenseits von Raum und Zeit). Ewigkeit ist das, was selbst die Lichtgeschwindigkeit nicht ausmessen kann (65).

Jedoch: schon in der Strophe, die auf diese mathematisch-naturwissenschaftliche Unendlichkeitsschau folgt, in der zehnten, kommt Haller (ähnlich Brockes in seinem berühmten Gedicht *Das Firmament*) ganz unvermittelt aus dem ketzerischen Seelenschwindel »zu sich« oder zu Gott: »O GOtt du bist allein des Alles Grund« (75). Dieses All ist nun aber trotz der Wortgleichheit nicht jenes »ganze All« (58) der göttlichen Weltschöpfung, die in einem bestimmten Moment im Ablauf der Zeit erfolgte (im Jahre 4004 v. Chr. nach der Meinung vieler Zeitgenossen Hallers). Es *umfaßt* jenes All, ist aber mehr: denn wenn Gott als »das Maaß der ungemeßnen Zeit« (76) »des Alles Grund« ist, so ist er der Grund von »Zeit und Ewigkeit zugleich« (83). Das wiederum bedeutet: die Verabsolutierung oder Unabhängigkeitserklärung der (naturwissenschaftlichen) Ewigkeit (ohne »Jenseits«) ist zurückgenommen: Der Gott der Bibel hat, wie es auch in *Über den Ursprung des Übels* (II, V. 1) heißt, alle Zeit, also auch die (naturwissenschaftliche) Ewigkeit als deren Summe, aus sich hervorgehen lassen in einem uranfänglichen Fiat. Von daher aber kann die Ewigkeit auch ihren theologischen Sinn zurückgewinnen als Gegenbegriff zu Zeitlichkeit und Endlichkeit, als Synonym der Aufhebung von Zeit und Raum in der Transzendenz. Das scheint gemeint zu sein, wenn es jetzt (nach der naturwissenschaftlichen Reduktion von »Welten« zu »Tagen« und von Menschenleben zu »Augenblicken«) umgekehrt, theologisch, heißt: »Ein einzig Itzt in dir / ist lauter Ewigkeit« (79): vor Gott ist die Zeit als der unbegrenzte, »ewige« Verfluß ihrer Einheiten aufgehoben; jeder Moment der Zeit(lichkeit) öffnet sich vielmehr zugleich der »Ewigkeit« jenseits der Zeit. Und beide, Diesseits und Jenseits, hat Gott geschaffen; er ist beider »Grund«. Die christliche Welt- und Gottvorstellung ist salviert.

Ausgerechnet die Sprache der »neuen Naturwissenschaft« ist es aber, die diesen Rekurs auf Jahwe formuliert: sie apostrophiert Gott als »Du Sonne« – nämlich als die kopernikanische Sonne, die in »stetem Mittag« stillsteht, nicht auf- und untergeht (76–78). Das heliozentrische Weltbild, das in den Strophen des mittleren Teils des Gedichts – vor allem durch seine unendliche Vervielfältigung bei Bruno – den Anstoß gab zu Gedanken, die in die atheistische Ketzerei zu münden drohten, dient jetzt der emphatischen Versinnbildlichung der Rückkehr zum Gott der Heiligen Schrift. Kopernikus selbst hatte an einer lyrischen Stelle von *De revolutionibus orbium coelestium* (1543) die Sonne zum Symbol des göttlichen Herrschers erhoben (Buch 1, Kap. 10). Er hatte seine Schrift dem Papst gewidmet – sich aber an der bezeichneten Stelle auf Hermes Trismegistus als Autorität für diesen Sonnenkult berufen: auf jene vorchristliche orientalische Tradition also, der auch Bruno verpflichtet war – und die in den Augen der Alleinseligmachenden Kirche eine exotische

Irrlehre darstellte, die denn auch im Inquisitionsverfahren gegen Bruno eine Rolle gespielt hat (Yates).

Rückt vor diesem Hintergrund aber Hallers christliches Glaubensbekenntnis (»Du Sonne«) nicht seinerseits ins theologische Zwielicht? Haller läßt sich hier auf dogmatisch Riskantes nicht ein. Doch schon in den gleich folgenden Zeilen gerät er, kaum daß er den theologischen Ewigkeitsbegriff salviert hat, in anderer Weise in die theologische Gefahrenzone, wenn er, als Argumentum ad absurdum sozusagen, den Gedanken faßt, daß Gottes »feste Kräfte sinken« könnten. Was dann?

> So würde bald mit aufgesperrtem Schlund
> Ein allgemeines Nichts des Wesens ganzes Reich /
> Die Zeit und Ewigkeit zugleich /
> Als wie der Ocean ein Tröpfgen Wasser trinken. (81–84)

Ein Gedankenspiel wohl nur, doch eins, das sich in Ernst verkehrt. Denn wirkt diese Stelle nicht wie ein Echo jener früheren, in der achten Strophe, die von dem ungeschaffenen »alten Nichts« sprach, das schon zu dem Zeitpunkt da war, als Gott das »Wesen« ins Leben rief, und das diese sowie alle früheren und zukünftigen Schöpfungen in der Zeit überdauert, also selbst Ewigkeitsqualitäten besitzt? (»Alt und ewig sind gleichbedeutend« bei Haller, hat Stäuble in anderem Zusammenhang bemerkt: *Albrecht von Hallers »Über den Ursprung des Übels«*, S. 132.) Wenn also mit der Zeit auch die gleicherweise von Gott geschaffene »Ewigkeit« (83) in ein solches »allgemeines Nichts« versinkt wie ein Tropfen in den Ozean, den man nicht als Metapher Gottes deuten kann (so Stäuble, *Albrecht von Haller*, S. 15) – dann ist damit gesagt: *Vor* und *nach* der aus dem Schöpfer hervorgegangenen Ewigkeit gibt es ein von Gott unabhängiges, ja: ihn überlebendes und ihm vorausliegendes Etwas (»Ocean«), nämlich ein »allgemeines Nichts« ähnlich dem, das vorher schon absolut gesetzt wurde. Mit anderen Worten: es gibt die ungeschaffene »Ewigkeit« des Chaos. Eine

Ketzerei also doch? Oder wäre dieser Gedankensplitter mit dem Begriff der Creatio ex nihilo zu entschärfen?

Hier schlägt Haller, der wegen seiner theologischen Gewagtheiten längst Beargwöhnte, sich die Hand auf den Mund. Oder vielmehr: er bricht aus in das Lob des Herrn, der um so größer ist, je mehr der Mensch seine eigene Geringfügigkeit erkennt. »Vollkommenheit der Grösse! | Was ist der Mensch der gegen dich sich hält!« (85 f.).

Dieser Frage geht der Schluß des Fragments nach, der nun die bisher nur angedeuteten anthropologischen Folgerungen aus der »Milchstraßenspekulation« (Thomas Mann) zieht, die die Ode bis hierher beherrschte; er enthält den Entwurf einer Individualgenese des Menschen. Doch Widersprüchlichkeit auch hier: was angelegt scheint als Dokumentation der Degradierung des Menschen zum nichtigen »Wurm« (einer Lieblingsmetapher des Barockzeitalters), gestaltet sich zum Staunen über die Konsequenz seiner Aufwärtsentwicklung im Sinne der damals von Haller vertretenen »animalculistischen« Präformationstheorie – geprägte Form, die lebend sich entwickelt im »Kraut« zum »Mann« (95, 116). Weit ist die in dieser Ontogenese beschlossene Anthropologie Hallers jedoch davon entfernt, den Menschen als diesseitiges Wesen gut aufklärerisch absolut zu setzen, wie man gemeint hat (Helbling, S. 91). Vielmehr ist sie Hallers gerade in dieser Ode wiedergewonnener christlicher Schöpfungsgläubigkeit kongenial; denn »nicht aus mir selbst«, sondern »auf dein [Gottes] Wort« entstand das Ich des Sprechenden (93–95). Doch in der anschließenden Darstellung der individualmenschlichen Entwicklung ist die Rede nur noch von der Physiologie, Hallers medizinischer Spezialität: vom »Leib«, der sich – unabhängig von der Seele, wie es auch der Mediziner Haller sieht – entwickelt, der aber auch wieder zerfällt, zu »Nichts« wird (90, 117). Materialismus also doch?

Ganz im Zeichen dieses Abstiegs steht die letzte, erst 1748 gedruckte melancholische, ja: »Hofnungslose« (122) und insofern wieder an die Stimmung des Eingangs anknüpfende

Strophe, die endet mit der Sehnsucht des Vierzigjährigen »nach der Ruh« (124). Ist das die stoische »Gemüthsruh« oder auch »Seelen-Ruh« wie so oft, leitmotivisch oft, in Hallers Gedichten? Oder eher die Ruhe in Gott dem Herrn am Ende der Zeit, in der Ewigkeit? Oder aber, materialistisch, die Ruhe im Tode als dem »Ende des Wesens / oder der Hoffnung« (wie es 1743 in Hallers besorgter Anmerkung in der dritten Auflage der Gedichte heißt, die diesen Eindruck aber zugleich als vorläufigen bagatellisieren möchte: als begründet in der Unfertigkeit des Gedichts)? Nun ist im Auge zu behalten: obwohl nur von der körperlichen Entwicklung die Rede ist, ist diese für Haller nicht alles; sie betrifft nur »mein halbes Wesen« (90), das sterbliche. Der gestorbene Freund, körperlich zu »nichts« geworden (20), ist noch ein Ich, ein personales »er« in der »Ewigkeit«, die »ihn mit starken Armen« festhält (16). Im Vorwort von 1743 schon betonte Haller demgemäß: auszuführen wären in einer Fortsetzung noch seine »Gedanken über die Entwickelung der Kräfte abgetrennter Seelen«, und 1777 fügte er, in der elften Auflage, zu der zitierten Anmerkung hinzu: »ein zweites Leben ist dennoch ausdrücklich angenommen«, d. h. ein Leben des anderen »halben Wesens«, der Seele in der Ewigkeit (Hirzel, S. 246, 150). Auffällig bleibt aber, daß wir von dieser unsterblichen Seele außer der Abbreviatur »halbes Wesen« nichts hören. Besonders fehlt jener Aufschwung der Seele zur Vergewisserung ihrer eigenen Größe, der, vorgebildet in Pascals *Pensée* vom »denkenden Rohr«, ›de rigueur‹ wird in der »Welten«- und Erhabenheitsthematik des 18. Jahrhunderts von Brockes bis Young, von Klopstock bis Schiller, und zwar gerade im Kontext der Vergänglichkeit der Physis. Der »Leib« ist zwar ein Nichts gegen die »selbst den Engeln | Unzählbaren Welten«, aber: die dieses unfaßlich Große erfassende Seele ist mehr als jenes All der Welten:

Was sind diese selbst den Engeln
Unzählbare Welten
Gegen meine Seele!

So Klopstock (*Die Allgegenwart Gottes*), nicht so Haller. Ebensowenig rekurriert Haller auf die Heimkehr der Seele zu Gott oder auf den christlichen Erlöser, auf den Klopstock vertraute und auf den Werlhof Haller hinwies als Antwort auf die ihn »bedrohende« Ewigkeits-Frage (Guthke, *Hallers »Ode über die Ewigkeit«*, S. 306). Hallers großes Gedicht bleibt Fragment, bleibt Frage. Er sei nicht »fähig«, sagt er in der herangezogenen Anmerkung von 1743, »diese Ode zu Ende zu bringen«. Sie zu Ende bringen hieße die zur Diskussion gestellten »Einwürfe« oder auch die thematisierte Frage »beantworten«, betont er weiter. Der Sprung in den Glauben gelingt ebensowenig wie die rationale mathematische Formel, nach der der unermüdliche Rechner fahndete im Versuch, die »Ewigkeit« zu begreifen. Nichtsdestoweniger aber hielt Haller es für richtig, das Fragment über die Ewigkeit in seinen *Schweizerischen Gedichten* zu veröffentlichen, und zwar in nicht weniger als neun rechtmäßigen Auflagen, 1743 bis 1777. Autoreneitelkeit? Wohl kaum. Möglich vielmehr, und sinnvoll in der Retrospektive, daß er – ein wacher Zeitgenosse wie wenige im deutschsprachigen Bereich – gespürt hat, daß die Frage eine angemessenere Reaktion auf seine geistesgeschichtliche Sternstunde sein konnte als eine Antwort – die ja nur eine weitere Antwort gewesen wäre, zusätzlich zu den vielen, die sich damals schon zu Lebzeiten der Autoren überlebten. Eine unmißverständliche Antwort gab z. B. (seit dem Jahr der Ergänzung des Hallerschen Fragments durch die letzte Strophe) Klopstocks *Messias* (1748–73) – eine Antwort, die im Sinne von Coleridge ein »Albatros« des Anachronismus war. Eine Antwort am entgegengesetzten Ende des Spektrums gab, ebenfalls 1748, La Mettrie mit *L'Homme machine* – der noch im selben Jahr mit einem *L'Homme plus que machine* ›beantwortet‹ wurde. So könnte man fortfahren. Für die einen hat »Ewigkeit« um die Jahrhundertmitte den theologischen Sinn der Unsterblichkeit und Nicht-Endlichkeit; für die anderen, wenn überhaupt einen, den naturwissenschaftlichen der unbegrenzten Ausdehnung von Zeit und Raum im vorkantischen Wortverstand. Haller hingegen versucht in schmerzlich bemühter, zugleich emotionaler und intellektueller Selbstklärung beide Sinninhalte der Ewigkeit zur Deckung zu bringen – ohne daß es ihm gelänge. In dieser Zwiespältigkeit, in dieser Antwortlosigkeit seiner Frage reflektiert er die Spannung seines geistesgeschichtlichen Standorts zwischen theologischer Tradition des Barock einerseits und dem modernen Wagnis der Emanzipation aus der Theonomie andererseits. Darin hat die Frage ohne Antwort ihren Sinn und ihre Bedeutung, vielleicht bis heute.

Der *Messias* und *L'Homme machine* werden kaum noch gelesen; Hallers Ode über die Ewigkeit steht heute in Schulbüchern. Wenn sich darin das Klischee bewahrheitet, daß Fragen wichtiger sein können als Antworten, so heißt das nicht, daß Hallers Frage ihrerseits ein Klischee wäre oder geworden wäre. Seine Frage – die alte nach der »Mehrheit der Welten« im kosmischen Raum und in der kosmischen Zeit, formuliert vor dem Hintergrund der ihr antipathischen christlichen Theologie – stellt, wie der Astrophysiker A. G. W. Cameron heute meint, »die Vollendung der kopernikanischen geistigen Revolution« (S. 1) dar. Innerhalb und außerhalb der Physik, innerhalb und außerhalb der Sciencefiction ist sie aktueller denn je. Sie verheißt das vielleicht letzte und sicher erregendste Abenteuer des menschlichen Geistes, das nach der Eroberung aller anderen »Grenzen« noch bleibt: die imaginative, aber naturwissenschaftlich nicht unplausible Begegnung mit anderen bewohnten – von »uns« ähnlichen Wesen bewohnten – »Welten« im Universum und in dieser Begegnung jene Selbstdefinition des Homo sapiens, die in nachkopernikanisch-nachbrunoischer Zeit für Millionen die einzig angemessene ist (vgl. Guthke, *Der Mythos der Neuzeit*).

Zitierte Literatur: Alistair Graham Walter CAMERON (Hrsg.): Interstellar Comunication. New York 1978. – Karl FEHR: Die Welt der Erfahrung und des Glaubens in der Dichtung Albrecht von Hallers. Eine Deutung des »Unvollkommenen Gedichts über die Ewigkeit«. Frauenfeld [1956]. – Adolf FREY:

Albrecht von Haller und seine Bedeutung für die deutsche Literatur. Leipzig 1879. – Karl S. GUTHKE: Hallers »Ode über die Ewigkeit«. Veranlassung und Entstehung. In: K. S. G.: Literarisches Leben im 18. Jahrhundert in Deutschland und in der Schweiz. Bern/München 1975. S. 301–314. – Karl S. GUTHKE: Der Mythos der Neuzeit. Das Thema der Mehrheit der Welten in der Literatur- und Geistesgeschichte von der kopernikanischen Wende bis zur Science Fiction. Bern/München 1982. – Josef HELBLING: Albrecht von Haller als Dichter. Bern 1970. [Bes. S. 83–93.] – Ludwig HIRZEL: Einleitung zu: Albrecht von Haller: Gedichte. [Siehe Textquelle.] – Harry MAYNC: Einleitung zu: Albrecht von Haller: Gedichte. [Siehe Textquelle.] – Wolfgang PHILIPP: Das Werden der Aufklärung in theologiegeschichtlicher Sicht. Göttingen 1957. – Eduard STÄUBLE: Albrecht von Hallers »Über den Ursprung des Übels«. Zürich 1953. – Eduard STÄUBLE: Albrecht von Haller – der Dichter zwischen den Zeiten. In: Der Deutschunterricht 8 (1956) H. 5. S. 5–24. – Frances YATES: Giordano Bruno and the Hermetic Tradition. London 1964.

Weitere Literatur: Karl S. GUTHKE: Konfession und Kunsthandwerk. Werlhofs Anteil an Hallers Gedichten. In: K. S. G.: Das Abenteuer der Literatur. Bern/München 1981. S. 29–48. – A. MENHENNET: Order and Freedom in Haller's »Lehrgedichte«. On the Limitations and Achievements of Strict Rationalism within the »Aufklärung«. In: Neophilologus 56 (1972) S. 181–187. – Shirley A. ROE: The Development of Albrecht von Haller's Views on Embryology. In: Journal of the History of Biology 8 (1975) S. 167–190.

Friedrich von Hagedorn

Der Tag der Freude

Ergebet euch mit freyem Herzen
Der jugendlichen Fröhlichkeit:
Verschiebet nicht das süsse Scherzen,
Ihr Freunde, bis ihr älter seyd.
5 Euch lockt die Regung holder Triebe;
Dieß soll ein Tag der Wollust seyn:
Auf! ladet hier den Gott der Liebe,
Auf! ladet hier die Freuden ein.

Umkränzt mit Rosen eure Scheitel
10 (Noch stehen euch die Rosen gut)
Und nennet kein Vergnügen eitel,
Dem Wein und Liebe Vorschub thut.
Was kann das Todten-Reich gestatten?
Nein! lebend muß man fröhlich seyn.
15 Dort herzen wir nur kalte Schatten:
Dort trinkt man Wasser, und nicht Wein.

Seht! Phyllis kommt: O neues Glücke!
Auf! Liebe, zeige deine Kunst,
Bereichre hier die schönsten Blicke
20 Mit Sehnsucht und mit Gegengunst.
O Phyllis! glaube meiner Lehre:
Kein Herz muß unempfindlich seyn.
Die Sprödigkeit bringt etwas Ehre;
Doch kann die Liebe mehr erfreun.

25 Die Macht gereizter Zärtlichkeiten,
Der Liebe schmeichelnde Gewalt,
Die werden doch dein Herz erbeuten;
Und du ergiebst dich nicht zu bald.

Wir wollen heute dir vor allen
30 Die Lieder und die Wünsche weihn.
O könnten Küsse dir gefallen
Und deiner Lippen würdig seyn!

Der Wein, den ich dir überreiche,
Ist nicht vom herben Alter schwer.
35 Doch, daß ich dich mit ihm vergleiche,
Sey jung und feurig, so wie er.
So kann man dich vollkommen nennen:
So darf die Jugend uns erfreun,
Und ich der Liebe selbst bekennen:
40 Auf Phyllis Küsse schmeckt der Wein.

Abdruck nach: [Friedrich von Hagedorn:] Oden und Lieder in fünf Büchern.
Hamburg: Johann Carl Bohn, 1747. S. 17 f.
Erstdruck: Friedrich von Hagedorn: Sammlung Neuer Oden und Lieder.
Hamburg: Johann Carl Bohn, 1742.
Weiterer wichtiger Druck: Friedrich von Hagedorn: Gedichte. Hrsg. von Alfred Anger. Stuttgart: Reclam, 1968. (Reclams Universal-Bibliothek. 1321 [3].)

Klaus Bohnen

Die Kultivierung des geselligen Sinnenspiels in Friedrich von Hagedorns *Der Tag der Freude*

Die Interpretation sucht sich dem Text auf drei Wegen zu nähern: zunächst in einer Skizzierung der Argumentationsfolge des Gedichts, sodann in einem Entwurf seiner Problemkonstellation und schließlich in einer Präsentation des poetischen Verfahrens dieses Rokokogedichts. Sie bemüht sich, eine einheitliche Perspektive in drei getrennten Schritten übersichtlich aufzufächern.

I

Die zeitliche Spanne, die das Gedicht entwirft, ist überschaubar: es handelt sich um einen »Tag«: einen Tag –
allerdings – der »Freude«, einen »Tag der Wollust« (6), um
ein »heute« (29), an dem es darum geht, »Lieder« und
»Wünsche« zu »weihn« (30). Mit Nachdruck hält das
Gedicht an dieser Eingrenzung fest: ein »Verschieben« (3)
müßte die Gefahr mit sich bringen, sich vom »hier« (7, 8,
19) der »schönsten Blicke« (19) abzuschneiden und sich
damit der rechten »Freude« zu berauben. Die Zeitfestlegung
auf das Hic et nunc erscheint noch verstärkt durch die
Handlungsbewegung des Gedichts: Mit einem »Seht!« (17)
wird eine Person eingeführt (»Phyllis kommt!«), um die nun
das Geschehen kreist. An sie wendet sich das Ich in direkter
Anrede und »überreicht« ihr schließlich »Wein« (33). Es
scheint, als entwerfe das Gedicht ein empirisches Raum-
Zeit-Gefüge, dem sich ein konkreter Vorgang zuordnet. Es
gilt, den Tag zu feiern, an dem »Liebe« und »Wein« zur
rechten »Fröhlichkeit« beitragen sollen.
Ein näherer Blick allerdings auf die Argumentationsfolge des
Textes macht deutlich, daß dieser konkrete Erfahrungsbe-
zug nur sehr bedingt Geltung hat. Ihm gegenübergestellt ist
eine Zeitdimension, die das Festgelegte relativiert, in einen
weitergefaßten Bezug stellt und damit typisiert: Der »Tag«
wird mit dem »älter«-Werden (4) konfrontiert, ihm tritt mit
dem »Todten-Reich« (13) eine Dimension zur Seite, die der
momentanen Unbeschwertheit die Drohung des endgültigen
Verlusts vorhält, und schließlich spitzt sich diese typisie-
rende und alles Erfahrungsgemäß-Einmalige auflösende
Kontrastierung zu durch die Gegenüberstellung von
»lebend« (14) und »kalte Schatten« (15). Die beiden ersten
Strophen sind durchgehend kontrastierend aufgebaut: Dem
zweimaligen »hier« als Ausklang der ersten respondiert das
zweimalige »Dort« der zweiten Strophe; »Todten-Reich«
(13) und »Tag der Wollust« (6) werden gegeneinander ausge-
spielt, aber so, daß die Alternative nicht als dramatischer

Spannungsbogen mit all seinen düsteren Perspektiven bestehen bleibt, sondern sich in das Nichts einer angesichts der Gegenwärtigkeit irrelevanten Frage auflöst. Gegenüber dem »Dort herzen wir nur kalte Schatten« (15) fallen alle Argumente einer Jenseitsdrohung: Was zählt, ist das »lebend«-Sein (14), alles andere ist schattenhaft-unwirklich. Im Argumentationsgang des Gedichts stellen die beiden ersten Strophen eine Abrechnung mit einer Welt der Lebensverneinung (wie wir wissen: der des Barock) dar, mit deren Aufspaltung der Wirklichkeit in ein Diesseits und ein Jenseits, mit deren Sündenbewußtsein und der daraus folgenden Diskriminierung alles Sinnlich-Irdischen.

Nun ist der Weg frei für ein »neues Glücke« (17). Das Ich des Gedichts wendet sich von der Anrede an die »Freunde« (4) dem zu, was dem »Tag« seinen Inhalt zu geben vermag. Die Allgemeinheit, mit der der »jugendlichen Fröhlichkeit« (2) das Wort geredet wird, nimmt Gestalt an. Beide – Phyllis und die Liebe – können nun angeredet werden; sie sind – unlösbar miteinander verbunden – Personal in der Feier des neuen Glücks, das der »Tag der Freude« gewährt. Wie die Liebe ihre »Kunst« (18) zu zeigen und »die schönsten Blicke | Mit Sehnsucht und mit Gegengunst« (19 f.) zu bereichern habe, so wird Phyllis die »Lehre« zuteil, daß »Kein Herz [...] unempfindlich seyn« dürfe (21 f.): das tradierte und erhabene Postulat der »Ehre« – vernichtend relativiert durch ein hinzugefügtes »etwas« (23) – erscheint angesichts des »erfreun« (24) durch die Liebe all seiner Macht beraubt. »Macht« – ja »schmeichelnde Gewalt« (25 f.) – wird nun der Liebe zugeschrieben: der Sieg über die »kalten Schatten«, vorgeführt in der Sprachwelt kriegerischer Überwältigung (27 f.: »erbeuten«, »ergiebst«), dürfte auf diese Weise zu sichern sein. Als verbindendes Glied tritt der Wein hinzu, auch er »nicht vom herben Alter schwer« (34), sondern so »jung und feurig« (36), wie es die von der »Macht gereizter Zärtlichkeiten« (25) eingefangene Phyllis zu sein hat. Und indem das Ich mit seiner »Freundes«-Anrede wieder in den geselligen Kreis zurückkehrt, vollendet sich das, was mit der

Aufforderung zur »jugendlichen Fröhlichkeit« des Eingangs gemeint war: So – nämlich in der Verbindung von Liebe und Wein – »darf die Jugend uns erfreun« (38). Das Ich kann sich wieder in diesen Kreis einordnen, nicht ohne allerdings zugleich in einem schalkhaft-genießerischen Aperçu daraus hervorzutreten und der Liebe – gewissermaßen als ein pointenhaftes ›après‹ ohne ›tristesse‹ – zu bekennen: »Auf Phyllis Küsse schmeckt der Wein« (40).

In solchem Argumentationsgang des Gedichts löst sich der »Tag der Freude« in eine Allegorie der Liebesfreude auf. Ihre Bestandteile sind der »Gott der Liebe« (7) und die »Jugend« in einem Spiel der Freude, dem das Rollenelement des Liebesgegenstands, Phyllis, ebenso zugehört wie das belebende Stimulans der Liebesverbindung, der Wein. Im Aufforderungscharakter dieser genießerischen Welt der Freude treten zwei Momente hervor: einerseits das, was als das »süsse Scherzen« (3) eben diesen »Tag der Freude« bezeichnet, und andererseits das, was als dessen Voraussetzung unumgänglich ist, nämlich die »mit freyem Herzen« (1) vollzogene »Ergebung« in diese Freudenfeier. Damit nun sind Stichworte gegeben, die eine neue Phase in der Dichtungs- und Bewußtseinsgeschichte anzeigen.

II

Dies mag aus heutiger Sicht überraschen. Der tändelnd-scherzhafte Ton des Gedichts – mit seiner Carpe-diem-Seligkeit – scheint sich einer tiefergehenden Problematisierung zu verschließen. Wer aus romantischer Lyrik gewohnt ist, daß sich ›Herz‹ und ›Schmerz‹ einander zugesellen, dem mag es als in hohem Maße oberflächlich erscheinen, wenn sich nun »Herz« auf »Scherz« (1/3) reimt und wenn sich darum ein Bildkomplex gruppiert, der eine an existentielle Bereiche rührende Symbolvertiefung ausschließt. Den Sinn solcher Verse gilt es erst wieder aus der Verschüttung einer durch das Erlebnisgedicht geprägten Tradition freizulegen.

Hagedorn veröffentlichte das Gedicht 1742 in seiner *Sammlung Neuer Oden und Lieder*, zu einer Zeit, als auf literarischem Gebiet mit Gottscheds *Critischer Dichtkunst* (1730) ein erster mühsamer Versuch zur Reglementierung deutscher Poesie unternommen worden war und sich mit den Schweizern Bodmer und Breitinger eine oppositionelle Gruppe artikulierte, der ›Phantasie‹ in der Poesie mehr bedeutete als das zielgerichtete Kalkül einer ›Erfindung‹ zur Einkleidung einer moralisch vertretbaren Lehre. Die Ständeordnung mit ihren Normen war ebenso ungebrochen in Kraft wie eine philosophische Weltdeutung, die in der Deduktion logischer Schlußketten die Wirklichkeitsvielfalt in das Korsett eingliedriger Begriffsbestimmungen einband. Zusammengehalten wurden beide – und damit auch gerechtfertigt – durch eine Theologie – sei es in der Form der protestantischen Orthodoxie oder des ihr entgegenarbeitenden Pietismus –, die den Sinngebungsrahmen für eine Wirklichkeitsverständigung absteckte und so auch moralische Angemessenheitsnormen dekretierte. Die höfische Welt des 17. Jahrhunderts mit ihren anthropologischen Vorgaben ragte noch weit in die erste Hälfte des 18. Jahrhunderts hinein.

Vor diesem Hintergrund mußten schon die Auftakt-Verse des Hagedorn-Gedichts provokativ wirken. Die in ihnen angesprochene Problemkonstellation betrifft vor allem zwei Bereiche, die für die vierziger Jahre des 18. Jahrhunderts ebenso dringlich wie tabuisiert waren:

1. Sie führen ein in eine Welt der Sinnenfreude, die in ihrer Kultivierung des sinnlichen Genusses mit einer strikten Pönalisierung aller Sinnlichkeit kollidierte. Besonders im Brennpunkt mußte dabei die Forderung nach dem »freyen Herzen« stehen: Sie tritt in direkte Konfrontation mit der pietistischen Methode einer ›Applikation der Schrift aufs Herz‹ – d. h. einer religiös verinnerlichten Bindung des Herzens ans Bibelwort wie an die religiöse Praxis der gläubi-

gen Gemeinde; in dieser Hinsicht ist es angemessen, »in der pietistischen Lehre [...] den *einen* Normenhorizont zu sehen, auf den sich die Rokokoliteratur kritisch und in emanzipatorischer Absicht bezog« (Verweyen, S. 301). Das nun »frei-gestellte« Herz signalisiert eine Wende in der Anthropologie der Zeit. Das Gedicht arbeitet mit sich steigernden Belegen diesen Gedanken einer neuen Disposition des »Herzens« heraus, die allein »Freiheit« zu gewähren vermöge: dies Herz entdeckt nun in sich die »Regung holder Triebe« (5) als bewegende Kraft, es unterliegt dadurch der »Sehnsucht« (20), der »Macht gereizter Zärtlichkeiten« (25) wie »der Liebe schmeichelnder Gewalt« (26) – und es darf eines nun nicht mehr sein: »unempfindlich« (22). »Triebe«, »Reiz«, »Zärtlichkeit« sind die Etappen auf dem Wege einer Freilegung bisher verschütteter oder unterdrückter Bereiche des Menschen: Ihr Ziel ist das »empfindliche Herz«.

Dies Wort tritt ins Zentrum des Gedichts. In einer heute altertümlich gewordenen Form steht es zwischen ›empfindend‹ und ›empfindsam‹ und bezeichnet das Vermögen, die Dinge dieser Welt nicht mehr allein nach den Gesetzen der Verständigkeit aufzufassen, sondern sich von ihnen ›sinnlich‹ affizieren zu lassen und diese ›Affektation‹ als angemessenen und gleichberechtigten Verständniszugang zur Wirklichkeit anzuerkennen. Hagedorns Verdikt des »unempfindlichen Herzens« steht so im Zusammenhang dessen, was die »positive Kategorisierung der Sinnlichkeit« (Verweyen, S. 291) genannt worden ist. Gemeint ist damit der Einbruch in die Vorstellungshierarchie der Zeit, die mit ihrer Rangordnung von ›oberen‹ (den Verstandesoperationen) und ›unteren Erkenntnisvermögen‹ (der Sinnenerfahrung) der herrschenden sozialen Stufenleiter entsprach. Ansprüche werden hier angemeldet, denen weder die philosophisch-theologische Begründungsordnung der Zeit zu genügen noch ein gesellschaftlicher, die Sinnlichkeitsbedürfnisse des einzelnen in eine strikte Verstandesordnung einbindender Kontext ein Recht einzuräumen vermochte. Dem auf sein »freyes Herz« pochenden Menschen standen die »Ehr«-

barkeitsnormen einer gesellschaftlichen Verständigung entgegen, der solche Subjektivierungsforderungen als Auflösung einer auf öffentliche Repräsentanz hin stabilisierten Ordnung erscheinen mußten.

Allerdings: dies »freye«, weil »empfindliche« Herz meint für Hagedorn noch nicht das auf sich selbst gestellte, in sich den Maßstab der Weltordnung findende Gefühl. Es ist vielmehr die auf gesellige »Freude« hin angelegte Disposition eines Innern, das die Erregtheit des sinnlichen Genusses zu einer sozialen Tugend macht. Im Bildkreis der Allegoriewelt von »Göttin Freude« (Schultz) werden die bedrohlichen – weil sich aus dem Normenkontext der Zeit lösenden – Aspekte der Befreiung der Sinnlichkeit in einen sozialen Verständigungsrahmen eingebettet und damit zu einer Gruppenerfahrung erhoben, die eine neue Form von ›Spiel-Regeln‹ ausbildet. So wird der Einbruch der Sinnlichkeit nicht als ›Abgrund‹ erfahrbar und der beunruhigende Ordnungszerfall der tradierten Vorstellungslehre wiederum gehalten durch den Konsensus von Gepflogenheiten, der den ›Reiz‹ des ehedem unerlaubten Sinnenkitzels an ein Einverständnis aller Mitspielenden zurückbindet. Die sich in der Freudenfeier aussprechende Sinnenkultur profiliert sich im Zusammenhang einer intellektuellen Spielwelt und erweist sich damit in ihrer Ambivalenz – als Übergangsphänomen einer Bewußtseinssituation, die den Normklassizismus der nachbarocken Zeit aus der Perspektive des Sinnenanspruchs untergräbt, ohne auf dem schwankenden Fundament bereits ein neues, nach eigenen Gesetzen konstruiertes Gebäude zu errichten.

2. Dies charakterisiert auch die gesellschaftliche Rolle einer solchen Lyrik. Die »Ehrenrettung« des Eudämonismus (Schultz, S. 12), der auch Hagedorns Gedicht zuzurechnen ist, traf auf die Bewußtseinsverfassung einer Gesellschaft, die sich überwiegend an stoischen Moralprinzipien ausgerichtet hatte. Ebenso wie sich ›Moral‹ an der Allgemeinheit von – durch dazu befugte Instanzen dekretierten – gültigen Normen orientierte, erscheint ›Gesellschaft‹ eingebunden in

das reglementierte Ritual einer höfischen oder patrizischen Ordnung. ›Gesellschaft‹ im Sinne eines Pluralismus sich im Meinungsaustausch ausbalancierender Haltungen einzelner Staatsbürger war dieser Auffassung ebenso fremd wie die Berufung auf die ›Natur‹ im Sinne eines sich der göttlich-gedachten Ordnung entgegensetzenden Anspruchs des ›natürlichen‹ Menschen. Angesichts einer solchen Auffassung mußte Hagedorns Lyrik »befremden«; und in einem *Vorbericht* zur Ausgabe von 1747 sucht sich der Dichter entsprechend zu rechtfertigen:

Was diese kleinen Gedichte anbetrifft; so würde es ihnen vortheilhaft seyn, wenn sie nur der grossen Welt und, vor allen, denen gefielen, welche die Sprache der Leidenschaften, der Zufriedenheit, der Freude, der Zärtlichkeit, des gesellschaftlichen Scherzes und der lachenden Satyre so zu verstehen und zu empfinden wissen, daß sie die Freyheiten, die ihnen in den Liedern der Ausländer gewöhnlich sind, in den unsrigen sich nicht befremden lassen. (S. XXXIII.)

Mit diesen Worten benennt er die Palette der »Freyheiten«, die »befremden« konnten. Und diese »Freyheiten« des sinnlichen und »gesellschaftlichen Scherzes« lösen den Verband einer hierarchisch gesicherten Ordnung auf und bringen ein »befremdendes« Element der Unordnung ins Spiel, das sich aus den Fesseln moralischer wie politischer Hofkultur befreit und einen Anspruch formuliert, der an die Prinzipien der geltenden Staatsorganisation rührt. Auch wenn in diesem Gedicht (im Vergleich zu anderen) nur wenige Hinweise – so etwa der des »Ehr«-Gedankens – direkt auf den Gesellschaftszusammenhalt anspielen, so wird doch die Grundkonzeption eines auf individuelle Sinnenkultur gerichteten Geselligkeitspostulats als ein soziales Selbstverständnis aufzufassen sein, das sich der zeitgenössischen Gesellschaftsauffassung unterlegt und sich auf ein Eigenständigkeitsbedürfnis von reglementierten Staatsbürgern hin erweitert. Bezeichnend aber ist dabei, daß der Staatsverband selbst nicht angerührt wird. Was sich in der Aufforderung des Gedichts zu ungebundener Geselligkeit anbahnt – und was sich in der »Sprache der Leidenschaften, der Zufriedenheit, der Freude, der Zärtlichkeit, des gesellschaftlichen Scherzes und der lachenden Satyre« artikuliert –, sind »Freyheiten«, die weniger der »grossen Welt« (den ›Herrschenden‹) als denen, die dieser »Sprache« bedürfen (den ›empfindlichen Herzen‹), einen Freiraum innerhalb des geschlossenen Gesellschaftsverbandes eröffnen. Insofern zeigen sich in dieser Geselligkeitskunst – wie mit Recht gesagt worden ist – »Begriffe einer verdeckten sozialen Standortbestimmung« (Richter, S. 266). Diese sind zwar – angesichts eines durch den Staatsprimat bestimmten Politikbegriffs – nicht unmittelbar politisch erfahren worden und konnten daher auch von der »grossen Welt« mit nachsichtigem Wohlwollen rezipiert werden, doch sie bereiten den Boden für das politische Selbstverständnis einer Gesellschaft, die sich in der Feier des Sinnenkults und im Fest selbstgenügsamer Freude aus der Verfügungsgewalt durch den ständischen Obrigkeitsstaat zu lösen beginnt und sich im Postulat individuellen Glücksstrebens zur gesellschaftlichen Gegenkraft entwickeln wird. Was sich für Hagedorn noch als ein »Ineinander von Kritik und einschränkender Zurücknahme« (Richter, S. 265) darstellt, setzt sich im Laufe des Jahrhunderts entschiedener durch – ohne allerdings (im deutschen Raum) Züge des revolutionären Aufruhrs anzunehmen. Kein Zweifel aber, daß die Lyrik Hagedorns – über Jahrzehnte hinweg weit verbreitet und hoch geschätzt – diese Entwicklung einleitet.

III

Freudenfeier, Sinnengenuß und Geselligkeitskult sind als die leitenden Wertvorstellungen des Gedichts benannt worden. Wie sie poetisch präsentiert werden, scheint bei diesem Text wie bei fast allen seiner Gattung in den Hintergrund treten zu müssen. Wer kunstvoll lyrische Töne oder symbolträchtige Bildbezüge erwartet, wird enttäuscht: die fünf Strophen des Gedichts propagieren in leicht übersehbarer Reihung den Festtag der Freude; sie hätten fortgesetzt werden können, ohne den Grundcharakter des Texts wesentlich zu verändern. Allein eine scherzhaft-pointierende Schlußzeile rundet die Strophenfolge ab und vermittelt den Eindruck eines zusammenfassenden Abschlusses, der noch einmal die Genußhaltung des »süssen Scherzens« überspitzt veranschaulicht und damit der Aufforderung des Beginns die zu erwartende Erfüllung des Endes versichert. Die geringe Variation der Aussage verlangt die Bündelung zweier Vierzeiler zu einer achtversigen Großstrophe, deren Reimschema ababcdcd deutlich erkennbar macht, daß hier die bekannte Volksliedstrophe nur gedoppelt auftritt. Dem entspricht ebenso der regelmäßige Wechsel zwischen männlichem und weiblichem Reim wie die vierhebige jambische Metrik ohne Füllungsfreiheiten. Allein die rhythmisch geforderte Unterbrechung dieses metrischen Einerleis – wie in den Versen 7, 8, 14, wohl auch 15, 16, vor allem aber 17, 18 u. a. – gibt der Versfolge ihre Lebendigkeit und schärfer akzentuierte Betonung. Der dadurch sich herstellende emphatische Anredecharakter legt es nahe, daß das Gedicht für den mündlichen Vortrag gedacht war und die Vertonung (wie sie die Erstausgabe von 1742 durch Beifügung des Notenbildes belegt) leicht macht. Ton und Struktur des Gedichts enthüllen es als ein geselliges Lied, das die Geselligkeit im Vortrag selbst zu befördern sucht.

Eine solche Beschreibung allerdings dringt noch nicht zu den Formintentionen vor, die diesen Text charakterisieren. Wirklichkeitssicht und lyrische Auffassungsweise schließen sich erst zusammen, wenn nach der Art gefragt ist, in der sich das Ich des Gedichts mit den Mitteln lyrisch gebundener Rede über sich selbst verständigt. Von hier aus wird sodann bestimmbar, wie sich dies Ich dem Koordinatennetz von Geselligkeit, Moral und Sinnlichkeit zuordnet.

Das Gedicht wechselt zwischen den Sprechsituationen der Aufforderung, Konstatierung und Deutung mit den diesen jeweils zugehörigen grammatischen Formen. In ihnen zeichnet sich ein Ich ab, das gewissermaßen ›vor dem Text‹ steht: es ist ein wissender Sprecher, der eine Lebenshaltung propagiert und der den Erklärungshintergrund für diese Haltung zugleich mit darbietet. Auch wenn es erst in der letzten Strophe expressis verbis hervortritt – als ein Ich, das mit der »Liebe« auf vertrautem Fuße steht –, so ist es doch im imperativischen Plural der ersten Verse ebenso präsent wie im Possessivum »meiner« (21) oder im Personalpronomen »Wir« (15, 29) der früheren Strophen: im generalisierenden »man« (14) schließlich ordnet es sich in dies »Wir« und ›Ihr‹ ein, sofern es seine Aufforderung zu einem allgemeingültigen Lebensgesetz erklärt. Seine überlegene Einsicht dokumentiert dies Ich durch die Konfrontation der Bildszenerie mit einer »Lehre« (21) – wie in den beiden abschließenden Vierzeilern der zweiten und dritten Strophe –, die Begründungen und Rechtfertigungen für die zuvor evozierten Vorstellungen zu liefern hat. Gesellige Spielwelt und Argumentationston verbinden sich so miteinander, daß ›Herz‹ und ›Kopf‹ zugleich angesprochen sind und sich nur in deren Bezug aufeinander eine Heiterkeit einstellt, die sich ihrer selbst auch intellektuell gewiß zu sein vermag.

Damit läßt das Gedicht eine bezeichnende Ambivalenz erkennen: es führt in eine Welt der Sinnenlust ein, ohne sie doch aus sich selbst begründen zu können. Die »Ergebung« des »empfindlichen Herzens« in die »Wollust« (6) ist nicht vorbehaltlos, sie bedarf vielmehr der verständigen Einordnung in einen Argumentationsrahmen, der ihr erst ihren Ort in einem allgemeinen Sinnzusammenhang anweist. Die ›Sinnlichkeit‹ des Gedichts artikuliert sich in einem durchaus ›unsinnlichen‹ Kontext und ist ohne ihn nicht denkbar.

Entsprechend versteht sich das Ich des Gedichts nicht von einer Gefühlssicherheit her, die im Erlebniszugang zur Wirklichkeit autonome Erfahrung setzt. Die Vermittlung der Sinnenwelt ist eingebunden in eine gedankliche Selbstverständigung, die zwar in der Abweisung von Jenseitspathos und Ehr-Fixierung die tradierte Normenwelt überwindet, die zugleich jedoch die ›Emanzipation‹ des »empfindlichen Herzens« noch nicht zur Autonomie des fühlenden Herzens entwickelt, sondern sie der Kontrollinstanz der Vernunft unterwirft. Was zuvor das »Ineinander von Kritik und einschränkender Zurücknahme« (Richter, S. 265) genannt wurde, gilt in veränderter Form auch für das poetische Verfahren: Die Heiterkeit des geselligen Genusses stellt eine durch den Intellekt gerechtfertigte Sinnlichkeit dar, die den Strom der »Triebe« (5) freisetzt und zugleich wieder zurücknimmt, ihn zu einem sozialen Spiel umfunktioniert und damit in überschaubare Bahnen kanalisiert. Damit steht das lyrische Ich in der Tradition dessen, was das »Formprinzip des Witzes« genannt worden ist (Böckmann), einer poetischen Verfahrensweise, die Dichtung von der Kombinatorik von Verstandes- und Sinnenspiel her begreift. Die ästhetische Welt dieser Frühphase der deutschen Aufklärung – und für sie ist dies Gedicht Hagedorns repräsentativ – entwirft eine poetisch allegorisierte Konstruktion der Sinnenfreude. Sie macht damit auf zuvor unterdrückte Empfindungsenergien und Erfahrungsmöglichkeiten aufmerksam – die das Selbstverständnis einer sich aus der höfischen Denkwelt lösenden sozialen Schicht gleichermaßen prägen, wie sie deren Verselbständigungstendenzen Ausdruck verleihen –, ohne zugleich aber einen überindividuellen Ordnungsgedanken aufzugeben. Die Kultivierung des geselligen Sinnenspiels entwickelt in der Folge allerdings ihre eigene Dynamik: der ihr zugehörige Ordnungsgedanke wird zusehends fragwürdig, womit sich zugleich die Möglichkeiten dieser Rokokoliteratur fortschreitend erschöpfen.

Zitierte Literatur: Paul BÖCKMANN: Das Formprinzip des Witzes in der Frühzeit der deutschen Aufklärung. In: Jahrbuch des Freien Deutschen Hochstifts 1932/33. S. 52–130. Auch in: P. B.: Formgeschichte der deutschen Dichtung. Darmstadt [3]1967. Kap. 5. – [Friedrich von HAGEDORN:] Oden und Lieder in fünf Büchern. [Siehe Textquelle. Zit. mit Seitenzahl.] – Karl RICHTER: Geselligkeit und Gesellschaft in Gedichten des Rokoko. In: Jahrbuch der Deutschen Schillergesellschaft 18 (1974) S. 245–267. – Franz SCHULTZ: Die Göttin Freude. Zur Geistes- und Stilgeschichte des 18. Jahrhunderts. In: Jahrbuch des Freien Deutschen Hochstifts 1926. S. 3–38. – Theodor VER-

WEYEN: Emanzipation der Sinnlichkeit im Rokoko? Zur ästhetik-theoretischen Grundlegung und funktionsgeschichtlichen Rechtfertigung der deutschen Anakreontik. In: Germanisch-Romanische Monatsschrift. N. F. 25 (1975) S. 276–306.

Weitere Literatur: Alfred ANGER: Deutsche Rokoko-Dichtung. Ein Forschungsbericht. Stuttgart 1963. – Alfred ANGER: Literarisches Rokoko. 2., durchges. und erg. Aufl. Stuttgart 1968. – Klaus BOHNEN: Eine »Critik der Schertze«. G. F. Meiers Rechtfertigung des geselligen Lachens. In: Georg Friedrich Meier: Gedancken von Schertzen (1744). Mit Einl., Zeittaf. und Bibl. von K. B. Kopenhagen 1977. S. VIII–XXXIV. – Christoph PERELS: Studien zur Aufnahme und Kritik der Rokokolyrik zwischen 1740 und 1760. Göttingen 1974. – Heinz SCHLAFFER: Musa iocosa. Gattungspoetik und Gattungsgeschichte der erotischen Dichtung in Deutschland. Stuttgart 1971.

Friedrich von Hagedorn

Die Alster

Beförderer vieler Lustbarkeiten,
Du angenehmer Alsterfluß!
Du mehrest Hamburgs Seltenheiten
Und ihren fröhlichen Genuß.
Dir schallen zur Ehre,
Du spielende Flut,
Die singenden Chöre,
Der jauchzende Mut.

Der Elbe Schiffahrt macht uns reicher,
Die Alster lehrt gesellig sein!
Durch jene füllen sich die Speicher,
Auf dieser schmeckt der fremde Wein.
In treibenden Nachen
Schifft Eintracht und Lust,
Und Freiheit und Lachen
Erleichtern die Brust.

Das Ufer ziert ein Gang von Linden,
In dem wir holde Schönen sehn,
Die dort, wann Tag und Hitze schwinden,
Entzückend auf- und niedergehn.
Kaum haben vorzeiten
Die Nymphen der Jagd,
Dianen zur Seiten,
So reizend gelacht.

O siehst du jemals ohn Ergetzen,
Hammonia, des Walles Pracht,
Wann ihn die blauen Wellen netzen
Und jeder Frühling schöner macht?

Wann jenes Gestade,
30 Das Flora geschmückt,
So manche Najade
Gefällig erblickt?

Ertönt, ihr scherzenden Gesänge,
Aus unserm Lustschiff um den Strand!
35 Den steifen Ernst, das Wortgepränge
Verweist die Alster auf das Land.
Du leeres Gewäsche,
Dem Menschenwitz fehlt!
O fahr in die Frösche,
40 Nur uns nicht gequält!

Hier lärmt in Nächten voll Vergnügen
Der Pauken Schlag, des Waldhorns Schall,
Hier wirkt bei Wein und süßen Zügen
Die rege Freiheit überall.
45 Nichts lebet gebunden,
Was Freundschaft hier paart.
O glückliche Stunden!
O liebliche Fahrt!

Abdruck nach: Friedrich von Hagedorn: Gedichte. Hrsg. von Alfred Anger. Stuttgart: Reclam, 1968. (Reclams Universal-Bibliothek. 1321 [3].) S. 52 f.
Erstdruck: [Friedrich von Hagedorn:] Oden und Lieder in fünf Büchern. Hamburg: Johann Carl Bohn, 1747.
Weitere wichtige Drucke: Friedrich von Hagedorn: Sämmtliche Poetische Werke. T. 3. Hamburg: Johann Carl Bohn, 1757. Neudr. Bern: Lang, 1968. – Friedrich von Hagedorn: Poetische Werke T. 3. Hrsg. von Johann Joachim Eschenburg. Hamburg: Johann Carl Bohn, 1800.

Uwe-K. Ketelsen

Alte Ausdrucksformen und neue Wunschträume.
Zu Friedrich von Hagedorns *Die Alster*

Wer dieses Gedicht – verführt durch die offen zutage liegenden Hinweise auf Örtlichkeiten und soziale Gegebenheiten,
auf Elbe und Alster, auf Hafen und Freizeitgelände, auf
bürgerlichen Erwerb und feierabendlichen Frohsinn –
anstandslos auf die historischen Zustände am Beginn der
Aufklärung oder gar des bürgerlichen Zeitalters bezöge, der
machte sich zumindest einer vorschnellen Verkürzung des
Zusammenhangs schuldig, in dem dieses Gedicht historisch
steht. Sein Bezugspunkt ist nämlich zunächst weniger die
(wie auch immer geartete) Realität im Hamburg des frühen
18. Jahrhunderts, sondern die Literatur. Hagedorn schreibt
diesen Text in einer Tradition, und zwar ganz bewußt; er
greift ein altehrwürdiges Motiv auf und variiert es. Dessen
deutsches Vorbild stammt vom ›Vater der deutschen Poesie‹,
von Martin Opitz. Und hinter dem steht die lange abendlän-
dische Überlieferung der antiken Literatur. Das deutsch-
sprachige Vorbild dieser (und vieler ähnlicher) Verse gibt
Opitz' *Zlatna, Oder Getichte Von Ruhe dess Gemüthes*
(1623) ab, das mit den Zeilen beginnt:

Wie wann die Nachtigal, vom Keficht außgerissen,
Hin in die Lüfften kömpt, und an den kalten Flüssen
  Mit singen lustig ist, umb daß sie loß und frey
  Von ihrer Dienstbarkeit, und nun ihr selber sey:
So dünckt mich ist auch mir, im Fall ich unterzeiten
Diß was mich sonsten hält kan werffen auf die Seiten [...].

Solche Texte zählen zum Genre des ›Landlobs‹ (der – wie es
in der Terminologie der gelehrten Poetik hieß – Laus ruris),
welches in der ›Natur‹ (und das bedeutete immer auch in der
Opposition zur Stadt) den ›lieblichen Ort‹ (den Locus amoenus) preist, wie es seit den Tagen des Horaz Tradition war.

Gerade das 17. Jahrhundert hatte dieses Motiv mit großer Vorliebe aufgegriffen: die Stubengelehrten besangen mit vollen Lungen die Natur, d. h. sie variierten ausfaltend die feststehenden Elemente des Topos Locus amoenus (wie Wasser, Gebüsch, Schatten, Vogelschall usw.). Dabei ging es für die Schreiber auch darum, das altbekannte, vertraute Motiv in seinen stereotypen Bestandteilen zu wiederholen (d. h. die Kenntnisse des Inventars nachzuweisen), ohne doch die schon vorgefundenen Lösungen nur einfach auszuschreiben. Es mußte das Alte sichtbar bleiben und das Neue zugleich ins Auge fallen. Darin lag die literarische Aufgabe. Als Mittel zu deren Lösung bot sich eine Technik an, die im rhetorischen Unterricht unter dem Stichwort Applicatio abgehandelt wurde: nämlich das generelle Darstellungsschema auf eine besondere Situation, hier auf die Beschreibung eines speziellen Ortes, anzuwenden. Opitz wie Hagedorn bedienen sich gleichermaßen dieser Technik; so erscheinen dem Leser das Gut Zlatna wie die (Binnen-) Alster von Hamburg im traditionellen Kleid des Locus amoenus, und umgekehrt: weil ein generelles Beschreibungsmodell vorhanden ist, können die Orte in ihrer jeweiligen Besonderheit literarisch beschrieben werden.

Man sieht also leicht: dieses Gedicht weist in einer sehr intensiven Art über sich selbst hinaus, und zwar gerade seiner Schreibweise wegen. Es bedarf der gebildeten, kultivierten Leser, um seine wahren Schönheiten entfalten zu können, es bedarf einer Leserschaft, die nicht wie in späteren Zeiten in oft verzweifelter Isolation den einmaligen Wurf des ›Genies‹ verlangt, sondern es bedarf umgekehrt eines Publikums, das in geselliger Kennerschaft die Beherrschung des literarischen Handwerks seines Verfassers zu würdigen versteht, das die Muster kennt und das Spiel von Tradition und Variation durchschaut. Das Gedicht ist ein geselliger Text. In seiner Vorrede zu den Oden und Liedern betont Hagedorn gleich zu Beginn, daß es sein Bestreben gewesen sei, die nützlichen und guten Eigenschaften der Poesie, und der Odendichtung insbesondere, »reizender und gesellschaftlich« zu machen (S. IV). In der fünften Strophe seines Gedichts auf die Alster läßt er mit der Rede von den »scherzenden Gesängen« (33) auch das poetologische und literarhistorische Schlagwort für diese seine Ambitionen fallen.

Bei aller Leichtigkeit des Zugangs, den ein heutiger Leser (vor allem wohl über den Inhalt und die lockere, rhythmisch-musikalische Redeweise) zu diesem Gedicht findet: diese Bindung an die literarisch-rhetorische Tradition und an die ihr entsprechende Art und Weise des Lesens rückt den Text doch in eine gewisse Ferne, macht ihn fremd, vor allem, wenn man ihn auf spätere Gedichte mit einer verwandten Thematik bezieht, etwa auf Friedrich Leopold von Stolbergs *Lied, auf dem Wasser zu singen* oder Goethes *Auf dem See*. Hinter den Hinweisen auf reale Orte und spezielle Gegebenheiten bleiben jene schematischen Topoi des Genres nur zu deutlich sichtbar, die durch die poetischen Mustersammlungen zum einen und durch die kanonischen Vorbilder zum andern als das notwendige Inventar von Gedichten dieser Art vorgeschrieben waren: das Wasser, die Bäume, die Blumen, der Schatten. Das ist nicht die Alster in Hamburg, wie sie realiter existierte, das ist der klassische literarische Ort mit den Zügen der Hamburgischen Lokalität. In ähnlicher Weise werden die kanonischen Versatzstücke aus der griechischen Mythologie, Diana und die Nymphen, Flora, die Najaden, in den Text eingebaut und gemäß den rhetorischen Stilnormen in Opposition zum Arsenal der ›hohen‹ mythischen Gestalten und Figuren der griechischen Überlieferung wie der christlichen Märtyrergeschichten verwandt, die mit der Schwere und dem Anspruch stoisch-christlicher Ethik befrachtet waren. Mit dieser (genrespezifischen) Wahl verbannte Hagedorn – nochmals mit seinen Worten – »Den steifen Ernst, das Wortgepränge« (35) aus seinem Gedicht. Gemäß der regulierenden Absprache unter den Zeitgenossen wurde mit solchen Wahlentscheidungen etwas ›gemeint‹; der Autor konnte somit nicht willkürlich über das ganze Repertoire verfügen, er war vielmehr durch ein vorgegebenes Verständigungsschema festgelegt, das in der Weise eines konventionalisierten Zeichensystems wirkte.

Überdies bediente sich Hagedorn der dem heutigen Leser fremden Technik des Emblematisierens. Die Idee nämlich, die Pedanten in quakende Frösche hineinfahren zu lassen, entspringt durchaus nicht einem spontanen Einfall des Autors, ist auch keine Anspielung auf eine etwaige Froschplage in der Bannmeile der Stadt. Hagedorn griff mit dieser Wendung vielmehr in das große Magazin von Bildern und festgelegten Bedeutungen, das Schreibern wie Lesern gleichermaßen zur Verfügung stand: »Der Frosch ist die Deutung deß unnöthigen, unzeitigen Geschwätzes«, heißt es in Georg Philipp Harsdörffers *Poetischem Trichter* (Harsdörfer, S. 211), was wiederum zurückgeht auf die *Metamorphosen* des Ovid (6,317 ff.), wo erzählt wird, wie eine Schar lykischer Bauern der Latona das Wasser trübte, um ihr einen Trunk zu vergällen, worauf die erzürnte Göttin die groben Bauern in Frösche verwandelte. Wenn Hagedorn ›Natur‹ beschreiben will, dann sieht er nicht aus dem Fenster seiner Poetenstube, sondern in die Bücher. Was in Hinsicht auf die Frösche so offensichtlich ist, färbt auch die Verwendung der anderen Bilder; Elbe und Alster sind ebenso feststehende Bilder mit konventionalisierten Bedeutungen, die wenig Spielraum für individuelle Varianten geben. Nur im Rahmen dieser Konventionen kann das jeweils Besondere gezeigt werden.

In vergleichbar regulierter Weise wird die Metrik behandelt; auch hier hält sich das Gedicht (allerdings teilweise virtuos) an die Konventionen der Zeit und erhebt keinen Anspruch auf eine besondere Originalität. Alle Strophen gehorchen (nach der Weise des Lieds) demselben Schema: in der ersten Strophenhälfte handelt es sich jeweils um einen alternierenden, vierhebigen Vierzeiler mit Kreuzreim und wechselnden männlichen und weiblichen Zeilenschlüssen; sie hat beschreibenden Charakter. Die zweiten Strophenhälften sind komplizierter: zeilenweise isoliert, lesen sie sich als auftaktige Daktylen mit abschließendem Trochäus; zieht man aber jeweils zwei Verse zusammen, dann ergibt sich ein (auftaktiges) Zeilenpaar mit jeweils drei Daktylen, die durch eine betonte Silbe abgeschlossen sind. Raffiniert im Sinne einer virtuosen Ausnutzung der Möglichkeiten wird diese Konstruktion dadurch, daß diese die Zeilenform auflösende metrische Struktur der die Zeilenform stabilisierenden (kreuzweisen) Reimordnung entgegenläuft. Auf diese Weise kommt der schwingende, wiegende Rhythmus zustande, der dem Text seinen so eigentümlichen Reiz gibt und dem Thema so angemessen ist. Im übrigen ist diese Zuordnung von Beschreibung und emotionalem Reflex der Zeit etwas ganz Geläufiges: die Rezitativ-Arien-Struktur prägt die gesamte Lieddichtung dieser Jahrzehnte.

Und schließlich löst Hagedorn das Problem, den Gesamttext zu gliedern, im Horizont der Möglichkeiten seiner Zeit, deren Regulative und Konventionen uns fremd sind. Im Fortgang des Textes entfaltet sich nämlich weder ein beherrschendes Gefühl eines ›lyrischen Ich‹ (wie wir es in Goethes *Auf dem See* erkennen), noch wird der Faden einer logischen Überlegung ausgesponnen; das Gedicht scheint überhaupt keine ›Längsachse‹ zu haben, auf der die einzelnen Teile in einem erkennbaren Verhältnis zueinander angeordnet wären. Vielmehr ist jede Strophe eigenständig, sie formuliert einen abgeschlossenen Gedanken und zeichnet ihn zu einem gerahmten Bildchen aus; deren Reihung bildet dann das Gedicht, ohne daß dieses zu einer abgerundeten Form gefügt würde. Der Grundgedanke wird in immer neuen Facetten formuliert und, in wechselnde Bilder eingekleidet, sechsmal wiederholt. Variation bildet das Gestaltungsprinzip dieses Gedichts. So ließen sich die Strophen umstellen, es könnten welche hinzugegeben, aber auch welche hinweggenommen werden, ohne daß es zerbräche. Der Verfasser bleibt als der Arrangeur gegenwärtig, er steht außerhalb seines Textes, er deutet mit dem Finger auf dieses und jenes, erfreut sich am Gesehenen, ist aber – so affiziert er sich zeigt – niemals hineingezogen in das, was er beschreibt. Diese

Haltung orientiert sich noch ganz an den Gewohnheiten der klassischen Rhetorik, selbst wenn Hagedorn – und das war zu seiner Zeit auch schon das Übliche – sich nicht völlig von deren Bindung an Logik und Dialektik in Dienst nehmen ließ. Das Kaleidoskop der Bildchen, die liebliche Abwechslung, die indes nie die Hektik des Ungeordneten annimmt, der ›beau désordre‹ (wie die Poetologen der Zeit das nannten) reizen ihn.

Selbst der Schritt zum Neuen in diesem Gedicht, mit dem Hagedorn über die Tradition in Richtung auf spätere, uns eher vertraute Entwicklungen hinausgeht, ist noch durch Techniken gesichert, die aus dieser Tradition stammen; der Autor gewinnt das Neue auf den Wegen der Applikation, der Anwendung der überlieferten und gegenüber der Tradition formal variierten Ausdrucksmittel. Neues findet sich demnach eher auf der inhaltlichen als auf der formalen Ebene. Der Autor benutzt – wie wir gesehen haben – weiterhin die alten Techniken des poetischen Schreibens und bedient sich der überlieferten Topoi; indem er sie mit Gegenwartsstoff füllt, verändern sie sich leicht. Zwar bleibt der Autor im Rahmen der weltanschaulichen Erklärungsmuster und Verhaltensorientierungen, die seine Zeit bestimmen, aber er gewinnt ihnen neue Seiten ab. Dafür war die Poesie durchaus geeignet, denn sie verfügte (was gerade in den zeitgenössischen literaturtheoretischen Überlegungen immer wieder angemerkt wurde) gegenüber den unterschiedlichen explikatorischen Formen (wie Predigt, philosophischem Traktat usw.) über einigen Spielraum, wurde sie doch nicht recht ernst genommen – wer redete auch schon als ›vernünftiger‹ Mensch über Najaden und Nymphen? Entschiedener als die Autoren vor ihm nutzte Hagedorn diese Lizenzen; er löste die Ausdrucksform der Laus ruris aus der normativen Wertewelt der Überlieferung und projizierte die (oft geheimen) Wünsche seiner Zeit in dieses Genre (anstatt daß er die offiziellen Wertsetzungen darin mit dem verlockenden Glanz poetischer Ausmalungen umkleidete). Zwar war die Stadt, die Sphäre der Arbeit und der

Mühe – der Ort, wo »der Schulen schwerer Staub« ihn bedrücke, wie es in einer anderen Fassung von Opitz' *Zlatna* geheißen hatte –, auch schon zuvor die Welt der Fremde gewesen, aber doch eher in der Weise, daß gerade in der Natur sich die ›moralischen‹ Vorstellungen der stoischen Wertewelt erst richtig entfalteten, die in der Unruhe und Zerstreuung der Stadt keinen rechten Platz gehabt hatten; das Land war – paradox formuliert – die bessere Stadt. Bei Hagedorn bahnt sich eine historisch neue Füllung des Motivs Stadt–Land an, die uns heute sehr vertraut ist. Stadt und Land/Natur werden sinnbildliche Bereiche für geradezu gegensätzliche Wertsphären. Damit steht dieser Autor im Zusammenhang jener modernen Richtungen, die den Menschen als ein Moment der Natur auffassen und die Natur als jenen Entfaltungsraum, dessen der Mensch bedarf, um zu einem adäquaten Begriff seiner selbst zu gelangen. Diese Tendenz sicherte (zusammen mit seiner sprachlichen Gewandtheit) Hagedorn für zwei, drei Jahrzehnte eine angesehene Stellung in der sich nach ihrem eigenen Selbstverständnis erneuernden Literatur des 18. Jahrhunderts, wovon ja noch Klopstocks *Der Zürchersee* ein lebhaftes Zeugnis ablegt.

Das, wofür in diesem Gedicht die Alster mit ihren geselligen Wasserpartien steht, wird mit Vokabeln festgehalten, die sich übersichtlich zu zwei Feldern ordnen: »Lustbarkeit« (1), »fröhlicher Genuß« (4), »fremder Wein« (12), »Linden« (16), »holde Schöne« (17), »Ergetzen« (25), »Lustschiff« (34), »Nächte voll Vergnügen« (41) – »gesellig« (10), »Freiheit« (15), »Eintracht« (14), »Freundschaft« (46). Der Elbe werden mit Arbeit, Reichtum und Pedanterie die entsprechenden Gegenwörter zugeschrieben. Hinter beiden stehen opponierende soziale Ordnungen: gesellige Freundschaft einerseits – Arbeit andererseits. Daß die Natur, die Gegenwelt zur Stadt, weder ein Ort kontemplativer Einsamkeit noch der Askese sei, wie es das ›Barock‹ sah, sondern im Gegenteil ein Ort des Vergnügens und der Geselligkeit, bildet den Grundgedanken des Gedichts. Es wird das Bild einer Welt gezeichnet, in der sich Lebenslust, Geselligkeit und heiterer Müßiggang als die Formen wahrer menschlicher Natur zu einer idyllischen Harmonie verbinden. Daß sich Hagedorn mit solchen Wunschträumen nicht im Einklang mit der Realität befand, versteht sich von selbst, aber er befand sich damit noch nicht einmal uneingeschränkt im Einklang mit der vorherrschenden Meinung seiner Zeit, und schon gar nicht in Hamburg. Christian Ludwig von Griesheims Beschreibung der Hamburger Zustände in den fünfziger Jahren könnte als Einspruch gelesen werden gegen solche Gedichte wie den (mit einiger Wahrscheinlichkeit 1743/44 entstandenen) Text Hagedorns. Darin mischen sich zugleich das traditionell stoische Erbe mit seinem Arbeitsethos und die Einsicht in die notwendigen Zwänge liberal-kapitalistischer Bürgerlichkeit. Als der Chronist nämlich eine Erklärung für die nach seiner Meinung erstaunliche Beobachtung geben wollte, warum in Hamburg trotz der allgemeinen Prosperität so viel Armut zu finden sei, da war er mit der Konstatierung von allerhand Übelständen schnell bei der Hand: sie lägen vor allem im Müßiggang. Schon der Vormittag werde vor allem von jungen Leuten oft damit hingebracht, im Kaffeehaus Partien auf der Alster zu verabreden (deren Ausrichtung er übrigens an anderer Stelle [Griesheim, S. 106] eine nicht unbeträchtliche Belebung des Hamburger Gewerbelebens zuschreibt). Aber die weltliche und metaphysische Bestrafung solcher Neigungen und Umtriebigkeiten bleibe nicht aus: »Das Kennzeichen davon sind blasse oder mit Kupfer überzogene Gesichter, die Vorboten des Todes und des Banquerots sind so nahe um ihnen wie der Schatten« (Griesheim, S. 94). Dagegen müsse das Stadtregiment noch schärfer angehen, als es ohnehin schon geschehe, »weil der Handlung, der Sicherheit, und der Cämmerey selbst alles daran gelegen ist, daß die Zahl derer freßigsten Geschöpfe sich vermindere« (Griesheim, S. 106). Solche ideologische Opposition setzte sich unmittelbar in eine literaturkritische um: »Man lasse Narren und Anacreontisten im Taumel dahin gehen: Sie leyern gleichsam, wie die Sawojarden auf unsern Gassen und bey allen Messen. Sie betören die Unweisen, und machen, daß Klügere über ihre Einfälle, von Wein und Liebe, lachen«, schreibt 1767 Barthold Joachim Zinck, ein Schüler von Brockes, in einer Vorrede zu einer Neuauflage eines der Bücher seines Meisters. Die gesellige Lust auf der Alster ist also durchaus keine ungetrübte; sie wird vom Land aus mit scheelen Augen betrachtet.

Trotz des lieblichen Ensembles und des wiegenden, einschmeichelnden Gesangs: so ganz verargen können wir Kinder des bürgerlichen Kapitalismus diesen »Klügeren« ihre Skepsis wohl kaum – wenn wohl auch aus anderen Gründen. Denn so schön der Traum vom Leben als einer Alsterpartie sich liest, so zutreffend die Bemerkungen über das Leben an der Elbe fallen, so richtig der Hinweis auf die grundsätzliche Unvereinbarkeit von Arbeit und erfülltem Leben unter den Bedingungen neuzeitlicher Arbeitsteilung uns erscheinen mögen, so historisch wichtig die (bescheidene) Emanzipation der Sinnlichkeit im Zeitalter der Aufklärung gewesen ist – so recht tragfähig erweisen sich die ältere Fassung der Stadt-Land-Opposition in der Laus ruris und die traditionelle Ausmalung der Natur als eines Locus amoenus nicht, um die historisch neue Form der Entfremdung zwischen Arbeit und Leben, die ungleiche Aneignung der Arbeitsprodukte und die Dialektik von aufzehrender Arbeit und regenerierender Freizeit im bürgerlichen Alltag zu formulieren. Der »Anakreontist« in Hagedorn erkannte, daß die Arbeit ›an der Elbe‹ nur allein noch im Erwerb von »Reichtum« ihren Sinn findet, aber der Traum vom ewigen, arbeitslosen Müßiggang, der in »Freiheit und Lachen« (15) ungebunden leben läßt, »was Freundschaft hier paart« (46), er ist – wir wissen es, und Hagedorn wohl auch – die Illusion »glücklicher Stunden« (47).

Zitierte Literatur: Christian Ludwig v. GRIESHEIM: Die Stadt Hamburg nach ihrem politischen, oeconomischen und sittlichen Zustande entworfen. Schleswig 1759. – [Friedrich von HAGEDORN:] Oden und Lieder in fünf Büchern.

111

[Siehe Textquelle. Zit. mit Seitenzahl.] – Georg Philipp HARSDÖRFFER: Poetischer Trichter. T. 3. Nürnberg 1653. – Barthold J. ZINCK: Vorrede zu: Barthold Heinrich Brockes: Irdisches Vergnügen in Gott. Bd. 2. Hamburg ⁵1767.

Weitere Literatur: Bernhard BLUME: Die Kahnfahrt. Ein Beitrag zur Motivgeschichte des 18. Jahrhunderts (1957). In: B. B.: Existenz und Dichtung. Hrsg. von Egon Schwarz. Frankfurt a. M. 1980. S. 195–236. – Karl S. GUTHKE: Friedrich von Hagedorn und das literarische Leben seiner Zeit im Lichte unveröffentlichter Briefe an J. J. Bodmer. In: Jahrbuch des Freien Deutschen Hochstifts 1966. S. 1–108. – Karl RICHTER: Geselligkeit und Gesellschaft in Gedichten des Rokoko. In: Jahrbuch der Deutschen Schillergesellschaft 18 (1974) S. 245–267. – Heinz SCHLAFFER: Musa iocosa. Gattungspoetik und Gattungsgeschichte der erotischen Dichtung in Deutschland. Stuttgart 1971. – Werner SCHULTZE: Die Brüder Hagedorn. In: Archiv für Kulturgeschichte 41 (1959) S. 90–99. – Jürgen STENZEL: »Si vis me flere« – »Musa iocosa mea«. Zwei poetologische Argumente in der deutschen Diskussion des 17. und 18. Jahrhunderts. In: Deutsche Vierteljahrsschrift für Literaturwissenschaft und Geistesgeschichte 48 (1974) S. 650–671. – Gottfried STIX: Friedrich von Hagedorn. Menschenbild und Dichtungsauffassung. Rom 1961. – Theodor VERWEYEN: Emanzipation der Sinnlichkeit im Rokoko. In: Germanisch-Romanische Monatsschrift. N. F. 25 (1975) S. 276–306. – Herbert ZEMAN: Die deutsche anakreontische Dichtung. Ein Versuch zur Erfassung ihrer ästhetischen und literarhistorischen Erscheinungsformen im 18. Jahrhundert. Stuttgart 1972. – Herbert ZEMAN: Friedrich v. Hagedorn, J. W. L. Gleim, J. P. Uz, J. N. Götz. In: Benno von Wiese (Hrsg.): Deutsche Dichter des 18. Jahrhunderts. Berlin [West] 1977. S. 135–161.

Johann Wilhelm Ludwig Gleim

Anakreon

Anakreon, mein Lehrer,
Singt nur von Wein und Liebe,
Er salbt den Bart mit Salben,
Und singt von Wein und Liebe;
5 Er krönt sein Haupt mit Rosen,
Und singt von Wein und Liebe;
Er paaret sich im Garten,
Und singt von Wein und Liebe;
Er wird beim Trunk ein König,
10 Und singt von Wein und Liebe;
Er spielt mit seinen Göttern,
Er lacht mit seinen Freunden,
Vertreibt sich Gram und Sorgen,
Verschmäht den reichen Pöbel,
15 Verwirft das Lob der Helden,
Und singt von Wein und Liebe;
Soll denn sein treuer Schüler
Von Haß und Wasser singen?

Abdruck nach: Johann Wilhelm Ludwig Gleim: Versuch in Scherzhaften
Liedern und Lieder. Nach den Erstausg. von 1744/45 und 1749 mit den
Körteschen Fassungen im Anh. krit. hrsg. von Alfred Anger. Tübingen:
Niemeyer, 1964. (Neudrucke deutscher Literaturwerke. N. F. 13.) S. 5.
Erstdruck: Johann Wilhelm Ludwig Gleim: Versuch in Scherzhaften Liedern.
T. 1. Berlin: Christian Friedrich Voß, 1744.
Weiterer wichtiger Druck: Johann Wilhelm Ludwig Gleim: Gedichte. Hrsg.
von Jürgen Stenzel. Stuttgart: Reclam, 1969. (Reclams Universal-Bibliothek.
2138 [2].)

Klaus Bohnen

**Der »Blumengarten« als »Quell von unserm Wissen«.
Johann Wilhelm Ludwig Gleims Gedicht *Anakreon***

Lessing kann ihm den Titel »Ehre des deutschen Parnasses«
(*Bibliothek der schönen Wissenschaften und der freien Künste* III,2, 1758) verleihen und doch sich Mendelssohn gegenüber von seinem Lob distanzieren: »Ich habe die von Ihnen
kritisirten Gleim'schen Fabeln nur für comparative schön
gehalten und sie nie für gute, sondern blos für die besten in
dieser Sammlung ausgeben wollen« (18. August 1757).
Goethe hingegen wird schon deutlicher: Auch wenn Gleim
»in Absicht [...] auf lebendige Wirkung als der Erste
genannt werden darf«, so doch vor allem durch die Tatsache, daß er »sich so viele Freunde, Schuldner und Abhän-
gige« gewonnen habe, »daß man ihm seine breite Poesie
gerne gelten ließ, weil man ihm für die reichlichen Wohl-
taten nichts zu erwidern vermochte als Duldung seiner
Gedichte« (*Dichtung und Wahrheit*, 10. Buch). Und selbst
Sulzer – dem weitgefächerten Freundeskreis Gleims zugehö-
rig – konzediert zwar, daß »Gleim [...] der erste Deutsche
[ist], der glüklich in der Art des Anakreons gedichtet hat«,
kann diese Lieder aber »blos als artige Kleinigkeiten ansehen«, als einen »Blumengarten, wo tausend liebliche Gerüche herumflattern, aber keine einzige nahrhafte Frucht
anzutreffen ist« (Sulzer, S. 131). Und gerade deshalb
erscheint ihm im Rückblick diese von Gleim angeregte
Poesie als eine regelrechte »Seuche«: »Der Beyfall, womit
seine [Gleims] scherzhafte Lieder aufgenommen worden,
hat eine Menge elender Nachfolger hervorgebracht, welche
eine Zeitlang den deutschen Parnaß, wie ein Schwarm von
Ungeziefer, umgeben und verfinstert haben« (Sulzer,
S. 131).
Die Diskrepanz zwischen zeitgenössischer Rezeption und
historischer Einordnung ist selten so offenkundig wie bei

114

Gleim. Im Jahre seines Erscheinens – 1744 – wurde Gleims *Versuch in Scherzhaften Liedern* als angemessener Ausdruck von gleichartigen Bestrebungen einer jungen Poetengeneration aufgenommen und konnte als Fortsetzung und Erweiterung der Tradition verstanden werden, die schon Hagedorn berühmt gemacht hatte und die ihre Wirkung bekanntlich auch auf den jungen Goethe (und über ihn hinaus) nicht verfehlte. Und das Gedicht *Anakreon*, mit dem Gleim seinen *Versuch* eröffnete, mußte als Programmerklärung verstanden werden, die die vielfältigen poetischen Bemühungen auf einen Namen brachte. Eine Erklärung dieses Phänomens wird darauf angewiesen sein, den ästhetischen Rahmen, in den sich diese Poesie einfügt, historisch zu rekonstruieren und dabei den Argumentationskern freizulegen, der gerade einer im Namen Anakreons vorgetragenen Dichtung zu einem solchen Erfolg verhelfen konnte.

Über die historische Gestalt der Leitfigur dieses Gedichts, der sich das Ich rühmend als seinem »Lehrer« (1) zuwendet, ist wenig genug bekannt. Der vorklassische ionische Lyriker Anakreon – 570 v. Chr. in Teos geboren, über Abdera und Samos nach Athen gekommen und dort in offenbar sehr hohem Alter gestorben – erfährt bezeichnenderweise erst im nachklassischen, hellenistischen Griechenland seine größte Anerkennung. Dies aber dann in einem Sinne, der es erlaubt, von einer »Anakreon-Legende vom fröhlichen Weisen« zu sprechen, »der in unwiderstehlichen Tönen, trunken von Kuß und Wein Lebensgenuß verkündet, zu Scherz und Freude, Tanz und Spiel ermahnt, noch im hohen Alter dem Bacchos und Eros huldigt und schließlich, echt anakreontisch, an einer verschluckten Weinbeere stirbt« (Anger, S. 23). Seither allerdings pflanzt sich die Legende im europäischen Kulturbereich fort und löst sich dabei so sehr von ihrem historischen Vorbild ab, daß erst das späte 18. Jahrhundert entdeckte, daß die unter dem Namen Anakreons überlieferten etwa 60 Texte tatsächlich nur als Anakreonteen aus späterer, besonders der alexandrinischen Zeit einzuschätzen waren: Das Phänomen hatte sich verselbständigt

115

und gewann seine immer wieder auflebende Bedeutung »als Urrepräsentant scherzhafter, naiver lyrischer Poesie« (Zeman, S. 142). Dabei verbindet sich – seit der im Umkreis humanistischer Bemühungen von Stephanus besorgten lateinischen Ausgabe von 1554 – eine von Philologen getragene Antiken-Rezeption mit dem eher oppositionellen Interesse an einer Lebenshaltung, die sich bewußt von der Normenwelt philosophischer oder religiöser Sinndeutungen abgrenzte, ohne diese allerdings in ihrer grundsätzlichen Verbindlichkeit aufzuheben. Noch im Umkreis um Gleim kreuzen sich diese Linien: Die ursprünglichen philologischen Bemühungen schlagen sich in wichtige Übersetzungen – so vor allem durch Gleim, Götz und Uz – nieder, zugleich allerdings beginnt die Flut sehr unterschiedlicher ›Nachdichtungen‹ in Geist und Stil der Anakreonteen. In dieser Form weitet sich die ›Anakreontik‹ zu einem literarischen Genre innerhalb der ›Rokoko‹-Kultur aus, dessen Abgrenzungen nicht immer festlegbar, dessen Motivkomplexe – als eine »Kultur des Scherzes« (Zeman, S. 178) – allerdings recht konstant bleiben.

Als eine solche ›Nachdichtung‹ wird das vorliegende Gedicht anzusehen sein. Dabei verknüpft sich sein Imitationscharakter mit seiner Präsentationsabsicht, und beide stehen sie im Dienst einer Rechtfertigungshaltung, die diesem Text seine Funktion als stellvertretendes Vorwort zur Gedichtsammlung zuweist.

Nachgeahmt wird der formale Duktus der Anakreonteen. Charakteristisch ist hier zunächst der Wegfall des Endreims und der tradierten übersichtlichen Strophenaufteilung, die sich ans Vorbild anschließt. Für den deutschen Nachahmer ergibt sich daraus der Zwang zu lyrischen Gliederungsprinzipien, die dem Text einen der Gattung gemäßen Zusammenhalt zu geben vermögen: Gleim bedient sich vor allem der Rhetorik der Wiederholung als Überzeugungselement in einem Argumentationsgang, der mehr durch eine naive Vielzahl anziehen als durch eine symbolhafte Vertiefung einstimmen will. Die sechsmalige Wiederholung von »(Und) singt von Wein und Liebe« bei insgesamt achtzehn Versen entspricht dabei zwar durchaus einem rhetorischen Verfahren des Vorbilds und soll wohl auch dessen Monomanie der Konzentration auf immer nur einen und alles andere ausschließenden Vorgang bezeichnen – in der deutschen Nachahmung allerdings ist die Mechanik dieses Wiederholungsverfahrens nicht zu verkennen. Sie wird verstärkt durch die unkomplizierte, rein parataktische Reihung in der Vorführung der Tätigkeitsbereiche des lebensfrohen Lehrers: In den ersten zehn Versen noch im stereotypen Wechselgesang, erreichen die nächsten fünf Verse eine kumulative Fülle dieser Reihung mit nur kleinen Variationen, die dem Gedicht eine sich steigernde Bewegung verleiht, ehe ein abschließendes »Und singt von Wein und Liebe« den Argumentationsgang wieder in seine gewohnten Bahnen zurückführt, so daß die – dem Vorbild entlehnte – Technik der rhetorischen Frage als Konklusion allen Anschein des Selbstverständlichen und Natürlichen vermitteln kann. Was bei dieser Aufbauform noch recht schematisch wirken mag und wohl auch auf den Nachahmungszwang zurückzuführen ist, ändert sich im Blick auf die Versbehandlung: Der jambische Kurzvers mit drei Hebungen verleiht dem Gedicht einen spielerischen Ton, der das heitere Sinnenspiel des Anakreon durchaus angemessen lauthaft zu ›versinnlichen‹ vermag. Vor dem Hintergrund der schweren Feierlichkeit des Alexandriners mußte dieser Vers als unerhört erscheinen: In ihm gewinnt die neue Sinnenfreude eine Flexibilität des Ausdrucks, die der Lyrik als Ton erhalten bleiben sollte und die der ›Anakreontik‹ ihre Attraktivität sicherte. Vor allem in dieser Sicht ist Gleims Lyrik von bleibendem literarhistorischen Interesse.

Demgegenüber hat die Präsentationsabsicht des Gedichts mehr informatorischen Charakter. Vorgestellt wird der Anakreon, wie er sich in den überlieferten Texten in aller Selbstbezogenheit darstellte. Dabei bedient sich Gleims eines kaleidoskopartigen Verfahrens, das die zentralen Themen Anakreons sammelt: eine Art ›Schnittmuster‹ der Lebenswelt dieses fröhlichen Weisen, wobei die einzelnen Linien auf die Hauptmotive der jeweiligen Anakreonteen verweisen und so gewissermaßen einen Katalog anakreontischer Lyrik entwerfen. Als »Lehrer« in der rechten Lebenskunst »salbt« (3) und bekränzt er sich mit allen Signalen erotischer Selbstgefälligkeit, ergeht er sich in der freien Natur (7: »paaret sich im Garten«) und ist mit deren »Göttern« (11) auf gutem Fuße, nicht zuletzt deshalb, weil er sich in geselligem Wohlbehagen ohne »Gram und Sorgen« (13) dem »Trunk« (9) ergibt und dabei den »reichen Pöbel« (14) und das »Lob der Helden« (15) aus seiner Welt verbannt. Die Abweisung gesellschaftlicher Instanzen und Normen erscheint als ›Lebensraum‹ poetischer Selbstverwirklichung: Das Singen »von Wein und Liebe« bedarf eines solchen Freiraums; Poesie verliert allen Charakter einer akademischen Tätigkeit, sobald Lebensform und dichterische Welt als zusammengehörig gedacht werden. Gerade diese Zusammengehörigkeit von Lebenshaltung und Poesie mag den Kreis um Gleim – und mit ihm eine ganze aufrührerische Jugendbewegung – an Anakreon angezogen haben; aus der rokokohaften Rollenwelt, die eben diese Verbindung leugnete, konnte sich das lyrische Besingen dieses Ideals allerdings denn doch nicht befreien. Die ›Botschaft‹ des Anakreon verkürzt sich so zur Lizenz des Poeten, der Sinnenfreude des »Wein und Liebe«-Gesangs eine Aussprachmöglichkeit zu eröffnen und damit die strenge Bindung an den moralischen Normenkodex der Frühaufklärung zu lösen.

Dies aber expliziert sich in Gleims Gedicht noch unter dem Vorzeichen einer – an den Leser um Verständnis appellierenden – Rechtfertigungshaltung. Den beiden ersten Versen, in denen auf den bekannten und Verbindlichkeit sichernden »Lehrer« Bezug genommen wird, replizieren die beiden letzten, in denen dessen »treuer Schüler« in rhetorischer Frage das gleiche poetische Recht für sich reklamiert. Diese Einverständnis heischende Haltung zeigt, wie ungesichert dem Ich des Gedichts – das ohne weiteres mit dem Autor gleichgesetzt werden darf – seine Position noch erscheint.

118

Nicht ohne Grund trägt Gleim seine der Befreiung des Sinnengenusses huldigenden Gedichte »unter dem Schutzpatronat Anakreons« (Stenzel, S. 161) vor: Das Vorbild der Antike war nicht ohne weiteres abzuweisen, und es hatte sich – über die Ehrwürdigkeit einer langen Tradition hinaus – gleichermaßen als dauerhaftes ästhetisches wie als moralisch und gesellschaftlich unschädliches Muster erwiesen, das in sehr unterschiedlichen historischen Konstellationen ähnliche – auf die Sinnenfreude zielende – Ansprüche artikuliert hatte.

Für das frühe 18. Jahrhundert wird dieser Schutzbereich darüber hinaus allerdings noch mit einem weiteren Motiv zu verknüpfen sein. Dem Leser der vierziger Jahre, dem Poesie als eine Tätigkeit des intellektuell-spielenden, aber sich immer zugleich im logischen Normensystem absichernden ›Witzes‹ erschien, mußte angesichts der Sinnenfülle ein Verständnisrahmen angeboten werden, der ihm eine Einordnung ermöglichte: und als solcher konnte das Ansehen Anakreons als eines weisen (Lebens-)Philosophen dienen. In ihm war die für diese Zeit noch unentbehrliche Verbindung von Vernunftanspruch und Sinnenwelt wieder – wenn auch auf einem Umweg – herstellbar. Die Leserschaft der vierziger Jahre konnte diese Lyrik so ohne Anstoß rezipieren.

Ein Blick auf einen Ausschnitt der literarischen Produktion des Jahres 1744 mag diese Erwartungslage des Publikums erläutern. Von philosophischer Seite aus ist es Georg Friedrich Meier – Lehrer des jungen Gleim in Halle, dem Zentrum des Pietismus wie auch dessen literarischer Gegenbewegung, der ›Anakreontik‹ –, der in seinen *Gedancken von Schertzen* (1744) dem Leser sozusagen eine autoritative Beglaubigung der anakreontischen Scherz-Kultur zu vermitteln vermochte, und dies mit Gründen, die ebensosehr an der antiken Rhetorik wie an der Philosophie Wolffs und der Ästhetik Baumgartens geschult waren. Mit seiner »Rechtfertigung des geselligen Lachens« (Bohnen, S. VIII) erscheint das Sinnenspiel Anakreons angehoben auf das Niveau einer vernünftig einsehbaren und anthropologisch nutzbringenden Lebenshaltung, die nicht nur den Vorteil hat, Verkrampfungen zu lösen, sondern auch Einsichten zu vermitteln. Es konturiert sich das Bild eines ›Weltweisen‹, das auch für den zugänglich ist, der die Schwerfälligkeit philosophischer Systembildungen verschmäht und sich statt dessen an den natürlichen Umkreis seiner Sinne hält. Wichtig allerdings ist, daß sich auch das freie Sinnenspiel in den Bezugsrahmen einer letztlich vernünftigen Weltauslegung einordnet, auch wenn das Auslegungssystem dieser Ordnung nun der Sinnlichkeit als einer Bedingung von Einsicht bedarf. Anakreons Sinnenfülle wird dem nach Orientierung verlangenden Publikum als essentielles Element seiner Weisheit begreifbar.

Anschaulicher und für die Steuerung von Lesererwartungen wohl bedeutsamer vollzieht sich ein ähnlicher Rechtfertigungsprozeß in den Zeitschriften der Zeit. Hier mag die Monatsschrift *Belustigungen des Verstandes und des Witzes* als Beispiel dienen, und zwar die Nummern aus dem unmittelbaren Umkreis von Gleims *Anakreon*-Gedicht (also aus dem Jahre 1744), die dem literarisch interessierten Leser als gleichzeitige Lektüre vorgelegen haben dürften. Zwar wird Johann Joachim Schwabes in Leipzig erscheinende Zeitschrift eher dem Einflußbereich Gottscheds zuzuordnen sein und enthält auch – trotz Beispielen (allerdings untypischer) anakreontischer Gedichte – einige Beiträge aus der engeren Gottsched-Nachfolge, doch zugleich ist deutlich, wie sich auch hier das Bemühen abzeichnet, ein dem Anakreon angenähertes literarisches Ideal, in dem Weltweisheit und Sinnenfreude aufeinander bezogen sind, auszubilden. Gleich im Einführungsgedicht zur Januar-Nummer heißt es über die »Vorzüge der Werke des Verstandes und des Witzes«:

Seit des Schöpfers Wunderhand
Körper an die Seelen fügte,
Und ein menschlicher Verstand
Durch die Sinne sich vergnügte;

120

Ward die Rede nebst dem Dichten
Sein bestimmtes Eigenthum,
Ja die Absicht seiner Pflichten,
Und sein allerbester Ruhm.
(*Belustigungen*, S. 5.)

Dies »Durch-die-Sinne-sich-Vergnügen« des Verstandes
zieht sich als Leitgedanke durch die Zeitschrift und prägt die
an Dichtung zu stellenden Erwartungen. Er zeigt sich in
Versen wie diesen:

Drum, Mensch, durchschau die Welt, der größten Weisheit Ehre,
Betrachte die Natur, gib ihrem Ruf Gehöre
(*Belustigungen*, S. 16.)

oder schlägt sich nieder in apodiktischen Formulierungen
wie denen Carl August Gebhardis, der über »Die Vernunft«
vermerkt:

Allein die Sinne sind der Quell von unserm Wissen
(*Belustigungen*, S. 15.)

und dabei auch die Grundsätze der Logik nicht unberührt
läßt:

Der Satz des Widerspruchs, der Quell von aller Wahrheit,
Erhält durch Sinne nur den größten Grad der Klarheit.
(*Belustigungen*, S. 15.)

Und wie eine Einstimmung auf den weisen »Lehrer« der
Sinnenfreude klingt es, wenn Overbeck nur den als einen
»großen Kopf« gelten läßt, »der den Witz mit auf die Welt
und nicht aus der Schule gebracht hat« (*Belustigungen*,
S. 427): »Sklaven der Lehrart und Knechte der Regeln«
(*Belustigungen*, S. 427) seien entsprechend auch unfähig, die
»Gabe zu schreiben« zu beherrschen, denn deren »Vollkom-
menheiten« kämen durchaus anders zustande:

Sollen es hingegen nur Sachen seyn, die das Reich der Regeln und ein
erfindender Weltweiser bereits völlig erobert, und zur Provinz
gemacht hat; soll anders nichts wahr, nichts gegründet, nichts

121

vollkommen, gewiß, verständig und vernünftig seyn, als was man aus den bisher erfundenen Regeln und Grundsätzen hinlänglich erklären kann: so gestehe ich, dieses klingt zu hochmüthig und ein wenig aberwitzig. Es ist nicht anders, als wenn die Chineser sprechen: wo unser Reich aufhöret, da ist die Welt zum Ende.

(Belustigungen, S. 547 f.)

Das Bild von den Dichtern, das Overbeck entwirft, trifft denn auch auf Gleim und den Kreis der jungen Anakreontiker zu:

Es sind hurtige, behende und lebhafte Geister, die sich ohne Zwang und Marter in Dinte und Feder senken und jedweden Buchstaben beseelen. Es sind gesunde und fruchtbare Köpfe, die auch ohne Arzney empfangen und auch ohne Beystand einer sokratischen Hebamme gebähren [. . .].   *(Belustigungen*, S. 548.)

Wenn die Sinne »Quell von unserm Wissen« sind, dann heißt es sie zu kultivieren, »ohne Zwang und Marter« »Dinte und Feder« zu ergreifen, um »jedweden Buchstaben [zu] beseelen«: dies ist die Aufnahmehaltung, die der Poesie Gleims – »unter dem Schutzpatronat Anakreons« – zum Erfolg verhelfen konnte. Ihre gleichzeitige philosophische Rechtfertigung durch Georg Friedrich Meier mußte sie als gleichwertig mit der Weltweisheit erscheinen lassen, so daß sie auch vom gehobenen Bürgertum und dem Adel – nicht zuletzt weil sie die »Sinnlichkeit in einen fiktiv-spielerischen und daher gesellschaftlich unschädlichen Akzept umzufunktionalisieren« wußte (Bohnen, S. XXVI) – angenommen werden konnte. Und der »Beyfall«, den Sulzer für Gleims *Scherzhafte Lieder* registriert, gilt im Jahre 1744 gewiß nicht nur dem »Blumengarten, wo tausend liebliche Gerüche herumflattern«, sondern auch der »nahrhaften Frucht«, als die die Sinnen-Kultur des Scherzes – angesichts mancher moralisch-verständiger Eintönigkeit der Frühaufklärung ein neuer »Quell von unserm Wissen« – erfahren wurde. Für den »Schwarm von Ungeziefer«, der den »deutschen Parnaß« in der Modeerscheinung der ›Anakreontik‹ »verfinstert« hat, ist Gleim kaum verantwortlich zu machen.

Zitierte Literatur: Alfred ANGER: Anakreontik. In: Das Fischer Lexikon Literatur. Bd. 2,1. Hrsg. von Wolf-Hartmut Friedrich und Walther Killy. Frankfurt a. M. 1965. S. 23–28. – Belustigungen des Verstandes und des Witzes. Leipzig (1744). – Klaus BOHNEN: Eine »Critik der Schertze«. G. F. Meiers Rechtfertigung des geselligen Lachens. In: Georg Friedrich Meier: Gedanken von Schertzen (1744). Mit Einl., Zeittaf. und Bibl. von K. B. Kopenhagen 1977. S. VIII–XXXIV. – Jürgen STENZEL: Nachwort zu: Johann Wilhelm Ludwig Gleim: Gedichte. Stuttgart 1969. S. 156–166. – Johann Georg SULZER: Allgemeine Theorie der schönen Künste [...]. T. 1. Leipzig 1792. – Herbert ZEMAN: Die deutsche anakreontische Dichtung. Ein Versuch zur Erfassung ihrer ästhetischen und literarhistorischen Erscheinungsformen im 18. Jahrhundert. Stuttgart 1972.

Weitere Literatur: Alfred ANGER: Literarisches Rokoko. 2., durchges. und erg. Aufl. Stuttgart 1968. – Konrad BAER: Der junge Gleim und die Hallische Schule. Diss. Erlangen 1924. [Masch.] – Paul BÖCKMANN: Das Formprinzip des Witzes in der Frühzeit der deutschen Aufklärung. In: Jahrbuch des Freien Deutschen Hochstifts 1932/33. S. 52–130. Auch in: P. B.: Formgeschichte der deutschen Dichtung. Darmstadt [3]1967. Kap. 5. – Wilhelm KÖRTE: Johann Wilhelm Ludewig Gleims Leben. Aus seinen Briefen und Schriften. Halberstadt 1811. – Christoph PERELS: Studien zur Aufnahme und Kritik der Rokokolyrik zwischen 1740 und 1760. Göttingen 1974. – Karl RICHTER: Geselligkeit und Gesellschaft in Gedichten des Rokoko. In: Jahrbuch der Deutschen Schillergesellschaft 18 (1974) S. 245–267. – Heinz SCHLAFFER: Musa iocosa. Gattungspoetik und Gattungsgeschichte der erotischen Dichtung in Deutschland. Stuttgart 1971. – Werner SCHLOTTHAUS: Das Spielphänomen und seine Erscheinungsweise in der Dichtung der Anakreontik. Diss. Göttingen 1957. [Masch.] – Theodor VERWEYEN: Emanzipation der Sinnlichkeit im Rokoko? Zur ästhetik-theoretischen Grundlegung und funktionsgeschichtlichen Rechtfertigung der deutschen Anakreontik. In: Germanisch-Romanische Monatsschrift. N. F. 25 (1975) S. 276–306.

Johann Wilhelm Ludwig Gleim

Bei Eröffnung des Feldzuges. 1756

Krieg ist mein Lied! weil alle Welt
Krieg *will*, so *sey* es Krieg!
Berlin sey Sparta, Preußens Held
Gekrönt mit Ruhm und Sieg!

5 Gern will ich seine Thaten thun,
Die Leier in der Hand;
Wenn meine blut'gen Waffen ruhn
Und hangen an der Wand.

Auch stimm' ich hohen Schlachtgesang
10 Mit seinen Helden an,
Bei Pauken- und Trompetenklang,
Im Lärm von Roß und Mann;

Und streit', ein tapf'rer Grenadier,
Von *Friedrichs* Muth erfüllt!
15 Was acht' ich es, wenn über mir
Kanonendonner brüllt?

Ein Held fall' ich; noch sterbend droht
Mein Säbel in der Hand!
Unsterblich macht der Helden Tod,
20 Der Tod für's Vaterland!

Auch kömmt man aus der Welt davon,
Geschwinder wie der Blitz;
Und wer ihn stirbt, bekommt zum Lohn
Im Himmel hohen Sitz!

25 Wenn aber ich, als solch ein Held,
Dir, Mars, nicht sterben soll,

Nicht glänzen soll im Sternenzelt:
So leb' ich dem Apoll!

So werd' aus *Friedrichs* Grenadier,
Dem Schutz, der *Ruhm* des Staats:
So lern' er deutscher Sprache Zier,
Und werde sein *Horaz.*

Dann singe *Gott* und *Friederich*,
Nichts kleiner's, stolzes Lied!
Dem Adler gleich erhebe dich,
Der in die Sonne sieht!

Abdruck nach: J. W. L. Gleim's sämmtliche Werke. Erste Originalausgabe aus des Dichters Handschriften durch Wilhelm Körte. Bd. 4. Halberstadt: Bureau für Literatur und Kunst, 1811. S. 1–3. [Mit: Anstatt einer Vorrede. S. IX bis XXXIII.]
Erstdruck: [Anonym:] Lied eines Preussischen Grenadiers bey Anfang des Krieges 1756. und Schlachtgesang der Preussen vor der Schlacht bey Prag den 6. May 1756 [sic], nebst dem Liede der Preussen an die Kayserinn-Königinn nach Wiedereroberung der Stadt Bresslau am 19. Dec. 1757. Berlin 1758.
Weitere wichtige Drucke: Preussische Kriegslieder in den Feldzügen 1756 und 1757 von einem Grenadier. Mit Melodien. Berlin: Christian Friedrich Voß, 1758. [Mit dem »Vorbericht« von Gotthold Ephraim Lessing.] – Preussische Kriegslieder von einem Grenadier von I. W. L. Gleim. Heilbronn: Henninger, 1882. (Deutsche Litteraturdenkmale des 18. Jahrhunderts in Neudrucken. 4.) [Mit einem Vorwort von August Sauer.]

Jörg Schönert

Schlachtgesänge vom Kanapee. Oder: »Gott donnerte bei Lowositz«
Zu den *Preußischen Kriegsliedern in den Feldzügen 1756 und 1757* des Kanonikus Gleim

Bei dem Versuch, im Frühjahr 1982 sich den *Preußischen Kriegsliedern* zu den Feldzügen des Siebenjährigen Krieges zu nähern, führt kein Weg an Goethe vorbei. Dem ›Dichterfürsten‹ galten 1812 in *Dichtung und Wahrheit* die »Kriegslieder, von Gleim angestimmt« als beredtes Zeugnis für die Bedeutung, die Friedrich II. von Preußen für die Entwicklung einer deutschen »Nationaldichtung« hatte: »Der erste wahre und höhere eigentliche Lebensgehalt kam durch Friedrich den Großen und die Taten des Siebenjährigen Krieges in die deutsche Poesie« (Goethe, S. 279). Mit seiner Gedichtsammlung, die den König als Führer und Vater der Preußen in »Krieg und Gefahr« darstellt, habe Gleim – so Goethe – eine Art »Epopöe« geschaffen, die erheblich zum Ansehen der ganzen deutschen Nation beitrug und zugleich »einen so hohen Rang unter den deutschen Gedichten« einnimmt (Goethe, S. 280 f.). Bei allem Respekt vor Goethes Urteil werden heute Gleims *Kriegslieder* wie auch die Kriegstaten Friedrichs II. anders zu bewerten sein.

Der 1756 von Preußen begonnene Dritte Schlesische Krieg gegen die Allianz Österreich-Ungarn, Frankreich und Rußland sollte die Position Preußens als kleinste europäische Großmacht sichern. Die vorausgegangenen Feldzüge von 1740/41 und 1744/45 hatten diese Stellung nach der Annexion Schlesiens begründet. Gegen einen zahlenmäßig weit überlegenen Gegner führte Friedrich II. sieben Jahre hindurch einen Krieg, der sein Land an den Rand des wirtschaftlichen Ruins brachte und eine halbe Million preußische Soldaten das Leben kostete. Friedrichs Heer bestand zu einem großen

Teil aus angemieteten oder gepreßten Soldaten. Der angehäufte Kriegsschatz war bald aufgezehrt; es kam zu erhebli-
chen Versorgungsschwierigkeiten, und mit der Kampfbe-
reitschaft war es schlecht bestellt. Die ›soldatische Disziplin‹
konnte weithin nur durch brutale Strenge und drakonische
Strafen aufrechterhalten werden. Oft trieben die Offiziere
ihre Mannschaften mit Stockschlägen gegen den Feind. Der
Krieg war als »ein reiner Kabinettkrieg« begonnen worden
(Becker, S. 10); bei den einfachen Soldaten und bei der
Zivilbevölkerung mußte das kriegerische Vorgehen begründet und die Unterstützung der Pläne Friedrichs II. motiviert
werden. Parteinahme für die ›nationale Sache‹ bei den Truppen rasch zu erreichen war in der Anfangsphase des Krieges
besonders wichtig, da Friedrich II. eine Offensivtaktik
wählte, das Heer mit Eilmärschen strapazierte und wiederholt in verlustreiche ›Entscheidungsschlachten‹ führte. Die
von den Preußen bevorzugte ›Lineartaktik‹ war darauf angelegt, im offenen Sturmlauf die feindliche Front zu durch-
brechen und die Truppenverbände der Alliierten zu zer-
streuen.
Angesichts dieses bedingungslosen Vorgehens waren literarisch entfachter Patriotismus, Begeisterung für den ›gerechten Krieg‹ und Vertrauen in die Führungskraft des königlichen Feldherrn wichtige Faktoren, um das allgemeine
Bewußtsein von Notwendigkeit und Erfolgsaussichten des
Krieges zu festigen. Literarisch gebildete Offiziere – wie
Ewald von Kleist oder Christian Gottlieb Lieberkühn (vgl.
Lessing, S. 9) – schrieben Gedichte zum Ruhme der preußischen Armee und zur Steigerung der ›Kampfeslust‹; bei den
einfachen Soldaten wurde die Tradition der anonymen
Kriegs- und Soldatenlieder erneuert (vgl. die Sammlung von
Ditfurth): »Die Kriegslyrik [...] quoll reichlich empor«
(Sauer, S. IV). Die preußischen Siege im ersten Kriegsjahr
beschleunigten diese Entwicklung; sie weckten auch bei der
Zivilbevölkerung kriegerisch-patriotischen Enthusiasmus,
das Kriegsgeschehen in Gegenwart und Geschichte wurde
zu einem bevorzugten literarischen Thema. Welche Anstöße

und Einstellungen, welche literarischen Voraussetzungen und Leistungen mußten in dieser Situation bei dem friedfertigen Kanonikus Johann Wilhelm Ludwig Gleim zusammenkommen, um ihn gleichsam zum Wortführer der Dichter zu erheben, die nun »aus der Entfernung über einen Krieg« sangen, »den sie nicht mitmachten« (Sauer, S. V)?

In der literarischen Öffentlichkeit war Gleim vor allem als ›Anakreontiker‹ hervorgetreten. Am Zweiten Schlesischen Krieg hatte der studierte Jurist als Sekretär – zunächst im Dienste des Prinzen von Brandenburg-Schwedt, dann beim ›Alten Dessauer‹ – teilgenommen und die Belagerung von Prag miterlebt. Der *Versuch in scherzhaften Liedern* (1744/45, überarbeitet 1753) entstand während dieser Zeit; vor allem der zweite Teil der Sammlung zeigt Spuren der Kriegserfahrungen (vgl. beispielsweise *An den Tod, Der Plünderer, An die Krieger, An die Stadt Prag, An den Kriegesgott*). Doch werden die entsprechenden Motive stets ins Scherzhafte gewandt und auf den Kampf Amors um die Herzen der Mädchen bezogen. »Laute« und »Leier« des Poeten sind nicht für Mars, sondern für den Liebesgott gestimmt (*An die Helden*). Der beständige Frieden, den »Wein und Liebe« schaffen, ist dem Frieden als Ergebnis politischer Bemühungen weit voraus (*Der Friedensstifter*). Das Rollenspiel der anakreontischen Lyrik führt den unermüdlich dichtenden Gleim zu einer Geläufigkeit der Motivaneignung und des Perspektivenwechsels, die der späteren Aufnahme patriotisch-kriegerischer Themen in der Rolle des »Grenadiers« zugute kommt. Zudem zählen die poetischen Versuche der Panegyrik im Fürstenlob und der Wettstreit mit den großen Autoren der Antike um die Mitte des 18. Jahrhunderts zu den Pflichtübungen ehrgeiziger deutscher Literaten. Zur Konzeption des Grenadiers als dichtenden Geschichtsschreibers führt das gerade erwachte Interesse an der anonymen germanischen Dichtung des Mittelalters, das sich vor allem auf die geschichtsträchtigen Heldenlieder und kriegerischen Balladen richtet. 1749 schreibt Klopstock sein

Kriegslied, zur Nachahmung des alten Liedes von der Chevy-Chase-Jagd, das Friedrich II. als zeitgenössischen Helden feiert und den ehrenvollen Tod für das Vaterland besingt. Gerhard Kaiser hat dargestellt, wie die pietistische Gefühls-kultur, ausgebaut über ihre literarische Säkularisation, den Boden für den neuen Patriotismus bereitet. Gleim verstand die patriotisch-kriegerische Lyrik zunächst wohl als eines der vielen notwendigen ›poetischen Exerzitien‹; persönliches Engagement für die nationalen Machtbestrebungen Preu-ßens wächst bei dem eher ›unpolitischen‹ Halberstädter Kanonikus (Wilke, S. 170) aus seiner Begeisterung für den preußischen König. Diesen Enthusiasmus stellt Klopstock bereits 1752 in der Ode *An Gleim* heraus: »Wenn von Friederichs Preise! | Ihm die trunknere Lippe trieft, | Ohne Wünsche nach Lohn«. Im Briefgespräch mit den Dichter-freunden Karl Wilhelm Ramler, Ewald von Kleist, Gotthold Ephraim Lessing und Johann Peter Uz wird der ›Weise von Sanssouci‹ zu Beginn des Siebenjährigen Krieges nicht nur als »Augustus« gerühmt, er rückt als Heerführer in den Rang von Cäsar und Alexander. Die zeitgenössische Gepflo-genheit des Dichterwettstreits im Freundeskreis gibt die entscheidenden Impulse für das Unternehmen der *Kriegslie-der*. Die literarischen Aufgabenstellungen von ›Fürstenlob‹ und ›hohem Schlachtgesang‹ werden zu aktuellen Heraus-forderungen für die Freunde. Im Mai 1757 schreibt Ewald von Kleist seine *Ode auf die preußische Armee*; und das Loblied auf Friedrich II., das bei Lessing bestellt wird, gibt als Plan einer ›prosaischen Ode‹ mit dem Titel *An Herrn Gleim* die Aufforderung zum Panegyrikum mit einiger Iro-nie (vgl. den Brief vom 12. Mai 1757 [?] an Gleim) an den preußischen Auftraggeber zurück:

[...] bist Du auch nicht fremd im Lager, nicht fremd vor den feindlichen Wällen, und unter brausenden Roßen. Was hält Dich noch? Singe ihn, deinen König! Deinen tapfern, doch menschlichen; deinen schlauen, doch edeldenkenden Friedrich.

Der Odendichter sächsischer Geburt will »unter deß mit Aesopischer Schüchternheit, ein Freund der Thiere, stillere Weisheit lehren«: Er will Fabeln dichten.

Die wachsende Anteilnahme Ramlers und Gleims am Kriegsgeschehen wird gestützt durch die regelmäßigen Feldberichte des Major von Kleist, der seinerseits von Gleim mit »Nachrichten aus dem Reiche des Witzes und der Wissenschaften« bedient wird (Becker, S. 29). Gleim dürfte darüber hinaus durch direkten oder mittelbaren Zugang zu brieflichen Mitteilungen von anderen Beteiligten über die Ereignisse an den Kriegsfronten unterrichtet worden sein (vgl. Schwarze, S. 315); er hat diese Informationen für die anekdotischen Details seiner Schlachtschilderungen in den *Kriegsliedern* verwendet. Frühe Entwürfe zu den *Schlachtgesängen* sind in der ersten Jahreshälfte 1757 entstanden und den Freunden zugegangen. Die Lieder zur Schlacht von Prag (6. Mai 1757) erscheinen noch im selben Jahr in Einzeldrukken; Lessing macht die Texte in der *Bibliothek der schönen Wissenschaften und der freien Künste* lobend bekannt (Lessing, S. 9–13). Die patriotische Begeisterung und der dichterische Elan des »Grenadiers« erregen Aufsehen: Gleim schreibt weitere *Kriegslieder*. Lessing hatte bereits im Brief vom 12. Dezember 1757 an Gleim vorgeschlagen, die vorliegenden Kriegslieder gesammelt als Büchlein zu veröffentlichen. Im Brief vom 6. Februar 1758 erbietet er sich, »eine Vorrede dazu [zu] machen«. Gleim gibt elf Schlachtgesänge und Siegeslieder zum Druck; sie erscheinen im August 1758 unter dem Titel *Preußische Kriegslieder in den Feldzügen 1756 und 1757 von einem Grenadier* bei Lessings Verleger Christian Friedrich Voß. Der Berliner Advokat Kraus hat einen Großteil der Lieder in Melodien gesetzt; der Kupferstecher Meil sorgt für Titelbild und Vignetten. Für die bald folgende zweite Auflage von 1759 wird die Sammlung mit der jambischen Ode *Der Grenadier an die Kriegesmuse nach dem Siege bei Zorndorf* ergänzt.

Neben Lessings *Vorbericht* enthält der Band nun sechs Herausforderungs- und Drohgesänge (*Schlachtlieder*), die –

so die Fiktion Gleims – zur Eröffnung der Feldzüge und vor
den Kämpfen gesungen werden, den Feind herabsetzen und
den Mut in den preußischen Reihen stärken sollen. Zumeist
im Wechsel mit den Schlachtgesängen stehen sechs erzäh-
lende Lieder, die – abgesehen von Nr. 7 – als Siegeslieder
gelten und vom ruhmvollen Kampf der von Friedrich
geführten Preußen gegen den übermächtigen, aber feigen
Feind berichten:

1. Bey Eröfnung des Feldzuges 1756
2. Siegeslied nach der Schlacht bey Lowositz
3. Schlachtgesang bey Eröfnung des Feldzuges 1757
4. Schlachtgesang vor der Schlacht bey Prag
5. Siegeslied nach der Schlacht bey Prag
6. Schlachtgesang vor dem Treffen bey Collin
7. Lied nach der Schlacht bey Collin
8. Herausforderungslied vor der Schlacht bey Rossbach
9. Siegeslied nach der Schlacht bey Rossbach
10. Siegeslied nach der Schlacht bey Lissa
11. Lied an die Kayserin-Königin nach Wiedereroberung der Stadt
    Breslau
12. Der Grenadier an die Kriegesmuse nach dem Siege bey
    Zorndorf

Die Reihenfolge der Lieder entspricht der Chronik der
Kriegsjahre 1756 bis 1758, nicht jedoch der Entstehungsge-
schichte der Texte. Nr. 3 und 5 dürften als erste geschrieben
sein, das Eröffnungslied (Nr. 1) wurde am 1. Februar 1758
im Entwurf an Lessing geschickt und im selben Jahr mit den
Liedern Nr. 4 und 11 als Einzeldruck veröffentlicht (Sauer,
S. XXI). Die Jahreszahl »1756« als Entstehungsdatum ist
Fiktion des Verfassers, der damit die ›Unmittelbarkeit‹ der
dichterischen Verarbeitung kriegerischer Erfahrungen durch
den Grenadier herausstellen will. Die Verfasserschaft
Gleims wird auch bei der Buchveröffentlichung verschwiegen, und die Freunde pflegen weiter in ihren Privatbriefen
die ›witzige‹ Mystifikation vom einfachen Grenadier, der so
kunstvoll-naiv zu schreiben versteht und Gleim mit seinen
Werken beliefert.

O was ist unser Grenadier für ein vortrefflicher Mann! Ich kann Ihnen nicht sagen, wie gut er seine Sachen gemacht hat! Was haben der H. Major [Ewald von Kleist] und ich, was haben wir uns nicht über seine Einfälle gefreut! Und noch alle Tage lachen wir darüber. Zu einer solchen unanstößigen Verbindung der erhabensten und lächerlichsten Bilder war nur *er* geschickt!

(Lessing an Gleim, 12. Dezember 1757.)

Hier wird ein geselliges Spiel im Sinne der »Belustigung des Verstandes und Witzes« betrieben, dessen Voraussetzung freilich ist, »in behaglicher Ruhe vom Krieg zu singen« (Becker, S. 28). Die Freunde ermuntern »den Grenadier« zu fortgesetzter literarischer Produktivität.

Kleist sorgt für die notwendigen Informationen, Ramler schürt den preußischen Enthusiasmus, und Lessing dämpft ungezügelten patriotischen Blutdurst und Chauvinismus (Becker, S. 35). Die ›witzige‹ Verschränkung von naiver Kriegs- und Feldherrnbegeisterung mit literarischer Erfahrung und Bezügen auf aktuelle Literaturinteressen bestimmt die erfolgreiche Rollenperspektive des ›Grenadiers‹, die dem Leser mit dem Eingangslied *Bei Eröffnung des Feldzuges. 1756* vermittelt wird. Der Grenadier versteht es, mit »blut'gen Waffen« (7) für die gerechte Sache Preußens zu streiten – in einem Krieg, der Preußen von den übermächtigen Feinden, gleichsam von »aller Welt« (1), abgezwungen wurde. Zugleich weiß der Grenadier jedoch auch, mit dem ›Handwerkszeug‹ des Dichters, der Leier, umzugehen. Ihr entlockt er seine Schlachtgesänge – abends, nach ›getaner Kriegs-Arbeit‹, und vor dem Kampf im offenen Feld, die Kameraden ermunternd. Als Soldat ist er ohne Fehl und Tadel: voller Bewunderung und Treue für den Heerführer Friedrich; tapfer, todesmutig und bereit, den ruhmvollen »Tod für's Vaterland« (20) zu sterben – was als gottgefälliges Tun angesehen und mit dem ewigen Leben belohnt zu werden verspricht. Die letzten drei Strophen des Liedes eröffnen Möglichkeiten des Überlebens und entwerfen ein ›Dichterleben‹ nach dem Krieg. Dem kriegerischen Enthusiasmus wird die Begeisterung für den ›Heldenpreis‹ gleichgesetzt. Der

Grenadier will sich der Panegyrik für Friedrich II. verschreiben, der für ihn das ist, was einst Augustus für Horaz war. Auf Horaz (*Epoden* 2,3,402 f.) geht auch das lateinische Zitat zurück, das dem Lied in der Sammlung von 1758 und 1759 angefügt war und den zweiten Bezugspunkt für das literarische Rollenspiel markiert: Der Grenadier übernimmt im preußischen Heer Aufgaben, die einst Tyrtäus für die kriegerischen Spartaner erfüllte: »mares animos in Martia bella | Versibus exacuo« (»mit Liedern entfache ich männlichen Mut zu kriegerischen Kämpfen«).

Der dritte Aspekt der patriotischen Rollenfiktion wird durch die Wahl der Strophenform bezeichnet. Es ist die Chevy-Chase-Strophe, die Klopstock 1749 herausgestellt hatte. Gleim verwendet sie – den englischen Ursprüngen folgend – mit Reimen. Die kurzen vier- und dreihebigen Zeilen haben stets männlichen Versausgang. Nach der zweiten Zeile wird zumeist eine deutliche Zäsur in der Gedankenführung der Strophen gesetzt. Die Strophenform begünstigt das stilisierte knappe und gedrängte Sprechen (mit oftmaligen Auslassungen von Konjunktionen, Artikeln, Pronomina und Modalverben), das volkstümlich und ›authentisch‹ anmuten soll. Zugleich ermöglicht die überschaubare Anlage der Strophe die kalkulierte rhetorische Gestaltung mit Antithesen, Chiasmus und Parallelismus, Anaphern und Figuris etymologicis. Die akustischen Wirkungen des durchgehenden Reims auf betonten Silben hat Lessing als »dem kurzen Absetzen der kriegerischen Trommete ähnliches« beschrieben (Lessing, S. 16). Der Rückgriff auf einfache und kräftige Bilder aus der Vorstellungswelt ›des Volkes‹ soll ebenso wie die Verwendung archaischer Wortformen die ›Volkstümlichkeit‹ der Lieder kennzeichnen und zugleich den literarischen Experten auf die Traditionsbezüge zu den anonymen Dichtungen der Skalden und Barden verweisen. Lessing hat diese Ahnenreihe für den »neuen preußischen *Barden*« (Lessing, S. 18) in seinen Anzeigen der *Kriegslieder* und im *Vorbericht* mehrfach herausgestellt und den Versuch gerechtfertigt, Nationalbe-

133

wußtsein mit literarischen Mitteln zu begründen. In den poetischen Eigenwilligkeiten des dichtenden Grenadiers erkennt er die Konturen des ›naiven Genies‹ (vgl. dazu den 33. Literatur-Brief), das sich den Ansprüchen der Regelpoetik entzieht und dem hochtrabenden Pathos gelehrter Dichtung Lebenskraft und Schwung der konkreten Erfahrungen entgegensetzt. So verbindet sich der literarische Kampf gegen die Autorität der ›französischen Klassiker‹ mit der politischen Gegnerschaft zwischen Preußen und Frankreich im Siebenjährigen Krieg. Diese patriotisch-politische Absicherung poetologischer Kontroversen wird in Herders Besprechung der *Kriegslieder* von 1767 noch mehr betont.

Die Rezensenten übersehen jedoch nicht, daß sich der Grenadier durchaus literarisch gebildet zeigt. Im Eingangslied verweist er auf Vorbilder aus der Literatur der Antike, formuliert seinen Aufruf zum ehrenvoll-freudigen Tod für das Vaterland mit implizitem Bezug auf Horaz (»dulce et decorum est | pro patria mori«, *Oden* 3,2,13) und auf Klopstocks patriotisches Pathos im *Kriegslied* von 1749. Wie ›kunstfertig‹ die Lieder des Grenadiers trotz scheinbar unbekümmerter Kriegsbegeisterung und redseliger Schlachtberichten angelegt sind, zeigt der Vergleich mit den *Volksliedern*, die Ditfurth aus der Zeit des Siebenjährigen Krieges gesammelt hat. So rühmt Lessing denn auch die Fähigkeiten des Grenadiers, zugleich »poetisch« und »kriegerisch« zu schreiben und »erhabenste Gedanken« mit dem »einfältigsten Ausdruck« zu verknüpfen (Lessing, S. 9). Der Grenadier halte dem Vergleich mit den großen patriotischen Dichtungen der Antike und des Mittelalters stand, er sei »Dichter und Geschichtsschreiber zugleich« (Lessing, S. 17). Freilich sind diese enthusiastischen Wertungen Lessings nicht frei von sanfter Ironie, die aus dem ›Mit-Spielen‹ bei der Bestätigung der fingierten Autorenrolle erwächst. Herder hat 1767 diese Mystifikation aufgelöst; er nennt Gleim als Verfasser der *Kriegslieder*, doch hat sich – beim Vergleich von Tyrtäus und dem Grenadier – in der Bewertung der Texte nichts geändert. »Edle Einfalt«, »rauhe Stärke«, »Hohheit und

Kürze seiner Bilder« und »Wohllaut unsrer Sprache« (Herder, S. 336) werden lobend herausgehoben. Herder rühmt die *Kriegslieder* als »Nationalgesänge: voll des Preußischen Patriotismus«, die der deutschen Dichtung das notwendige Profil und Ansehen gegenüber den Engländern und Franzosen geben: »hier hat einmal ein Deutscher Dichter über sein Deutsches Vaterland ächt und brav Deutsch gesungen« (Herder, S. 336). In Herders Urteil, das ebenso wie Lessings Argumente in Goethes Hochschätzung der *Kriegslieder* eingegangen ist, wird bereits etwas von dem gefährlichen Potential der Texte deutlich, das sich entfaltet, wenn die Lieder aus dem spielerisch-ironisch abgetönten Zusammenhang des Dichterwettstreits herausgelöst und zum Faktor öffentlicher Bewußtseinsbildung werden – etwa mit Versen wie: »Wir sahn den Feind mit Mordbegier, | Wir dürsteten sein Blut« (*Siegeslied nach der Schlacht bei Lissa*). So ließ nicht nur der Major von Kleist die »Grenadierslieder« von seinem Regiment spielen (Sauer, S. VII). Für ihre Popularität spricht, daß Text und Melodien in den Berliner Gassenhauern des späten 19. Jahrhunderts fortwirken. Gleim hat sich der ›praktischen Verwendung‹ seiner Kriegslieder durchaus nicht widersetzt, er sah in der öffentlich-politischen Wirkung Anlaß für weitere dichterische Anstrengungen.

Die Buchausgabe sollte nicht nur das patriotische Feuer schüren und das Lob Friedrichs II. befördern, sondern zugleich kompetente Historiographie bieten – gestützt auf die literarische Fiktion vom Verfasser als einem »Mitstreitenden« der Feldzüge (Goethe, S. 280). Der Krieg Friedrichs II. wird als ›gerechter Krieg‹ beschrieben; die Siege der Preußen sind nicht nur das Ergebnis des strategischen Kalküls und nimmermüden Einsatzes des Feldherrn, sondern sichtbares Zeichen der Mithilfe Gottes. In naiver Verbindung der heidnischen Mythologie vom Donner- und Kriegsgott mit christlichen Vorstellungen von göttlicher Fügung wird das Naturereignis eines Gewitters im Kanonendonner von Lobositz auf die poetische Formel gebracht »Gott donnerte bei Lowositz« (*Schlachtgesang bey Eröfnung des Feldzuges. 1757*); und er donnerte – so ist Gleim zu verstehen – allein für ›Preußens Gloria‹. Die anekdotisch arrangierten Schlachtberichte der *Siegeslieder* stellen in einprägsamen szenischen Miniaturen den großen König und seine Generäle als »Menschen« dar. Der Landesvater vergißt auch im Schlachtgetümmel nie die Sorge für »seine Kinder«; das Blutvergießen sieht Friedrich, der Menschenfreund, als notwendiges Übel auf dem Weg zum dauerhaften Frieden; den besiegten Feinden begegnet er – die Historiker wissen's anders – mit Milde. Gleims illusionäre Vorstellungen vom gerechten Krieg des Preußenkönigs erhalten eine ebenso rührende wie groteske Komponente, wenn der erblindete 83jährige Greis Wilhelm Körte, dem Herausgeber seiner Werke, »Anstatt einer Vorrede« zu den *Kriegsliedern* ein historisches Kolleg zu seiner Einschätzung des Siebenjährigen Krieges in die Feder diktiert (Körte, S. IX–XXXIII). Ulrich Bräker, der den Siebenjährigen Krieg als preußischer Söldner am eigenen Leibe erfahren hat, zeichnet im *Armen Mann im Tockenburg* (1789) von der Wirklichkeit des Krieges ein ganz anderes Bild, als Gleim es von seinem Kanapee aus entwirft.

Doch setzt sich in den literarischen Verarbeitungen des Dritten Schlesischen Krieges Gleims Perspektive gegenüber einer Tradition von Kriegsliedern durch, die von den Erfahrungen des Dreißigjährigen Krieges und vom Topos der gefallenen, gottlosen Welt getragen ist. Sie prägt noch Uzens Ode *Das bedrängte Deutschland* (1746) und bestimmt als vorherrschende Perspektive Johann Friedrich von Cronegks Gedicht *Der Krieg* (1757). Diese Tendenzen verlieren jedoch fortschreitend an Wirksamkeit gegenüber dem säkularisierten ›hohen Gefühl‹ des Patriotismus, wie er sich in der Formel von »Gott, König, Vaterland« offenbart. Die preußischen Oden Karl Wilhelm Ramlers und die Friedrichs-Lieder der Anna Luise Karschin folgen hierin dem dichterischen Enthusiasmus Gleims. Auf die *Kriegslieder* beziehen sich – in unterschiedlicher Weise – die *Amazonenlieder*

(1762) Christian Felix Weißes, Gerstenbergs *Kriegslieder eines königl. dänischen Grenadiers* (1762) und Johann Kaspar Lavaters *Schweizerlieder* (1767). In Thomas Abbts einflußreicher Schrift *Vom Tode fürs Vaterland* (1761) wird das ›Grenadiers-Prinzip‹ einer heroischen Pflicht- und Opfergesinnung für die Interessen der Nation diskursiv entfaltet und begründet. Gleim hat selbst seine erfolgreiche literarische Verbindung von Fürstenlob, preußischem Patriotismus, Verherrlichung des Soldatenstandes und Verklärung des Soldatentodes in späteren Gedichten wiederaufgenommen und bekräftigt. Wilhelm Körte läßt sie im vierten Band seiner Ausgabe den Liedern aus dem Siebenjährigen Krieg folgen: *Preußische Kriegslieder vom März 1778 bis April 1779* (aus Anlaß des Bayerischen Erbfolgekrieges), *Friedrichs-Feier 1786*, *Marschlieder* 1790 sowie *Soldatenlieder* und *Die letzten Lieder des Grenadiers* aus den neunziger Jahren. Gleim hielt an seinem Friederizianismus fest; in Verehrung des »Alten Fritz« stilisierte er selbst sich zum »Alten Grenadier«, der als Kind besserer Zeiten und Ideen das Revolutionsgeschehen in Frankreich mit Abscheu verfolgt (vgl. Wilke, S. 185–229; Arnold, S. 157). Die lange Reihe dieser Gedichte ist heute kritisch als Zeugnis für die blinde Begeisterung Gleims für das preußische Tugendbild des Soldaten und die hilflose Humanität des Halberstädter Kanonikus zu lesen. Ihnen fehlt die exemplarische Bedeutung, wie sie sich für das Zusammenspiel von literarischen Entwicklungen mit bewußtseinsgeschichtlichen und politischen Prozessen in Entstehung, Text und Aufnahme der ersten *Preußischen Kriegslieder* zeigen läßt.

Die nationalpolitischen Tendenzen, die sich mit den *Kriegsliedern* in der Wirkungsgeschichte des 18. Jahrhunderts verbinden, wurden in entsprechenden Phasen der deutschen Geschichte wieder aufgegriffen – im Zeichen einer literarisch betriebenen Ideologisierung. In den Napoleonischen Befreiungskriegen gilt Gleim als einer der Ahnherrn patriotischer Lyrik. Im Verlauf des 19. Jahrhunderts werden die *Kriegslieder* erst wieder wichtig im Zuge der literarischen Parteinahmen in den deutsch-dänischen Auseinandersetzungen um Schleswig-Holstein und im Vorfeld der preußischen Hegemoniebestrebungen sowie in der Kriegslyrik von 1870/71. Heinrich Pröhle hat sie mit seinem Vortrag *Kriegsdichter des Siebenjährigen Krieges und der Freiheitskriege* (1857) erneut in das literarische Gespräch gebracht. Der anspruchsvolle Neudruck der *Kriegslieder*, den August Sauer 1882 besorgte, zeigt kaum Spuren preußisch-patriotischer Begeisterung; sie sind deutlicher bei Franz Munckers Kommentaren in der Sammlung *Deutsche National-Literatur* von 1894. Die – über Gleim hinausgehende – unselige Tradition der »poetischen Mobilmachung« für gerechte Kriege, Feindesrache im Zeichen göttlichen Zorns, patriotischen Blutdurst und bedingungslose Todesbereitschaft hat Klaus P. Philippi 1979 für den Ersten Weltkrieg dargestellt. Daß in der NS-Zeit Vorstellungen von der ›Vitalisierung‹ der Dichtung durch Kriegsgeschehen auch auf Gleims *Kriegslieder* bezogen werden, überrascht nicht. In der *Germanisch-Romanischen Monatsschrift* (!) weist Karl Schwarze darauf hin, daß Kriegserfahrungen besonders fruchtbare poetische Kräfte freisetzen können, wie Gleims Wandlung vom Anakreontiker zum preußischen Patrioten zeige: »Das menschliche Lebensgefühl wurde durch das Kriegserleben in einen direkten Lebensbezug zur Wirklichkeit gesetzt« (Schwarze, S. 313). Ganz abgesehen davon, daß der »direkte Lebensbezug« bei Gleim das Ergebnis kunstfertig angelegter Historiographie ist – für den Leser von heute spricht »menschliches Lebensgefühl« angesichts der Erlebnisse europäischer Machtkriege eher aus dem *Kriegslied* (1779) von Matthias Claudius als aus der patriotischen Rabulistik des preußischen Grenadiers.

Zitierte Literatur: Günter ARNOLD: Ein unbekanntes Gedicht Gleims aus der Zeit des Interventionskrieges. In: Weimarer Beiträge 25 (1979) H. 11. S. 155–161. – Carl BECKER: Gleim. Der Grenadier und seine Freunde. Eine Studie zur 200jährigen Wiederkehr seines Geburtstages. Halberstadt 1919. – Franz W. von DITFURTH: Die historischen Volkslieder des Siebenjährigen Krieges. Berlin 1871. – J. W. L. Gleim's sämmtliche Werke. [Siehe Textquelle.

Zit. als: Körte.] – Johann Wolfgang GOETHE: Aus meinem Leben. Dichtung und Wahrheit. In: Goethes Werke. Hamburger Ausgabe. Hrsg. von Erich Trunz. Bd. 9. Hamburg 1955. – Johann Gottfried HERDER: Ueber die neuere Deutsche Litteratur. Zweite Sammlung von Fragmenten: IV. Von der Griechischen Litteratur in Deutschland. 4. Tyrtäus und der Grenadier. (1767). In: Herders Sämmtliche Werke. Hrsg. von Bernhard Suphan. Bd. 1. Berlin 1887. Neudr. Hildesheim 1967. S. 335–337. – Gerhard KAISER: Pietismus und Patriotismus im literarischen Deutschland. Ein Beitrag zum Problem der Säkularisation. Frankfurt a. M. ²1973. – Gotthold Ephraim LESSING: [Rezensionen und Anzeigen 1757–1770.] In: G. E. L.: Werke. Hrsg. von Herbert G. Göpfert. Bd. 5. München 1973. S. 9–29. – Klaus P. PHILIPPI: Volk des Zorns. München 1979. – August SAUER: Vorwort zu: Preussische Kriegslieder von einem Grenadier. [Siehe Textquelle.] S. III–XXXVI. – Karl SCHWARZE: Gleims »Preußische Kriegslieder von einem Grenadier« und Soldatenbriefe als ihre Quelle. In: Germanisch-Romanische Monatsschrift 25 (1937) S. 313–317. – Jürgen WILKE: Das »Zeitgedicht«. Seine Herkunft und frühe Ausbildung. Meisenheim 1974.

Weitere Literatur: Peter BRANDT [u. a.] (Hrsg.): Preußen. Zur Sozialgeschichte eines Staates. In: Preußen. Versuch einer Bilanz. Bd. 3. Reinbek bei Hamburg 1981. – Briefe preußischer Soldaten aus den Feldzügen 1756 und 1757 und über Schlachten bei Lobositz und Prag. In: Urkundliche Beiträge und Forschungen zur Geschichte des Preußischen Heeres. Hrsg. vom Großen Generalstabe. Bd. 1. H. 2. Berlin 1903. – Fritz BRÜGGEMANN (Hrsg.): Der Siebenjährige Krieg im Spiegel der zeitgenössischen Literatur. Leipzig 1935. – Festschrift zur 250. Wiederkehr der Geburtstage von Johann Wilhelm Ludwig Gleim und Magnus Gottfried Lichtwer. Beiträge zur deutschen Literatur des 18. Jahrhunderts. Hrsg. vom Gleimhaus. Halberstadt 1969. – Gottfried FITTBOGEN: Gleims und Ewald von Kleists poetischer Blutdurst. Ein Beitrag zur Geschichte papierner Motive. In: Germanisch-Romanische Monatsschrift 10 (1922) S. 113–116. – Thomas HÖHLE: Der Gesang vom König und das Märchen vom blutigen Tiger. Zum Thema: Lessing und Preußen. In: Goethe-Jahrbuch 98 (1981) S. 49–61. – Franz MUNCKER: Johann Wilhelm Ludwig Gleim. Einleitung. In: Anakreontiker und preußisch-patriotische Lyriker. Stuttgart [o. J.]. S. 179–204. – Günther PETERS: Das Genie auf dem Schlachtfeld. Gleims »Grenadier« und Lessings Bardentheorie. In: G. P.: Der zerrissene Engel. Genieästhetik und literarische Selbstdarstellung im 18. Jahrhundert. Stuttgart 1982. S. 106–120. – Peter PÜTZ: Aufklärung. In: Geschichte der politischen Lyrik in Deutschland. Hrsg. von Walter Hinderer. Stuttgart 1978. S. 114–140. – Karl SCHWARZE: Der Siebenjährige Krieg in der zeitgenössischen Literatur. Kriegserleben und Kriegserlebnis in Schrifttum und Dichtung des 18. Jahrhunderts. Berlin 1936.

Johann Peter Uz

Der Schäfer

Arkadien! sey mir gegrüsst!
Du Land beglückter Hirten,
Wo unter unentweihten Myrthen
Ein zärtlich Herz allein noch rühmlich ist!

5   Ich will mit sanftem Hirtenstab
Hier meine Schafe weiden.
Hier, Liebe! schenke mir die Freuden,
Die mir die Stadt, die stolze Stadt nicht gab.

Wie schäfermässig, wie getreu
10 Will ich Climenen lieben,
Bis meinen ehrfurchtvollen Trieben
Ihr Mund erlaubt, daß ich ihr Schäfer sey!

Welch süssem Traume geb ich Raum,
Der mich zum Schäfer machet!
15 Die traurige Vernunft erwachet:
Das Herz träumt fort und liebet seinen Traum.

Abdruck nach: Sämtliche poetische Werke von J. P. Uz. Hrsg. von A[ugust]
Sauer. Stuttgart: G. J. Göschen, 1890. Neudr. Darmstadt: Wissenschaftliche
Buchgesellschaft, 1964. (Deutsche Literaturdenkmale des 18. und 19. Jahrhunderts. 33.) S. 130.
Erstdruck: Lyrische und andere Gedichte. Neue und um die Hälfte verm. Aufl.
Mit allergnädigsten Freyheiten. Anspach: Jacob Christoph Posch, 1755.

Christoph Perels

Der Traum des Aufgeklärten. Zu Johann Peter Uz' *Der Schäfer*

Für Walther Killy
zum 65. Geburtstag

Johann Peter Uz (1720–96) gehört mit seinen Studienfreunden Gleim und Götz zu jener Gruppe jüngerer Autoren, die, zumeist als Hallische Anakreontiker bezeichnet, im Blick auf den bewunderten Hagedorn in Hamburg und angeregt von den Überlegungen des Ästhetikers Alexander Gottlieb Baumgarten, neben den in Leipzig studierenden Bremer Beiträgern eine deutsche Rokokodichtung begründen. Zwar kehrte Uz schon 1743 in seine weit von den Zentren geistigen Lebens entfernte Heimatstadt Ansbach zurück; er blieb jedoch in regem, vor allem über Gleim vermitteltem brieflichen Austausch mit den Gleichgesinnten in Leipzig, Halberstadt, Berlin und andernorts. Gleim war es denn auch, der die erste, sorgfältig vorbereitete Sammlung der Uzschen *Lyrischen Gedichte* (1749) zum Druck brachte. In die folgende vermehrte Ausgabe von 1755 fügte Uz das Gedicht *Der Schäfer* ein, das Anfang der fünfziger Jahre entstanden sein dürfte und von nun an textlich unverändert in allen späteren Editionen wiederkehrt.

Wie beinahe alle Lyrik vor der des Sturm und Drang entzieht sich auch dieser Text einer Poetik, die das Ursprünglich-Subjektive, das Originäre, das individuell Erlebte zum Ausgangspunkt der Interpretation macht. Darüber hinaus aber teilt er alle Schwierigkeiten, die die Rokokoliteratur im besonderen dem Verständnis bereitet, eine Literatur, die, anders als die gleichzeitige Architektur und anders als Rokokoelemente in der Musik Haydns und des jungen Mozart, einer durch die Geschichte hindurchgreifenden ästhetischen Evidenz ermangelt. Strittig sind diese Produkte, sowohl was die ästhetische Bewertung als auch was die historische

Zuweisung angeht. Sind sie letzte Erscheinungen einer der poetischen Technik (der Ars) und dem kritischen Kunstverstand (dem Judicium) vor dem spontanen poetischen Impuls (dem Ingenium) Vorrang gewährenden Renaissance-Poetik, eine Dichtung, die die antithetische Angespanntheit der vorausgegangenen Barockzeit ins Spielerische herabstimmt, ins Kleine, Zierliche und Leichte domestiziert und die lyrischen Formen so dünn schleift, daß sich die Poesie schließlich im Scherzhaft-Flüchtigen verliert? Oder versteht man ihr Programm der Natürlichkeit und Einfalt richtiger als ein Vorspiel des Rousseauismus, ein Vorspiel auch der bürgerlichen Liedkultur, die sich bis weit ins 19. Jahrhundert hinein im engsten Kontakt zur deutschen Lyrik entwickeln wird? Solche Fragen verknüpfen sich schließlich mit der nach dem Zeitgehalt dieser Poesie, um hier einmal eine Goethesche Kategorie zu verwenden. Und der Zeitgehalt mißt sich nicht zuletzt an den beiden wesentlichen Tendenzen des 18. Jahrhunderts, der Aufklärung und dem sozialen Aufstieg des Bürgertums.

Uz ist von den drei Hallenser Freunden derjenige, der bei aller angestrebten »edlen Einfalt der Alten« (Gleim/Uz, S. 179) am wenigsten auf das Moment der Reflexion verzichtet, ohne daß er darüber an Sinnlichkeit und Formkultur verlöre. Das wird selbst an einem Gedicht wie *Der Schäfer* erkennbar, obgleich es der reflexionsabgewandtesten Gattung, dem Lied, verhältnismäßig nahe steht. Schon in metrischer Hinsicht ist der Text komplexer, als es dem ersten Blick scheint: nicht so sehr des umarmenden Reims wegen als vielmehr in der Variationsbreite der streng alternierenden jambischen Verse in den einzelnen Strophen; vom zweiten über den dritten zum letzten Vers steigt die Verslänge beständig an, der vierte mit seinen fünf Hebungen überschreitet bereits den Rahmen, in dem sich Liedverse gemeinhin halten. Mit ihm nähert sich das kleine Gedicht einer anderen Gattung, die auch noch sonst den Text mitbestimmt, nämlich der Elegie. Jedenfalls verleiht dieses metrische Schema der einzelnen Strophe eine Steigerung auf das

Ende hin. Verrät sich im komplexen Strophen- und Versbau der feilende Künstler, so in der Wahl der Bilder und Motive der literarisch versierte Kenner. Uz nimmt sie auf aus der langen Tradition europäischer Hirtendichtung, und er darf darauf zählen, daß die arkadische Topik auch seinen Lesern vertraut ist und er mit Abbreviaturen arbeiten kann. Die Myrte, ein altes, der Venus heiliges Liebessymbol und in Arkadien noch »unentweiht« (3), wird erst in Zeiten profaniert, da die Liebe, sei es zur bloßen Wollust, sei es zur bloßen Konvention, entartet. Auch die Opposition vom glücklichen Arkadien, das der Dichter apostrophiert, und der »Stadt« (8) als dem Ort der Unnatur entstammt der literarischen Überlieferung. Und wenn Uz schließlich Schäfertum und wahre Liebe miteinander gleichsetzt – »schäfermässig« und »getreu« explizieren einander (9), »Schäfer« kann ohne weiteres für ›Liebender‹ eintreten –, dann unterscheidet er sich darin kaum von zahlreichen Autoren der gleichzeitigen bukolischen Literatur, die wie er selbst nur weiterführen, was seit dem spätantiken Schäferroman des Longus, *Daphnis und Chloe*, in der Schäferpoesie vor allem anderen im Mittelpunkt stand: die Darstellung der Liebe und mit ihr das weite Spektrum ihrer Deutung und Wertung. Selbst der Name Climene erscheint in der Hirtendichtung seit der Renaissance als ein gattungstypischer Name.

Der Titel läßt zunächst ein Rollengedicht erwarten. Indessen stiftet der Text keineswegs einen geschlossenen Fiktionszusammenhang. Das Ich spricht nicht als ein Schäfer aus der Rollenfigur heraus, es spielt vielmehr nur mit der Rolle, der es sich in der rhetorischen Apostrophe der ersten Strophe nähert und von der es in der letzten, ihr ihre Grenzen, aber auch ihr Recht zuweisend, Abschied nimmt. Denn so hat Uz sein Gedicht disponiert: zwei Randstrophen umschließen die beiden Binnenstrophen, in denen die poetische Imagination sich am schmiegsamsten der Rollenrede anpaßt; die zahlreichen Wortwiederholungen und die Variation weniger Bildelemente galten der Zeit als ›naiver‹ Stil – ein Hirte weiß nur von wenigem mit wenigen Wörtern und ohne großen Aufwand an rhetorischen Tropen und Figuren zu reden. Ganz aber heben auch diese Strophen den Abstand zwischen Ich und Rolle nicht auf. Das Hirtendasein als Lebenspraxis und als erfüllte Liebe bleibt auch in ihnen evokativ und futurisch, Intention, nicht Realisation.

Während die Opposition von Arkadien und Stadt als solche innerhalb der bukolischen Tradition selbst angelegt ist, führt die pointierte Schlußantithetik – falls man hier noch von Antithese sprechen darf – über die Überlieferung hinaus. Wenn sich im Gedicht Entweihung, Stadt, Stolz und Ungenügen auf der einen, Arkadien, Hirtenwelt, Zärtlichkeit, Sanftheit, Liebe, Treue und Scham auf der anderen Seite gegenüberstehen, so erweitert sich hier der Gegensatz zu einem solchen von Vernunftlandschaft und Herzlandschaft. Dieser Gegensatz ist für Uz außerordentlich charakteristisch. In komischer Wendung deutet er sich schon früh an in dem Gedicht *Magister Duns*: hier trägt der Hirte, der aus dem Herzen singt, gegenüber dem ›vernünftigen‹ Wolffianer die Liebe einer Chloris und die Myrtenkrone aus der Hand der Musen davon. In der Tat läßt sich kein zweiter Rokokolyriker wie Uz beunruhigen vom Widerstreit zwischen der Sprache der Philosophie in Gestalt der logisch-mathematischen Darstellungsmethode Christian Wolffs und der Sprache der Poesie, die in ihrer synthetisierenden Kraft die Einheit der Welt imaginativ zu repräsentieren vermag. Sein in *Magister Duns* erhobener Einspruch gegen Autoren, die »von der Sprache der Musen abweichen, und die Sprache Wolfs in ihren Versen einführen« (Gleim/Uz, S. 77), hat sich in unserm Text, obgleich knapper formuliert, zu einer fundamentaleren Problematik gesteigert.

Nun wäre es verfehlt, Uz' kleines Gedicht auf die Antithese im Sinne der so bezeichneten rhetorischen Gedankenfigur zu reduzieren. Zunächst fällt das weit ausführlichere Verweilen des Textes bei der Herzlandschaft auf. Es gibt keine Strophe, in der nicht von der Liebe die Rede wäre, und die letzte macht Träumen und Lieben zu wesentlichen Fähigkeiten des Herzens überhaupt. Und dieses Reden von der Liebe

erhält überdies ein Umfeld differenzierter sinnlicher Qualitäten, die das alte bukolische Inventar ins Empfindsame umprägen: Zärtlichkeit, Sanftheit und eine alles durchwirkende Freudigkeit. Innerhalb dieses Kontextes gewinnen die ›naiven‹ Wortwiederholungen den Charakter intensivierender Emphase. Ferner ist zu beachten, daß Uz auch der Gegenwelt, der Welt ohne Sinn für den Wert eines zärtlichen Herzens, eine Empfindung mitgibt: die der Traurigkeit. Da beide nebeneinander bestehen, rückt das Gedicht ziemlich genau auf die Grenze, wo das zeitlose Neben- und Gegeneinander der Antithesen übergeht in das Zugleich der vermischten Empfindungen. Wohl ohne gerade an dieses Gedicht zu denken, hat Schiller in seiner Abhandlung *Über naive und sentimentalische Dichtung* Uz ohne weiteres neben Hölty und anderen als elegischen Dichter bezeichnet (Schiller, S. 458). Zumindest steht er an der Schwelle zu dieser Gattung, wie sie in der zweiten Hälfte des 18. Jahrhunderts aufgefaßt wurde. Ist nämlich die Elegie nach der verbreitetsten Definition der Zeit Ausdruck »unserer, von der wieder auflebenden Lust schon etwas gemilderten Traurigkeit« (Klamer Schmidt, 1776; zit. nach Beißner, S. 103), so läßt sich für das Gedicht *Der Schäfer* umgekehrt formulieren: es ist Ausdruck einer von der Trauer der Vernunft schon bedrängten Glücksempfindung. Hier ist nun auch noch einmal an die Bemerkungen zur metrisch-formalen Struktur zu erinnern: der die Strophen schließende fünfhebige jambische Vers charakterisiert zwar nicht generell die Gattung Elegie, er ist aber seit langem in ihr zu Hause und wird auch von Gottsched in der *Critischen Dichtkunst* als elegischer Vers genannt und zugelassen (Gottsched, S. 661). So ist das Gedicht zwar keine Elegie, die metrische Abweichung vom Liedvers erlaubt es dem Dichter jedoch, die Strophen elegisch-empfindsam ausschwingen zu lassen, und es ist höchst bezeichnend, daß das Wort »Herz« beide Male, da es Verwendung findet (4, 16), in diese überlangen Verse der ersten und der letzten Strophe gestellt wird.
Da sich der Mensch weder der Vernunft noch des Herzens

entschlagen kann noch soll, treten diese beiden inneren Vermögen in eine permanente Spannung zueinander. Christian Wolff hatte die menschlichen Erkenntniskräfte in höhere und niedere eingeteilt: Vernunft und Verstand dominieren dem Rang und der Bedeutung nach über Witz und Scharfsinn als die bloß sinnlichen Erkenntniskräfte der Seele, die es nicht bis zum Begriff bringen. Mit der Entstehung eines empfindsamen Rokoko beginnt neben Witz und Scharfsinn das Herz seinen Platz unter den niederen Vermögen zu erobern. »Gewiß ist das Herz witzig, aber es ists auf seine Weise«, schreibt 1746 der Schweizer Schriftsteller Johann Heinrich Waser (Lange, S. 223). Und nur wenig später verfaßt Uz sein Gedicht, das schon dahin tendiert, die Wolffsche Rangfolge umzukehren und jedenfalls in der Poesie dem Herzen den ersten Platz einzuräumen. Das heißt nun allerdings keineswegs Flucht vor der Aufklärung oder gar Kampfansage an sie. Es geht vielmehr um ihre Erweiterung durch Überschreiten ihrer rationalistischen Grenzen. Die im 18. Jahrhundert so häufig gestellte Frage nach der Bestimmung des Menschen ist, wie das Zeitalter der Vernunft noch selbst erarbeitet, mit der alten stoischen Antwort: der Mensch ist das Lebewesen, das Vernunft hat, nicht befriedigend gelöst. Er hat noch weit mehr, das ihn als Menschen auszeichnet. Die Vernunft, als isoliertes Vermögen betrachtet, ist nicht zuletzt deshalb traurig, weil sie ihrerseits isoliert und unterscheidet, die Probleme und Begriffe im geistigen, die Menschen im ständisch-gesellschaftlichen Bereich. Im Moment, da die Poesie der Aufklärung das Herz entdeckt, entdeckt sie auch die geselligen Qualitäten gemeinsamen Empfindens – ablesbar an der aufblühenden Freundschaftsdichtung, aber auch an charakteristischen Veränderungen in der Liebesdichtung. *Aber ein Daseyn ohne Freunde ist kein Leben*«, schreibt Hagedorn 1748 an einen jüngeren Verehrer, »Man muß mit jemand sein Hertz, seinen Ernst, seinen Schertz, sein Lachen, sein Weinen theilen« (Stierling, S. 93, Sp. 1). Daß man seine Vernunft mit jemandem teilen könne, davon ist nicht die

Rede. Uz greift mit seiner Wendung »Die traurige Vernunft« (15) zurück auf einen seit alters behaupteten und, wie die Forschungen von Hans-Jürgen Schings gezeigt haben, im 18. Jahrhundert mit Nachdruck thematisierten Zusammenhang von Vernunft und Melancholie. In einer Skala von ernsthafter über die traurige zur melancholischen Vernunft steht die mittlere Position zwar noch diesseits der pathologischen Ausartung, aber doch schon jenseits einer akzeptablen Ernsthaftigkeit. Ihr durchschauender, wacher Blick nimmt mit den Verlusten in der »stolzen Stadt« (8), der gesellschaftlichen Lebenswelt, auch schon ihre eigenen Defizite wahr.

So wird das weiterträumende Herz zur kritischen Instanz, indes die Vernunft trauernd bei sich selbst verharrt. Uz verwendet die Traumfiktion häufiger als andere Rokokolyriker, auch die subtile Verschränkung von Traum und Wachen, die dem Schluß des Gedichts seine eigentümliche Offenheit verleiht, steht in seinem Werk nicht vereinzelt. Anders als später in Heinrich Heines Poesie wird hier der Traum nicht als bloßes Phantasma hinweggewischt, vielmehr ist sich das zärtliche, liebende Herz seines Traums so gewiß, daß nicht er sich vor der Realität, sondern diese sich vor ihm zu legitimieren hat, und zwar moralisch und ästhetisch. Denn das von Uz berufene Arkadien mit seiner ständelosen Gesellschaft, dem naturnahen Leben der Schäfer und einer unschuldigen, vom natürlichen Trieb gesteuerten Liebe ist nichts anderes als die dichterische Vergegenwärtigung des Standes der Natur, der auch Stand der Unschuld heißt; dieser Mythos vom Stand der Natur bedarf nicht der Aufklärung, er ist vielmehr der Mythos der Aufklärung selbst. Der angesehenste Theoretiker der Schäferpoesie zwischen 1750 und 1760, Johann Adolf Schlegel, formuliert am klarsten, welche Vorstellungen sich mit der Dichtung von Arkadien verbanden:

Die Ekloge hebt alle Stände wieder auf, die zum Theile von dem Wachsthume des menschlichen Geschlechtes, zum Theile von der willkührlichen Vermehrung unsrer Bedürfnisse und Bequemlichkeiten ihren Ursprung herschreiben; alle die Stände, die nach unsrer

147

gegenwärtigen Verfassung uns viele Vortheile gewähren, aber doch allesammt mit fast eben so vielen Beschwerlichkeiten verbunden sind. Sie führt die erste Gleichheit wieder unter die Menschen ein; sie bringt uns zu dem Stande der Natur zurücke.
Der Stand der Natur, nicht der Stand des Landmanns, ist derjenige, den sie uns vorstellen will. Was hat Ehrgeiz oder Eigennutz; was haben Neid und Haß, Ueppigkeit und Pralerey, Schmeicheley und Verstellung, Sklaverey und Herrschsucht mit diesem zu schaffen? Vielmehr sind *alle angenehme Empfindungen, die mit unsrer Natur wirklich übereinkommen*, darinnen daheim. Hier herrschen Freyheit, Ruhe und Muße, Zufriedenheit und Fröhlichkeit, und besonders eignet sich die *Liebe*, die freundschaftliche eben so wohl, als die, welche diesen Namen im engsten Verstande führet, einen vorzüglichen Antheil an der Beförderung ihrer dichterischen oder vielmehr wahren Glückseligkeit zu.   (Schlegel, S. 489 f.)

Damit ist der Sinn der Arkadien-Anrufung in Uzens Gedicht ziemlich genau kommentiert: das Herz träumt von dieser »dichterischen oder vielmehr wahren Glückseligkeit unsrer Natur«, und es träumt dabei eine Wahrheit, die sich von keiner Vernunfterkenntnis überholen läßt. Das Gedicht sucht, mit Schiller zu sprechen, die verlorene Natur (Schiller, S. 432); die Gattungen, mit denen es sich berührt, die elegische und die idyllische, nennt Schiller sentimentalische Gattungen. Indessen ist es fast ein halbes Jahrhundert vor der Abhandlung *Über naive und sentimentalische Dichtung* geschrieben, zu einer Zeit, als der Versuch zur Errichtung ständischer Gleichheit in der historischen Realität nicht schon als revolutionäre und auch blutige Ereigniskette hinter dem Dichter lag (der greise Uz wurde kein Jakobiner, sondern sprach 1794 nur lakonisch von »abscheulichen Zeiten«, Gleim/Uz, S. 440); der Traum vom unschuldigen Arkadien ist selbst noch historisch unschuldig und vielleicht eben darum in seiner Freudigkeit ungebrochen. Dennoch dürften ihm, auch wenn der Text nicht die Spur von einem Appell aufweist, utopische Potenzen innewohnen, die, in soziale und politische Forderungen umformuliert, dem sich emanzipierenden Bürgertum einige Stichworte liefern. Zunächst helfen sie nur, die Leser in der Evokation eines anderen, besseren Zustands zu vereinen und sie eines inneren Vermögens zu versichern, das gegen allen trüben Augenschein des Wachseins an einem unvergänglichen heiteren Traum festhält. Die ihn träumen, träumen von der wahren Natur des Menschen, sie sind wahrhaft aufgeklärt.

Zitierte Literatur: Friedrich Beissner: Geschichte der deutschen Elegie. Berlin [West] 1961. – Briefwechsel zwischen Gleim und Uz. Hrsg. und erl. von Carl Schüddekopf. Tübingen 1899. [Zit. als: Gleim/Uz.] – Johann Christoph Gottsched: Versuch einer critischen Dichtkunst. 4., verm. Aufl. Leipzig 1751. Neudr. Darmstadt 1962. – Samuel Gotthold Lange: Sammlung gelehrter und freundschaftlicher Briefe. T. 1. Halle 1769. – Friedrich Schiller: Über naive und sentimentalische Dichtung. In: Schillers Werke. Nationalausgabe. Bd. 20. Unter Mitw. von Helmut Koopmann hrsg. von Benno von Wiese. Weimar 1962. S. 413–503. – Johann Adolf Schlegel: Von dem eigentlichen Gegenstande der Schäferpoesie. In: Charles Batteux: Einschränkung der schönen Künste auf einen einzigen Grundsatz. Aus dem Französischen übersetzt, und mit einem Anhange einiger eignen Abhandlungen versehen. 2., verb. und verm. Aufl. Leipzig 1759. S. 460–517. – Hubert Stierling: Leben und Bildnis Friedrichs von Hagedorn. Hamburg 1911.
Weitere Literatur: Alfred Anger: Literarisches Rokoko. 2., durchges. und erg. Aufl. Stuttgart 1968. – Christoph Perels: Studien zur Aufnahme und Kritik der Rokokolyrik zwischen 1740 und 1760. Göttingen 1974. – Karl Richter: Geselligkeit und Gesellschaft in Gedichten des Rokoko. In: Jahrbuch der Deutschen Schillergesellschaft 18 (1974) S. 245–267. – Hans-Jürgen Schings: Melancholie und Aufklärung. Melancholiker und ihre Kritiker in Erfahrungsseelenkunde und Literatur des 18. Jahrhunderts. Stuttgart 1977. – Heinz Schlaffer: Musa iocosa. Gattungspoetik und Gattungsgeschichte der erotischen Dichtung in Deutschland. Stuttgart 1971.

Johann Nikolaus Götz

An seine Reime

Ihr Geschenke der Natur,
Aufgesucht auf Berg und Flur,
Klein von Geist, als wie von Leib,
Unschuldvoller Zeitvertreib,
5 Reime, meiner Jugend Ruhm,
Und mein einzig Eigenthum;
Von Apollen nicht gezeugt,
Von den Musen nicht gesäugt,
Nur an Amors Seit' erdacht,
10 Nur in Fröhlichkeit gemacht,
Wandelt, holde Kinderchen,
Ferne von Pedanterie,
Immer mit den Grazien,
Immer mit der Harmonie!..
15 Wenn euch Jemand küssen will,
O so haltet niemahls still!
Fliehet mit Bescheidenheit!
Sagt, daß ihr, voll Niedrigkeit
Keiner Küße würdig seid!

Abdruck nach: Gedichte von Johann Nicolaus Götz aus den Jahren 1745–1765
in ursprünglicher Gestalt. Hrsg. von Carl Schüddekopf. Stuttgart: G. J.
Göschen, 1893. (Deutsche Literaturdenkmale des 18. und 19. Jahrhunderts.
42.) S. 85 f.
Entstehungszeit: ungesichert. Schüddekopf (*Gedichte*, S. XXV f.) meint, daß
die Verse »vielleicht einer späteren Zeit« angehören. Waren sie »unter den
Gedichten, die Götz am 31. Okt. 1780 an Knebel schickte«? Diese vage
Vermutung über die für das Verständnis des Gedichtes wichtige Entstehungs-
zeit läßt sich m. E. präzisieren. Ich beziehe mich im folgenden auf *Briefe*,
S. 57 f., 63, 79 f., 85 ff., 94 ff. Im Jahre 1763 beabsichtigte der protestantische
Pfarrer Götz, etwa 100 »scherzhafte und verliebte« Gedichte unter dem Titel
»Blüthen des Parnaßes« von Ramler anonym herausgeben zu lassen. Durch die
Mitwirkung Gleims an der Redaktion nahm dieser Plan 1764/65 konkrete
Formen an und schien der Verwirklichung sehr nahe zu kommen. Am
18. Oktober 1765 schreibt Götz an Ramler: »Ein ganz Jahrhundert hindurch

[seit März 1765] hab ich nichts mehr von Ihnen gehört. Ich hoffete, noch vor der [Frühjahrs-]Meße die ersten Probebogen der Blüthen [...] zu sehen zu bekommen.« Ramler und Gleim hatten sich aber inzwischen verfeindet, und Götz mußte befürchten, daß Gleim den Namen des Verfassers der »Blüthen« preisgeben würde, was Götz um sein geistliches Amt, um »mein und der Meinigen Glück« hätte bringen können. Er weigerte sich deshalb seit Oktober 1765 entschieden und endgültig, seine Gedichte zu seinen Lebzeiten in einer selbständigen Publikation veröffentlichen zu lassen (s. Götz, *Vermischte Gedichte*, »Vorbericht«, S. I f.). Der Inhalt unserer Verse setzt aber eine solche Publikation voraus: die Gedichte sind fertig, werden charakterisiert und mit Ermahnungen in die Welt geschickt. Es kann wohl kaum bezweifelt werden, daß Götz das Gedicht für die »Blüthen des Parnaßes« geschrieben hat. Die Entstehungszeit fiele somit in die Jahre 1763 bis 1765.

Erstdruck: Vermischte Gedichte von Johann Nikolas Götz. Hrsg. von Karl Wilhelm Ramler. Mannheim: Schwanische Hofbuchhandlung, 1785. T. 1. [Änderungen Ramlers: Titel: Der Dichter an seine Reime 3–6 Reime, klein an Geist und Leib, | Meiner Jugend erster Ruhm, | Und mein liebster Zeitvertreib, 10 f. gemacht: | Wandert, 14 f. Harmonie! | Wenn 18 Niedrigkeit,]

Alfred Anger

»Und mein einzig Eigenthum«. Zu Götz' Gedicht *An seine Reime*

Seinem Titel und Inhalt nach steht das Gedicht in der Tradition der Programmdichtungen des deutschen Rokoko, wie sie seit 1740 hundertfach schlanken Bändchen meist zu Pro- oder Epilogen dienten; der Gebrauch von parataktischen Reihungen, Anaphern, Parallelismen, besonders aber die unstrophischen vierhebigen Trochäen bezeugen seine Zugehörigkeit zur anakreontischen Tradition, an deren Erneuerung im 18. Jahrhundert schon der junge Student Götz wesentlichen Anteil hatte. – Die meisten dieser poetologischen Programme betonen u. a., daß ihre Dichtungen klein und bescheiden sind, nicht Produkte von Fleiß und Müh', sondern ›natürliche‹ Gebilde sein wollen, von Amor inspiriert, dem fröhlichen, unschuldsvollen Zeitvertreib ihre

Entstehung verdanken und sich den Grazien und dem Ideal der Harmonie unterstellen. – Mögen nun die Dichtungen, die sie an- oder absingen, noch so ironisch-tändelnd, naiv, scherzhaft und kokett sein: die Programmgedichte selbst sprechen meist eine ganz andere Sprache. Sie sind polemisch, apologetisch, didaktisch, durchaus rhetorisch, und ihr auffälligstes Stilmittel ist die Antithese (vgl. Anger, S. 1–10, 145 f.). Gemessen an solchen Vorbildern kann von einer polemischen Argumentation in unserem Gedicht keine Rede sein. Auch von einer heftigen oder nur betonten Verteidigung kleiner galanter Produkte der Unschuld und des Zeitvertreibs findet sich keine Spur. Selbst die scheinbar strengen Lehren der Zeilen 12–14 haben sich in väterlich-liebevolle Weisungen an die ohnehin dem Vater »holden Kinderchen« (11) verwandelt. Und der letzte Rat an seine poetischen Kleinigkeiten (15–19) ist nichts als eine kokette Schlußpointe, die die früheren Aussagen nun in ein szenisches Bild verwandelt, das in seiner Zartheit, in seiner zierlichen Anmut an Schäferszenen aus Meißner Porzellan erinnert.

Im Gebrauch der Antithese erscheint uns der Dichter auf den ersten Blick allerdings als Epigone. Denn diese Stilfigur beherrscht nicht nur den ganzen zweigeteilten Mittelsatz des Gedichtes, sie taucht auch noch zweimal im szenischen Schlußbild auf. Das Stille-Halten und das Fliehen (16 f.) sind einander entgegengesetzt. Doch der Zusatz: flieht »mit Bescheidenheit« (17), hemmt die Fluchtbewegung und hebt dadurch den Gegensatz spielerisch und kokett weitgehend auf. Die »Niedrigkeit« steht der Würdigkeit scheinbar schroff gegenüber (18 f.). Doch nicht im Sprachgebrauch des 18. Jahrhunderts und nicht im Zusammenhang des Gedichtes. »Niedrigkeit« ist hier nur ein Synonym für »Bescheidenheit«. – Die »Pedanterie« (11–14) ist als Erzeugerin oder Ausdruck von Gedichten zwar Erzfeindin der Grazien und der Harmonie. Doch es geht hier nicht um die Gedichte selbst, die ja schon fertig vorliegen, sondern darum, wie sich die geistigen »Kinderchen« nun in der Welt verhalten sollen.

Sie sollen nur dort wandeln (nicht »wandern«, wie Ramler verschlechtert), wo die Huldgöttinnen und die Harmonie regieren, und alle pedantischen Kritiker, alle Splitterrichter meiden. Der Rat an die poetischen Kinder ist somit eher eine versteckte Mahnung an künftige Leser. Von einer wirklichen Antithese kann in keinem Falle mehr gesprochen werden. Die einzig echte rhetorische Antithese findet sich nur in den Zeilen 7–11, wie üblich verstärkt durch gleichartige oder ähnliche Strukturen von Satzteilen und Satzgliedern. Daß Gedichte nicht dem Sängergott Apoll, sondern dem kleinen Sohn der Liebesgöttin, also Amor, ihre Entstehung verdanken, ist ein stets wiederkehrendes antithetisches Motiv der Anakreontik und der Rokokodichtung, wie der scherzhaften europäischen Muse überhaupt. Bei Götz erscheint es sogar in übersteigerter Form. Ist schon der Abstand zwischen dem fürstlichen Sängergott und dem ewigen Götterkinde groß, so ist der zwischen Apoll und dem menschlichen Vater der poetischen »Kinderchen« gewaltig. Doch auch diese Antithese wird durch Einführung von Zwischenstufen entschärft und abgebaut. Die angesprochenen Gedichte sind nicht nur nicht von Apoll »gezeugt« (7), sie sind auch nicht von den Musen »gesäugt« (8) worden; sie wurden vom Dichter nur an Amors Seite »erdacht« (9) und aus Fröhlichkeit »gemacht« (10). Aufgehoben aber wurde jede mögliche antithetische Wirkung schon allein dadurch, daß sich der Dichter *vor* der Erwähnung Apolls zu seinen Gedichten als Erzeuger und Eigentümer bekannte. Durch die Vorwegnahme des Widerspruchs der Zeilen 9–11 durch die Zeilen 4–6 wird die traditionelle rhetorische Figur zur bloßen rokokohaften Spielform.

Wenn wir am Anfang unserem Gedicht jede Apologetik, jede polemische Argumentation rundweg absprachen, so erkennen wir erst jetzt die eigentliche Ursache. Sie liegt in der Abschwächung, in der spielerischen Aufhebung aller antithetischen Strukturen, die vor diesem Gedicht von Götz noch Grundelemente poetologischer Programme des Rokoko und der Anakreontik bildeten. Und die einzig mögliche Lehre, die dieses Gedicht enthalten könnte, besteht allenfalls in einer fast völlig versteckten, kaum angedeuteten Mahnung an den Leser, sich den »holden Kinderchen« nicht als Pedant zu nähern. Einem solchen Leser werden sie sich ebenso zu entziehen wissen wie dem überschwenglichen Liebhaber, der sie gleich küssen will. Die Distanz gegenüber beiden Extremen bleibt gewahrt. Eine solche Lehre aber, wenn man sie überhaupt so nennen darf, reicht nicht mehr aus, unsere Verse noch der Lehrdichtung der Gottschedzeit zuzurechnen, zu der Programmgedichte von Hagedorn, Gleim, Lessing, Weiße oder sogar Uz noch gehören. Diese Grenze hat Götz hier überschritten.

Noch auf eine andere Weise hat Götz die Gottschedzeit überwunden und sich der Goethezeit genähert, an deren Schwelle er steht: in der Auflockerung und Umformung des traditionellen anakreontischen Stils. Das bedeutet nicht, daß jedes Einzelelement, von dem im folgenden gesprochen wird, eine Erfindung von Götz ist. Seine Originalität und Meisterschaft besteht in der kombinatorischen Fülle, im harmonischen Zusammenklang verschiedenartigster Töne. – Der griechische, unstrophische anakreontische Vers wurde im Deutschen durch dreihebige Jamben, besonders durch vierhebige Trochäen wiedergegeben. Vor allem an den letzteren hatten wir die Zugehörigkeit unseres Gedichtes zur anakreontischen Tradition erkannt. Wir verschwiegen allerdings, daß Jamben wie Trochäen in der echten Anakreontik stets den zweisilbigen vollen (weiblichen) Versschluß haben, also auf einer unbetonten Silbe enden. Ganz vereinzelt nur mischen Götz (*Die Gedichte des Anakreon*) oder Gleim (*Versuch in Scherzhaften Liedern*) und andere Trochäen mit weiblicher und männlicher Kadenz. In unserem Gedicht aber hält Götz den männlich stumpfen Schluß streng durch. Das ständige Aufeinanderstoßen zweier Hebungen, am Versende und am folgenden Versanfang, kann zu einem besonders harten Metrum führen. Vergleichen wir jedoch unser Gedicht etwa mit Gleims frühem anakreontischen Programmgedicht *Anakreon* (Gleim, S. 5), so scheinen die

Verse von Götz viel gelöster, beschwingter, melodischer zu sein, obwohl Gleim das weichere Metrum, Jamben mit klingendem Ausgang, benutzt. Wie schafft es Götz nun, daß seine Verse gleichsam zu singen scheinen, während die Gleims in diesem Gedicht, wie in vielen anderen, relativ eintönig klappern und zur Parodie herausfordern (so z. B. Kästner, s. Anger, S. 9 f.)?

Da ist zunächst der Reim zu nennen, namentlich der Endreim, der über die Hürde der betonten Versanfänge hinweg zum nächsten Versende strebt und erst dort zur Ruhe gelangt. Götz setzt seine Reime höchst bewußt ein und bedient sich ihrer mit großem Kunstsinn. Er verbindet durch sie weniger Klangfärbungen als Sinnzusammenhänge: so in den Paarreimen 1/2, 7/8, 9/10, 15/16. Auch das Reimpaar 3/4 weist auf einen Sinnzusammenhang: eben weil seine Verse in jeder Hinsicht »klein« sind, konnten sie dem bloßen Zeitvertreib dienen. Und noch etwas anderes ist zu bemerken. Da in Vers 4 die letzte Hebung, also der Reim, auf eine nur halbbetonte Silbe fällt, entsteht neben einer rhythmischen Verschiebung eine Verzögerung, eine Pause, die die ersten vier Verse vom nächsten Reimpaar deutlich absetzt. Dieser Paarreim selbst enthält nun eine ganz besondere Betonung durch die auffälligen, zusätzlichen und sich steigernden Alliterationen, wodurch es am Schluß von Vers 6 zu einer weit längeren Pause kommt, als am Ende der vierten Zeile. Der Dichter hat dem auch Rechnung getragen, indem er ein Semikolon ans Ende setzte. – Im ersten Mittelsatz werden die schon durch Anaphern verbundenen beiden Verspaare 7/8, 9/10 durch spielerisch erweiterte Paarreime noch enger verknüpft. Und nicht nur das. Die beiden Verspaare werden zu einer Vierergruppe zusammengeschlossen, besonders durch den gleitenden Übergang der Reimbedeutungen, die von der Nichtexistenz, dem ›Nicht-Gezeugt‹, über das ›Auch-Nicht-Gesäugt‹, bis zum ›Bloß-Erdachten‹ und endlich zum finalen ›Gemacht‹, also zur Existenz führen. Durch diese fast bruchlose Steigerung wird die Pause am Ende der Zeile 8 verkürzt, diejenige am Ende dieser

Vierergruppe selbst jedoch verlängert, was Ramler mit einigem Recht mit einem Doppelpunkt ausdrückte. Zum anderen werden bedeutsamerweise die meist bloß additiven Wirkungen von Anaphern und Parallelismen in der Anakreontik weitgehend aufgehoben. – Den zweiten Mittelsatz schließt schon ein Kreuzreim zur Sinneinheit eng zusammen. Dieser enge Verbund wird noch dadurch abschließend verstärkt, daß auf den vollen Reimen »Pedanterie« und »Harmonie« (12/14) alle Betonung liegt und nicht auf den halben Reimen »Kinderchen«/»Grazien« (11/13), die ohnehin auf unbetonte Silben fallen. Durch diese Reimgestaltung werden die anakreontischen Stilfiguren der Verse 13–14, Anapher und Parallelismus, gleichsam durchkreuzt, überspielt und somit wiederum abgeschwächt. Die am Ende von Vers 14 entstehende Pause, schon durch die Art des Kreuzreims bedingt, hat der Dichter selbst durch zwei Auslassungspunkte gekennzeichnet, die vom pedantischen Ramler leider gestrichen wurden. Götz verwendet in seinen Handschriften solche Auslassungs- oder Fortsetzungspunkte häufiger zur Bezeichnung von gedanklichen Absätzen in unstrophischen Gedichten oder zur Bezeichnung offener Schlüsse, die ein Weiterschwingen des Gedankens wie des Rhythmus andeuten sollen. – Nach einem einführenden Paarreim akzentuiert ein Dreireim dann noch kunstvoll die Schlußpointe, die über die beiden un- oder nebenbetonten Reimsilben »-heit« und »-keit« hinweg dem voll betonten Reimwort »seid« zustrebt und zusätzlich den Schlußvers noch einmal durch eine Alliteration heraushebt.

Einem ähnlichen Variationsreichtum begegnen wir auch, wenn wir unsere Aufmerksamkeit vom äußeren Metrum auf den inneren Rhythmus der Verse lenken. Versuchen wir etwa Gleims *Anakreon* rhythmisch zu lesen, so ergeben die Verse, in denen das Metrum der dreihebigen Jamben nicht mit dem natürlichen Sprechrhythmus zusammenfällt, immer nur zwei Takte mit je einer Betonung, von der die erste stets identisch ist mit der ersten metrischen Hebung, die zweite stets mit der letzten. Sogar diese relativ eintönige Abweichung tritt selten genug in Erscheinung: höchstens in fünf von insgesamt achtzehn Versen![1] Blicken wir von Gleim her auf unser Gedicht, so läßt sich kaum ein größerer Gegensatz denken. Nur in einem einzigen Vers, der Schlußzeile, stimmt der Rhythmus mit dem Metrum genau überein. Ansonsten haben wir es mit einer Fülle von wechselnden und schwingenden Rhythmusperioden zu tun. Um uns längere Erklärungen zu ersparen, rücken wir hier das Gedicht, mit einfachen Rhythmen- und Pausenzeichen versehen, ein, wobei es in der Natur der Sache, nämlich der Rhythmusforschung, liegt, daß man diesen oder jenen Vers vielleicht auch anders betonen könnte. Der Variationsreichtum wird durch solche verschiedenen Vortragsmöglichkeiten wohl kaum vermindert:

Ihr Geschénke der Natúr,
Aúfgesucht | auf Bérg und Flúr,
Kléin von Géist, | als wie von Léib,
Únschuldvoller Zéitvertreib, |
Réime, | meiner Júgend Rúhm,
Und mein éinzig Eigenthum; ||
Von Apóllen nicht gezéugt,
Von den Músen nicht gesäugt,
Nur an Ámors Séit' erdácht,
Nur in Fröhlichkeit gemácht, |
Wándelt, | hólde Kínderchen,
Férne von Pedánteríe,
Ímmer mit den Gráien,
Ímmer mit der Hármoníe!.. ||
Wénn euch Jemand küssen wíll,
Ó so haltet níemahls stíll!
Flíehet mit Bescheidenheit!
Ságt, | daß ihr, | voll Níedrigkéit
Kéiner Küße würdig séid!

1 Daß der junge Gleim, der in unstrophischen Versen schon häufig Paarreime verwandte, auch rhythmische Meisterstückchen schaffen konnte (s. Gleim, S. 100 u. ö.), wollen wir nicht verschweigen. Daß seine Versrhythmen allerdings ganz anderer Art sind als die von Götz, kann hier nur erwähnt, nicht ausgeführt werden.

Die ersten sechs Verse, die sich rhythmisch eindeutig in eine Vierer- und eine Zweiergruppe gliedern, enthalten drei Zweitakter von größter Unterschiedlichkeit. Auch die eingestreuten Dreitakter sind untereinander vollkommen verschieden, denn die Ähnlichkeit der Verse 2 und 5 ist nur eine scheinbare. Ganz abgesehen von der Pause am Ende der vierten und dem unüberhörbaren Stabreim der fünften Zeile, führt schon das deutliche Anhalten der Stimme nach »Reime,« (5) zu einem ganz neuen Rhythmus, der unmittelbar auf den nächsten Vers übergreift, zur Höhe der zweiten Alliteration führt und erst danach abklingt. Das schwingende Gleichmaß der folgenden Vierergruppe wird durch den Dreitakter der Zeile 9 spielerisch unterbrochen und belebt. In den nächsten 4 Zeilen schiebt sich ein Zweitakter in die Reihe der Dreitakter, von denen der erste allerdings durch die Zäsur einen ganz anderen Rhythmus erfordert als die beiden folgenden. Doch auch noch zwischen diesen beiden Dreitaktern glauben wir rhythmische Unterschiede zu spüren. Unser inneres Ohr, an die Betonung der ersten Wortsilbe gewöhnt, liest die Zeile 14 ohne Schwierigkeiten. An der Betonung der zweiten und vierten Silbe in »Pedanterie« (12) nimmt es dagegen Anstoß, zumal diese Zeile auch noch eine Füllsilbe (»Ferne«) enthält, durch die wir fast ins vierhebige Metrum gepreßt werden. Im Rhythmus dieser Zeile scheint sich auf wundersame Weise die Pedanterie selbst verkörpert zu haben, wie im ganzen Gedicht die Harmonie. Zwei Dreitakter und ein retardierender Zweitakter leiten dann die Schlußpointe ein. Der vorletzte Vers könnte ganz dem Metrum entsprechend als Viertakter gelesen werden. Doch die Zäsur nach »Sagt,« und die kompliziertere syntaktische Konstruktion scheinen den Rhythmus am Versanfang zu zerstören oder doch wenigstens aufzuhalten. Er setzt erst wieder mit »Niedrigkeit« ein und geht dann, ohne das Ramlersche Komma (!), also ohne Pause, in den vollen viertaktigen Schlußvers über, wobei die letzte Silbe der Zeile 18 (»-keit«) gleichsam als Vor-Schlag des unmittelbar folgenden Stabreims wirkt. Dieser Gedichtschluß hätte in seinem einzigartigen Zusammenklang von Reim, Rhythmus und Metrum wohl kaum besser komponiert werden können.

Blicken wir auf den Formenreichtum dieses einen Gedichtes von Götz, das hier ja das ganze Werk des Dichters vertreten muß – blicken wir zurück auf die Fülle der Reimarten und Reimqualitäten, der Assonanzen und Korrespondenzen, der verspielten Parallelismen und Antithesen in ihrer harmonischen Spannung und Verspannung mit der Fülle der wechselnden Rhythmen und wechselreichen Pausen (alles das konnte selbst hier nur angedeutet werden), so verstehen wir das ungemeine Lob, das der späte Herder unserem Dichter zollte, wenn er 1796 in den *Briefen zu Beförderung der Humanität* schreibt:

[...] und wer hat uns mehrere, und angenehmere Formen gegeben, als unser *Götz*? den man die *vielförmigen* nennen könnte. Auf jedem Hügel des Helikons suchte seine Muse die zartesten Blumen, und band sie auf die vielfachste zierlichste Weise in Kränze und Sträuschen. Sanft ruhe die Asche dieses während seines Lebens unbekannt gebliebenen Dichters! mit jedem Frühlinge blühe fortan sein Andenken auf.   (Herder, S. 122 f.)

Inhaltlich, so sagten wir am Anfang, bietet unser Gedicht kaum etwas Neues. Und doch lassen den Kenner des 18. Jahrhunderts schon beim ersten Lesen zwei Zeilen aufhorchen, die sich auch vom Rhythmus und Reim her als einzigartig erwiesen haben. Sie könnten ohne weiteres fehlen, und niemand würde es bemerken. Doch da sie dem Gedicht kunstvoll eingefügt wurden, erscheint das Ganze nun in einem anderen Licht. Wir meinen die Verse 5 und 6: »Reime, meiner Jugend Ruhm, | Und mein einzig Eigenthum«. Wir dürfen diese Aussagen, diese Bekenntnisse autobiographisch verstehen. Götz' Gedichte und Übersetzungen waren das (anonym gebliebene) Rühmenswerte seiner Jugend; sie sind auch jetzt noch sein »einzig Eigenthum«. »Einzig« ist hier in seiner ganzen Bedeutungsbreite gemeint: als einziger Besitz, als der ihm liebste und wertvollste Besitz und als ein ganz eigener Besitz, der ihm allein zukommt. Trotz gegenteiliger Versicherungen gegenüber Ramler, dem er als verschwiegenem und einzigem Vermittler zur Veröffentlichung anonymer Gedichte in Almanachen, Zeitschriften und Sammlungen ja praktisch ausgeliefert war, wußte Götz sehr wohl, wer er war und was er konnte! Ein so naivfreimütiges und zugleich stolzes Bekenntnis eines Anakreontikers und Rokokodichters zu seinem Werk, das, anders als bei Hagedorn, Uz oder Gleim, fast ausschließlich der leichten scherzhaften Muse gewidmet war, ein solches Bekenntnis werden wir in dieser Zeit vergebens suchen. Es hat seinen Ursprung in der gepreßten Seele eines deutschen protestantischen Geistlichen, der es nicht wagen durfte, seine Übersetzungen, ja auch nur ein einziges seiner Gedichte unter seinem Namen erscheinen zu lassen. Es war zugleich aber auch nur möglich unter dem Schutze der völligen Anonymität, unter dem die Gedichte von Götz als »Blüthen des Parnaßes« 1764/65 in Buchform erscheinen sollten.

Sehr wenige Gedichte von Götz sind uns im Originaltext überliefert (s. *Gedichte*, Vorrede von Schüddekopf); die meisten kennen wir nur in Überarbeitungen von Ramler. Wir haben schon öfters kurz auf Ramlers pedantische Eingriffe in den Text unseres Gedichtes aufmerksam gemacht. Wie vorsichtig wir sein müssen, zeigen die Veränderungen und Umstellungen der Verse 3–6. Der gefürchtete Berliner Professor wird an dem naiv-nachlässigen Ausdruck der dritten Zeile von Götz Anstoß genommen haben. Diesen zu verbessern, opferte Ramler den flüssig-schwingenden Rhythmus (durch die Verwandlung eines Dreitakters in einen metrisch leiernden Viertakter), zerstörte den bedeutsamen Stabreim der Zeile 5 und fügte das Füllwort »erster« hinzu. Aus der ausdrucksreichen Zeile 4 (»Unschuldvoller Zeitvertreib«) wurde die flache Zeile 5: »Und mein liebster Zeitvertreib«, die Ramler durch eine hölzerne Anapher nun an die sechste Zeile anleimte. Darüber und durch den Kreuzreim ging die hervorragende Sonderstellung der bekenntnisreichen Verse 5 und 6 von Götz verloren. Und genau das lag vielleicht auch in der Absicht des Berliner Klassizisten.

Zitierte Literatur: Briefe von und an Johann Nikolaus Götz nach den Originalen. Hrsg. von Carl Schüddekopf. Wolfenbüttel 1893. – Dichtung des Rokoko nach Motiven geordnet. Hrsg. von Alfred Anger. Tübingen ²1969. [Zit. als: Anger.] – Johann Wilhelm Ludwig GLEIM: Versuch in Scherzhaften Liedern und Lieder. Nach den Erstausg. von 1744/45 und 1749 mit den Körteschen Fassungen im Anh. krit. hrsg. von Alfred Anger. Tübingen 1964. – [Johann Nicolaus Götz:] Gedichte. [Siehe Textquelle.] – [Johann Nicolaus Götz:] Vermischte Gedichte. [Siehe Textquelle.] – J. N. Götz: Die Gedichte Anakreons und der Sappho Oden aus dem Griechischen übersetzt, und mit Anmerkungen begleitet. Karlsruhe 1760. Neudr. hrsg. von Herbert Zeman. Stuttgart 1970. – Herders Sämmtliche Werke. Hrsg. von Bernhard Suphan. Bd. 18. Berlin 1883.

Weitere Literatur: Alfred ANGER: Literarisches Rokoko. 2., durchges. und erg. Aufl. Stuttgart 1968. – Herbert ZEMAN: Die deutsche anakreontische Dichtung. Ein Versuch zur Erfassung ihrer ästhetischen und literaturhistorischen Erscheinungsformen im 18. Jahrhundert. Stuttgart 1972.

Christian Fürchtegott Gellert

Das Pferd und die Bremse

Ein Gaul, der Schmuck von weissen Pferden,
Von Schenkeln leicht, schön von Gestalt,
Und, wie ein Mensch, stolz in Geberden,
Trug seinen Herrn durch einen Wald;
5 Als mitten in dem stolzen Gange
Ihm eine Brems entgegen zog,
Und durstig auf die nasse Stange
An seinem blanken Zaume flog.
Sie leckte von dem weissen Schaume,
10 Der heefigt am Gebiße floß;
Geschmeiße! sprach das wilde Roß,
Du scheust dich nicht vor meinem Zaume!
Wo bleibt die Ehrfurcht gegen mich?
Wie? darfst du wohl ein Pferd erbittern?
15 Ich schüttle nur: so mußt du zittern.
Es schüttelte; die Bremse wich.

Allein sie suchte sich zu rächen;
Sie flog ihm nach, um ihn zu stechen,
Und stach den Schimmel in das Maul;
20 Das Pferd erschrak, und blieb vor Schrecken
In Wurzeln mit dem Eisen stecken,
Und brach ein Bein; Hier lag der stolze Gaul.

* * *

Auf sich den Haß der niedern laden,
Dieß stürzet oft den größten Mann.
25 Wer dir, als Freund nicht nützen kann,
Kann allemal, als Feind, dir schaden.

162

Abdruck nach: Christian Fürchtegott Gellert: Fabeln und Erzählungen. Hist.-krit. Ausg., bearb. von Siegfried Scheibe. Tübingen: Niemeyer, 1966. (Neudrucke Deutscher Literaturwerke. N. F. 17.) S. 106 f. [Frühere Fassung S. 20–22.]
Erstdruck: C. F. Gellert: Fabeln und Erzählungen. Leipzig: Johann Wendler, 1746.
Erstdruck der früheren Fassung: Belustigungen des Verstandes und des Witzes. Bd. 2. Leipzig: Bernhard Christoph Breitkopf, 1742.

Wolfgang Martens

Hochmut kommt vor dem Fall. Zu Gellerts Fabel *Das Pferd und die Bremse*

»Fictionem breviorem et allegoricam ita instructam, ut delectando prosit, apologum dicimus«: »Eine kurze und auf einen gewissen Gegenstand anspielende Erdichtung, die so eingerichtet ist, daß sie zugleich ergötzet und zugleich nutzet, nennt man eine Fabel« – so definiert es Gellert zu Beginn seiner akademischen Abhandlung *De poesi apologorum, eorumque scriptoribus* (1744), die später (1772) als *Von denen Fabeln und deren Verfassern* auch ins Deutsche übersetzt worden ist. Der vorliegende Text entspricht der gegebenen Definition. Er ist kurz, er umfaßt insgesamt 26 Verszeilen; er ist ›allegorisch‹ oder – wie die Übersetzung sagte – »anspielend«, indem er eine erdichtete besondere Begebenheit im Tierbereich allgemein auf Menschliches beziehbar macht; er ist nützlich, denn er enthält und formuliert eine brauchbare Lehre; und er ist ergötzlich, insofern er lebendig und anschaulich erzählt und sich dabei der gebundenen Rede bedient. Die Fabel *Das Pferd und die Bremse* fällt auch sonst nicht aus dem Rahmen des bei Gellert Üblichen. Wir haben ein typisches Beispiel seiner Fabelkunst vor uns.

Der Text ist in der vorliegenden Form 1746 in seinen *Fabeln und Erzählungen* erschienen. Der Verleger dieser *Fabeln und Erzählungen*, denen 1748 noch ein *Zweyter Theil* folgte, war Johann Wendler in Leipzig; er ist damit ein reicher Mann geworden. Zuvor jedoch war diese Fabel bereits 1742 im zweiten Band der *Belustigungen des Verstandes und des Witzes*, einer Zeitschrift des Gottsched-Kreises, erschienen – in einer beträchtlich abweichenden Fassung. Wir kommen darauf zurück.

Schauen wir uns den Text näher an, und zwar zunächst im Hinblick auf seine Form! Er ist, wie bei Fabeln des 18. Jahrhunderts häufig, deutlich in zwei Teile gegliedert, in die Fabelerzählung und die angehängte Lehre, die Narratio und das Epimythion. Die Lehre erscheint in gnomischer Kürze. Sie gibt sentenzenhaft eine Moral, eine Nutzanwendung aus dem vorgestellten Geschehen. Die Erzählung dagegen schildert den besonderen Fall, der in sich bereits sinnträchtig ist und auf die Lehre vorausweist; sie enthält das Exemplum.

Die 22 Zeilen der Erzählung sind durch einen Absatz typographisch untergliedert, was sinnvoll ist: Bis zum Vers 16 verläuft die Handlung gleichsam einlinig im Sinne des Pferdes, mit Vers 17 aber beginnt die Gegenaktion der Bremse, die das Pferd zu Fall bringt. – Auch durch die Reimanordnung wird die Fabel strukturiert. Die ersten 8 Verse, regelmäßig im Kreuzreim untereinander verbunden, liefern gleichsam die Exposition. Die folgenden 8 nach dem Prinzip des umarmenden Reims angeordneten Verse bieten in zunehmender Bewegtheit Handlung und wörtliche Rede. Der durch keinen Absatz angekündigte Übergang vom Kreuzreim zum umarmenden Reim mit dem dadurch gebotenen gleichsam unerwarteten Aufeinanderprallen von Zeile 10 und 11 entspricht übrigens exakt dem geschilderten Vorgang, der harten Konfrontation von Pferd und Bremse. Die 6 im Schweifreim verbundenen Verse nach dem Absatz geben den Fortgang der Handlung und schließen sie ab. Deutlich ist im Verlauf der Schilderung das Zunehmen an Dramatik. Das drückt sich auch im Syntaktischen aus. Die ersten 4 Verse, ein Bild des Protagonisten entwerfend, und die folgenden 4, seinen Widerpart vorstellend, bilden in der Form von Haupt- und Nebensatz noch ein gemeinsames größeres Gefüge. Die folgenden Satzgebilde werden zusehends kürzer. In Zeile 15 ist der Kulminationspunkt erreicht: 4 ganz kurze Hauptsätze, je 2 in einen Vers gedrängt, kennzeichnen die Heftigkeit der Auseinandersetzung. Sind die beiden Kurzsätze der wörtlichen Rede des Pferds noch durch ein konsekutives »so« aufeinander bezogen, so stehen die beiden Berichtssätze in Zeile 16 kurz und schroff gegeneinander. »Es schüttelte; die Bremse wich«: äußerster Lakonismus zur Kennzeichnung des Bruchs zwischen den Kontrahenten. – Die Schlußgruppe der Fabelerzählung vermeidet jede kausale, temporale oder konditionale Verknüpfung der Sätze, was besagt: Das Geschehen vollzieht sich gleichsam automatisch, keiner Begründung bedürfend; eins folgt aus dem andern. Die letzte Zeile reproduziert den Lakonismus der Zeile 16. Sie nimmt ihn sozusagen noch einmal auf, um die harte Faktizität des Vorgangs auszudrücken.

Diese letzte Zeile des Erzählteils (22) ist übrigens die einzige, die metrisch aus dem Rahmen fällt. Alle anderen Verse, auch die des Epimythions, sind vierhebige Jamben mit jeweils weiblichem oder männlichem Versausgang. Die genannte Zeile jedoch weist als einzige einen fünfhebigen Jambus auf. Er besiegelt mit seinem besonderen metrischen Gewicht den Ausgang der Sache.

Sprachlich-stilistisch hält der Text insgesamt eine mittlere Ebene ein – kultiviert, anmutig, ausgewogen. Weder eine niedrige, derbe Schreibart macht sich geltend (was zumal in der wörtlichen Rede von Tieren hätte naheliegen können), noch eine erhabene, sublime oder künstlich-spitzfindige. Das ›Genus medium‹ bestimmt die stilistische Manier. Seltene Stilfiguren, preziöse Wendungen, kühne Metaphern sind nicht zu verzeichnen. Die ersten Zeilen neigen im Beschreiben der Vorzüge des Pferds noch am ehesten zur

rhetorischen Überformung, etwa mit der Reihung von attri-
butiven Wendungen in chiastischer Anordnung »Von
Schenkeln leicht, schön von Gestalt« (2). Doch der ›Ornatus‹, der Schmuck der Rede, ist insgesamt bescheiden. Die
verhältnismäßig wenigen Epitheta haben meist charakteri-
sierende Funktion: »weisse« (1) Pferde, »stolzer« (3) Gang,
»nasse« (7) Stange. Beim »blanken« (8) Zaum, beim »weissen« (9) Schaum und beim »wilden« (11) Roß allenfalls
wäre das Beiwort entbehrlich – von Zeile 12 ab aber fehlt es,
ob schmückend oder charakterisierend, überhaupt, bis es am
Schluß in der Bestimmung »stolzer Gaul« (22) noch einmal
auftritt, den hervorstechenden Charakter des Pferdes reka-
pitulierend. – Die Rhetorik des Pferds erscheint auch in den
drei hintereinander gesetzten Fragesätzen als durchaus
›natürlich‹. – Interessant übrigens, wie Gellert bei der
Bezeichnung variiert: Das eher umgangssprachlich-niedere
Wort »Gaul« (1, 22) hält der vornehmlich in hoher Stillage
gebräuchlichen Bezeichnung »Roß« (11) im Text gleichsam
die Waage, daneben – und überwiegend – wird die mittlere
Bestimmung »Pferd« (1, 14, 20) oder das neutrale »Schimmel« (19) verwandt. Mit der Schlußformel »der stolze Gaul«
(22) aber endet Gellert mit einem vielsagenden Oxymoron.
Es hätte auch die Überschrift der Fabel abgeben können.
Auffallend ist noch eine sprachliche Besonderheit, die wohl
im Zusammenhang steht mit der im Verlauf der Erzählung
immer stärker hervortretenden Tendenz zu Bündigkeit und
Kürze: Gellert gebraucht das Verbum »schütteln« ohne
Objekt, als ob es ein Intransitivum wäre. Das Pferd schüttelt
nicht sich oder seinen Kopf: »Es schüttelte« (16) – der Leser
muß damit auskommen. Für einen strengen Gottschedianer
war das zweifellos als sprachlicher Regelverstoß zu mo-
nieren.
Das Epimythion schließlich, durch drei Sternchen von der
Narratio abgesetzt, aus vier Versen im umarmenden Reim
gebildet, formuliert die Lehre in der Art eines Merkspruchs,
knapp, sentenzenhaft. Der Zweiteiligkeit der Lehre ent-

spricht eine symmetrische Aufgliederung in zwei Satzgebilde von je zwei Versen. Das rhetorische Mittel der Antithese ist in beiden Teilen eingesetzt zum Zwecke einer eingängigen Didaxe.

Für Gellerts Zeitgenossen müssen seine *Fabeln und Erzählungen*, nach allem, was wir darüber hören, in der Munterkeit und Anmut ihrer Erzählweise ein Vergnügen, eine ungekannte Lust gewesen sein. Er wurde mit einem Schlage ein vielgelesener und – durch alle gesellschaftlichen Schichten hindurch – vielgeliebter Autor. Und der Vergleich mit den zeitgenössischen Fabulisten, die bereits vor Gellert gedichtet hatten – mit Daniel Wilhelm Triller, Daniel Stoppe und selbst mit Hagedorn –, bestätigt es uns: So gewandt, so leicht und liebenswürdig hatte vor Gellert noch niemand in deutscher Sprache Fabeln geschrieben. Das Sächsisch-Meißnische, dessen Gellert sich als Sohn dieser Landschaft mit Selbstverständlichkeit bediente, war damals ohnehin die kultivierteste hochdeutsche Mundart, und in ihm fand sie einen Meister, der ein feines Formgefühl, einen Sinn für Maß und Ausgewogenheit besaß. – Wie sehr dieses Formgefühl auch bei Gellert noch entwickelt worden ist, wie sehr es sich geschult hat, wird deutlich, wenn wir unseren Text mit der früheren Fassung aus den *Belustigungen des Verstandes und des Witzes* vergleichen. Dort lautet er so:

Das Pferd und die Bremse

Eine Fabel

Ein deutscher Gaul, wohl zugeritten,
Trug seines Herren dicke Last,
Mit solchen gleich und stolzen Schritten,
Als jemals du gesehen hast.
So leise strich kein Reh vorbey,
Als dieses Pferd im schnellen Traben.
Ein schmaler Steg, ein breiter Graben,
War seinen Füßen einerley.

Es durfte keine Gerte fühlen,
Es hob sich so mehr, als zu leicht.
Man durfte mit der Zunge spielen,
So gieng es, wie ein Vogel fleugt.
Es konnte jeden Zug verstehn.
Man durfte kaum die Trense rücken:
So sahst du es, von freyen Stücken,
Den schönsten Antritt wiegend gehn.

Kaum war ein besser Pferd im reuten,
Das nie an Stein und Wurzeln sties,
Das sich so leicht auf beyde Seiten,
Im vollen Rennen werfen lies.
Kein Schuß, kein blitzendes Gewehr
Erschreckte diesen Gaul im Gange,
Er gieng und that, als wüßt er lange,
Was Blitz und Schuß und Pulver wär.

Im Streite trug den Alexander
Kein solcher stolze Lichtebraun.
Die Schenkel warf er auseinander,
Als dürft er nicht der Erde traun.
Und kam der Sporn: so sahst du ihn
Sich mit so starken Sprüngen heben,
Daß selbst der Fahrweg zu erheben,
Der Rasen zu verschwinden schien.

Und dieser Schmuck von allen Pferden,
Im Kreuze hoch, braun von Gestalt,
Breit auf der Brust, frey in Gebehrden,
Trug seinen Herrn durch einen Wald;
Als eine Bremse sumsend zog,
Ihm, mitten in dem stolzen Gange,
Ganz durstig auf die rechte Stange,
An seinem blanken Zaume flog.

Sie leckte von dem weißen Schaume,
Der heefigt am Gebisse floß.
Wie, Thier, du nagst an meinem Zaume?
Du kannst? – – – sprach das erhitzte Roß.
O rief die Bremse, laß mich hier,
Ich will dich vor den Fliegen schützen.

Wie, schrie der Gaul, du willst mir nützen?
Und schüttelte: so flog das Thier.

Die Bremse hatte Rach im Sinne;
Sie flog, und blieb für Unmuth stumm,
Und stach ihn schmerzhaft in das Dinne,
Drauf fuhr der Gaul erhitzt herum;
Versah es aber doch dabey
Und blieb, wo sich die Wurzeln strecken,
Im Schreiten, mit dem Eisen stecken,
Und fiel, und brach ein Bein entzwey.

Erschrocken, und im vollen Grimme,
Verlies der Herr das kranke Pferd,
Und sprach mit aufgebrachter Stimme:
Du bist kein besser Schicksal werth.
Wie thörigt ist es nicht gethan,
Sich Feindschaft auf den Hals zu laden!
Der kann uns allemal noch schaden,
Der mir und dir nicht helfen kann!

Die spätere Fassung ist offenkundig eine Frucht kritischer
Selbstprüfung, ein Ergebnis sorgfältigen Besserns. Sehen wir
einmal ganz ab von den Unterschieden in der Handlungs-
führung und im Motivischen (das Pferd ist braun, nicht
weiß; die Bremse bietet zunächst ihre Dienste an und sticht
in das »Dinne«, d. h. in das Weiche, in die Flanken, nicht ins
Maul; der Herr des Pferdes spielt eine gewisse Rolle, u. a.
die, daß er die Lehre handlungsimmanent formuliert, ein
Epimythion also entbehrlich ist), so fällt im Hinblick auf die
Form sofort eines ins Auge: Die frühere Fassung ist mit 64
Versen mehr als doppelt so umfänglich als die spätere.
Gellert hat bei der Überarbeitung rigoros gestrichen. Er hat
auf die ersten vier Strophen praktisch verzichtet und damit
seiner Fabulierlust, die in hyperbolischer Charakteristik in
immer neuen Ansätzen das Pferd als ein Superpferd vorzustellen suchte, strenge Zügel angelegt. Er hat auf das Ausma-
len verzichtet zugunsten von Handlungsvergegenwärtigung.
Er hat die Fabel aus dem Korsett der achtzeiligen regelmäßi-

gen Strophen befreit und ihr ein Kostüm geschneidert, das sich, wie oben analysiert, ganz dem Verlauf der Aktion anpaßt. Er hat in diesem Zusammenhang auch den Dialogpart der Bremse eliminiert; die Bremse kommt in der späteren Fassung gar nicht zu Wort – sie bleibt stumm und sticht, und gerade diese Stummheit gibt ihrer Reaktion noch einen böseren Zug. – In der ersten Fassung sind die Epitheta recht freigebig-redselig verwendet. Gellert hat auch hier verknappt und verschlankt. Alles Überflüssige ist fortgelassen, ohne daß dem Ganzen doch Farbigkeit und Lebendigkeit verloren gegangen wären.

Mit welcher Bewußtheit der Dichter gekürzt und umgeformt haben muß, läßt sich erkennen, wenn man seine Abhandlung *Beurtheilung einiger Fabeln aus den Belustigungen* von 1756 studiert, wo er, der sich sonst jeder Kritik enthielt, rücksichtslos mit der Form von dreien seiner früheren Fabeln abrechnet. Das »Müßige, Undeutliche, Weitläufige und Gereimte« wird dort in den eigenen frühen Produkten aufgewiesen und unerbittlich verworfen, ebenso wie auch das »Prosaische«, das »Geflickte« und das »Gezwungene«. Die Überarbeitung von *Das Pferd und die Bremse* ist aus dem gleichen selbstkritischen Antrieb erfolgt.

Übrigens ist Gellerts Vorgehen nicht mit dem des späteren Lessing gleichzusetzen, der in seinen Abhandlungen über die Fabel von 1759 äußerste Knappheit für die Gattung verlangte und ihr jeglichen Schmuck, jeglichen Zierat verbot – was seine gleichzeitigen Prosafabeln denn auch in der Tat demonstrieren. Gellerts Überarbeitungen seiner frühen Fabeln bedeuten keine Wendung gegen das Vorbild La Fontaines. Er fordert in seiner genannten Selbstkritik durchaus das »Leichte, Freywillige und Muntre« – nicht nur den »Nachdruck«, sondern auch die »Anmuth im Erzählen«; er fordert, im Einklang noch mit Boileau und im Unterschied zum späteren Lessing, die poetische Überformung: »Der Poet muß sich von der Prosa zu entfernen wissen, auch da, wo er den niedrigsten Styl redet.« Seine Änderungen bedeu-

ten keinen radikalen Kurswechsel, etwa zurück zur Kurz-
bündigkeit des alten Äsop, wie Lessing es im Sinne hat,
sondern sie entspringen seinem gewachsenen Sinn für
Anmut und Maß, vor allem für das Erfordernis, eine Handlung zu gestalten, statt Verhältnisse auszumalen.

Doch wenden wir uns nun endlich dem Gehaltlichen zu!
Was will Gellerts Fabel? Was besagt sie, wie ist sie zu
verstehen? – Der didaktische Auftrag dieser Fabel ist offenkundig. Er gilt für die ganze Gattung. Gottscheds *Critische
Dichtkunst* (1730, 4. Auflage 1751) definierte die »Fabel
überhaupt« als »Erzählung einer unter gewissen Umständen
möglichen, aber nicht wirklich vorgefallenen Begebenheit,
darunter eine nützliche moralische Wahrheit verborgen
liegt«. Die Fabeln im engeren Sinn, in der Tradition Äsops,
waren für Gottsched nicht klar bestimmbar, er nennt sie
»allemal erdichtete Begebenheiten, die ihre Sittenlehre bey
sich führen«. Eine nützliche moralische Wahrheit, eine Sittenlehre jedenfalls gehören für Gottsched unabdingbar zur
Sache; die übrigen aufklärerischen Poetiken stimmen dem
bei. Breitinger etwa in seiner *Critischen Dichtkunst* (1740)
nennt die Fabel »ein lehrreiches Wunderbares«, geeignet,
»moralische Lehren und Erinnerungen auf eine verdeckte
und angenehme Weise in die Gemüther der Menschen ein-
zuspielen und diesen sonst trockenen und bitteren Wahrheiten durch die künstliche Verkleidung in eine reizende Maske
einen so gewissen Eingang in das menschliche Herz zu
verschaffen, daß es sich nicht erwehren kann, ihren heilsa-
men Nachdruck zu fühlen«. Gellert selber sagt in seiner
eingangs zitierten Fabelabhandlung: »Eine gute Fabel nutzt,
indem sie vergnügt, sie trägt andern die Wahrheit unter
glücklich erdachten und wohlgeordneten Bildern vor.« –
Was also ist der didaktische Auftrag von *Das Pferd und die
Bremse*? Worin besteht die »Wahrheit« dieser Fabel? Welche
»moralischen Lehren und Erinnerungen« werden hier ver-
gnüglich vorgetragen?

Die Antwort scheint auf der Hand zu liegen, denn die angehängte Lehre formuliert ja bereits, was die »erdichtete Begebenheit« in »künstlicher Verkleidung« bzw. in »wohlgeordneten Bildern« besagen soll. Doch bei Lichte besehen enthält das Epimythion *zwei* Lehren, die nicht das gleiche meinen und sich allenfalls ergänzen, und die Fabelhandlung, die »erdichtete Begebenheit«, könnte selber gehaltliche Momente mit sich führen, die in der ausformulierten Lehre nicht berücksichtigt sind und die Tendenz der Fabelaussage modifizieren. Wir müssen uns den Text wohl doch genauer ansehen.

Gehen wir zunächst vom zweiten der Lehrsätze aus: Wer dir als Freund nicht nützen kann, kann dir doch als Feind schaden. Das ist eine recht allgemeine Lehre, die jedermann betrifft, der mit anderen seinesgleichen auszukommen hat – eine Banalität fast, die freilich insofern nachdenklich macht, als sie offenbar Freundschaft nur unter dem Gesichtspunkt des Nutzens ansieht. Der erste Lehrsatz hingegen faßt das Verhältnis anders, spezieller: der Haß der Niederen stürzt oft den Größten. Damit ist, vom Tierreich auf die Menschenwelt übertragen, gesellschaftliche Ungleichheit vorausgesetzt – die Lehre bezieht sich auf Konflikte unter den Konditionen solcher Ungleichheit; sie steht in einem sozialen Horizont. – Freilich ist auch hier die Aussage recht allgemein. Die formulierte Lehre, knapp gehalten wie sie ist, beruft nicht etwa des näheren die Realitäten der ständischen Gesellschaftsordnung im Zeitalter des fürstlichen Absolutismus, in dem der Dichter lebt – sie verharrt im Generellen. Ob unter der Kategorie der »Niederen« (23) der Bauernstand, der Bedientenstand oder der Bürgerstand zu begreifen ist, wenn nicht gar nur pauschal-unbestimmbar die Gruppe der Armen oder der Schwachen, das läßt die Lehre offen, und ebenso wird nicht präzisiert, welche soziale Position unter dem »größten Mann« (24) anvisiert ist – der Adlige, der Reiche, der Minister, der Fürst? Gerade diese Unbestimmtheit aber hat ihre Vorzüge. Sie erleichtert es dem

Leser, die Anwendung auf die eigene spezielle Erfahrungswelt zu machen.

Bei dieser Lage der Dinge aber gibt das Exemplum, die Fabelgeschichte, uns nun doch noch einige Hinweise zum Verstehen des Gemeinten. Die Beispielerzählung erläutert die angehängte Lehre, wie umgekehrt diese Lehre den Handlungsverlauf kommentiert. Wichtig erscheint zunächst, daß die Antagonisten sehr verschieden in ihrer Art gezeichnet sind – sehr groß und kräftig das Pferd, sehr klein und unscheinbar die Bremse. Zu berücksichtigen ist ferner, daß das Pferd in der Hierarchie der Tierwelt traditionell als edel gilt, die Bremse dagegen – kein Säugetier, sondern ein garstiges Insekt – in dieser Hierarchie allenfalls einen ganz obskuren Platz einnimmt. Wichtig ist im Zusammenhang aber auch, daß das Pferd einen Herrn hat, also abhängig ist – keineswegs frei, sondern von fremder Hand am Zaum gelenkt, dienstbar. Auf einen absoluten Fürsten dürfte das Bild des Pferdes damit kaum anwendbar sein – eher auf einen hohen Funktionär im Staate. (Wie es dem Herrn des Pferdes bei dessen Sturz gegangen ist, verschweigt die Fabel übrigens – anders als in der ersten Fassung, wo er gleichsam als Richter das Urteil spricht.) Kennzeichnend für das Pferd ist vor allem, daß es schön ist und daß es stolz ist. Das Prädikat »stolz« fällt dreimal (3, 5, 22). Das Tier ist sich seiner Superiorität bewußt. Daß es sich »wie ein Mensch« (3) geriert und ausdrücklich »Ehrfurcht« (13) für sich verlangt, unterstreicht seinen Dünkel noch. In seinem ganzen Betragen, in seinem »Gange« (5) und in seinen »Geberden« (3), kommt seine Prätention zum Ausdruck.

Diese Züge dürften für die Zeitgenossen geeignet gewesen sein, die recht allgemeine Wendung vom »größten Mann« (24) spezifisch zu füllen. Anmaßend, hochfahrend und stolz zu sein, in Aufzug und Gebaren Respekt zu heischen war damals vorzüglich das Signum der Aristokratie. Seinen Rang und seine Reputation zu wahren, unter allen Umständen, oft in provozierender Distanz zu den Standesniederen, war Gebot für die Noblesse vor allem höfischen Zuschnitts.

Gellerts Fabel vom Pferd und der Bremse könnte hier also auf den Adel und seinen Umgang mit Bürgern, Bauern oder Bedienten gemünzt sein. Die Fabel *könnte* so gelesen werden, die Rezeption der Leser erhielte hier gewisse Hilfen. Ob die Zeitgenossen dem tatsächlich gefolgt sind, bleibt für uns offen. Durchaus möglich scheint es, daß die Fabel auch nur ganz allgemein im Sinne des zweiten Lehrsatzes verstanden wurde. – Dem heutigen Leser übrigens, wollte er die Fabel auf seine Lebenswelt anwenden, kämen sicher andere Bezüge in den Sinn: Manager und Gastarbeiter, reicher Snob und arme Putzfrau etwa...

Aber lassen wir diese Spekulationen! Bleiben wir bei der uns durch die Fabelhandlung nahegelegten, auf das damalige Verhältnis zum Adel anwendbaren Deutung. Gellert liefert damit indirekt ein Stück Sozialkritik für seine Zeit. Das arrogante Gebaren der Herrschaften von Stande wird hier als herausfordernd und ihnen gefährlich vorgeführt. Prangert aber die Fabel damit die Ungleichheit der Stände an? Ist sie insgeheim ideologische Waffe im politischen Kampf der Klassen, hier also des aufstrebenden Bürgertums gegen den privilegierten Adel, wie das den Fabeln des 18. Jahrhunderts heute gern unterstellt wird? Hat sie sozialrevolutionäre Funktionen?

Wir wissen, daß Gellert solche Tendenzen fremd waren.

Nie schenkt der Stand, nie schenken Güter
dem Menschen die Zufriedenheit.
Die wahre Ruhe der Gemüther
ist Tugend und Genügsamkeit.

Genieße, was dir Gott beschieden,
entbehre gern, was du nicht hast.
Ein jeder Stand hat seinen Frieden,
ein jeder Stand auch seine Last.

– so lehrt sein Gedicht *Zufriedenheit mit seinem Zustande*. Jeder verrichte in seinem Amt und Stand, wohin ihn Gott gestellt hat, das Seine und strebe nicht darüber hinaus. –

Aber auch wenn wir Gellerts sozialkonservative Position nicht kennten: seine Fabel selber weist kein auf die Veränderung der Ordnungen zielendes Moment auf. Ihre Aussetzungen sind moralischer Art: Stolz, Anmaßung, Arroganz werden angeprangert und in ihren verderblichen Folgen gekennzeichnet. Hochmut kommt vor dem Fall – dies alte Sprichwort ist gleichsam die Lehre, die die Fabelhandlung selbst bereitstellt. Sie empfiehlt nicht insgeheim Abschaffung des Adels, soziale oder staatsbürgerliche Gleichheit, sondern sie lehrt immanent kluge Leutseligkeit und Vorsicht im Umgang mit Nichtgleichgestellten. Sozialkritisch ist die Fabel nur, insofern ihre moralischen Beanstandungen besonders leicht an einem bestimmten Stand – hier dem Adel – festzumachen sind.

Und natürlich impliziert die Schilderung der erfolgreichen Racheaktion der Bremse nicht insgeheim einen Appell zum Aufstand der kleinen Leute. Eher umgekehrt: Gerade das Faktum, daß hier das Pferd zu Fall gebracht wird und die Bremse triumphiert – daß also der stolze Große das Opfer ist und nicht der kleine Niedere –, gerade dies Faktum entschärft eine latent mögliche sozialrevolutionäre Spannung. Gellerts Fabel stellt mit dem Ausgang des Konflikts eine gewisse Gerechtigkeit her, was bei Auseinandersetzungen zwischen Mächtigen und Schwachen in der äsopischen Fabel sonst keineswegs das übliche ist. Die Erzählung kann dem kleinen Mann die Genugtuung vermitteln, einem stolzen Großen gegenüber nicht ganz ohnmächtig zu sein.

In seiner sozialen Diagnose ist unser Text damit insgesamt, im Vergleich zu Fabeln anderer Autoren des 18. Jahrhunderts, namentlich Pfeffels, recht zahm. Flagrante Ungerechtigkeit, rücksichtslose Willkür, brutale Ausbeutung und Unterdrückung – seit Äsop immer wieder Thema der Fabulisten – sind überhaupt in Gellerts Fabeln eher beiseite gelassen. Es ist bezeichnend, daß Raubtiere wie Löwe, Tiger und Wolf bei ihm nicht vorkommen. Die soziale Welt, die Gellerts Fabeln spiegeln, zeigt sich nicht völlig heillos; Konflikte in ihr sind vermeidbar, denn sie folgen nicht aus der Unhaltbarkeit gesellschaftlich-politischer Verhältnisse, sondern nur aus moralischer Unzulänglichkeit der einzelnen.

Wie aber müssen Aussage und Moral von Gellerts untersuchter Fabel nun insgesamt beurteilt werden? Vermittelt sie – man kann Analoges in Darstellungen der Fabeldichtung des 18. Jahrhunderts immer wieder lesen – die Werte der neuen bürgerlichen Lebensanschauung? Leistet sie aufklärerische Dienste? Ist sie Ausdruck des neuen Welt- und Menschenbilds der Gellert-Zeit?

Die Antwort auf diese Fragen ist keineswegs selbstverständlich bejahend, wie man meinen möchte. Denn was diese Fabel lehrt, ist: klug zu sein, auf seinen Nutzen zu sehen, sich in acht zu nehmen, und was sie zeigt, sind: Hoffart und Stolz und heimtückische Rache. Ihre ausformulierte Moral ist keineswegs vorbildlich sittlich-human – sie ist eher egoistisch und opportunistisch –, und das Handeln der Beteiligten ist auf beiden Seiten schlicht bösartig. Das aber paßt keineswegs so ohne weiteres zum aufklärerischen Welt- und Menschenbild, keineswegs zur überall um die Mitte des 18. Jahrhunderts propagierten Tugendlehre. Und vergleichen wir die Botschaft von *Das Pferd und die Bremse* mit den Aussagen über Welt und Mensch in Gellerts Roman und in seinen Lustspielen, so ergeben sich bemerkenswerte Unterschiede. Was im Roman und in den Lustspielen vor allem lehrhaft entfaltet wird, ist Großmut, Selbstlosigkeit, Verzichtbereitschaft, Aufopferung für den anderen – tugendhaftes Handeln auch in Extremsituationen. Der Mensch, von Vernunft und Religion geleitet, den Neigungen seines guten Herzens folgend, uneigennützig, edel, ist fähig, ein harmonisches und glückliches Leben in der menschlichen Gesellschaft zu führen. Vernünftig-fromme Moralität, mit einem Wort: Tugend, ist der Kompaß, der den Weg bestimmt.

Ein solcher Befund reimt sich schwerlich mit Aussage und Lehre unserer Fabel. Vertritt Gellert demnach zwei verschiedene Weltbilder? Sieht er den Menschen einmal in edler Humanität und einmal in Egoismus und Bosheit? Lehrt seine Moral einmal die schöne Sittlichkeit, ein andermal den berechnenden Opportunismus?

Die Antwort ist weniger in widersprüchlichen weltanschaulichen Positionen des Dichters zu suchen als im unterschiedlichen Ethos von Gattungen, deren er sich bedient. Der Roman, poetologisch kaum festgelegt, und das Lustspiel, von Gellert selber zum rührenden Lustspiel umfunktioniert, waren geeignet, dem neuen aufklärerisch-optimistischen Menschenbild der Zeit Raum zu geben – die Fabel, in einer ausgeprägten Tradition stehend, war es weit weniger. Als literarische Gattung erweist sie sich modellkräftig nicht nur im Hinblick auf gewisse vorgegebene Stoffe, Motive und ein bestimmtes Personal, sondern auch in Bezug auf Gehalte und Gesinnungen. Pessimistisches Welt- und Menschenbild und illusionslose Klugheitsmoral sind der Fabel seit Äsop traditionellerweise zu eigen. Undank ist der Welt Lohn, sie ist voller Bosheit und Untreue, Gewalt geht vor Recht, mit großen Herrn ist nicht gut Kirschen essen, sei auf der Hut! trau schau wem! – das sind die erprobten Lehren der Fabel. Die Ideologie vom guten Menschen ist hier nicht zu Hause und also bürgerlich-empfindsame Tugendlehre hier nicht zu erwarten. Zu Recht spricht Gottscheds *Critische Dichtkunst* von den »an sich bittern Lehren« der Fabel, die es durch dichterische Einkleidung zu verzuckern gelte, und ganz ähnlich weiß noch Breitingers *Critische Dichtkunst* um die »trockenen und bitteren Wahrheiten« dieser Gattung. Auch Luther hatte es so gesehen. Warnung und Unterricht, sagt er in der Vorrede zu seiner Fabel-Ausgabe von 1530, gingen hier dahin, »auff daß man klüglich und friedlich, unter den bösen Leuten in der falschen argen Welt, leben müge«. – In Gellerts Fabel vom Pferd und der Bremse schimmern die alten Strukturen der Gattung noch durch. Bei aller modernen Eleganz und Anmut, die er seiner Dichtung verleiht, ist sie doch noch dem überlieferten Konzept der äsopischen Fabel verpflichtet – einem Konzept, das mit dem bürgerlichaufklärerischen Welt- und Menschenbild nicht übereinstimmt.

In solcher mangelnden Übereinstimmung dürfte wohl auch ein Grund dafür zu suchen sein, daß die so hochangesehene Fabelgattung am Ende des 18. Jahrhunderts bei Autoren wie Lesern spürbar außer Kurs kommt. Die Vision vom Menschen im deutschen Idealismus, in Klassik und Romantik verträgt sich noch weniger als die der Gellert-Zeit mit den Begriffen, die die äsopische Fabel von Mensch und Welt transportiert. Bereits Rousseau, von der natürlichen Gutheit des Menschen überzeugt, hatte sich scharf gegen die entsetzlichen Lehren der Fabeln gewandt. War bei Gellert noch genügend christliche Substanz vorhanden, um die Vorstellungen von Bosheit und Argheit der Menschen in den Aussagen der Fabelgattung gelten zu lassen, so ist das bei den Vertretern des Humanitätszeitalters nicht mehr der Fall. Die Fabel verkommt zum Lesestoff für Kinder, oder sie wird Mittel grimmiger Satire. Die Munterkeit und Grazie, die ihr ein Meister wie Gellert bei aller Bitterkeit ihrer Aussagen doch verleihen konnte, war wohl ohnehin nicht wiederholbar.

Zitierte Literatur: Christian Fürchtegott GELLERT: Schriften zur Theorie und Geschichte der Fabel. Hist.-krit. Ausg., bearb. von Siegfried Scheibe. Tübingen 1966.
Weitere Literatur: Waltraud BRIEGEL-FLORIS: Geschichte der Fabelforschung in Deutschland. Diss. Freiburg i. B. 1965. – Klaus DODERER: Fabeln. Formen, Figuren, Lehren. München 1977. – Karl EMMERICH (Hrsg.): Der Wolf und das Pferd. Deutsche Tierfabeln des 18. Jahrhunderts. Darmstadt 1960. – Fritz HELBER: Der Stil Gellerts in den Fabeln und Gedichten, ein Beitrag zur Stilgeschichte der Aufklärungszeit. Diss. Tübingen 1937. – Elisabeth HERBRAND: Die Entwicklung der Fabel im 18. Jahrhundert. Versuch einer historisch-materialistischen Analyse der Gattung im bürgerlichen Emanzipationsprozeß. Wiesbaden 1975. – Erwin LEIBFRIED: Fabel. 3., durchges. und erg. Aufl. Stuttgart 1976. – Theophil SPOERRI: Der Aufstand der Fabel. In: Trivium 1 (1942/43) S. 31–63.

Christian Fürchtegott Gellert

Das Unglück der Weiber

In eine Stadt, mich deucht, sie lag in Griechenland,
Drang einst der Feind, von Wuth entbrannt,
Und wollte, weil die Stadt mit Sturm erobert worden,
Die Bürger in der Raserey,
5 Bis auf den letzten Mann ermorden.
O Himmel! welch ein Angstgeschrey
Erregten nicht der Weiber blasse Schaaren.
Man stelle sich nur vor, wenn tausend Weiber schreyn,
Was muß das für ein Lärmen seyn!
10 Ich zittre schon, wenn zwey nur schreyn.

Sie liefen mit zerstreuten Haaren,
Mit Augen, die von Thränen roth,
Mit Händen, die zerrungen waren,
Und warfen schon, vor Angst halb todt,
15 Sich vor den Feldherrn der Barbaren,
Und flehten in gemeiner Noth
Ihn insgesamt um ihrer Männer Leben.
So hats von tausenden nicht eine Frau gegeben,
Die sich gewünscht, des Mannes los zu seyn?
20 Von tausenden nicht eine? Nein.
Nun, das ist viel; da muß, bey meinem Leben!
Noch gute Zeit gewesen seyn.

So hart, als auch der Feldherr war:
So konnt er doch dem zauberischen Flehen
25 Der Weiber nicht ganz widerstehen.
Denn welchen Mann, er sey auch zehnmal ein Barbar,
Weis nicht ein Weib durch Thränen zu bewegen?
Mein ganzes Herz fängt sich hier an zu regen.
Ich hätte nicht der General seyn mögen,
30 Vor dem der Weiber Schaar so kläglich sich vereint;

Ich hätte wie ein Kind geweint,
Und ohne Geld den Männern gleich das Leben,
Und jeder Frau zu ihrer Ruh
Den Mann, und einen noch dazu,
35 Wenn sies von mir verlangt, gegeben.

Allein so gar gelind war dieser Feldherr nicht.
Ihr Schönen! fängt er an und spricht.
Ihr Schönen? Dieses glaub ich nicht.
Ein harter General wird nicht so liebreich sprechen.
40 Was willst du dir den Kopf zerbrechen?
Genug er hats gesagt. Ein alter General
Hat, dächt ich, doch wohl wissen können,
Daß man die Weiber allemal
Sie seyn es, oder nicht, kann meine Schönen nennen.

45 Ihr Schönen, sprach der General,
Ich schenk euch eurer Männer Leben;
Doch iede muß für den Gemahl
Mir gleich ihr ganz Geschmeide geben.
Und die ein Stück zurück behält
50 Verliert den Mann vor diesem Zelt.

Wie? fiengen nicht die Weiber an zu beben?
Ihr ganz Geschmeide hinzugeben?
Den ganzen Schmuck für einen Mann?
Gewiß der General war dennoch ein Tyrann.
55 Was halfs, daß er, ihr Schönen! sagte,
Da er die Schönen doch so plagte?
Doch weit gefehlt, daß auch nur eine zagte:
So holten sie vielmehr mit Freuden ihren Schmuck.
Dem General war dieß noch nicht genug.
60 Er ließ nicht eh nach ihren Männern schicken,
Als bis sie einen Eid gethan,
(Der General war selbst ein Ehemann)
Bis, sag ich, sie den Eid gethan,
Den Männern nie die Wohlthat vorzurücken,

65 Noch einen neuen Schmuck den Männern abzudrücken.
    Drauf kriegte iede Frau den Mann.

    O welche Wollust! Welch Entzücken!
    Vergebens wünsch ichs auszudrücken,
    Mit welcher Brünstigkeit die Frau den Mann umfieng!
70 Mit was für sehnsuchtsvollen Blicken
    Ihr Aug an seinem Auge hieng!

    Der Feind verließ die Stadt. Die Weiber blieben stehen,
    Um ihren Feinden nachzusehen;
    Alsdann flog jede froh mit ihrem Mann ins Haus.
75 Ist die Geschichte denn nun aus?
    Noch nicht, mein Freund. Nach wenig Tagen
    Entfiel den Weibern aller Muth.
    Sie grämten sich, und durftens doch nicht sagen.
    Wer wirds, den Eid zu brechen, wagen?
80 Genug der Kummer trat ins Blut.
    Sie legten sich; drauf starben in zehn Tagen,
    Des Lebens müd und satt, neunhundert an der Zahl.
    Der alte böse General!

Abdruck nach: Christian Fürchtegott Gellert: Fabeln und Erzählungen. Hist.-krit. Ausg., bearb. von Siegfried Scheibe. Tübingen: Niemeyer, 1966. (Neudrucke Deutscher Literaturwerke. N. F. 17) S. 174–177.
Erstdruck: C. F. Gellert: Fabeln und Erzählungen. T. 2. Leipzig: Johann Wendler, 1748.

Wolfgang Martens

Der alte böse General. Gellerts Verserzählung
Das Unglück der Weiber

Der vorliegende Text stammt aus dem zweiten, 1748 erschienenen Teil der *Fabeln und Erzählungen* Gellerts. Er hat
einen wesentlich anderen Charakter als die Fabel *Das Pferd
und die Bremse*, sowohl was die Form als auch was Gehalt
und Tendenz angeht. Er ist rein zeilenmäßig wesentlich
länger; er schildert nicht ›allegorisch‹ einen Konflikt in der
Tierwelt, sondern erzählt eine Story aus menschlichen Bereichen; er kennt keine angehängte (oder vorangestellte)
Lehre und er scheint überhaupt keine didaktische Absicht,
keine ›Moral‹, zu haben; die ganze Darbietungsweise, der
Stil, ist von anderer Art.
Tatsächlich repräsentiert dieser Text denn auch eine andere
literarische Gattung – die Gattung der Verserzählung. Aus
gutem Grund bezeichnet Gellert seine Gedichte als Fabeln
und Erzählungen; er versammelt unter diesem Namen zwei
verschiedene Genres, oder, genauer gesagt: seine Texte sind
einerseits Fabeln, andererseits Verserzählungen, unter-
mischt mit einer beträchtlichen Zahl von Zwischenformen.
Repräsentiert *Das Pferd und die Bremse* die Fabel in annähernd reiner Form, so *Das Unglück der Weiber* die Verserzählung.
Die Kombination von Fabeln und Erzählungen bereits im
Titel kennen wir seit Friedrich von Hagedorns *Versuch in
poetischen Fabeln und Erzählungen* von 1738. Der junge
Lessing, Gleim, Johann Adolf Schlegel u. a. haben ebenfalls
Fabeln und Erzählungen geschrieben und unter diesem Eti-
kett gleichfalls auch Zwischenformen, Spielerisches, Witzig-
Lehrhaftes, Plauderndes, Halbmoralisches, vorgelegt.
Was eine Verserzählung eigentlich ist, kann den Lehrbü-
chern des 18. Jahrhunderts nicht entnommen werden. Im
Unterschied zur Fabel hat diese Gattung keine alte, bis in die

Antike reichende poetologische Tradition, im Kanon der altbeglaubigten Genres taucht sie nicht auf. Gottsched in der *Critischen Dichtkunst* hat mit ihrer Bestimmung Schwierigkeiten. Er versucht, sie in der Nachbarschaft zur äsopischen Fabel zu verstehen als Dichtart, in der »lauter vernünftige Wesen«, also Menschen oder auch Götter, »denkend, redend, und wirkend aufgeführet werden«; er erwähnt das französische Vorbild der »Contes«, spricht aber auch, auf der Suche nach Tradition, von »sybaritischen« Fabeln als Vorläufern dieser Erzählungen. Gellert selber hat den Unterschied zwischen Fabeln und Erzählungen in seinen theoretischen Schriften nicht thematisiert. In seinen *Beurtheilungen einiger Fabeln aus den Belustigungen* von 1756 gibt es zwar einige Stellen, die man heute eher auf den Stil der Verserzählung als den der Fabel beziehen möchte – etwa die Forderung nach »Platz zu den Nebenbetrachtungen, zu einer kleinen im Vorbeygehen angebrachten Spötterey und andern kleinen Schönheiten der Erzählung« –, aber ausdrücklich ist diese Beziehung nicht. Die poetische, d. h. versifizierte Erzählung, wie Gellert, Hagedorn, Lessing, Gleim sie praktizieren, ist eine Gattung gleichsam zwischen den Stühlen der offiziellen Genres der Poetiken, deswegen aber nach Form und Ethos nicht minder ausgeprägt, folgt sie doch einem konturierten Modell. Die Forschung hat als dies Modell die poetischen Erzählungen ausfindig gemacht, die La Fontaine, gewisse Schwanktraditionen aufpolierend, in seinen *Contes et nouvelles en vers*, zuerst 1665, vorgestellt hat. Wenn der Franzose mit seinen berühmten Fabeln bereits die deutsche Fabeldichtung des 18. Jahrhunderts – und so auch Gellerts – nicht unwesentlich beeinflußt hat, so sind seine Contes und Nouvelles in noch stärkerem Maße Vorbild für die epische Kleinform der Verserzählung im Deutschen geworden. Gellerts Verserzählung knüpft an La Fontaine an, stärker als an deutsche gereimte Schwankerzählungen, wie wir sie immerhin schon bei Hans Sachs auch in der Kombination mit Fabeln beobachten können.

Schauen wir uns unser Gedicht näher an! Es handelt sich um

einen Text von 83 Versen, der anekdotenhaft ein Geschehen aus alter Zeit erzählt. Dies Geschehen selbst (es erinnert von fern an die Legende von den guten Weibern von Weinsberg) ließe sich in seiner Substanz auf zwei Sätze reduzieren: Ein feindlicher General veranlaßte die Weiber einer besiegten Stadt, ihre vom Tod bedrohten Männer durch Hergabe ihres Schmucks und das Versprechen freizukaufen, drüber stillzuschweigen. Die Weiber versprachen es, retteten ihre Männer, grämten sich aber unter der Last des Versprechens zu Tode.

Was besagt diese Geschichte? Gottsched hatte für jede Dichtung einen lehrreichen moralischen Satz gefordert, der dem Ganzen zugrunde liegen solle. Daß Ehefrauen zwar männerliebend, aber von Putzsucht und Lust an verbalen Vorhaltungen elementar beherrscht sind, das ist sicher keine nützliche didaktische Aussage, es sei denn, man präsentiere das Ganze als strenge Satire. Hier aber wird offensichtlich nicht satirisch verfahren mit dem Ziel, zu reuiger Einsicht und zur Besserung zu führen. Es wird überhaupt nicht gelehrt. Es geht offenbar um launige Unterhaltung. Die Horazische Kombination des Angenehmen mit dem Nützlichen, die Gottsched zum Gesetz erhoben hatte, ist aufgegeben. Das »delectare« hat die Vorhand, das »prodesse« unterbleibt. Unser Text verfährt unernst, scherzhaft, spielerisch, ironisch.

Gellert findet damit zu einer Funktion von Literatur zurück, die Gottsched für sich allein nicht hatte zulassen wollen – zur Funktion reiner Belustigung. Herbeigeführt wird diese Belustigung nun aber nicht vornehmlich auf stofflicher Ebene, in komischen Situationen, mit kräftigen spaßhaften Handlungen, wie das die alten deutschen Schwänke liebten, sondern auf der Ebene der Form. Der Reiz unserer Erzählung liegt nicht so sehr in dem, *was* erzählt wird – die Figur des Generals z. B. gibt psychologisch wenig her; er ist ein Ehemann, das besagt genug; seine Antagonisten sind ein Kollektiv ohne Individualitäten: das ganze weibliche Geschlecht –, der Reiz liegt in dem, *wie* erzählt wird.

Untersuchen wir das im einzelnen! – Der Text ist auf acht verschieden umfängliche Gruppen von Versen verteilt, also unstrophisch gegliedert, offenbar dem jeweiligen erzählerischen Bedürfnis entsprechend. Die Versart ist ohne ein festes Schema jambisch. Gellert verwendet vier-, fünf- und sechshebige Jamben, die zwanglos untereinander abwechseln, d. h. er benutzt den ›vers libre‹, den freien Vers. Die sechshebigen Jamben können übrigens durchweg als Alexandriner angesprochen werden; die Zäsur in der Mitte dieser Verse wird in zwei Fällen (18, 72) der Antithetik dienstbar gemacht. Der Zwanglosigkeit der Vers libres entspricht die lockere Reimtechnik. Paarreim, Kreuzreim, umarmender Reim wechseln ohne erkennbares Ordnungssystem miteinander ab, der Laune des Erzählens nachgebend. An mehreren Stellen kommt es zum Drillingsreim: drei aufeinander folgende Verse sind durch den gleichen Reim verbunden – bei den Versen 8–10, 36–38 und 61–63 noch mit der Besonderheit, daß der dritte Vers das Reimwort des ersten Verses wiederaufnimmt, was mehr noch als ein rührender Reim für empfindliche Ohren einen gewissen Mißton ergeben könnte. Ein Mißton aber ist im Falle der Verse 8–10 geradezu gefordert: die Form entspricht der Sache hier aufs schönste.

Der beobachteten Zwanglosigkeit und Lockerheit in Versart und Reimtechnik entspricht das ganze erzählerische Verfahren. Von Ökonomie, von klassischer Ausgewogenheit in der Darstellung, ist hier nicht zu sprechen. Vor allem fällt auf, daß kaum mehr als die Hälfte des Textes der sachlichen Vermittlung des Geschehens dient – den übrigen Raum nimmt anderes ein: Kommentare, Parenthesen, Fragen, Ausrufe, Vermutungen oder Einwendungen im Zuge des Erzählens. Die Vortragsweise unterscheidet sich damit markant von der in *Das Pferd und die Bremse*. Wurde in der Fabel der Vorgang annähernd sachbezogen referiert und konsequent und zügig zum Ende geführt, so ist die Schilderung hier fast ›unsachlich‹ und immer wieder abschweifend. Zu wörtlicher Rede auf der Ebene der Handlung kommt es nur sechs Verse lang (45–50), alles übrige, so dramatisch das Geschehen zu sein scheint, wird erzählerisch höchst subjektiv verwaltet. Das beginnt bereits mit der ersten Zeile, wo die Exposition des Geschehens durch eine Einschaltung (»mich deucht«) unterbrochen wird und sich ein Ich zu Worte meldet, das fortan die Schilderung plaudernd und kommentierend färbt. Schon mit Zeile 6 tritt dieses Ich, sachliches Berichten in ironisch-pathetischen Ausruf umformend, erneut hervor, und der Leser weiß nun: es ist immer zugegen, auch wenn es sich nicht in der Ichform mit Fragen, Ausrufen, Interjektionen, Randglossen und dergleichen unmittelbar bemerkbar macht.

Diese Technik des Erzählens mittels eines Erzählers als einer gedichteten Figur (die also keineswegs mit dem Verfasser – Christian Fürchtegott Gellert – identisch ist) ist es eigentlich, die die Struktur des Ganzen bestimmt. Eine solche Technik erscheint für die damaligen deutschen Verhältnisse bemerkenswert modern. Sie nimmt, vielleicht angeregt vom scherzhaft-lehrhaften Sprechen der Verfasserfiguren der Moralischen Wochenschriften, den auktorialen Erzähler des Romans vorweg, wie er in Wielands *Don Sylvio von Rosalva* (1764) im deutschen Bereich zuerst unverkennbar in Erscheinung tritt. Unser Erzähler kann scherzhaft pathetisch sein (2: »von Wuth entbrannt«, 4: »in der Raserey«, 5: »Bis auf den letzten Mann«, 6: »O Himmel!« usw.) – er kann durchtrieben trocken sein (72 f.: »Der Feind verließ die Stadt. Die Weiber blieben stehen, | Um ihren Feinden nachzusehen«) oder schelmisch-galant (24 f.: »So konnt er doch dem zauberischen Flehen | Der Weiber nicht ganz widerstehen«, n. b. nach vorheriger Berufung der zerstreuten Haare und des Weibergeschreis!). Er kann übermütig sein, über das Geschilderte räsonieren und ironisch Partei ergreifen, Partei bis hin zum – wiederum ironischen – Sprechen in der erlebten Rede (51–54: »Wie? [. . .] | Ihr ganz Geschmeide hinzugeben? | Den ganzen Schmuck für einen Mann? | Gewiß der General war dennoch ein Tyrann«) –

auch dies ein eminent modernes Stilmittel. Die letzte Zeile des Gedichts noch steht in seinem Zeichen.

Und ein weiteres kommt hinzu. Die Konzeption einer Erzählerfigur bedingt zugleich die Fiktion eines Publikums. Schelmerei und Ironie des Erzählers bedürfen der Resonanz. Bereits Zeile 8 beruft, wenn auch ganz allgemein (»man«), eine Zuhörer- oder Leserschaft. Eingeschaltete Fragen (z. B. 18–20) fingieren den Part eines Auditoriums. In den Versen 38–41 macht der Erzähler, gleichsam die Zweifel des Publikums übernehmend, Einwürfe, um sie dann selber zu parieren, und in den Versen 75 f. wird ein fragender Zuhörer vom Erzähler förmlich apostrophiert. Damit entfaltet dieser Text auktorial Dimensionen, die das relativ schlichte Erzählen – etwa auch in der Prosa von Gellerts Roman – noch nicht kannte.

Gellert findet hier zu einer zuvor noch nicht zu beobachtenden stilistischen Gewandtheit. Selbst Hagedorn hatte noch nicht dies Maß an spielerischer Leichtigkeit, an graziösem Witz erreicht – ein amüsantes, gefälliges, sich beliebig Abschweifungen erlaubendes, plauderhaftes Erzählen. Es ist der Stil des literarischen Rokoko, den bald darauf Wieland ebenfalls meisterhaft beherrschen wird, nicht zuletzt gerade auch er im Genre der Verserzählung. Neben anakreontischer Ode, Idylle und Schäferspiel ist die Verserzählung eine der Lieblingsgattungen rokokohaften Dichtens. Gellert führt sie zu einer ersten Höhe.

Dem Stilwillen der Rokoko-Verserzählung aber entspricht zugleich eine bestimmte ›Gesinnung‹, eine gewisse Sicht von Welt und Menschen, die sich von den Konzeptionen anderer Gattungen unterscheidet. Eignet der äsopischen Fabel in der Regel ein pessimistisches Bild von Weltwesen und menschlichem Handeln, mit der Konsequenz recht bitterer Lehren und Klugheitsermahnungen, so ersetzt die Verserzählung den Pessimismus durch heitere Skepsis, die herbe Lehre durch Scherz, der vielleicht einmal sarkastisch sein kann, nie jedoch in Ernst oder gar Pathos umzuschlagen bereit ist. (Daß es auch Rokokofabeln, nur noch scherzhaft und unterhaltsam, gegeben hat, etwa bei Gleim, und daß Gellert selber – ohne überzeugenden Erfolg – versucht hat, in einigen Fällen die Verserzählung zu sentimentalisieren, sei freilich am Rande vermerkt.) Den empfindsam tugendlehrenden Gellert der Lustspiele und des Romans glaubt man im *Unglück der Weiber* nicht wiederzuerkennen, und erst recht nicht den engagiert pädagogischen Gellert der *Moralischen Vorlesungen* oder gar den fromm-gläubigen der *Geistlichen Oden und Lieder*. Seine poetischen Erzählungen haben ein anderes Ethos. Unser Gedicht ist meilenweit entfernt vom bekennerhaften Ernst etwa des Hymnus *Die Ehre Gottes aus der Natur* oder von der Tugendpropaganda, die seine Lustspiele in ihren rührenden Aktionen entfalten.

Greifbar wird das vor allem am Frauenbild, das in unserem Gedicht zum Vorschein kommt. In Gellerts Lustspielen wie auch in der *Schwedischen Gräfin* erweisen sich die weiblichen Personen ganz überwiegend als großmütig, bescheiden, sittsam, selbstlos, zartfühlend. Frauen und Mädchen sind gleichsam die Tugend selbst, sympathisch, in jeder Weise menschlich-vorbildliche Gestalten. *Das Unglück der Weiber* jedoch präsentiert die Weiblichkeit fast entgegengesetzt: männerliebend und unter Nötigung hier auch zu Opfern bereit, vor allem aber putzsüchtig und ichbezogen. »Den ganzen Schmuck für einen Mann« (53) hinzugeben und darüber auch noch Stillschweigen bewahren zu müssen übersteigt ihre Kräfte. Zudem scheint, wie die Zeilen 72 f. insinuieren, sie auch als Ehefrauen noch ein Interesse an andern Männern zu beherrschen. Daß der Erzähler sie auch noch in Massen auftreten läßt, lärmend und schreiend, mit geröteten Augen und »zerstreuten Haaren« (11), macht ihr Image nicht eben liebenswürdiger.

In solchen Zügen offenbart sich nicht etwa ein misogyner Charakter des Dichters (auch in Gellerts Biographie und in seinen Briefen, überwiegend an Frauen gerichtet, ist nichts Derartiges zu entdecken), sondern – es ist zu wiederholen – hier offenbart sich die Manier, die Haltung einer ganzen

Gattung. Wir finden diese Haltung wieder in *Die Betschwester, Die Widersprecherinn, Die zärtliche Frau, Die kranke Frau, Die Wittwe, Die Mißgeburt,* um nur einige weitere Verserzählungen Gellerts zu nennen. Ein scherzhaftes Anspielen auf weibliche Schwächen, ein leichter boshaft-schelmischer Spott über gewisse Untugenden und Fehler der Damenwelt, der »Schönen« (37 ff.), wie der Erzähler unseres Gedichts sie ironisch-galant nennen läßt, gehört zum Ethos der Rokoko-Verserzählung – auch ein Blick zu den gattungsgleichen Gedichten Wielands, Gleims, Hagedorns, Johann Adolf Schlegels bestätigt das. Ja das Genre pflegt, das weibliche Geschlecht betreffend, unter La Fontaines Anleitung gern auch das Pikante, anspielungsreich Amouröse, ein bißchen Frivolität und Zweideutigkeit; bei Wieland, Rost, auch beim jungen Lessing wäre es aufzufinden. Der vorliegende Text freilich spart das aus.

Gellert selbst hat sich zum leicht misogynen Element in seinen Dichtungen einmal brieflich geäußert. »Ich habe«, schreibt er, »in meinen Schriften Niemanden beleidiget, einige übereilte Stellen wider das Frauenzimmer ausgenommen; doch diese Stellen stehen in den Fabeln, und sind auch Fabeln«. – Weil sie in den *Fabeln* (wir müssen ergänzen: *und Erzählungen*) stehen, sind sie entschuldbar. Die Gattung ist es, die, an schwankhafte Weiberschelte früherer Zeiten anknüpfend, dazu neigt, anmutig und spielerisch im Geiste des Rokoko dem Publikum, und zumal dem weiblichen, einen kleinen Spiegel vorzuhalten – zu reizvoll-maliziöser Belustigung, nicht etwa zur Moralisierung.

In der Leichtigkeit und Anmut des Erzählens, der Verquickung des Ironischen mit dem Humorvollen ist Gellerts Gedicht vom Unglück der Weiber ein kleines Kabinettstück literarischer Kultur. Kein Wunder, daß die zeitgenössischen Leser entzückt waren. Erzählungen wie die vorliegende und Fabeln wie *Das Pferd und die Bremse* dürften dem Dichter die Zuneigung eines Publikums quer durch alle Stände und alle deutschen Landschaften verschafft haben. Nach dem Urteil der Buchhandelsgeschichte sind Gellerts *Fabeln und*

Erzählungen das meistgelesene poetische Buch deutscher Sprache im 18. Jahrhundert gewesen. Thomas Abbt pries in seiner Schrift *Vom Verdienste* (1765) die Meriten von Gellerts Fabeln bei der Bildung des Geschmacks; seine Schriften würden von der ganzen Nation gelesen.

Gehen wir fehl in der Mutmaßung, daß die große Popularität Gellerts, seine Beliebtheit unter Handwerkern, Bauern, Dienstboten wie unter Bürgern, Gelehrten, Adligen, ja bei Fürsten zusammenhänge mit seiner Gewandtheit, in verschiedenen Gattungen jedem etwas zu bringen? Seine Fabeln, geeignet, »dem, der nicht viel Verstand besitzt, | die Wahrheit, durch ein Bild, zu sagen«, wie seine Fabel *Die Biene und die Henne* lehrt, mochten die einfachen, schlichteren Gemüter angezogen haben – seine *Geistlichen Oden und Lieder* die Frommen, die Kirchgänger – seine Lustspiele ein empfindsames, rührungsbereites bürgerliches Publikum – der Roman neugierige Köpfe in mehreren Ständen. Die Verserzählung von der Art des *Unglücks der Weiber* jedenfalls war geeignet, auch unter vornehmeren Personen ihr Glück zu machen. Sie zielt in Tendenz und Manier auf ein feines, Anspielungen goutierendes Publikum, auf Hörer oder Leser möglicherweise auch höfischer Bildung, im Salon, nicht in der schlichten Bürgerstube zu Hause.

Wie dem aber auch sei – das Phänomen der Gellert-Rezeption ist noch kaum erforscht –, eines darf wohl gesagt werden: Mit Texten wie dem vorliegenden ist für die deutsche Literatur eine neue Ebene künstlerischen Sprechens erreicht. Konnte man zuvor in deutscher Dichtung schon hier und da munter, witzig, lustig, spitzfindig sein (vor allem aber: kräftig, derb, gemüthaft, rhetorisch prunkend oder didaktisch), so fehlte es doch bisher an solcher Lockerheit und Anmut. Eine neue Leichtigkeit und Natürlichkeit, Geschmeidigkeit und Eleganz ist hier – im Geiste des Rokoko – um die Mitte des 18. Jahrhunderts erlangt, die freilich allzu rasch wieder verschüttet wurde; die Dunkelheit und Gespreiztheit Klopstocks, sein seraphischer Ernst, aber auch die neue erlebnishafte Manier, der warme Seelenton ausdruckshafter Lyrik der Goethezeit, lassen das spielerisch-heitere scherzhafte Element bald wieder in den Hintergrund rücken. ›Tiefe‹ und ›Ernst‹ scheinen dem deutschen Wesen mehr zu entsprechen. Daß jedoch Feinheit, Leichtigkeit, Anmut und Grazie literarisch auch deutsche Möglichkeiten waren, davon zeugt im 18. Jahrhundert – neben Gedichten Hagedorns, Gleims, Wielands oder des Leipziger Goethe – unser Text.

Literatur: Alfred ANGER: Literarisches Rokoko. 2., durchges. und erg. Aufl. Stuttgart 1968. – Wolfgang KAYSER: Entstehung und Krise des modernen Romans. Stuttgart ⁴1963. – Wolfgang MARTENS: Über Weltbild und Gattungstradition bei Gellert. In: Festschrift für Detlev W. Schumann. Hrsg. von Albert R. Schmitt. München 1970. S. 74–82. – Bengt Algot SOERENSEN: Das deutsche Rokoko und die Verserzählung im 18. Jahrhundert. In: Euphorion 48 (1954) S. 125–152.

Gotthold Ephraim Lessing

Die drey Reiche der Natur

Drey Reiche sinds, die in der Welt
Uns die Natur vor Augen stellt.
Die Anzahl bleibt in allen Zeiten
Bey den Gelehrten ohne Streiten.
5 Doch wie man sie beschreiben muß,
Da irrt fast jeder Physikus.
Hört, ihr Gelehrten, hört Mich an,
Ob Ich sie recht beschreiben kann?

Die Thiere sind den Menschen gleich,
10 Und beyde sind das erste Reich.
Die Thiere leben, trinken, lieben;
Ein jegliches nach seinen Trieben.
Der Fürst, Stier, Adler, Floh und Hund
Empfindt die Lieb und netzt den Mund.
15 Was also trinkt und lieben kann,
Wird in das erste Reich gethan.

Die Pflanze macht das andre Reich
Dem ersten nicht an Güte gleich.
Sie liebet nicht, doch kann sie trinken,
20 Wenn Wolken treufelnd niedersinken.
So trinkt die Ceder und der Klee,
Der Weinstock und die Aloe.
Drum was nicht liebt, doch trinken kann,
Wird in das andre Reich gethan.

25 Das Steinreich ist das dritte Reich,
Und dieß macht Sand und Demant gleich.
Kein Stein fühlt Durst und zarte Triebe;
Er wächset ohne Trunk und Liebe.

Drum was nicht liebt, noch trinken kann,
Wird in das letzte Reich gethan.
Denn ohne Lieb und ohne Wein,
Sprich, Mensch, was bleibst du noch? Ein Stein.

Abdruck nach: Der Naturforscher, eine physikalische Wochenschrift auf die
Jahre 1747 und 1748. Hrsg. von Christlob Mylius. Leipzig: Johann Gottlieb
Crull, [1749]. S. 71 f. [Erstdruck. – Vierstrophige Fassung.]
Zur Entstehung: Das 9. Stück des *Naturforschers*, in dem sich der Text findet,
ist auf den 26. August 1747 datiert; das 4. und 5. Stück, auf das Lessing mit
dem Gedicht reagiert, auf den 22. bzw. 29. Juli 1747. Das Gedicht ist demnach
in der Zeit Juli/August 1747 entstanden.
Weitere wichtige Drucke: Karl Wilhelm Ramler: Lieder der Deutschen. Berlin:
Winter, 1766. [Erstdruck der bekannteren dreistrophigen Fassung.] – Gotthold
Ephraim Lessings sämtliche Schriften. 23 Bde. Hrsg. von Karl Lachmann, 3.,
auf's neue durchges. und verm. Aufl., bes. durch Franz Muncker. Stuttgart:
G. J. Göschen, 1895–1924. Bd. 1. [Dreistrophige Fassung. Hier werden auch
die abweichenden Fassungen der Eingangsstrophe mitgeteilt.]

Karl Richter

Wege anakreontischer Wissenschaft. Lessings Gedicht *Die drey Reiche der Natur*

Das Thema der drei Naturreiche gehört nicht zu den geläufi-
gen und häufiger wiederkehrenden Themen anakreontischer
Lyrik. Zwar bezieht sich unser Gedicht, worauf Herbert
Zeman hingewiesen hat, auch auf die Überlieferung der
Anakreonteen zurück – auf die 19. Ode, die das Thema des
Trinkens in verwandter Weise an Bereichen des Kosmos
entfaltet:

Die schwartze Erde trincket;
Es trincken sie die Bäume;
Das Wasser trinckt die Lüfte;
Die Sonne trinckt das Wasser;

Zuletzt der Mond die Sonne.
Was wollt ihr denn das Trincken,
Ihr, Freunde mir verwehren?
(Götz und Uz, *Die Oden Anakreons*, zit. nach Zeman, S. 235.)

Doch schon Zeman hat auch gesehen, daß gleichzeitig zeitgenössische (populär-)wissenschaftliche Anschauungen das Thema von einer anderen Seite aus spezifizieren (Zeman, S. 235).

Das Gedicht ist zuerst 1747 im 9. Stück des *Naturforscher*, einer von Christlob Mylius, dem Vetter Lessings, herausgegebenen Wochenschrift, erschienen. Im 4. und 5. Stück hatte Mylius eine Abhandlung über die drei Reiche der Natur – das Tierreich, das Pflanzenreich und das Steinreich – gebracht. Als scherzhaftes Seitenstück zu dieser gelehrten Abhandlung von Mylius ist Lessings themengleiches Gedicht im Zusammenhang dieser Wochenschrift also zu sehen. Doch schon der thematische Bezug führt zugleich über die Wochenschrift hinaus. Denn Mylius erhebt für sich nicht den Anspruch originärer wissenschaftlicher Erkenntnis. Erklärtes Ziel seiner Wochenschrift ist weit mehr die Popularisierung, die Vermittlung bereitstehender wissenschaftlicher Erkenntnis an den gebildeten Laien. Wissenschaftsgeschichtlich gesehen ist der berühmte schwedische Biologe Carl von Linné sein wichtigster Gewährsmann, welcher der an sich alten Lehre von den drei Reichen der Natur die für das 18. Jahrhundert aktuelle wissenschaftliche Fassung gegeben hat. Daß Lessing diesen Zusammenhang kennt und mit seinem Gedicht reflektiert, geht aus später erwogenen Abwandlungen der Eingangsstrophe hervor, die Linné ausdrücklich nennen, z. B. eine Fassung von 1751:

»Drey Reiche sinds, die mit der Welt,
Der Welten Schöpfer, Gott erhält,
Verschieden an Vollkommenheiten.«
Ganz Recht! die Zahl ist ausser Streiten.
Doch irret ein Linnäus wohl,
Wann er sie uns beschreiben soll.

Vielleicht, daß ich es gründlich kan.
Ihr lacht? O, hört mich doch erst an.

Der Dialog von Gelehrsamkeit und anakreontischer Auflok-
kerung im Zusammenhang der Wochenschrift impliziert so
gesehen einen allgemeineren Bezug von Anakreontik und
Wissenschaft im Kontext der Epoche.
Die Verschränkung beider Argumentationssysteme bestimmt auch das Verfahren des Gedichts. Im 4. Stück des
Naturforscher definierte Mylius die drei Reiche: »Unter den
natürlichen Körpern nun, welche das natürliche Reich ausmachen, bemerken wir einige, welche wachsen, leben, empfinden, und es wissen, wenn sie etwas empfinden; diese
nennet man Thiere [...]. Ferner bemerket man einige, welche wachsen, leben, empfinden, es aber nicht wissen, daß sie
empfinden; diese werden Pflanzen genennet [...]. Endlich
bemerket man natürliche Körper, welche weder empfinden,
noch leben, sondern nur wachsen, welches die Steine sind«
(*Der Naturforscher*, S. 27). In Linnés Schrift *Systema
naturae, sive Regna tria naturae systematice proposita per
classes, ordines, genera et species* (1735) hatte es in lapidarer
Formulierung geheißen: »Lapides crescunt. Vegetabilia crescunt et vivunt. Animalia crescunt, vivunt et sentiunt. Hinc
limites inter haecce Regna constituta sunt« (Einleitung, Pt.
15) – »Minerale wachsen, Pflanzen wachsen und leben, Tiere
wachsen, leben und fühlen. Diese Grenzen gibt es in diesen
festgesetzten Reichen.« Das Gedicht bietet zunächst unverkennbar verwandte Definitionen an. Es läßt sich auch sonst
in manchem auf den Schein der Wissenschaftlichkeit ein. Es
wendet sich an die »Gelehrten« (4). Es will die drei Reiche
der Natur »recht beschreiben« (8). Es mischt sich in den
Gelehrtendisput mit dem Anspruch ein, Irrtümer zurecht-
zurücken. Es behält die Unterscheidung nach drei Merkmalen – »Die Thiere leben, trinken, lieben« (11) – zunächst bei.
Doch zeigt sich im weiteren Gedichtablauf rasch, daß sich
für die Zuordnungen und antithetischen Entgegensetzungen
nur zwei als besonders brauchbar erweisen: »trinken« und

»lieben«. Es ist nur konsequent, daß Lessing in späteren Fassungen auch den obigen Vers abändert: »Die Thier' und Menschen trinken, lieben«. Beide Merkmale, auf die sich das Gedicht konzentriert, sind für die Intention des anakreontischen Dichters so brauchbar offensichtlich gerade deshalb, weil die vorgenommene Bedeutungsverschiebung zwei unterschiedliche Möglichkeiten der Beziehung anbietet. Natürlich haben wir es zum einen mit leitenden Motiven anakreontischer Dichtung zu tun. Aber wichtig ist zugleich, daß auch die semantische Nachbarschaft zur wissenschaftlichen Definition noch durchaus erkennbar bleibt: denn immerhin ist Trinken eine wesentliche Bedingung des Lebens, die Liebe eine zentrale Erscheinungsweise des Empfindens.

Die Doppeldeutigkeit der Begriffe gestattet das Spiel einer doppelten Logik. Tiere und Menschen als das Reich, in dem man trinkt und liebt; die Pflanzen, die trinken, aber nicht lieben; die Steine, die beides nicht kennen: den ganzen argumentativen Vorgang nach simuliert das Gedicht hier die Logik der Wissenschaft. Der Schein logischer Konsistenz wird auch dadurch gewahrt, daß die gleichsam natürliche Hierarchie der drei Reiche bestätigt wird durch die hierarchische Abstufung der Vermögensausstattungen. Genauer gesagt: die Logik des anakreontischen Dichters und die der Wissenschaft treten hier noch nicht auseinander, weil in jedem Fall das trinkende und liebende Wesen das oberste der drei Reiche repräsentiert. Erst die letzte Strophe des Gedichts, die die Pointe bringt, verstrickt die Logik des Wissenschaftlers in Widersprüche, wo die des anakreontischen Dichters recht behält. Der Mensch, dem soeben noch das oberste Reich angewiesen wurde, wird nun ein Stein genannt, wenn er weder liebt noch trinkt. Das ist konsequent, sofern das Reich, dem diese Fähigkeiten abgehen, das Steinreich ist. Es ist andererseits widersinnig, weil der Mensch seiner natürlichen Stellung nach nicht in das Reich der Steine gehört. Erst der anakreontischen Logik lösen sich die Widersprüche: der Mensch ist nur dort Mensch, wo er liebt und trinkt. Unter dem scherzhaft aufgenommenen Gewand der Wissenschaftlichkeit wird Wissenschaft in Wahrheit ad absurdum geführt, um gegen die Strenge wissenschaftlicher Gelehrsamkeit die Heiterkeit literarischer Scherze und geselliger Lebensfreude hervorzukehren.

Die metrische Einfachheit des Gedichts, das vierhebige Jamben in achtzeiligen Strophen paarweise reimt, darf über den sensiblen Kunstverstand nicht täuschen, der hier am Werke ist. Er verrät sich nicht zuletzt darin, wie die jeweils letzten beiden Strophenzeilen das rhythmische Gegeneinander von metrischem Akzent und Wortakzent und die daraus resultierende gleitende Tonverteilung nutzen, um das Strophenende zu beschweren und die Aussage hervorzuheben. In den ersten drei Strophen übernehmen es diese letzten Zeilen, die zentrale Aussage – und mit ihr den quasi-wissenschaftlichen Anspruch – zusammenfassend zu verdeutlichen. In der vierten Strophe nehmen die letzten beiden Zeilen die humoristische Pointe auf, von der die Rede war. Das Gedicht ist auf diese Pointe hin angelegt, die den Schein der Gelehrsamkeit, der freilich auch davor schon durch das Gewand der graziösen Verse gebrochen wird, nun endgültig decouvriert. Witz und Scherz (zu ihrem Verhältnis bes. Perels, S. 162–178) prägen die Art und Weise, wie hier mit wissenschaftlichen Themen umgegangen wird. Sie bedingen ganz wesentlich die Poetisierung eines zunächst außerliterarischen Themas, überführen es gleichzeitig in den Geltungsbereich einer geselligen literarischen Kultur, die im anakreontischen Rokoko Gestalt gewinnt. Sie artikulieren sich in besonderem Maße an der Vermittlung des Auseinanderliegenden – der Inbeziehungsetzung von Wissenschaft und Postulaten anakreontischer Lebensfreude. In diesem Spiel trägt die Berufung auf Wissenschaft dazu bei, dem schmalen Bestand stereotyper anakreontischer Themen eine neue Verwendungsvariante abzugewinnen, die gewiß nicht mit jüngeren Originalitätsforderungen gemessen werden will, aber doch noch dem poetologischen Postulat literarischer Neuheit um die Mitte des Jahrhunderts genügt.

Wie aber verhält es sich mit dem Bezug zur Wissenschaft? Ist sie mehr als nur Anlaß literarischer Formung? Verliert sie nicht jede Verbindlichkeit und jedes Eigengewicht an einen lyrischen Humor, der in Gedichten des anakreontischen Rokoko keine Seltenheit ist? Haben wir es zudem in thematischer Hinsicht nicht mit einem isolierten Sonderfall zu tun, der ein weitergehendes Interesse auch deshalb kaum lohnt?

Doch bei genauerer Überprüfung zeigt sich, daß das Gedicht seiner Thematik nach keine Einzelerscheinung darstellt. Vielmehr gehört es einer Gruppe von Gedichten zu, die in ähnlicher Weise Gesprächsthemen der zeitgenössischen (populär-)wissenschaftlichen Diskussion aufgreifen. Der *Naturforscher* bietet noch weitere Beispiele. Mylius' Abhandlung über Fragen der Wetterprophezeiung im 3. Stück folgen im 9. Lessings Verse *Die Wetterpropheceyung*; der gelehrten Information über Erdbeben die Gedichte *Das Erdbeben* (*Der Naturforscher*, S. 197 f.) und *Die wahre Ursache des Erdbebens* (S. 198); den Abhandlungen über Gegenstände der Astronomie in späteren Teilen der Wochenschrift Lessings Gedichte *Die Einwohner der Planeten* (S. 597) und *Die Einwohner des Monds* (S. 597 f.). Doch bleiben diese Proben anakreontischer Wissenschaft nicht auf Lessing und den *Naturforscher* beschränkt. Wie nach Lessings Gedicht *Der neue Welt-Bau* der Wein »zum Astronomo« macht, so folgert bereits Hagedorns Gedicht *Lob des Weins* aus der Wirkung des Weins eine Bestätigung des kopernikanischen Weltsystems (Hagedorn, S. 129 f.). Und Gleims *Der Sternseher* kommt von dem Thema der Mondbewohner auf die Frage nach Mädchen im Mond, um diese Mondmädchen doch zuletzt dem Sternseher zu überlassen und sich mit der Pointe des Gedichts für die Gegenwart des irdischen Mädchens zu entscheiden (Gleim, S. 32–34).

Der Kreis einschlägiger Gedichte, auf die bereits gegen Ende des letzten Jahrhunderts eine Dissertation (von Wilhelm Anderson) aufmerksam wurde, ließe sich noch um weitere Texte vermehren, auch wenn er nicht sehr groß ist. Allen aufgerufenen Beispielen sind einige Momente gemeinsam. Sie greifen Elemente naturwissenschaftlichen Fragens und naturwissenschaftlicher Information auf, beziehen sich dabei auf Gesprächsgegenstände, die sich auch bei dem gebildeten Laien der Zeit großer Beliebtheit erfreuten. Sie stellen – wie Lessings Gedicht *Die drey Reiche der Natur* – überraschend Beziehungen des Auseinanderliegenden her. Mit der Naturwissenschaft haben sie dabei nichts Ernstes im Sinn. Vielmehr zeigen sie, wie der spielerisch aufgenommene Kontakt zum Gelehrtengespräch der Zeit alle Gelehrsamkeit gleichzeitig radikal dem eigenen Gesetz der Literatur unterordnet. Und doch geht es in beiden Punkten – im Rückgriff auf Gesprächsthemen der Zeit ebenso wie in sich andeutenden Spannungsverhältnissen von wissenschaftlicher Argumentation und ästhetischer Formung – um allgemeinere geschichtliche Reaktionszusammenhänge.

Soweit die in Frage stehenden Gedichte im *Naturforscher* erschienen sind, gibt es nicht nur für ihre thematische Besonderheit, sondern auch für ihre unmittelbare Funktion zunächst eine ganz einfache Erklärung. Bereits die moralischen Wochenschriften haben manches für die naturwissenschaftliche Bildung des Laien getan (dazu Martens, S. 217–223). Die »physikalische Wochenschrift«, wie sie mit dem *Naturforscher* zu erscheinen beginnt, verschreibt sich ganz diesem Ziel. Sie wendet sich dabei ausdrücklich an den »physikalischen Layen« (*Der Naturforscher*, S. 6), auf den denn auch gebührend Rücksicht genommen werden soll: »Die Schreibart soll nicht allzusehr in das dogmatische fallen, und, so viel an mir ist, so eingerichtet seyn, daß sie die Fremdlinge im Reiche der Natur bey der Aufmerksamkeit erhalte, und die Vertrauten derselben meine Blätter zum Zeitvertreibe lesen können. Zu dem Ende soll auch die Dichtkunst nicht dabey ausgeschlossen seyn; doch wird sie den Witz dem Gehorsame der Naturlehre unterwerfen müssen« (*Der Naturforscher*, S. 7). Belehrung und Unterhaltung also sollen verbunden werden; die literarischen Auflockerungen werden dafür eingeplant. In fingierten Leserbriefen werden Lessings literarische Einschaltungen vorbereitet. In einem Leserbrief räsoniert »L.« am Ende des 8. Stücks:

Ihre Blätter können gründlich und schön seyn. Muß ich sie aber deswegen lesen? [...] Was ich lesen soll, muß mich vergnügen können. Sie wissen schon, was ich unter dem Worte vergnügen verstehe. Und in diesem Verstande, ich sage es ihnen unter die Augen, fehlt es ihren Blättern noch sehr an dieser, zur Erhaltung meines Beyfalls, nothwendigen Eigenschaft [...] sie sollten sich gefallen lassen, mich künftighin entweder nicht mehr unter ihre Leser zu rechnen, oder in ihren Stücken mehr Einfälle, mehr Witz, kurtz, mehr von dem anzubringen, was mich und meines gleichen vergnügen kann. Sie schreiben zu trocken. Wo hat denn jemals Anakreon so geschrieben? Ich weis wohl, Anakreon war kein Naturforscher, und sie, als Naturforscher, wollen kein Anakreon seyn. Wenn ich nun aber alle andere Scribenten, ausgenommen die anakreontischen, mit Verdruß lese: wollen sie denn, daß ich sie auch mit Verdruß lesen soll? Entschuldigen sie sich nur nicht mit der Trockenheit der Materie. Wenn sie nur wollen, sie wird ihnen oft genug Gelegenheit geben, die feinsten Scherze von Liebe und Wein anzubringen. (*Der Naturforscher*, S. 63 f.)

Anakreontische Poesie von Liebe und Wein also als vergnügliche Auflockerung trockener Wissenschaft! Lessing selbst bietet eine Probe der geforderten Auflockerungen an, der das 4. Stück des *Naturforscher* das Thema vorgegeben habe. Gemeint ist eben jenes Gedicht *Die drey Reiche der Natur*, das im 9. Stück des *Naturforscher* dann eingerückt wird.

Die Verschränkung von Literatur und Naturwissenschaft in unserem Gedicht wiederholt sich auf eigene Weise also im weiteren Zusammenhang der Wochenschrift, in der das Gedicht zuerst erscheint. Und dieser schriftinterne Kontext wiederum ist nur die konsequente Abbildung eines allgemeineren geschichtlichen Kontexts, in dem Literatur und Naturwissenschaft um die Mitte des 18. Jahrhunderts aufeinandertreffen. Schon die angedeuteten Mischungen von ›prodesse‹ und ›delectare‹, die sich im *Naturforscher* in kunstvollen Verweisungszusammenhängen realisieren und ihn vor anderen Zeugnissen des Genres auszeichnen, haben etwas für die Zeit Typisches. Wichtiger noch sind andere Aspekte des Grundverhältnisses von Literatur und Naturwissenschaft, die greifbar werden, auch wenn sie hier nur angedeutet werden können (eingehender dazu Richter).

Philosophie und Naturwissenschaft sind für die kulturelle Entwicklung der Aufklärung von einer schwer zu überschätzenden Bedeutung. D'Alembert spricht vom »Zeitalter der Philosophie«, und man muß sich dabei vor Augen halten, daß dieser Begriff der Philosophie im Sprachgebrauch der Zeit die Naturwissenschaften mit einschließt, deren vielfältige Wirkungen gerade d'Alembert immer wieder bewußt macht. Indem unser Gedicht ein naturwissenschaftliches Thema aufgreift, reflektiert es auf eigene Weise Gewicht und Faszination der Naturwissenschaften um die Jahrhundertmitte. Die Art der thematischen Rezeption läßt freilich zugleich auf ein Moment der Absetzung und Auseinandersetzung schließen, das nicht nebensächlich ist. Beides, Aneignung wie Absetzung, ist symptomatisch für die Situation der Literatur. Der Unterschied von Brockes oder Haller zur literarischen Landschaft des Rokoko ist nicht nur der je anderer literarischer Strömungen und Gattungsgesetzlichkeiten, sondern auch der eines gewandelten Grundverhältnisses von Literatur und Wissenschaft. Auf der einen Seite ist nicht zu übersehen, was die Literatur des Rokoko, ungeachtet der vorgegebenen Einfachheit und spielerischen Leichtigkeit, noch immer der Gelehrsamkeit der Epoche verdankt (vgl. allgemeiner dazu Feinaeugle). Auf der anderen Seite bezeugt sie eine geschärfte Auseinandersetzung von ästhetischer und wissenschaftlicher Kultur um die Jahrhundertmitte (vgl. Hinweise darauf bereits bei Böckmann). Daß man sich auf die Wissenschaft bezieht, dokumentiert noch immer gute Kontakte; daß man es spielerisch, wo nicht parodistisch tut, ein neues Selbstbewußtsein der Literatur. Der geschichtliche Sinn des Rokoko liegt nicht zuletzt darin, daß es gegen das Übergewicht des wissenschaftlichen Denkens, das auf eigene Weise von der Literatur der frühen Aufklärung bestätigt wurde, ein neues Bewußtsein ästhetischer Eigengesetzlichkeit zur Geltung bringt (dazu auch Anger, S. 36).

Die Lyrik Lessings hat bisher wenig Beachtung gefunden, obwohl sie zum Besten gehört, was die deutsche Anakreontik des 18. Jahrhunderts vorzuweisen hat. Eine verständnisvolle Würdigung findet sich bei Herbert Zeman, der in der Lyrik des Leipziger Freundeskreises um Lessing eine von mehreren Hauptströmungen der anakreontischen Literatur um die Jahrhundertmitte sieht, geprägt vor allem durch den freieren Umgang mit der anakreontischen Überlieferung, der wiederum vor allem aus der Anlehnung an die Tradition des Studentenliedes wesentliche Impulse bezog (vgl. bes. Zeman, S. 153 und 229 ff.). Fächert man die Lyrik der Anakreontik einmal nach ihren thematischen Besonderungen auf, so hat Lessing maßgeblich dazu beigetragen, die scherzhafte Präsentation anakreontischer Wissenschaft als eigenen und eigenwilligen Gedichttypus in die Lyrikgeschichte des 18. Jahrhunderts einzuführen.

Zitierte Literatur: Wilhelm ANDERSON: Beiträge zur Charakteristik der anakreontischen Dichtung. Leipzig 1897. – Alfred ANGER: Literarisches Rokoko. Stuttgart 1962. – Paul BÖCKMANN: Das Formprinzip des Witzes in der Frühzeit der deutschen Aufklärung. In: Jahrbuch des Freien Deutschen Hochstifts 1932/33. S. 52–130. Auch in: P. B.: Formgeschichte der deutschen Dichtung. Bd. 1. Darmstadt ²1965. S. 471–552. – Norbert Winfried FEINAEUGLE: Die deutsche Rokokolyrik von 1720–1760 in ihrem Verhältnis zur Philosophie der Aufklärung. Diss. University of Texas at Austin 1968. – Johann Wilhelm Ludwig GLEIM: Versuch in scherzhaften Liedern und Lieder. Nach den Erstausg. von 1744/45 und 1749 mit den Körteschen Fassungen im Anh. krit. hrsg. von Alfred Anger. Tübingen 1964. – Friedrich von HAGEDORN: Poetische Werke. Hrsg. von Johann Joachim Eschenburg. Bd. 4. Hamburg 1800. – Carl von LINNÉ: Systema Naturae [. . .]. Leiden 1735. – Wolfgang MARTENS: Die Botschaft der Tugend. Die Aufklärung im Spiegel der deutschen Moralischen Wochenschriften. Stuttgart 1971. – Der Naturforscher, eine physikalische Wochenschrift auf die Jahre 1747 und 1748. Leipzig [1749]. – Christoph PERELS: Studien zur Aufnahme und Kritik der Rokokolyrik zwischen 1740 und 1760. Göttingen 1974. – Karl RICHTER: Literatur und Naturwissenschaft. Eine Studie zur Lyrik der Aufklärung. München 1972. Bes. S. 112–130. – Herbert ZEMAN: Die deutsche anakreontische Dichtung. Ein Versuch zur Erfassung ihrer ästhetischen und literarischen Erscheinungsformen im 18. Jahrhundert. Stuttgart 1972.

Weitere Literatur: Walter SCHATZBERG: Scientific Themes in the Popular Literature and the Poetry of the German Enlightenment, 1720–1760. Bern 1973.

Gotthold Ephraim Lessing

Der Rabe und der Fuchs

Fab. Aesop. 205. Phaedrus lib. I. Fab. 13

Ein Rabe trug ein Stück vergiftetes Fleisch, das der erzürnte
Gärtner für die Katzen seines Nachbars hingeworfen hatte,
in seinen Klauen fort.

Und eben wollte er es auf einer alten Eiche verzehren, als
5 sich ein Fuchs herbei schlich und ihm zurief: Sei mir geseg-
net, Vogel des Jupiter! – Für wen siehst du mich an? fragte
der Rabe. – Für wen ich dich ansehe? erwiderte der Fuchs.
Bist du nicht der rüstige Adler, der täglich von der Rechten
des Zeus auf diese Eiche herab kömmt, mich Armen zu
10 speisen? Warum verstellst du dich? Sehe ich denn nicht in
der siegreichen Klaue die verfehlte Gabe, die mir dein Gott
durch dich zu schicken noch fortfährt?

Der Rabe erstaunte, und freute sich innig, für einen Adler
gehalten zu werden. Ich muß, dachte er, den Fuchs aus
15 diesem Irrtume nicht bringen. – Großmütig dumm ließ er
ihm also seinen Raub herabfallen, und flog stolz davon.

Der Fuchs fing das Fleisch lachend auf, und fraß es mit
boshafter Freude. Doch bald verkehrte sich die Freude in ein
schmerzhaftes Gefühl; das Gift fing an zu wirken, und er
20 verreckte.

Möchtet ihr euch nie etwas anderes als Gift erloben, ver-
dammte Schmeichler!

Abdruck nach: Gotthold Ephraim Lessing: Gesammelte Werke in zehn Bän-
den. Hrsg. von Paul Rilla. Berlin: Aufbau, 1954/55. Bd. 1. S. 278 f.
Erstdruck: G. E. Lessing: Fabeln. Drey Bücher. Nebst Abhandlungen mit
dieser Dichtungsart verwandten Inhalts. Berlin: Christian Friedrich Voß,
1759.

Gerhard Schmidt-Henkel

Ein Schmeichler und sein Schicksal. Zu Lessings Fabel
Der Rabe und der Fuchs

Unser Text findet sich als fünfzehnte Fabel im zweiten Buch
von Lessings 1759 erschienenen Prosafabeln. Vorangegan-
gen waren gereimte Fabeln, gedruckt in verschiedenen Zeitschriften und gesammelt 1753 unter dem Titel *Fabeln und
Erzählungen* im ersten Band von *G. E. Leßings Schriften*.
Der formale Unterschied, der Sprung von der Versform zur
Prosa, entspricht Lessings experimentellem Verhältnis zur
Literatur überhaupt, seinem Ausprobieren von neuen Aus-
sage- und Stilmöglichkeiten – und seinem grundsätzlich
geänderten Verhältnis zur Gattung der Fabel und zur Fabel-
tradition. Das zeigen nicht nur die dreißig Prosafabeln,
sondern auch die angefügten fünf *Abhandlungen über die
Fabel*. Sie tragen die Überschriften *Von dem Wesen der
Fabel, Von dem Gebrauche der Tiere in der Fabel, Von der
Einteilung der Fabeln, Von dem Vortrage der Fabeln* und
Von dem besonderen Nutzen der Fabeln in den Schulen.
Will man die Geschichte vom Raben und vom Fuchs in ihrer
moralisch-didaktischen Absicht, in ihrer Erzählstruktur und
in ihrer gattungstypologischen Funktion richtig verstehen,
so muß man Lessings angestrebte Einheit von Poetik und
Poesie, von literarischer Theorie und Praxis ernst nehmen
und überprüfen – und man muß diese in der Weltliteratur
weitverbreitete Geschichte in ihren Variationen zur Kenntnis nehmen; dies heißt auch, Lessing in seiner Mittlerfunktion zwischen antiker und moderner Fabeldichtung zu erkennen.
Der gattungsprengende Charakter der Fabel – sie erscheint
in Vers und Prosa, auch als weitgehend dialogisiertes Mini-
drama – ist dabei wichtig (und er erlaubt es, eine Prosafabel
diesem Bande einzufügen, zumal die Lehrdichtung in der
Aufklärung geradezu als vierte Gattung neben Lyrik, Epik

und Dramatik galt). Die Geschichte der Lessingforschung zeigt die widersprüchlichsten Ergebnisse: Sie lobt die Identität von Lessings Fabeltheorie und Fabeln – und sie rügt die evidenten Widersprüche zwischen beiden, wenn etwa die eine oder andere Fabel den poetologischen Rahmen verläßt und der immanenten Moral von der Geschichte noch eine weitere, z. B. für zeitgenössische Literaturdiskussionen, draufsetzt, oder wenn sie eingespielte und vertraute Pointen dialektisch wendet.

Die Fabeltheorie ist das Ergebnis intensiver und – gut lessingsch – scharfer Auseinandersetzungen vor allem mit den französischen Fabeldichtern La Fontaine und de la Motte, mit den Schweizern Bodmer und Breitinger und mit Gottsched. Seine Berufungsinstanz ist der phrygische Sklave Äsop, unter dessen Namen eine aus dem 1.–6. Jahrhundert n. Chr. stammende Fabelsammlung überliefert ist.

Die erste Abhandlung der Fabeltheorie endet mit der berühmten zusammenfassenden Definition:

Wenn wir einen allgemeinen moralischen Satz auf einen besonderen Fall zurückführen, diesem besonderen Falle die Wirklichkeit erteilen, und eine Geschichte daraus dichten, in welcher man den allgemeinen Satz anschauend erkennt: so heißt diese Erdichtung eine Fabel.

Lessing, der – lobend oder einschränkend? – als der »intellektualistische« Fabeldichter des 18. Jahrhunderts bezeichnet wird (z. B. Leibfried, S. 82), wollte anhand der Fabel das Verhältnis von Poesie und Philosophie neu bestimmen:

Ich hatte mich bei keiner Gattung von Gedichten länger verweilet, als bei der *Fabel*. Es gefiel mir auf diesem gemeinschaftlichen Raine der Poesie und Moral [...]. Ich hatte mich oft gewundert, daß die gerade auf die Wahrheit führende Bahn des *Äsopus*, von den Neuern, für die blumenreichern Abwege der schwatzhaften Gabe zu erzählen so sehr verlassen werde. (IV,8)

Den entscheidenden Begriff für die philosophische, Weisheit vermittelnde Funktion der Fabel, die »anschauende Erkenntnis«, übernahm Lessing von Christian Wolff, der in seiner *Philosophia practica universalis II* (1739) auch die äsopische Fabel behandelte. Das »principium reductionis«, die Rückführung auf das Besondere, ist notwendig, weil das Allgemeine im Besonderen anschauend erkannt wird. Das Exempel in den Wissenschaften überhaupt, als Mittel der Klarheit und Erläuterung, soll aber in der Sittenlehre, über die Erläuterung hinaus, auch den Willen beeinflussen. So erfordere, sagt Lessing, die Fabel einen wirklichen Fall, weil man in einem wirklichen Falle mehr »Bewegungsgründe« und deutlicher unterscheiden kann als in einem möglichen. Das Wirkliche führt eine »lebhaftere Überzeugung« mit sich als das bloß Mögliche.

Gewiß hat Lessing damit die Fabel in ihren reichen Möglichkeiten beschnitten. Doch seine Geschichte vom Raben und vom Fuchs zeigt, wie andere seiner Fabeln, daß er ihr auch etwas Neues gegeben hat. Darüber später.

Die unterschiedliche Einschätzung der Fabel schon im 18. Jahrhundert: ihre Hochschätzung als »anschauende Erkenntnis« und als ideale Verbindung des Angenehmen mit dem Nützlichen, oder ihre Geringschätzung als Erkenntnismittel für Ungebildete, diesen Zwist hat Lessing gegen die traditionelle Auffassung der Fabel entschieden: Die poetische Form nur als Einkleidung der Wahrheit, sei es aus politischen, sei es aus pädagogischen Rücksichten, soll der Darstellungsabsicht zur unverhüllten, nackten Wahrheit weichen. Der Rangunterschied zwischen anschauender und begrifflicher Erkenntnis wird aufgehoben zugunsten der Fabel als der Lehre selbst.

Damit tritt für Lessing die erkenntnistheoretische Problematik in den Vordergrund – und die politisch-gesellschaftskritische Funktion der Fabel zurück. Äsops Widerspiegelungen sozialer Spannungen, auch Breitingers soziale Zuordnung, der in der Fabel den als Tier verfremdeten bürgerlichen Menschen sieht, im Gegensatz zum adligen Personal von Epos und Tragödie, auch Gottlieb Konrad Pfeffels und Christian August Fischers politisch-revolutionäre Fabeltendenzen: dies alles findet bei Lessing keine Berücksichtigung.

Die Beliebtheit der Fabel in der Schule seit der Antike, als Stoff für rhetorische, stilistische und moralphilosophische Übungen, läßt vielmehr Lessing in seiner letzten Fabel-Abhandlung auch auf diesen Aspekt eingehen. Äsops Einfachheit und die unvermittelte Wahrheit sind das Ziel. (Vgl. dazu im einzelnen Barner, S. 188 ff.)

Lessing will daher, daß die Schüler Fabeln eher finden als erfinden. Er wendet sich gegen Bodmers Vorschlag, man solle im Betragen der Tiere »nach Ähnlichkeiten mit einem gewissen Charakter der menschlichen Sitten« suchen. Die Schüler sollten vielmehr in den alten Fabeln selbst auf die Jagd gehen und die Geschichten so verändern, daß sich eine andere Moral darin erkennen läßt.

Und er erwähnt ausdrücklich seine eigene Veränderung »einzelner Umstände in der Fabel«, z. B. das vergiftete Fleisch (IV,83 ff.). Indem Lessing seine Quellen für seine Fabeln angibt, im Falle unseres Textes also Äsop und Phaedrus, handelt er nicht nur als guter Philologe, sondern er kreiert auch einen frühen Typus von Literaturliteratur, bei dem das Experiment und die Variation wichtiger sind als die Eleganz des stilistischen Dekors oder die Originalität der Erfindung – allerdings eben nicht im Sinne einer Laborpoesie, sondern zugunsten eines moralischen Lehrsatzes: »Die Wahrheit braucht die Anmut der Fabel; aber wozu braucht die Fabel die Anmut der Harmonie?« Dies steht in der Fabel über die Fabel *Die Erscheinung* (I,259), und die Fabel vom *Besitzer des Bogens* (I,287) ist das treffendste Argument gegen unangebrachten Zierat (und damit gegen La Fontaine).

Doch folgen wir Lessings Rat: »Man ist in Gefahr, sich auf dem Wege zur Wahrheit zu verirren, wenn man sich um gar keine Vorgänger bekümmert; und man versäumet sich ohne Not, wenn man sich um alle bekümmern will« (IV,38).

Die früheste überlieferte Fassung unserer Fabel lautet bei Äsop:

Der Fuchs und der Rabe

Wer sich an einer Schmeichelzunge Lob ergötzt,
wird in nutzloser Reue späte Buße tun.

Ein Rabe stahl vom offnen Fenster einen Käs
und setzte sich zum Schmaus auf einen hohen Baum.
Da nahte gierig ihm der Fuchs mit solchem Spruch:
»Wie herrlich strahlt, o Rabe, dein Gefieder doch!
Wie adlig ist dein Haupt und deiner Glieder Bau!
Wärst du nicht stumm – es käme dir kein Vogel gleich.«
Doch wie der Tor nun seine Stimme zeigen will,
entfällt der Käs dem Schnabel, den der schlaue Fuchs
mit gierigen Zähnen auffängt. Nun erst stöhnt,
zu spät, des Raben schwer betrogne Torheit auf.
                    (Zit. nach Hausrath, S. 63.)

Die Lehre, das ›fabula docet‹, ist hier dem eigentlichen Text
als Promythion vorangestellt. Diese beiden Zeilen dirigieren
die Didaxis auf eine strenge und einsträngige Weise. Der
»allgemeine moralische Satz« wird vorweg formuliert und
dann erst auf »einen besonderen Fall« zurückgeführt. Das in
anderen Fällen meist nachgestellte Epimythion hingegen
erleichtert nur die Anschauung des allgemeinen Satzes im
Sinne einer rationalen Schlußfolgerung.

Die chronologisch folgenden Bearbeitungen des Sujets weisen zunächst nur geringfügige Variationen auf. Der Römer
Babrius (2. Jh. n. Chr.) läßt nach dem Zwecklobe den Fuchs
schließen: »Ja du hast alles Rabe; nur Verstand fehlt dir«
(zitiert, wie alle folgenden Variationen, nach Dithmar).

Phädrus beginnt auch mit dem Promythion »Wer sich am
Lob des list'gen Schmeichlers letzt, | Wird durch die
Schmach zu später Reu' bestraft«.

Die Prosafassung der Marie de France (12. Jh.) schmückt die
Geschichte betulich aus und endet: »Dies ist eine Geschichte
von den Stolzen, die begierig nach hohem Lob sind: durch
Schmeicheleien und durch Lügen kann man ihnen leicht
willfahren; das Ihre verschwenden sie für die falsche Lob-
rede der Leute.«

Heinrich Steinhöwel (1476) hat gar ein Pro- und ein Epimythion; in beiden warnt er vor den »schmaichern und liebkallern«, also vor den Schmeichlern und Liebrednern.

Martin Luther beschränkt sich, bei sonst immer gleichem Erzähl- und Dialogablauf, auf die Schlußmahnung »Hut dich wenn der fuchs den Raben lob Hut fur schmeicheln / | so schinden und schaben« (etwa: »so wie vor dem Schinden [Hautabziehen] und Abschürfen«).

Jean de La Fontaines Fassung zeigt die humoristische Eleganz seines Fabeltyps: Das Savoir-vivre des Mundraubs ist eingebettet in eine gesellschaftskritische Wertauffassung, der die Lehre wichtiger ist als ein Stück Käse: »Mein Herr, ein jeder Schmeichler lebt gut und gern von dem, der auf ihn hört: | die Lehre ist doch wohl ein Stückchen Käse wert!«

Der Russe Iwan Andrejewitsch Krylow, ein bedeutender Fabeldichter Anfang des 19. Jahrhunderts, schmückt die Fassung La Fontaines weiter aus, hält sich im übrigen streng an das erzählerische Grundmodell, klagt aber, als Enkel einer langen Tradition:

Daß Schmeichelei, den der das Ohr ihr leiht,
Erniedriget und schädigt,
Hat man der Welt schon oft gepredigt:
Es scheint umsonst, denn allezeit
Weiß sich ins Herz der Schmeichler einzuschleichen.

Der Amerikaner James Thurber (seine Fabelsammlungen erschienen 1939 und 1956) spielt mit der literarischen Tradition: Der Fuchs habe irgendwo, und nicht nur einmal, gelesen, daß ein Rabe, lobt man seine Stimme, den Käse fallen läßt. Doch der Rabe beginnt einen Disput, nachdem er den Käse vorsichtig mit den Krallen seines rechten Fußes aus dem Schnabel genommen hat: er sei kein Singvogel, er trüge Schwarz und sei absolut einmalig. Hier schlägt die Geschichte ihre Volte: der Fuchs rühmt den Raben als den berühmtesten und talentiertesten aller Vögel. Der Rabe gibt dem Fuchs den größten Teil seines Käses, damit der Fuchs weiter zuhöre beim massiven Eigenlob des Raben. »Moral:

Was wir heut wissen, wußten schon Äsop und La Fontaine: |
Wenn du dich selbst lobst, klingt's erst richtig schön.«
Thurber hat der Teleologie des alten Fabeltyps eine ironisierende Aktualität verliehen; es scheint, als habe der Rabe die
alte Geschichte auch schon gelesen. Doch sein Eigenlob ist
ihm wichtiger als die Moral der alten Geschichte – und als
der Käse.

In dem alten Buch, in dem hier zu blättern ist, erscheint nun
Lessing nicht nur in der genannten Mittlerfunktion, sondern
auch als ein Radikaler im Literaturbetrieb der Fabel, vergleichbar mit Thurber in seinem verändernden Eingreifen,
aber aggressiv und humorlos in seiner Attacke gegen die
Schmeichler. Die Eitelkeit mag hungern, der Schmeichler
gehört vergiftet.

Die Konsequenz im Reduzieren auf das Wesentliche der
moralischen Belehrung wird, neben dem Vergleich mit La
Fontaine, besonders deutlich mit dem Blick auf eine Doppel- oder Umkehrfabel Johann Adolf Schlegels aus dem
Jahre 1769 (abgedruckt bei Lindner, S. 174 ff., der auch
weitere, von Dithmar nicht berücksichtigte Versionen
bringt). Hier wird, ganz unter dem Einfluß der französischen Fabulistik und in jenem ›Mischstil‹, der die bürgerlich-moralische Aufklärung mit der ursprünglich höfischen
Formkultur des Rokoko verbindet, der rhetorisch aufgeputzten bekannten Geschichte eine zweite angefügt und
entgegengesetzt, in der der Rabe seinerseits dem Fuchs ein
Stück Speck ablistet, indem er ihm einen nahen Hühnerstall
vorspiegelt. »List gegen List geht auf. Ich war ein Narr, da
du um meinen Raub mich brachtest. Die Reih trifft dich, ein
Narr zu seyn.« So endet und belehrt hier der Rabe, und
weder scheint die Moral, als verdoppelte, verstärkt, noch
scheint dem Verfasser seine doppelte Moral als eigentliche
Störung oder Zerstörung der Fabelfunktion aufgegangen zu
sein. Die stereotypen Qualitäten der Tiere in der Fabel
überhaupt, ihre Kenntlichkeit für die menschlichen Eigenschaften, scheinen gleichfalls gefährdet.

Doch tut Lessing nicht etwas Ähnliches, wenn er den Menschen gleich anfangs mit Gift eingreifen läßt? Wir erinnern uns: am Schluß seiner Fabeltheorie begründet er seine Veränderungen, »daß sich eine andere Moral darin erkennen läßt«. Der einen, bekannten Moral, daß wer sich schmeicheln läßt, seinen Käse verliert, wird die Moral entgegengesetzt, daß, wer sich schmeicheln läßt, sein Fleisch verliert – und sein Leben rettet, weil das Fleisch vergiftet war? Lessing greift schon mit dem ersten Satz empfindlich in das narrative Strukturmodell der alten Fabel ein: die Beute ist vergiftet, und der Mensch mischt sich ein. Damit das Epimythion seine rechte Schärfe gewinne, denkt sich der Erzähler einen Hilfspolizisten der Moral, in aller Kürze, versteht sich; denn was der Gärtner gegen die Katzen seines Nachbars hat, das können wir uns zwar denken, aber es würde uns nur vom eigentlichen Syllogismus der anderen Moral ablenken. Die zweite Veränderung ist ebenso erstaunlich. Lessing, als Kenner der antiquarischen Wissenschaften, verzichtet auf den Gesangsappell des Fuchses und erinnert an die mythologischen Qualitäten des Raben, und er erhebt ihn zugleich zum Adler. (Daß die Begleiter Apolls, des Gottes der Weissagung, ursprünglich weiß waren, verschweigt er; es tut auch nichts zur Täuschungs- und Schmeichelsache.) Wenn einmal der römische, dann der griechische Obergott genannt wird (6, 9), so ist dies ein rhetorisches Mittel, eine Amplificatio mit erlauchten Namen. Die Entscheidung fällt mit der Überzeugung des Raben, er müsse den Fuchs aus diesem Irrtum, er sei ein Adler, nicht bringen. Würde Lessing nicht die eitle Freude des Raben betonen, und bezeichnete er ihn nicht als »großmütig dumm« (15), so könnte man dem Raben nahezu eine Art stoischer Gelassenheit attestieren – und der weitere Verlauf der kurzen Geschichte konzentriert sich denn auch ganz auf den bitter bestraften Schmeichler.

Lessing arbeitet gleich zu Beginn, mit dem vergifteten Fleisch, mit einer ›captatio malevolentiae‹, mit einem, wenn auch erzieherischen, Trachten nach Üblem (vgl. dazu Sternberger, S. 256). Der böse Einfall produziert die tödliche Pointe – um den Preis, daß die Eitelkeit des Raben moralphilosophisch etwas zurücktritt. Lessing hat es mehr auf die Schmeichler abgesehen, und er meint nicht mehr, wie die ›klassische‹ Fabel, eine menschliche Schwäche schlechthin, sondern er bezieht sich, als strenger Kunstrichter, auch und vor allem auf den Literaturbetrieb. Dies soll nicht heißen, daß Lessing nicht auch als Gesellschaftskritiker die Schmeichelei ablehnt. Schon im längeren Epimythion seiner frühen gereimten Fabel *Der Tanzbär* heißt es:

Ein großer Hofmann sein,
Ein Mann, dem Schmeichelei und List
Statt Witz und Tugend ist;
Der durch Kabalen steigt, des Fürsten Gunst erstiehlt.
Mit Wort und Schwur als Komplimenten spielt,
Ein solcher Mann, ein großer Hofmann sein,
Schließt das Lob oder Tadel ein? (I,226)

Es ist gewiß so tadelnswert wie ein schlimmes Tier; denn im Sinngedicht *Das schlimmste Tier* sagt Lessing:

Wie heißt das schlimmste Tier mit Namen?
So fragt' ein König einen weisen Mann.
Der Weise sprach: von wilden heißt's Tyrann,
Und Schmeichler von den zahmen. (I,155)

Lessing hat auch hier eine antike Quelle versifiziert. Bei Plutarch im *Gastmahl der sieben Weisen* heißt es: »Das schlimmste unter den wilden Tieren ist der Tyrann, unter den zahmen der Schmeichler.« Ganz offenkundig wird hier die Deduktionstechnik der Fabel, nämlich die Reduktion eines allgemeinen moralischen Lehrsatzes auf einen besonderen Fall, abermals deduziert: von der Tierwelt überhaupt auf den Tyrannen und den Schmeichler. Bei Friedrich Rückert schließlich, in der *Weisheit des Brahmanen* (1836–39), gibt es noch einmal einen Rückgriff auf unsere Lessing-Fabel:

[...] die Schmeichler sind gefährlicher als Raben,
Die pflegen Toten nur die Augen auszugraben,

Indes der Schmeichler sie dem Lebenden entwendet
Und den Scharfsichtigsten mit falschen Künsten blendet.

Ein Schmeichler und sein Schicksal: in der klassischen Fabel hat der Fuchs kein ›Schicksal‹, das diesen Namen verdiente; er ist nur der Nutznießer seiner sprichwörtlichen List, und die Schadenfreude des Fabellesers über die Torheit des Raben zollt dem Schmeichler jenen kleinen Respekt, den wir noch bei Goethes *Reineke Fuchs* gern aufbringen. Lessing geht lakonischer und härter vor, um seinen Optativ der Verwünschung im Epimythion zu formulieren.

Ist dies nun ein »wahres Meisterstück in unübertrefflich körniger Prosa«? Hat das »zur Versinnlichung einer Wahrnehmung gewählte Bild die angemessenste Bedeutsamkeit«? Und vereinen sich »in der täuschend kunstlosen Darstellung gehaltvolle Kürze mit Gedankenreichtum, edle Einfalt mit epigrammatischem Witz«? (So Ludwig Wachler in seinen *Vorlesungen über die Geschichte der teutschen Nationalliteratur*, 1819, abgedruckt bei Steinmetz, S. 246.) Diese Prosa ist körnig und nicht glatt. Sie ist auch, in der Syntax und in der Dialogführung, bis hin zur nicht Duden-gerechten, aber sinnvollen und rhythmisch gliedernden Setzung der Kommata, ein Beispiel Lessingscher Rhetorik, die auf dem Wege zum Erkenntnisziel nicht unangemessen verweilt. Der epigrammatische Witz indes läßt sich nicht mit dem Winckelmannschen Begriff der edlen Einfalt verbinden. Die Eigenart der Fabel, ihre Qualität, liegt in Lessings raffinierter Änderung. Seine Technik, »diesem besonderen Falle die Wirklichkeit [zu] erteilen«, hat immer auch ein Quentchen Möglichkeitsdenken: »Wie wenn das Stücke Fleisch, welches der Fuchs dem Raben aus dem Schnabel schmeichelte, vergiftet gewesen wäre?« (IV, 84 f.).

Lessing bezeichnet damit das Ende der ›klassischen‹ Fabel, und er steht am Beginn der modernen, mit ihrer eigenen Tradition spielenden Fabel.

Das Wort des römischen Komödiendichters Terenz, »Lupus

in fabula«, meinte noch: »Wenn man vom Wolf spricht, so
ist er nicht weit«, oder: »Wenn man den Wolf nur nennt, so
kommt er gleich gerennt.«
Die moderne Fabel weiß es besser:

Die Schafe gähnten vor Langerweile.
Wo ist der Wolf geblieben, fragten sie den Hirten.
In fabula, sagte der.

(Helmut Arntzen)

Zitierte Literatur: Helmut ARNTZEN: Fabeln. In: Neue deutsche Hefte 105
(1965) S. 57 ff. [Vgl. auch: Neue deutsche Hefte 1982. H. 4. S. 716 ff.] –
Helmut ARNTZEN: Kurzer Prozeß. Aphorismen und Fabeln. München 1966. –
Wilfried BARNER [u. a.]: Lessing. Ein Arbeitsbuch für den literaturgeschichtli-
chen Unterricht. München 1975. – Reinhard DITHMAR: Fabeln, Parabeln und
Gleichnisse. München 1978. – August HAUSRATH: Aesopische Fabeln. Mün-
chen 1944. – Erwin LEIBFRIED: Fabel. Stuttgart 1967. – Gotthold Ephraim
LESSING: Gesammelte Werke. [Siehe Textquelle. Zit. mit Band- und Seiten-
zahl.] – Hermann LINDNER: Fabeln der Neuzeit. München 1978. – Horst
STEINMETZ (Hrsg.): Lessing – ein unpoetischer Dichter. Frankfurt a. M. 1969.
– Dolf STERNBERGER: Über eine Fabel von Lessing. In: Gotthold Ephraim
Lessing. Hrsg. von Gerhard und Sibylle Bauer. Darmstadt 1968.

Gotthold Ephraim Lessing

Auf Lucinden

Sie hat viel Welt, die muntere Lucinde.
Durch nichts wird sie mehr roth gemacht.
Zweydeutigkeit und Schmutz und Schand' und Sünde,
Sprecht was ihr wollt: sie winkt euch zu, und lacht.
5 Erröthe wenigstens, Lucinde,
Daß nichts dich mehr erröthen macht!

Abdruck nach: Gotthold Ephraim Lessings sämtliche Schriften. 23 Bde. Hrsg.
von Karl Lachmann. 3., auf's neue durchges. und verm. Aufl., bes. durch
Franz Muncker. Stuttgart: G. J. Göschen, 1895–1924. Bd. 1. S. 5.
Erstdruck: Gotthold Ephraim Lessings vermischte Schriften. T. 1. Berlin:
Christian Friedrich Voß, 1771.

Wolfgang Preisendanz

Die ästhetische Funktion des Epigrammatischen in Lessings Sinngedicht

»Was ist da viel zu erklären? Was kann noch mehr darin
stecken, als die trockenen Worte besagen, welche die ganze
Welt versteht?« fragt Lessing (XI,288) mit Bezug auf ein
Martial-Epigramm. Er meint die Frage rhetorisch. Aber
stellt sich die gleiche Frage nicht auch bei Lessings eigenem
Epigramm *Auf Lucinden*? Was könnte darin stecken, das
einer Interpretation bedürfte? Mehr als jede andere Gedichtart will ein Epigramm im Horizont der Gattung interpretiert werden. Alle individuellen oder epochenspezifischen
Aspekte des Stils oder des Motivs treten zurück hinter der

Erfüllung des Gattungshaften; aller Strukturwandel und alle funktionsgeschichtlichen Bestimmungen profilieren den vorrangigen Anspruch, das Epigrammatische als selbstgenügsame Norm zu verwirklichen. Wenn Lessing demnach vom Epigramm als »dem witzigsten Spielwerke, der sinnreichsten Kleinigkeit« (XI,214) spricht, so meinen Spielwerk und Kleinigkeit eben diese Selbstgenügsamkeit, diese Zweitrangigkeit der Materie, des Gegenstandsbezugs, setzen »witzigst« und »sinnreichst« allen Akzent auf die Manifestation einer historisch zwar unterschiedlich orientierten, aber überzeitlich und überindividuell konstitutiven Denk-, Sprach- und Gestaltungsnorm. Die Minimalisierung der inhaltlichen Relevanz sieht Lessing verbunden mit der Maximierung der ästhetischen Prägnanz; als witzigstes Spielwerk und sinnreichste Kleinigkeit bildet das Gedicht den Triumph epigrammatischen Denkens und Formulierens über die Bagatellhaftigkeit von Gegenstand oder Anlaß, des sprachlich-intellektuellen Einfalls über die sachliche Bedeutsamkeit und Verbindlichkeit. Denn in der Tat: was erschließen, was bewirken, was vermitteln die sechs Verse über ein Frauenzimmer namens Lucinde – eines Namens, der wie fast alle Namen, auf die Lessings Sinngedichte gemünzt sind, wie also Bav, Magdalis, Nigrin, Dorilis, Marull usf., nur ein traditioneller, der Gattung Epigramm eigentümlicher Name ist, der nicht von vornherein einen bestimmten Typ signalisiert, sondern erst durch den Kontext des jeweiligen Gedichts einen typischen Personenkreis zu vertreten scheint? Unser Epigramm rechnet damit, daß der Leser derartige Lucinden in seiner Erfahrung vorfindet, daß er sich an bekannte Beispiele erinnert sieht. Was also dem Leser vermittelt wird, ist viel weniger ein interessanter sachlicher Aufschluß als eine prägnante, eben »witzige« und »sinnreiche« Darbietungsstruktur, ein bestimmtes poetisches Verfahren. Der Sinn des Sinngedichts *Auf Lucinden* ist gebunden an seine unersetzbare epigrammatische Konstitution. Nochmals also: wenn irgend eine Gedichtart, so ist das Epigramm Darstellung seiner selbst als Verwirklichung der

Gattungsnorm. Was immer an moralischen, satirischen, gesellschaftskritischen oder ideologischen Momenten ins Spiel kommen mag, das bleibt sekundär gegenüber dem – mit Brecht zu sprechen – epigrammatischen ›Gestus‹ zum Gegenstand und zum Leser. Von daher ist auch die unablässige Neuverarbeitung traditioneller, immer wiederkehrender Motive zu verstehen, wie bei Lessing die Ungewißheit der Vaterschaft, das weibliche Verbergen des Alterns oder die heimliche Übertretung des Zölibats; die Neuheit des Einfalls kann sich ganz auf Neuformulierung und sprachwitzige Überbietung überkommenen Epigrammgutes beschränken.

Nun hat Lessing allerdings mit »witzig« und »sinnreich« auch ein epochales Formprinzip und zugleich dessen Tradition markiert. Während »sinnreich« eher auf das antike, vom Humanismus aufgegriffene und in der Barockdichtung florierende Formprinzip der ›argutia‹, der scharfsinnigspitzfindigen Denkweise und Sprechhaltung zurückweist, rückt »witzig« die Epigrammatik in den Horizont des zeitgenössischen Formprinzips und Stilideals. Hatte ›Witz‹ ursprünglich und langehin die Bedeutung von Klugheit, gesundem Menschenverstand, so verengte sich Ende des 17. Jahrhunderts die Bedeutung unter dem Einfluß des Französischen und meinte nun etwa dasselbe wie das noch heute geläufige Fremdwort ›Esprit‹: die Fähigkeit geschwinder Gedankenverbindung, die intellektuelle Kombinationsgabe, die sprachliche Beweglichkeit, die Leichtigkeit des Beziehens und Assoziierens. Im Witz als Verbindung von Scharfsinn und Phantasie, von Urteilskraft und Findigkeit ergaben sich ein Redestil, ein Formprinzip, eine ästhetische Norm, die im 18. Jahrhundert dem ganzen westlichen Europa als Grundzug der literarischen und künstlerischen Produktion galten, so daß Lessing kurzerhand feststellen konnte, »daß die schönen Wissenschaften und freyen Künste das Reich des Witzes ausmachen« (VIII,387). Erfindung, Gedankengang und Sprachform sollen in diesem Sinn witzig sein: »Dichtung ist hier nur soweit Sprachkunst, als sie witziges

Spiel mit der Sprache sein kann« (Böckmann, S. 507). Und als »witzigstes Spielwerk« zeichnet sich das Epigramm auf dem Boden des Rede- und Formideals des Witzes zugleich als »Gattung intellektueller Schönheit« (XI,301) aus: Nie mehr stand seither die Epigrammatik so in Blüte und so hoch im Kurs, weil das Epigramm später nie mehr als Prototyp und Paradigma ästhetischen Reizes gelten konnte.

Wie bei dem Drama und der Fabel verbindet Lessing auch im Fall der Epigrammatik die poetische Praxis mit dem Bestreben, sich theoretischen Aufschluß über das Wesen des Sinngedichts zu verschaffen. Also wollen seine Epigramme auch im Horizont seiner Gattungsdefinition interpretiert werden, einer Definition, die zwar den Anspruch allgemeiner Geltung erhebt, deren Argumentation aber doch die Absicht verrät, die eigene Epigrammatik durch einen bestimmten Traditionsstrang – die Epigramme Martials – zu legitimieren und zugleich von dieser Tradition her die Prädestination des Epigramms zum »witzigsten Spielwerke« und mithin die sprachstrukturellen Bedingungen seiner poetischen Wirkung zu begründen. Lessing geht aus von der ursprünglichen Gebrauchsfunktion des Epigramms als Aufschrift auf Statuen, Denkmälern, Weihgeschenken usw. Er leitet aus dieser Gebrauchsfunktion, aus dem Bezug auf einen vorhandenen Gegenstand, die konstitutive Zweiteiligkeit des Epigramms auch dort ab, wo – im rein literarischen Epigramm – der Bezug auf einen außerhalb liegenden Gegenstand fiktiv ist, durch eine textimmanent exponierte und meistens schon durch den Titel (*Auf Lucinden*) signalisierte Referenz vorgespiegelt wird. Denn so wie sich bei der ursprünglichen Aufschrift die Erwartung, unter welchem Gesichtspunkt der Gegenstand wahrzunehmen sei, und deren Erfüllung durch die Inschrift ablösen, so operiert auch das literarische Epigramm mit der Erweckung einer Erwartung und deren Einlösung durch einen Aufschluß: »Ich sage nehmlich: das Sinngedicht ist ein Gedicht, in welchem, nach Art der eigentlichen Aufschrift, unsere Aufmerksamkeit und

Neugierde auf irgend einen einzeln Gegenstand erregt und mehr oder weniger hingehalten werde, um sie mit eins zu befriedigen« (XI,217). Was diese Definition indessen noch gar nicht verrät und was doch den wesentlichen Unterschied zwischen »einer bloß einfältigen Anzeige« (XI,214) und »einem vollkommenen Sinngedichte« (XI,230) ausmacht, das ist das Moment des Unvermuteten, »Neuen«, welches das Verhältnis von Erwartung und Aufschluß bestimmt und im Übergang von der Gespanntheit zur Befriedigung wirksam ist. Alles kommt darauf an, dem Aufschluß eine »solche Wendung zu geben, daß er wenigstens diese Eigenschaft des Neuen, das Überraschende, dadurch erhält« (XI,245). Erst das Durchkreuzen unserer Antizipation durch eine unerwartete Erwartungserfüllung macht das Epigramm zum notorischen Spielraum witzigen Denkens und Sprechens. Der Epigrammatiker muß den Leser verführen, »etwas ganz anders voraus zu sehen, als er ihm endlich giebt« (XI,245); er muß dafür sorgen, daß der Blick des Lesers am eigentlichen Gesichtspunkt des Verfassers »vorbei schießt« (XI,245): Erst die »Pointe«, das plötzliche Hervorschnellen eines bis zuletzt hintangehaltenen Gesichtspunkts, der die Voraussicht des Lesers gleichsam entgleisen läßt, bildet für Lessing »das wahre allgemeine Kennzeichen« (XI,243) epigrammatischer Kunst. Sprachkunst bedeutet im Epigramm zuerst und zuletzt die Kunst, alle Redeelemente und alle semantischen Beziehungen auf eine solche »enthymematische Einrichtung« (XI,249) des Verhältnisses von Erwartung und Aufschluß zu funktionalisieren. Alles muß – in einem Bilde Lessings – dazu dienen, den Bogen zu spannen, von dem dann plötzlich die Pointe schnellt (I,22). Nicht ein von der sprachlichen Gestalt ablösbarer, eigenwertiger Sinn qualifiziert das Epigramm als ›Sinngedicht‹ und unterscheidet es von der gnomischen Ausdrucksform des Sinnspruchs; das Sinnreiche, wie es Lessing verstanden haben möchte, liegt in der Form, in der funktionale Beziehungen zur prägnanten ästhetischen Wahrnehmungsstruktur werden.

Diese Definition des Epigramms als »Gattung intellektueller Schönheit« muß sich an unserem Gedicht bewähren.

Der Titel *Auf Lucinden* und die unvermittelte Einführung dieser Lucinde durch das Fürwort (»Sie hat viel Welt«) und durch den bestimmten Artikel (»die muntere Lucinde«) schaffen sogleich den deiktischen, eine Zeige-Geste enthaltenden Gestus der Rede, in welchem der ursprüngliche Bezug der Aufschrift auf etwas außer ihr Liegendes gewahrt bleibt; einen Gestus, der zugleich die Fiktion eines Zeige-Feldes, einer Sprecher und Hörer gemeinsam umfassenden Situation erzeugt. »Sprecht was ihr wollt«, heißt es im vierten Vers: die (fiktiven) Hörer werden aufgefordert, sich von der gänzlichen Schamlosigkeit zu überzeugen, die in den Versen 2 und 3 zunächst behauptet und dann konkretisiert wird. Das Epigramm illudiert die Voraussetzung, das in Rede stehende Frauenzimmer sei den Hörern wie dem Verfasser gleichermaßen bekannt; denn naturgemäß gehört die vorgängige Bekanntschaft mit dem, wovon die Rede sein wird, zu den Bedingungen der Originalität oder Neuheit des epigrammatischen Gesichtspunkts.

Allerdings werden diese gleichsam als Zeugen, als Mitwisser angesprochenen Hörer bereits im ersten Vers verführt, ihren Blick, ihre Voraussicht am Gesichtspunkt des Autors vorbeischießen zu lassen. »Sie hat viel Welt, die muntere Lucinde« – das scheinen ja auf den ersten Blick recht billigende Prädikate zu sein. Aber indem die nächsten drei Verse erläutern, was unter ›Welt haben‹ und Munterkeit zu verstehen ist, erweisen sich diese Eigenschaften als wenigstens ambivalente. Gilt die Rede also, mag man fragen, der moralischen Depravation eines Frauenzimmers, das nichts mehr schamrot machen kann, oder gilt sie nicht ebenso der Einstellung der Hörer zu diesem Faktum? Ist es Einverständnis oder Widerwillen, was der Satz »Sprecht was ihr wollt« impliziert?

Schon bis dahin ist also der Gesichtspunkt, aus dem der Verfasser auf Lucinde zu sprechen kommt, doppelsinnig,

›hinterhältig‹. Wo aber liegt die Wendung, durch die das Epigramm erst die unabdingbare »Eigenschaft des Neuen, das Überraschende« erhält? »Erröthe wenigstens, Lucinde« – das läßt auf irgendein Schammotiv schließen, das als ein Nonplusultra nach der Klimax »Zweydeutigkeit und Schmutz und Schand' und Sünde« der Schamlosigkeit doch ihre Grenze setzt. Bis zum vorletzten Vers erwartet man eine welthafte Erfahrung, die endlich Anlaß zum Erröten werden müßte. Doch dann hintergeht die Pointe solche Erwartung: das Unvermögen, sich der eigenen Schamlosigkeit zu schämen, eine radikale, zynische Schamlosigkeit erweisen sich als der Gesichtspunkt, den der Autor von vornherein im Schilde geführt hat.

Aber damit nicht genug – die beiden Schlußverse bedeuten ja buchstäblich eine sprachliche Wendung: die bisher als dritte Person besprochene Lucinde wird Adressatin; der Sprecher kehrt den zuvor angesprochenen Hörern gleichsam den Rücken und appelliert an diejenige, auf die er eben noch sein Publikum losgelassen hat: »Sprecht was ihr wollt«. In dieser Wendung des Adressatenbezugs liegt das subtile Spiel mit der Antizipation des Hörers; mit einem Male erscheinen die bisher auf Lucindes Schamlosigkeit Angesprochenen als Komplizen, als Resonanzboden solcher Schamlosigkeit. »Sprecht was ihr wollt« wird doppelsinnig. Es kann weiterhin bedeuten: probiert's nur aus! Es kann aber auch genausogut bedeuten, daß erst dort, wo eine Sprache geführt wird, die einer Frau die Schamröte ins Gesicht treiben sollte, eine solche Probe aufs Exempel angesonnen werden kann. Lucindes provozierende Schamlosigkeit (»sie winkt euch zu, und lacht«) verweist zurück auf schamlose Provokation. Lucindes Verhalten erscheint unter dem Gesichtspunkt epigrammatischen Witzes nicht als schlicht moralisches, sondern als vom kulturellen Milieu, von der gesellschaftlichen Atmosphäre nicht ablösbares Defizit.

Freilich wird in dieser Interpretation einer Diskursivität Raum gegeben, der sich die Epigramme Lessings widersetzen. Ein großer Teil von den fast 200 Sinngedichten, die er veröffentlicht oder hinterlassen hat, würde eine solche Explikation der semantischen Funktionen und Beziehungen auf einen einzigen springenden Punkt reduzieren, weil es im Zug von zwei oder vier Versen nur noch darum geht, die Virtuosität der Kürze, der Präzision und der witzigen Überraschung zu demonstrieren:

Auf die Phasis

Von weitem schon gefiel mir Phasis sehr:
Nun ich sie in der Nähe
von Zeit zu Zeiten sehe
Gefällt sie mir – auch nicht von weitem mehr. (I,15)

Die Erfahrung, die hier formuliert wird, ist weiß Gott nichts Neues. Der ganze Reiz hängt an dem Doppelsinn des Wörtchens »schon«: Es kann zeitliche Bedeutung (›bereits‹) und es kann einschränkende Bedeutung (›zwar‹) haben. Der Leser aber wird sich von der ersten Bedeutungsmöglichkeit leiten lassen; seine Voraussicht richtet sich auf die Steigerung des Gefallens bei näherer Sicht. Beim Sprecher indessen ist die Enttäuschung durch den Anblick aus der Nähe und mithin die zweite Bedeutung von ›schon‹ von vornherein als Enthymem im Spiel, und die Durchkreuzung der Leserantizipation durch die Pointe nach dem Gedankenstrich macht das Ganze zu einem Gebilde, das sich nur durch die Versform von Texten unterscheidet, die wir nach aktuellem Sprachgebrauch ›einen Witz‹ nennen.
Auch das Epigramm *Auf Lucinden* hat begrenzte poetische Komplexität. Und es fehlte nur noch, eine solche ›Kleinigkeit‹ – koste es, was es wolle – mit dem Begriff ›Aufklärung‹ verrechnen zu wollen, um der Pedanterie überführt zu sein, der sich die Epigrammkunst des 18. Jahrhunderts mit ihrem Übertrumpfen des »bleyernen Verstands« entgegensetzt. Erst wenn man diese Opposition behenden Witzes zu steifer Verständigkeit als die pragmatische Funktion der Lessing-Epigramme begreift, eröffnet sich die angemessene Perspektive auf den ›Sitz im Leben‹ solchen poetischen »Spielwer-

kes«, dessen kultureller Kontext eine »Kultur des Witzes« (Jean Paul) jenseits aller moralistischen, satirischen, kritischen Intentionen ist:

Die Sinngedichte an den Leser

Wir möchten gern dem Kritikus gefallen:
Nur nicht dem Kritikus vor allen.
Warum? Dem Kritikus vor allen
Wird auch kein Sinngedicht gefallen. (I,3)

Zitierte Literatur: Paul BÖCKMANN: Formgeschichte der deutschen Dichtung. Bd. 1. Hamburg 1949. – Gotthold Ephraim Lessings sämtliche Schriften. [Siehe Textquelle. Zit. mit Band- und Seitenzahl. – Bes.: Zerstreute Anmerkungen über das Epigramm und einige der vornehmsten Epigrammatisten. XI,211–315.]
Weitere Literatur: Walter DIETZE: Abriß einer Geschichte des deutschen Epigramms. In: W. D.: Erbe und Gegenwart. Aufsätze zur vergleichenden Literaturwissenschaft. Berlin/Weimar 1972. S. 285–355. – Gerhard NEUMANN (Hrsg.): Nachwort zu: Deutsche Epigramme. Stuttgart 1969. S. 285–355. – Wolfgang PREISENDANZ: Die Spruchform in der Lyrik des alten Goethe und ihre Vorgeschichte seit Opitz. Heidelberg 1952. S. 29–61. – Zdenko ŠKREB: Das Epigramm in deutschen Musenalmanachen und Taschenbüchern um 1800. Wien 1972. S. 5–41.

Friedrich Gottlieb Klopstock

Der Zürchersee

```
— ◡ — ◡ ◡ —, — ◡ ◡ — ◡ ◡
— ◡ — ◡ ◡ —, — ◡ ◡ — ◡ ◡
— ◡ — ◡ ◡ — ◡,
— ◡ — ◡ ◡ — ◡ ◡.
```

Schön ist, Mutter Natur, deiner Erfindung Pracht   I
Auf die Fluren verstreut, schöner ein froh Gesicht,
Das den großen Gedanken
Deiner Schöpfung noch Einmal denkt.

Von des schimmernden Sees Traubengestaden her,   II
Oder, flohest du schon wieder zum Himmel auf,
Kom in röthendem Strale
Auf dem Flügel der Abendluft,

Kom, und lehre mein Lied jugendlich heiter seyn,   III
Süße Freude, wie du! gleich dem beseelteren
Schnellen Jauchzen des Jünglings,
Sanft, der fühlenden Fanny gleich.

Schon lag hinter uns weit Uto, an dessen Fuß   IV
Zürch in ruhigem Thal freye Bewohner nährt;
Schon war manches Gebirge
Voll von Reben vorbeygeflohn.

Jetzt entwölkte sich fern silberner Alpen Höh,   V
Und der Jünglinge Herz schlug schon empfindender,
Schon verrieth es beredter
Sich der schönen Begleiterin.

»Hallers Doris«, die sang, selber des Liedes werth,   VI
Hirzels Daphne, den Kleist innig wie Gleimen liebt;

Und wir Jünglinge sangen,
Und empfanden, wie Hagedorn.

25 Jetzo nahm uns die Au in die beschattenden   VII
Kühlen Arme des Walds, welcher die Insel krönt;
Da, da kamest du, Freude!
Volles Maßes auf uns herab!

Göttin Freude, du selbst! dich, wir empfanden dich!   VIII
30 Ja, du warest es selbst, Schwester der Menschlichkeit,
Deiner Unschuld Gespielin,
Die sich über uns ganz ergoß!

Süß ist, fröhlicher Lenz, deiner Begeistrung Hauch,   IX
Wenn die Flur dich gebiert, wenn sich dein Odem sanft
35 In der Jünglinge Herzen,
Und die Herzen der Mädchen gießt.

Ach du machst das Gefühl siegend, es steigt durch dich X
Jede blühende Brust schöner, und bebender,
Lauter redet der Liebe
40 Nun entzauberter Mund durch dich!

Lieblich winket der Wein, wenn er Empfindungen,   XI
Beßre sanftere Lust, wenn er Gedanken winkt,
Im sokratischen Becher
Von der thauenden Ros' umkränzt;

45 Wenn er dringt bis ins Herz, und zu Entschließungen, XII
Die der Säufer verkennt, jeden Gedanken weckt,
Wenn er lehret verachten,
Was nicht würdig des Weisen ist.

Reizvoll klinget des Ruhms lockender Silberton   XIII
50 In das schlagende Herz, und die Unsterblichkeit
Ist ein großer Gedanke,
Ist des Schweisses der Edlen werth!

Durch der Lieder Gewalt, bey der Urenkelin   XIV
Sohn und Tochter noch seyn; mit der Entzückung Ton
Oft beym Namen genennet,
Oft gerufen vom Grabe her,

Dann ihr sanfteres Herz bilden, und, Liebe, dich,   XV
Fromme Tugend, dich auch gießen ins sanfte Herz,
Ist, beym Himmel! nicht wenig!
Ist des Schweisses der Edlen werth!

Aber süßer ist noch, schöner und reizender,   XVI
In dem Arme des Freunds wissen ein Freund zu seyn!
So das Leben genießen,
Nicht unwürdig der Ewigkeit!

Treuer Zärtlichkeit voll, in den Umschattungen,   XVII
In den Lüften des Walds, und mit gesenktem Blick
Auf die silberne Welle,
That ich schweigend den frommen Wunsch:

Wäret ihr auch bey uns, die ihr mich ferne liebt,   XVIII
In des Vaterlands Schooß einsam von mir verstreut,
Die in seligen Stunden
Meine suchende Seele fand;

O so bauten wir hier Hütten der Freundschaft uns!   XIX
Ewig wohnten wir hier, ewig! Der Schattenwald
Wandelt' uns sich in Tempe,
Jenes Thal in Elysium!

Abdruck nach: Friedrich Gottlieb Klopstocks Oden. 2 Bde. Hrsg. von Franz Muncker und Jaro Pawel. Stuttgart: G. J. Göschen, 1889. Bd. 1. S. 83–85.
Erstdruck: Oden von Klopstock. Zürich: [o. Verl.], 1750. [S. 3 f.: Erste Ode an Herrn Bodmer. (An Bodmer.) S. 5–8: Zweyte Ode von der Fahrt auf dem Zürcher-See. (Der Zürchersee.)].
Weitere wichtige Drucke: Friedrich Gottlieb Klopstock: Oden. Hamburg: Bode, 1771. [Erst hier erscheint der Titel *Der Zürchersee.* Zwischen Titel und Text wurde von Klopstock das Metrum eingefügt.] – Vgl. außerdem: Friedrich

Gottlieb Klopstock: Werke und Briefe. Hist.-krit. Ausg. Hrsg. von Horst Gronemeyer, Elisabeth Höpker-Herberg, Klaus Hurlebusch und Rose-Maria Hurlebusch. Abt. Addenda III,1: Die zeitgenössischen Drucke von Klopstocks Werken. Eine deskriptive Bibliographie von Christiane Boghardt, Martin Boghardt und Rainer Schmidt. Bd. 1. Berlin / New York: de Gruyter, 1981. S. 118–124. Nr. 235–259.

Gerhard Sauder

Die »Freude« der »Freundschaft«: Klopstocks Ode *Der Zürchersee*

> Die Freude flieht auf allen Wegen;
> Der Ärger kommt uns gern entgegen.
> (Wilhelm Busch, *Balduin Bählamm,
> der verhinderte Dichter*)

Selten sind so viele Dokumente zur Genese eines Gedichts wie zur Ode *Der Zürchersee* erhalten geblieben. Auf Einladung Bodmers reiste Klopstock im Sommer 1750 nach Zürich, wo er am 23. Juli eintraf. In den zuvor gewechselten Briefen bewunderte Bodmer den *Messias*-Dichter; Klopstock verehrte den großzügigen Gönner. Doch kühlte die poetisch-pathetische Freundschaft nach wenigen Tagen des Zusammenlebens ab. Klopstock erwies sich keineswegs als »heiliger Poet«, und Bodmer legte Wert auf strenge Arbeits- und Lebensdisziplin. Er war nicht glücklich darüber, daß Klopstocks Anwesenheit die ganze Stadt in Bewegung versetzte. Vor allem wollte er seinen Gast, den »Jüngling« von 26 Jahren, von den literaturbeflissenen jungen Zürchern fernhalten. Doch erhielt Klopstock schon nach wenigen Tagen ein französisch geschriebenes Einladungsbillett: Eine Gruppe junger Leute mit ihren »Dulcineen« wolle ihn auf dem See feiern. Herr Breitinger sei mit von der Partie, wenn es gelinge, Bodmer für die Seefahrt zu gewinnen. Beide älteren Herren lehnten dann jedoch ab.

Johann Caspar Hirzel, der Zürcher Arzt und Initiator der Fahrt, hatte 1746/47 auf einer Reise durch Deutschland Klopstock schon in Leipzig kennengelernt. Er war mit Ewald von Kleist befreundet und berichtete diesem in einem umfangreichen Brief vom 4. August 1750 über die Seefahrt der achtzehn jungen Leute, die am 30. Juli 1750 stattfand. Klopstock spricht in seinem Brief vom 1. August 1750 an Johann Christoph Schmidt, den Vetter und Jugendfreund, irrtümlich von nur sechzehn Personen:

Ich kann Ihnen sagen, ich habe mich lange nicht so ununterbrochen, so wild und so lange Zeit auf Einmal, als diesen schönen Tag gefreut. Die Gesellschaft bestand aus sechzehn Personen, halb Frauenzimmer. Hier ist es Mode, daß die Mädchens die Mannspersonen ausschweifend selten sprechen, und sich nur unter einander Visiten geben. Man schmeichelte mir, ich hätte das Wunder einer so außerordentlichen Gesellschaft zu Wege gebracht. Wir fuhren Morgens um fünf Uhr auf einem der größten Schiffe des Sees aus. Der See ist unvergleichlich eben, hat grünlich helles Wasser, beide Gestade bestehen aus hohen Weingebirgen, die mit Landgütern und Lusthäusern ganz voll besäet sind. Wo sich der See wendet, sieht man eine lange Reihe Alpen gegen sich, die recht in den Himmel hineingränzen. Ich habe noch niemals eine so durchgehends schöne Aussicht gesehen.
Nachdem wir eine Stunde gefahren waren, frühstückten wir auf einem Landgute dicht an dem See. Hier breitete sich die Gesellschaft weiter aus und lernte sich völlig kennen. D. Hirzels Frau, jung, mit vielsagenden blauen Augen, die Hallers Doris unvergleichlich wehmüthig singt, war die Herrin der Gesellschaft; Sie verstehen es doch, weil sie mir zugegeben war. Ich wurde Ihr aber bey Zeiten untreu.

(*Briefe*, S. 130.)

Während Klopstock dem Freund, Verwandten, Bruder seiner »Fanny« und anakreontischen Lyriker einen Bericht von der Fahrt gibt, in dem die geselligen, erotischen und landschaftlichen Aspekte dominieren, trägt Hirzel in seinem Schreiben an Ewald von Kleist (Kleist, S. 121–134) wesentlich stärker dem Anlaß der Fahrt, der Feier des berühmten Dichters, Rechnung. Nach seiner Darstellung war der ganze heitere Tag durch literarische Gespräche und Lesungen, durch Gesang und Erinnerung an die fernen befreundeten Autoren geprägt. Die Teilnehmer kannten Kleists *Frühling* (1749) sehr gut und hatten ihn »gefühlt«; vom *Messias* waren ihnen die drei 1749 veröffentlichten Gesänge bekannt. Klopstock wurde während der Fahrt immer wieder gebeten, aus den noch ungedruckten Gesängen IV und V zu lesen. Er wählte aus dem vierten Gesang (740–889) die empfindsame Szene zwischen Semida und Cidli, aus dem fünften Gesang (149–278) die Evokation des Geschlechts unsterblicher Menschen auf einem anderen Stern, die über die Sterblichkeit der Erdbewohner weinen, und (486–701) seine Evokation des edlen Teufels Abbadona, dessen Schicksal vor allem auf Mädchen und Frauen rührend wirkte, was Klopstock bei wiederholten Lesungen der Szene schon in Deutschland festgestellt hatte. Er trug auch seine *Ode an Fanny* vor, rezitierte anakreontische Gedichte des Freundes Schmidt und sang Lieder von Hagedorn. Hirzels Frau trug Hallers Ode *Doris* vor. Während des Mittagessens in Meilen wurde Kleists, Gleims, Eberts und Fannys gedacht.

Die beiden Briefe, die über die Fahrt auf dem Zürchersee berichten, würden mißverstanden, wenn sie als genaue Dokumente eines ›Erlebnisses‹ gewertet würden, das ja schließlich das ›Thema‹ von Klopstocks Ode sei. Vor dieser Fehlinterpretation bewahrt nicht zuletzt die Einsicht, daß es in beiden Briefen um stark literarisierte und stilisierte Darstellungen geht, die ihre Adressaten – in beiden Fällen literarisch produktive Freunde – in ihrer je eigenen ästhetischen Orientierung ansprechen. Gedicht und Briefe haben jedoch eines gemeinsam: Sie bezeugen die Bedingung der Erfahrung von Empfindung, die nicht allein, wie in der Goetheschen Erlebnislyrik, das Ich meint, sondern ein Wir. Die Verbindlichkeit rokokohafter literarischer Konvention und geselligen Empfindens, eines Wir-Gefühls, bestimmt diese Texte. Hier bietet sich die Kahnfahrt als Motiv geradezu an. Sie ist durch zahlreiche Gedichte seit Beginn des Jahrhunderts als vorzügliches literarisches Mittel erprobt, um gesellige Gruppen, Freunde, Verwandte und Familie auf dem Wasser zu vereinen, aus der Vereinzelung zu lösen und zum Genuß und zur Freundschaft zusammenzufassen, wie dies sonst nur in Darstellungen von Gleichgesinnten auf einer Insel möglich ist. Wie Bernhard Blume gezeigt hat, stellen sich dem Dichter, der das Motiv ›Kahnfahrt‹ wählt, drei Aufgaben: 1. Evokation der Empfindungen einer Gruppe, ein ›Wir-Gefühl‹; 2. Evokation der Landschaft; 3. mimetische Darstellung des Gleitens und Wiegens des Bootes.

Für Klopstocks Gedicht spielen die Aspekte der Landschaftsevokation kaum eine, die mimetischen Aspekte des Kahnfahrtmotivs keine Rolle. Er konzentriert sich auf die Evokation der Empfindungen. So gesehen ist der Titel *Der Zürchersee* nur ein Hinweis darauf, daß die Ode als Komposition aus Empfindungen einen äußeren und außerhalb des Gedichts ja auch stilisiert beschriebenen Anlaß hatte. Gemessen an den Briefen entfernt sich aber die Ode weit von den Phasen der Lustfahrt, um einen Text völlig nach den Gesetzen der Ode zu entwickeln.

Wie Klopstock das Schema der jeweils benutzten Odenform – hier handelt es sich um die Dritte asklepiadeische Ode – dem Text voranstellt, so verkündet er in der ersten Strophe das Prinzip, dem das ganze Gedicht folgen wird. Es ist das Prinzip der Steigerung, das auf der grammatischen, kompositionellen und semantischen Ebene verwirklicht wird. Da es für eine Ode größeren Umfangs ein Mangel wäre, falls sie allzu früh den Gipfel der Bewegung erreichte, verzichtet Klopstock mit Geschick auf den Superlativ. An dessen Stelle verwendet er neben dem Komparativ den absoluten Komparativ, bei dem der Vergleichsgegenstand ausgespart wird. Wie der absolute Superlativ (Elativ) bezeichnet der absolute Komparativ keinen präzise bestimmbaren, sondern einen höheren oder sehr hohen Grad.

Die Ode beginnt mit einem Positiv, dem sich ein normaler Komparativ anschließt. In der Steigerung von der personifizierten Natur zum Menschen, der durch die Synekdoche »ein froh Gesicht« (2) repräsentiert wird, zeichnet sich bereits die geringere Funktion der Landschaft und die bedeutendere der Empfindung ab. Wie Gerhard Kaiser nachgewiesen hat, gebraucht Klopstock – wie teils schon Wolff – »Gedanke« und »Empfindung« synonym; denn Erkennen und Empfinden sind in der Einheit von Denken, Fühlen und Handeln untrennbar. So ist »der Gedanke« / »die Empfindung« der Schöpfung der Schöpfung selbst an ästhetischer Qualität überlegen – dies »Denken« / »Empfinden« macht den Menschen schließlich zum Nachschöpfer, der den »großen Gedanken | Deiner Schöpfung noch Einmal denkt« (3 f.). Erst durch diese Vermittlung zwischen Natur und dem sie denkenden und empfindenden Menschen wird »Mutter Natur« (1) menschlich. Im Attribut »froh« (2) klingt schon das Grundthema »Freude« an.

Während die erste Strophe in der Allgemeinheit des Gedankens dem ebenso allgemein-präsentischen Zeitaspekt entspricht, führen die auch syntaktisch zusammengeschlossenen Strophen 2 und 3 in die Schreibgegenwart. Statt der Muse wird mit wiederholtem Vokativ die »Süße Freude« (10) angerufen. Mit den Traubengestaden am See werden erste knappe Hinweise auf die Seelandschaft gegeben. Die Muse »Freude« wird »Auf dem Flügel der Abendluft« (8) herbeigewünscht, um der Erinnerung aufzuhelfen. Der Ton des Gedichts, als »jugendlich heiter« (9) intendiert, verweist auf die später namentlich genannten Anakreontiker. Mit dem ersten absoluten Komparativ im Vergleich (10 f.: »gleich dem beseelteren | Schnellen Jauchzen des Jünglings«) und dem Herbeiruf der »fühlenden Fanny« (12) – in der ersten Fassung war mit der »fühlenden Sch--inn« wohl die hübsche »Schinzinn« gemeint – als Bild sanfter Freude ist eine erste, wenn auch maßvolle Steigerung erreicht.

Die Strophen 4 bis 8 gelten der ›Erinnerung‹. Im Präteritum schreitet der ›Bericht‹ voran. Phasen der Reise und der wechselnden Landschaft führen, zusammen mit der allmählichen Steigerung der Empfindung, zu einem ersten Gipfel des Odengefüges. Durch Zeitadverbien wird der Leser von der vierten Strophe an medias in res geleitet. Das anapho-

risch eingesetzte »Schon« (13/15/19), der Blick auf die Zür-
cherseelandschaft, die bereits hinter den Reisenden liegt, die
Verwendung der von Klopstock vielfältig gebrauchten Prä-
fixbildung (16: »vorbeygeflohn«), zeitliche und örtliche
Bestimmungen weisen auf ein ›Vorbei‹ und ›Voran‹. In
Strophe 5 setzen die Adverbien »Jetzt« (17) und »Schon«
(19), die wieder am Zeilenbeginn stehen, diese Bewegung
fort. Die beiden absoluten Komparative begleiten den zeit-
lich-örtlichen Progreß im Bereich der Empfindung. Deren
Dauer deutet die sechste Strophe, die ›Literaturstrophe‹, an:
Kunstvoll verschränkt sie Dichtung und Reisegefährten.
Hirzels Frau singt, dem schweizerischen Genius loci entsprechend, Hallers damals berühmte Ode *Doris* (1730).
Hirzel selbst genießt die Freundschaft Kleists im selben
Maße, wie dieser Gleim liebt. Die literarische Einstimmung
auf Anakreontik scheint nun erreicht, die Bitte um das
»jugendlich heitere« Lied in Erfüllung zu gehen: Zumindest
erkennen sich die Jünglinge singend und rezitierend am
besten in Hagedorns geselligen Liedern wieder. Nach dieser
eher ›ruhigen‹ Strophe wird in der siebenten zum drittenmal
die Strukturierung durch die Zeitadverbien »Jetzo« (25) und
»Da« (27) gewählt, um den Ort – die Halbinsel Au als
vorläufiges Ziel der Fahrt – und die Epiphanie der Freude als
Stadien einer sich beschleunigenden Progression auszu-
zeichnen. In der geradezu hymnischen Verehrung der »Göttin Freude«, die als Allegorie und Schwester der Menschlichkeit »empfunden« wird (29), und den Verben (27 f.:
»kamest [. . .] auf uns herab«, 32: »ergoß«) klingen religiöse
Vorstellungen wie die Herabkunft und Ausgießung des Heiligen Geistes an. Mit den Strophen 7 und 8 ist ein Höhepunkt der Affektbewegung erreicht, der in den Ausrufen
beider Schlußzeilen zunächst nicht überbietbar zu sein
scheint. So hat die erste Progressionsreihe sowohl örtlich/
zeitlich als auch in der Steigerung des Empfindens ihren
Gipfel und ein scheinbares Ende erreicht. Denn mit der
neunten Strophe wird ihre Thematik gleichsam verlassen.
Weder von der Au noch von »Göttin Freude«, sondern von

einem wiederum allegorisierten »fröhlichen Lenz« (33) ist nun wieder im Präsens der Verallgemeinerung die Rede.

Die erste Zeile der Strophe 9 wiederholt nicht allein das Präsens der ersten Zeile der Ode – sie ist auch syntaktisch mit ihr identisch. Doch wird der weitere semantische Bereich der »Freude« nicht überschritten: Fröhlichkeit und Begeisterung, die vom Lenz ausgehen, sind Formen der Freude. Sie werden durch erneute Steigerung (absoluter Komparativ in drei Formen) in Strophe 10 vom Positiv der Strophe 9 abgehoben. Durch erneuten Rückgang zum Positiv setzt Strophe 11 mit dem Thema des Weines ein. Hier wird der absolute Komparativ nur einmal verwendet. Statt der weitergehenden Steigerung übernehmen nun vier mit »wenn« eingeleitete Sätze (41/42/45/47) eine Intensivierung der sanften Wirkungen des Weines. Der »sokratische Becher« (43), von der Rose umkränzt, und der Gegensatz Säufer–Weiser stammen aus griechischer und anakreontischer Tradition.

Zum drittenmal kehrt das auf Steigerung angelegte Gedicht in der dreizehnten Strophe zum Positiv zurück. Das Thema des Dichterruhms und der damit verliehenen Unsterblichkeit wird in drei Strophen (13–15) entfaltet; die Strophen 14 und 15 werden einerseits durch die Zeitadverbien »Oft« (55/56) und »Dann« (57) und durch einen absoluten Komparativ gesteigert – andererseits sichert die Wiederholung von »Herz« (57/58) und »Ist des Schweisses der Edlen werth!« (52/60) den Zusammenhang der Dreiergruppe.

Die sechzehnte Strophe schließt die Beispiele für Erfahrungen der Freude (Lenz, Wein, Ruhm) zusammen. Sie dienen nun als Positiv für die ›echte‹ Steigerung: Freundschaft und freundschaftlicher Lebensgenuß übertreffen diese Form der Freude; sie sind noch »süßer«, »schöner und reizender« (61). Sie scheinen den Menschen auch für die Ewigkeit würdiger als der Ruhm zu machen.

Mit den Strophen 17–19 entfernt sich die Ode allmählich wieder von ihrem letzten Gipfel. Mit den »Umschattungen« (65) des Walds und der »silbernen Welle« (67) erscheint noch einmal die landschaftliche Szenerie. »Zärtlichkeit«, der Zentralbegriff der frühen Empfindsamkeit, führt durch das Attribut »treu« die Freundschaftsthematik weiter (65). Die letzten drei Strophen werden semantisch und syntaktisch zur Dreiergruppe zusammengeschlossen. In der Freude der Freundschaft sind nicht nur die gegenwärtigen und an der Bootsfahrt teilnehmenden Freunde angesprochen. Die »verstreut« (70) in Deutschland lebenden Freunde werden »herbeigewünscht«; wären sie mit anwesend, würden wie im Evangelium (Mark. 9,5; vgl. Matth. 17,4, Luk. 9,33) »Hütten« gebaut: »Hütten der Freundschaft« (73). Dann könnte die Ewigkeit anbrechen, die den »Schattenwald« (74) der Au und das Tal nicht in ein christliches Paradies, sondern in ein griechisch-anakreontisches Elysium und Tempe, das blühende Tal am Fuß des Olymp, wandeln würde. Damit aber endet die Ode in einer Vorstellung von Ewigkeit und immerwährender elysischer Freude der Freundschaft, deren utopischer Charakter durch den konditionalen Modus des Wünschens ausgewiesen wird.

Klopstocks *Zürchersee* entspricht vollkommen den Vorstellungen von der Ode, wie sie um die Mitte des 18. Jahrhunderts formuliert wurden. Ein anonymer Autor hat 1763 einen Versuch *Von der Ode* veröffentlicht, in welchem die Rührung als die spezifische Wirkung dieser Gattung und der »zusammengedrängte Affekt« einer Hauptempfindung, in der »starke und lebhafte Empfindungen« konzentriert werden, als Charakteristika gelten. Im Gegensatz zu den »Vorstellungen« folgten die Empfindungen in der Ode nicht der Kausalität – der Übergang von einer Empfindung zur anderen wird im positiv-ästhetischen Sinne als »unordentlich« bezeichnet. Vor dem Zerfallen in die einzelnen Empfindungen wird die Ode durch einen »Hauptaffekt« bewahrt, der aus den »Begriffen des Enthusiasmus und der Wahrscheinlichkeit« hervorgehe, welche die Ode ermöglichten. Zwei Affekte dürften nicht so stark ausgedrückt werden, daß sie für sich ein Ganzes bildeten; die Einheit der Ode erfordere die Orientierung der Empfindungen am »Hauptaffekt«. Die

Kunst der Ode bestehe daher vor allem in der Verbindung der Nebenempfindungen mit der Hauptempfindung. Von Anfang an solle in der Ode der Affekt einer möglichst erhabenen Empfindung aus dem Bereich des natürlichen oder moralischen Schönen herrschen; in der Folge könne der Affekt ab- und zunehmend gesteigert werden – das Ende müsse am stärksten sein (*Von der Ode*, S. 177). Die vollendete Ode definiert der Anonymus aus dem Kreis um Lessing, Mendelssohn und Nicolai folgendermaßen: »Je größer die Begeisterung, folglich je höher der Schwung, und je merklicher die schöne Unordnung ist, je mehr die Wahrscheinlichkeit der Empfindungen, die Kürze und die Einheit beobachtet, und je genauer alles dieses mit einander verknüpft worden, je vollkommener ist die Ode« (*Von der Ode*, S. 165).

Unter den Interpreten der Ode *Der Zürchersee* hat bisher nur Beißner von einem »Stufengang« gesprochen. Er vertritt die These, das Baugesetz der Ode – $1 + 7 (2 + 5) + 7 (2 + 2 + 3) + 1 + 3$ – sei einzig auf die sechzehnte Strophe ausgerichtet. Um dieser Strophe willen sei die ganze Ode gedichtet, hier werde auch der eigentliche Gegenstand der Ode, ihr höchster Wert, die Freundschaft, gefeiert. Im Hinblick auf die in meiner Interpretation dargelegte These vom Prinzip der Steigerung ergeben sich gegenüber Beißners Deutung Übereinstimmung und Abweichung. Das Prinzip der Steigerung und die Konzeption von der Ode als dem »vollkommen Affektvollen«, wie sie der Anonymus des zitierten Versuchs nennt, schließen gerade wegen der »Stufung« die Auszeichnung der sechzehnten Strophe als absolut zentrale aus. Der Hauptaffekt »Freude« enthält den Affekt »Freundschaft« in sich. Gewiß stellt die Freundschaft die konkreteste Erfahrung der »Freude« dar – aber der umfassende Affekt der Ode ist die Epiphanie der Freude! Der Hauptaffekt wird bis zum Ende der Ode gesteigert – in der Freundschaft kommt die Freude »Volles Maßes« (28) auf die hochgestimmte Gesellschaft herab.

Wenn es richtig ist, daß die Evokation der Landschaft eine sekundäre Rolle in dieser Ode spielt und die Steigerung des Affekts auch mit »Nebenaffekten« bewirkt werden mußte – was hält dann die Ode außer der »Freude« als Hauptaffekt zusammen? Abgesehen von der Bildung thematischer Gruppen, auf die hingewiesen wurde, werden die einzelnen Teile des Gedichts durch die häufig gebrauchte Anapher, die Wiederholung ganzer Zeilen, aber auch einzelner Wörter, miteinander in Beziehung gesetzt. Die anaphorischen Vokative und die häufigen Komparative kümmern sich nicht um die stilistische Regel der Variatio. Um denselben Vorgang der Herabkunft von »Freude« und »Lenz« zu formulieren, genügen in unmittelbarer Folge (Str. 8/9) »ergoß« / »sich [...] gießt« (32/34/36). Das Vokabular der Empfindungen wird meist wiederholend verwendet: Außer den Strophen 2 und 4 thematisiert der Odentext durchgängig die Empfindungen selbst! »Gedanken« (3, 42, 46, 51) in der für Klopstock emotionalen Bedeutung, »empfinden« (18, 24, 29, 41), »fühlend« (12), »sanft« (12, 34, 42, 57, 58), »süß« (10, 33, 61), »schön« und »reizend« (1, 2, 20, 38, 61) genügen, in jeweils neuem Kontext mehrfach eingesetzt, um die positive und die gesteigerte Empfindung auszudrücken. Das Gedicht steigert die Empfindung und thematisiert sie ebenso wie die Literatur selbst (Str. 3, 6, 14). Die wiederholte Reflexion auf Wirkungen der Seefahrt bei Jünglingen und Mädchen (Str. 3, 5, 6, 9, 10, 14) konkretisiert den gesellig-erotischen Charakter des »jugendlich heiteren« Tons der Ode.

Einen Tag nach der Fahrt auf dem Zürchersee reiste Klopstock – wohl in Begleitung von Bodmer, Breitinger und Heß – nach Winterthur. Dort waren bereits literarische Freunde der Zürcher, u. a. Sulzer, versammelt. Mitten in dieser Gesellschaft ehrenwerter und gesetzter Männer, die für die Lustreise auf dem See nicht zu gewinnen waren, dachte Klopstock an den 30. Juli zurück. Er schrieb den eingangs zitierten Brief und verfaßte noch vor seiner Abreise von

Winterthur (10. August 1750) die Ode *Der Zürchersee*. Sie stattet der jugendlichen Geselligkeit poetischen Dank ab. Man schmeichelte Klopstock, er habe das Wunder einer so außerordentlichen Gesellschaft zuwege gebracht, denn die Mädchen und Frauen waren nicht, wie sonst, ausgeschlossen, und Madame Muralt sorgte dafür, daß die Lästerzungen der Stadt »nicht Glossen über die jüngere Gesellschaft machen möchten« (*Briefe*, S. 389). Klopstock gelang es offensichtlich, die studentische und gemischte Geselligkeit seiner Freunde, für die Hagedorn *der* Dichter von Jugend und Freundschaft war, im Zürich der steiferen Sitten einzuführen. Mehrere Teilnehmer der Seefahrt gründeten 1750 mit anderen Gleichgesinnten die später so genannte »Diensttagsgesellschaft«. Klopstock war, nach Aussage des Protokolls, öfter anwesend. Er legte dann meist die »ernsthafte Miene des Epischen Dichters« ab »und sang in fröhlichen Reihen, das Kelchglas in der Hand, Hagedorns muntere Lieder vom Amor, und Freundschaft und Bachus, oder Hallers zärtliche Doris; Zuweilen übten Sie die hurtige Füße in Tänzen und schnellen Bewegungen auf der Ebene anmuthiger Gefielden. Fröhlich oder wieder ernsthaft ohne Zwang, wie es der Anlaß von selbs mitbracht. Er schenkte auch einichen aus dieser Gesellschaft vorzüglich seine Freundschaft. N. B. seine Ode auf den Zürichsee kan hievon einige Erläuterung geben« (*Briefe*, S. 386). An Fanny schrieb Klopstock am 2. August 1750, die »artigste junge Welt« in Zürich habe gesehen, »daß ich ein guter Kenner der Freude sey, so macht man mir recht viel Freude« (*Briefe*, S. 131).

Zitierte Literatur: Friedrich BEISSNER: Klopstocks Ode »Der Zürchersee«. Ein Vortrag. Münster/Köln 1952. – Bernhard BLUME: Die Kahnfahrt. Ein Beitrag zur Motivgeschichte des 18. Jahrhunderts. In: Euphorion 51 (1957) S. 355–384. – Gerhard KAISER: »Denken« und »Empfinden«: Ein Beitrag zur Sprache und Poetik Klopstocks. In: Text + Kritik. Sonderband Friedrich Gottlieb Klopstock. Hrsg. von Heinz Ludwig Arnold. München 1981. S. 10–28. – Ewald von KLEIST: Werke. T. 3: Briefe an Kleist. Hrsg. und mit Anm. begl. von Dr. August Sauer. Berlin [1882]. Neudr. Bern 1968. – Friedrich Gottlieb

KLOPSTOCK: Werke und Briefe. [Siehe Textquelle.] Abt. Briefe I: Briefe 1738–1750. Hrsg. von Horst Gronemeyer. Berlin / New York 1979. – Von der Ode. Ein Versuch. In: Vermischte Beyträge zur Philosophie und den schönen Wissenschaften. Bd. 2. 1. Stück. [Breslau 1763.] S. 152–177.

Weitere Literatur: Jakob BÄCHTOLD: Litterarische Bilder aus Zürichs Vergangenheit. In: J. B.: Kleine Schriften. Mit einem Lebensbilde von W. von Arx. Hrsg. von Theodor Vetter. Frauenfeld 1889. S. 103–223. – Arthur HENKEL: »Der deutsche Pindar«. Zur Nachahmungsproblematik im 18. Jahrhundert. In: Geschichte des Textverständnisses am Beispiel von Pindar und Horaz. Hrsg. von Walther Killy. München 1981. S. 173–193. – Jean MURAT: Klopstock. Les Thèmes principaux de son Œuvre. Paris 1959. S. 145–152, 176–197. – Christoph PERELS: Studien zur Aufnahme und Kritik der Rokokolyrik zwischen 1740 und 1760. Göttingen 1974. – S. S. PRAWER: German Lyric Poetry. A Critical Analysis of selected Poems from Klopstock to Rilke. London [1952]. S. 36–43. – Gerhard SAUDER: Der »zärtliche« Klopstock. In: Text + Kritik. Sonderband Friedrich Gottlieb Klopstock. Hrsg. von Heinz Ludwig Arnold. München 1981. S. 59–69. – Franz SCHULTZ: Die Göttin Freude. Zur Geistes- und Stilgeschichte des 18. Jahrhunderts. In: Jahrbuch des Freien Deutschen Hochstifts 1926. S. 3–38. – Emil STAIGER: Klopstock: Der Zürchersee. In: Die Kunst der Interpretation. Studien zur deutschen Literaturgeschichte. Zürich [2]1957. S. 50–74. – Julius WIEGAND: Zur lyrischen Kunst Walthers, Klopstocks und Goethes. Tübingen 1956. S. 51–54.

Friedrich Gottlieb Klopstock

Nicht in den Ocean   I
Der Welten alle
Will ich mich stürzen!
Nicht schweben, wo die ersten Erschafnen,
5 Wo die Jubelchöre der Söhne des Lichts
Anbeten, tief anbeten,
Und in Entzückung vergehn!

Nur um den Tropfen am Eimer,   II
Um die Erde nur, will ich schweben,
10 Und anbeten!

Halleluja! Halleluja!   III
Auch der Tropfen am Eimer
Rann aus der Hand des Allmächtigen!

Da aus der Hand des Allmächtigen   IV
15 Die grössern Erden quollen,
Da die Ströme des Lichts
Rauschten, und Orionen wurden;
Da rann der Tropfen
Aus der Hand des Allmächtigen!

20 Wer sind die tausendmal tausend,   V
Die myriadenmal hundert tausend,
Die den Tropfen bewohnen?
Und bewohnten?
Wer bin ich?
25 Halleluja dem Schaffenden!
Mehr, als die Erden, die quollen!
Mehr, als die Orionen,
Die aus Strahlen zusammenströmten!

Aber, du Frühlingswürmchen,   VI
30 Das grünlichgolden

Neben mir spielt,
Du lebst;
Und bist, vielleicht – –
Ach, nicht unsterblich!

Ich bin herausgegangen,   VII
Anzubeten;
Und ich weine?

Vergieb, vergieb dem Endlichen   VIII
Auch diese Thränen,
O du, der seyn wird!

Du wirst sie alle mir enthüllen   IX
Die Zweifel alle
O du, der mich durchs dunkle Thal
Des Todes führen wird!

Dann werd ich es wissen: X
Ob das goldne Würmchen
Eine Seele hatte?

Warest du nur gebildeter Staub,   XI
Würmchen, so werde denn
Wieder verfliegender Staub,
Oder was sonst der Ewige will!

Ergeuß von neuem, du mein Auge,   XII
Freudenthränen!
Du, meine Harfe,
Preise den Herrn!

Umwunden, wieder von Palmen umwunden   XIII
Ist meine Harfe!
Ich singe dem Herrn!

Hier steh ich.   XIV
Rund um mich ist Alles Allmacht!
Ist Alles Wunder!

Mit tiefer Ehrfurcht, XV
Schau ich die Schöpfung an!
Denn Du,
65 Namenlosester, Du!
Erschufst sie!

Lüfte, die um mich wehn, XVI
Und süsse Kühlung
Auf mein glühendes Angesicht giessen,
70 Euch, wunderbare Lüfte,
Sendet der Herr? Der Unendliche?

Aber itzt werden sie still; kaum athmen sie! XVII
Die Morgensonne wird schwül!
Wolken strömen herauf!
75 Das ist sichtbar der Ewige,
Der kömmt!
Nun fliegen, und wirbeln, und rauschen die Winde!
Wie beugt sich der bebende Wald!

Wie hebt sich der Strom! XVIII
80 Sichtbar, wie du es Sterblichen seyn kannst,
Ja, das bist du sichtbar, Unendlicher!

Der Wald neigt sich! XIX
Der Strom flieht!
Und ich falle nicht auf mein Angesicht?

85 Herr! Herr! Gott! barmherzig! und gnädig! XX
Du Naher!
Erbarme dich meiner!

Zürnest du, Herr, weil Nacht dein Gewand ist? XXI
Diese Nacht ist Seegen der Erde!
90 Du zürnest nicht, Vater!
Sie kömmt, Erfrischung auszuschütten
Ueber den stärkenden Halm!

Ueber die herzerfreuende Traube!
Vater! Du zürnest nicht!

Alles ist stille vor dir, du Naher!   XXII
Ringsum ist Alles stille!
Auch das goldne Würmchen merkt auf!
Ist es vielleicht nicht seelenlos?
Ist es unsterblich?

Ach vermöcht ich dich, Herr, wie ich dürste, zu   XXIII
                     preisen!
Immer herrlicher offenbarst du dich!
Immer dunkler wird, Herr, die Nacht um dich!
Und voller von Seegen!

Seht ihr den Zeugen des Nahen, den zückenden Blitz? XXIV
Hört ihr den Donner Jehovah?
Hört ihr ihn?
Hört ihr ihn?
Den erschütternden Donner des Herrn?

Herr! Herr! Gott! barmherzig und gnädig!   XXV
Angebetet, gepriesen
Sey dein herrlicher Name!

Und die Gewitterwinde? Sie tragen den Donner!   XXVI
Wie sie rauschen! Wie sie die Wälder durchrauschen!
Und nun schweigen sie! Majestätischer
Wandeln die Wolken herauf!

Seht ihr den neuen Zeugen des Nahen,   XXVII
Seht ihr den fliegenden Blitz?
Hört ihr, hoch in den Wolken, den Donner des Herrn?
Er ruft Jehovah!
Jehovah!
Jehovah!
Und der gesplitterte Wald dampft!

Aber nicht unsre Hütte!
Unser Vater gebot
125 Seinem Verderber
Vor unsrer Hütte vorüberzugehn!

Ach schon rauschet, schon rauschet
Himmel und Erde vom gnädigen Regen!
Nun ist, wie dürstete sie! Die Erd erquickt,
130 Und der Himmel der Fülle des Seegens entladen!

Siehe, nun kömmt Jehovah nicht mehr im Wetter!
Im stillen, sanften Säuseln
Kömmt Jehovah!
Und unter ihm neigt sich der Bogen des Friedens.

Abdruck nach: Friedrich Gottlieb Klopstock: Oden. Ausw. und Nachw. von Karl Ludwig Schneider. Stuttgart: Reclam, 1966 [u. ö.]. (Reclams Universal-Bibliothek. 1391 [2].) S. 58–66.
Erstdruck: Nordischer Aufseher. 94. Stück. 2. August 1759. [Ohne Titel.]
Weitere wichtige Drucke: Klopstocks Oden und Elegien. Darmstadt: [o. Verl.,] 1771. Neudr. hrsg. von Jörg-Ulrich Fechner. Stuttgart: Metzler, 1974. [Unter dem Titel: Das Landleben.] – [Friedrich Gottlieb Klopstock:] Oden. Hamburg: Bode, 1771. [Überarbeitete Fassung unter dem Titel: Die Frühlingsfeyer.] – Friedrich Gottlieb Klopstocks Oden. 2 Bde. Hrsg. von Franz Muncker und Jaro Pawel. Stuttgart: G. J. Göschen, 1889. Bd. 1. – Friedrich Gottlieb Klopstock: Ausgewählte Werke. Hrsg. von Karl August Schleiden. München: Hanser, 1962.

Uwe-K. Ketelsen

Poetische Emotion und universale Harmonie. Zu Klopstocks Ode *Das Landleben / Die Frühlingsfeyer*

»Wir traten ans Fenster. Es donnerte abseitwärts, und der herrliche Regen säuselte auf das Land, und der erquickendste Wohlgeruch stieg in aller Fülle einer warmen Luft zu uns auf. Sie stand auf ihren Ellenbogen gestützt, ihr Blick durchdrang die Gegend; sie sah gen Himmel und auf mich, ich sah ihr Auge tränenvoll, sie legte ihre Hand auf die meinige und sagte: ›Klopstock!‹ – Ich erinnerte mich sogleich der herrlichen Ode, die ihr in Gedanken lag, und versank in dem Strome von Empfindungen, den sie in dieser Losung über mich ausgoß. Ich ertrug's nicht, neigte mich auf ihre Hand und küßte sie unter den wonnevollsten Tränen. Und sah nach ihrem Auge wieder – Edler! hättest du deine Vergötterung in diesem Blicke gesehen, und möcht' ich nun deinen so oft entweihten Namen nie wieder nennen hören!« Es bedurfte keines Kommentars: Die ursprünglichen Leser verstanden sofort, welches Gedicht Lotte und Werther (denn um die handelt es sich hier) im Sinn haben: *Die Frühlingsfeyer*, dessen Autor eine ganze Generation junger Leser um die Mitte des 18. Jahrhunderts in seelenvolle Begeisterung versetzte. Das vielzitierte Ereignis, das Werther in seinem Brief vom 16. Juni schildert, hat – wie wir wissen – für die Personen, die darin verwickelt waren, und auch für das Gedicht selbst weitreichende Folgen gehabt.

Diese Schilderung ist das berühmteste Dokument für die Lektüre des bekanntesten und am meisten interpretierten Gedichts Klopstocks, ja der ganzen Aufklärung. Wie unter einem Brennglas läßt sie erkennen, was Beschäftigung mit Poesie (zumindest dieser Art) in jener Epoche bedeuten konnte: Gleich einer Geröllhalde scheint sie die Schranken niederzureißen, die Konvention und bürgerliche Verhältnisse zwischen zwei verwandten Seelen aufgebaut haben. Beide sind so sehr in ihren Tiefen erschüttert, daß jeder Versuch des Redens in Tränen erstickt (Sauder, S. 66). Auch wo die Macht der Poesie nicht so dramatisch in den Gang der bürgerlichen Zeitläufte eingriff, konnte die gemeinsame Lektüre poetischer Texte zumindest für die Zeit des Lesens die gesellschaftlichen Barrieren der absolutistischen Ständegesellschaft senken; so verbanden sich etwa in Darmstadt Empfindsame verschiedener (höherer) Stände zur Lektüre Klopstocks, vereinten sich unter seinem Stern in Göttingen Studenten unterschiedlicher sozialer Herkunft; und das oft gezeigte Aquarell von Georg Melchior Kraus »Ein Abend bei Anna Amalia« (1782), auf dem eine ständisch gemischte Gesellschaft in bürgerlicher Runde beim gemeinsamen Lesen versammelt ist, hat fast allegorischen Rang gewonnen für diese Hoffnung auf die versöhnende Kraft der Poesie. Für Goethe scheint 1774 der Glaube an eine solche Wirkung der Dichtung allerdings nicht ganz unproblematisch gewesen zu sein, denn er ließ seinen Romanhelden ja nur zu schmerzlich erfahren, daß die Poesie die Gesetze und Prinzipien der bürgerlichen Welt allenfalls zeitweilig überspielen kann.

Werthers Schilderung läßt deutlich erkennen, daß die beiden *Die Frühlingsfeyer* (wie das Gedicht seit der Oden-Ausgabe von 1771 überschrieben ist) in einem ganz besonderen Licht lesen: in dem der zeitgenössischen empfindsamen Lektürehaltung. Der Erzähler bereitet die Wirkung, die die Beschäftigung mit dem Gedicht und seinem Autor hervorruft, deutlich vor, wenn er Werther schreiben läßt, wie sehr Oliver Goldsmiths *The Vicar of Wakefield* (1766) ein Buch nach Lottes und seinem Herzen sei; und die tränenreiche Versenkung in den *Ossian* (der seit 1768/69 in der deutschen Übersetzung von Michael Denis vorlag) steht den beiden noch bevor. Sie übertragen die empfindsame Stimmung, die besonders Klopstocks (im 18. Jahrhundert begeistert aufgenommene) Freundschaftsdichtung der vierziger und fünfziger Jahre beherrscht, ohne weiteres auf die *Frühlingsfeyer*. Es gibt viele literarische Zeugnisse, die diese Gemütsverfassung eindrücklich belegen:

»Hallers Doris«, die sang, selber des Liedes werth,
Hirzels Daphne, den Kleist innig wie Gleimen liebt;
Und wir Jünglinge sangen,
Und empfanden, wie Hagedorn.
(*Der Zürchersee*, 1750.)

Eine solche Strophe macht deutlich, in welcher Weise Poesie, Freundschaft (die die Zeitgenossen in striktem Gegensatz zur Höflichkeit stehen sahen) und empfindsame Stimmung ineinander verschlungen waren, und ein knapper Satz, den Meta Moller, die spätere Frau Klopstocks, an diesen in einem Brief vom 30. Dezember 1751 ins ferne Kopenhagen schrieb: »Wie sehr süß ist das für mich, daß Sie bey der Stelle im Young, sanft, bescheiden, melancholisch, an mich gedacht haben!«, ein solcher Satz zeigt an, daß die schwärmerische Seelenharmonie im Banne empfindsamer Poesie nicht nur dichterischer Phantasie entsprang, sondern daß zumindest die jugendlichen Freundschaftszirkel der Jahrhundertmitte sie als gelebte Realität zu verwirklichen suchten. Gegen den von feudal-absolutistischer Staatlichkeit und rationalistischer Erwerbsmoral bestimmten Alltag der bürgerlichen Gesellschaft entstand etwas, was wir heute mit dem Namen ›Gegenkultur‹ belegen würden.

Der religiöse Inhalt der *Frühlingsfeyer* steht solchen Versuchen zunächst durchaus nicht entgegen, er befördert sie sogar in gewisser Weise. Die christliche Gemeinschaftsbildung schimmert als Modell hinter solchen Bildern unvermittelter Seelenbünde hervor. Nicht ohne Nebensinn geht der Gewitterszene im Brief Werthers das durch Daniel Chodowieckis Zeichnung topisch gewordene Bild von der das Brot austeilenden Lotte voraus, und Werther benutzt in der zitierten Briefstelle mit voller Absicht Worte wie »Losung«, »Vergötterung«, »entweihter Name«, wenn er von Klopstock spricht. Herder nannte eine Anthologie, die er sich aus

empfindsamen Gedichten zusammenstellen wollte, in einem
Brief vom 1. September 1770 an seine spätere Frau Caroline
Flachsland »ein schön Gesangbuch« – diese beiden hatten
sich übrigens auch über der Lektüre einer Klopstock-Ode
gefunden (Fechner, S. *7)! Klopstocks *Frühlingsfeyer* gibt
einer solchen Verschmelzung wie selbstverständlich Nah-
rung, findet sich doch darin kaum eine Strophe, die nicht
mehr oder minder offensichtlich auf eine Bibelstelle verweist
(Str. 2: Jes. 40,15, Sir. 18,8; Str. 6: Ps. 22,7; Str. 7: Ps. 19,6;
Str. 8: 2. Mos. 3,14; Str. 9: Ps. 23,4 usw.). Die Bedeutung
einer solchen überhöhenden Symbiose auch für die gesellschaftliche Stellung des Schriftstellers im 18. Jahrhundert
kann hier noch nicht einmal angedeutet werden.
Die meisten der vielen Interpretationen, die dieses Gedicht
im Laufe seiner Überlieferungsgeschichte gefunden hat, sind
der Weise, in der Lotte und Werther es gelesen haben, mehr
oder minder tief verpflichtet geblieben. So hat deren Lesung
fast archetypischen Rang erhalten. Deswegen wird nur zu
leicht übersehen, was ihre Besonderheit ausmacht. Für das
18. Jahrhundert war es nämlich durchaus nicht selbstverständlich, daß religiöse und weltliche Texte – vermittelt über
den Begriff ›Poesie‹ – ohne weiteres vermischt wurden, im
Gegenteil, es gehörte zur Besonderheit der Jahrzehnte um
1750, *daß* sie zusammengesehen werden konnten. Und
gerade Klopstock hatte an dieser neuen Sichtweise bedeutenden Anteil. Die Gründe für eine bis dahin herrschende
Trennung waren institutioneller und literaturtheoretischer
Art. In diesen Jahrzehnten versuchten Literaturtheoretiker
(mit reger Beteiligung Klopstocks) das Verhältnis zwischen
Realität und Poesie neu zu bestimmen. Poesie – so meinte,
kurz gefaßt, die ältere Literaturtheorie – ahmt die Wirklichkeit nach, wiederholt sie; das religiöse Lied dagegen *ist*
Wirklichkeit, der Psalmist ahmt das Gotteslob nicht nach, er
lobt Gott in der Tat. Diesen Status beanspruchte nun die
neue Literaturtheorie auch für die (weltliche) Poesie. Klopstock brachte 1771 die Forderung unter der Überschrift
Beschreibung und Darstellung in ein Epigramm: »In der

Dichtkunst gleicht Beschreibung der Schönheit [so nennt Klopstock die ›Nachahmung‹] Pygmalions Bilde, | Da es nur noch Marmor war; | Darstellung der Schönheit [das ist in Klopstocks Terminologie das Neue, zu Fordernde] gleicht dem verwandelten Bilde, | Da es lebend herab von den hohen Stufen stieg« (Schleiden, S. 182). Poesie reproduziert nicht eine vorgegebene Realität, Poesie produziert selbst Realität; die Literaturtheoretiker der Zeit besannen sich auf die etymologische Wurzel des Wortes ›Poesie‹. Die religiöse Dichtung (etwa das Kirchenlied) lieferte zumindest teilweise das Modell dafür. So spricht denn Klopstock von der »Heiligen Dichtkunst«, auch wo er weltliche Poesie meint, und Werther greift diesen Gedanken, wie wir gesehen haben, auf. Das war etwas ganz Neues und – wenn man die lautstarken Verwünschungen noch im Ohr hat, die nur wenige Jahrzehnte zuvor besonders die lutherische Orthodoxie gegen die (weltliche) Poesie ausgestoßen hatte – etwas Unerhörtes.

In dieser neuen Konzeption spielte die Fähigkeit der Poesie, auf die Empfindungen einzuwirken, eine hervorragende Rolle. Novalis wird später von »Gemütserregungskunst« sprechen. Klopstock stellte 1759 in einem poetologischen Essay apodiktisch fest: »Das Wesen der Poesie besteht darin, daß sie [...] eine gewisse Anzahl von Gegenständen [...] von einer Seite zeigt, welche die vornehmsten Kräfte unsrer Seele in einem so hohen Grade beschäftigt, daß eine auf die andre wirkt, und dadurch die ganze Seele in Bewegung setzt.« Und er formulierte in diesem Zusammenhang den prägnanten Satz: »Gemeine Dichter wollen, daß wir mit ihnen ein Pflanzenleben führen sollen« (Schleiden, S. 992 f.). Lotte und Werther nehmen in der Tat etwas Wichtiges an Klopstocks Gedicht wahr, wenn sie es unter dem Vorzeichen empfindsamer Lektürepraktiken lesen; die bewegenden, das Gefühl des Lesers berührenden Emotionen, die die *Frühlingsfeyer* durchpulsen, sind den Versen wirklich charakteristisch, sind deren »Hauptton«, wie Klopstock das nennt.

Viele Interpreten halten das für eine literaturgeschichtliche Neuerung, die Klopstocks historischen Rang ausmache. Das trifft nun nicht zu. Daß die Poesie zu bewegen habe, war vielmehr ein alter Grundsatz der tradierten Poetik; das für die Poesie Charakteristische, sie Definierende wurde im Rahmen der humanistischen Rhetoriktradition darin erblickt, daß die Überzeugungskraft (›persuasio‹) der Poesie auf ihrer besonderen Fähigkeit beruhe, Emotionen zu bewegen (›movere‹). Wenn Klopstocks Gedicht also die Qualität zugeschrieben wird, es könne den Leser bewegen, dann heißt das lediglich, daß es *uns noch* bewegt (während Texte von Brockes, Haller, Gellert oder Gleim das nicht mehr tun). Was Klopstock dagegen wirklich auszeichnet, ist, daß er sein formales Repertoire im Dienste der hergebrachten Emotionalisierungsabsicht ausweitete, daß er seinen Schatz an Bildern (die aufgrund erkenntnistheoretischer Prämissen in der Movere-Doktrin eine besondere Rolle spielten) origineller anzulegen versuchte (was bei diesem Gedicht allerdings weniger auffällig ist) und daß er die Emotionalität in anderer Weise in die Konzeption vom Menschen einordnete, als das die frühaufklärerische Wirkungsästhetik getan hatte. Für die gesamte rationalistische Anthropologie standen Rationalität (die ›oberen Erkenntniskräfte‹) und Emotionalität (die ›unteren Erkenntniskräfte‹) in einem Spannungsverhältnis, dessen Ausgleich gewisse Anstrengungen zu widmen waren. In den stoischen und rationalistischen Richtungen, die die wirkungsästhetischen Diskussionen der deutschen Frühaufklärung besonders bestimmten, wurden die ›oberen Erkenntniskräfte‹ immer dominant gesetzt; das Gefühl bestärkt allenfalls, was der Verstand schon weiß, die Bilder zeigen dem Gemüt angenehm, was die Begriffe schon mit Anstrengung dem Verstand expliziert haben. Im Anschluß an die englische Diskussion nun, dann an Bodmers und Breitingers Darlegungen wie an Alexander Baumgartens und Georg Friedrich Meiers Vorstellungen wertete Klopstock die ›unteren Erkenntniskräfte‹ auf: die sinnliche Erkenntnis führt von sich aus zur Wahrheit, die freilich keine andere ist als die, zu der die (recht eingesetzte) Vernunft auch käme. Klopstock bringt dieses Zusammengehen in die poetologische Formel: »Leiserer, lauterer Mitausdruck der Gedanken des Liedes | Sei die Bewegung des Verses« (Schleiden, S. 186). So entsteht das, was Interpreten – gerade an der *Frühlingsfeyer* – schon immer fasziniert hat: die sinnliche Reflexion, die reflexive Sinnlichkeit, die Verschwisterung von Gedanken und Bild, von Enthusiasmus und Kühle.

Klopstock hat viel Nachdenken und manches Experimentieren auf die Technik angewandt, diese Verbindung zu verfeinern, um beim Leser das zu erzeugen, was er das »schnellere Denken« nannte (Schleiden, S. 1027 f.). Dessen Aufmerksamkeit sollte hin- und hergerissen werden zwischen spannungsvoll angeordneten Polen: zwischen dem Gedanken und seiner Formulierung, zwischen Bild und Reflexion, zwischen Großem und Kleinem, Nahem und Fernem; das Ungewohnte sollte die Aufmerksamkeit anspannen. In den intensiven poetologischen Studien, die seine schriftstellerische Praxis begleiteten, griff Klopstock viele der Merkmale des Genus sublime auf, die aus der antiken Lyriktradition bekannt waren, und erneuerte sie im Lichte der wirkungsästhetischen Überlegungen seiner Zeit. Neben Wortwahl und Wortfolge beschäftigten ihn dabei besonders metrisch-rhythmische Probleme. *Die Frühlingsfeyer* gilt als eines der geglücktesten Beispiele für den ›freien Rhythmus‹. Zwar hatten Schriftsteller der vorausliegenden Jahrzehnte vor dem Hintergrund des beinahe kanonischen vier- bzw. sechshebigen reimenden (und oft auch noch streng alternierenden) Verses mit unregelmäßigen, vom Rhythmus her organisierten Zeilenformen gearbeitet (wie Brockes mit dem Madrigal- und Gellert mit dem Erzählvers), auch hatte man in Anlehnung an antike Vorbilder versucht, aus dem starren, immer gleichen Schematismus der ›gelehrten‹ Dichtung in der strengen Zucht Opitzens herauszukommen. Aber erst Klopstock glückte diese Emanzipation wirklich. Er schuf damit ein lyrisches Idiom, das bis heute gültig geblieben ist. Die erste Fassung der *Frühlingsfeyer* ist in dieser Hinsicht noch entschieden kühner als die zweite (nach einer Auskunft Gleims 1764 entstandene) Version, die erstmals in der Oden-Ausgabe von 1771 erschien. Ihre rhythmische Gestalt lebt ganz aus der Organisation der Kola, der kleinsten rhythmischen Spracheinheit (und ist nicht, wie in der überlieferten, den Betrieb beherrschenden Lyrik durch ein vorgeordnetes metrisches und strophisches Schema vorbestimmt). So kommt es zu (für die Zeit kühnen) Zeilenbrüchen, die den Gedankengang rhythmisch auseinanderreißen und in Variationen – unterstützt durch Laut- und Wortwiederholungen, syntaktische Parallelismen, paradigmatische Äquivalenzen – wieder zusammenfügen. Mit außerordentlicher Artistik gelingt es Klopstock, nicht allein eine Gott preisende Seele zu zeigen, sondern die Hymne des Gottespreises selbst anzustimmen, eben das zu erreichen, was er in seinen theoretischen Schriften »Gestaltung« nannte. (Die zweite Fassung nimmt allerdings diese Kühnheit etwas zurück. Sie ordnet – nach den heimlichen antiken Vorbildern, vor allem des Horaz – die Kola zu größeren, wenn auch unregelmäßigen metrisch-rhythmischen Einheiten, sie konstruiert – an einigen Stellen durchaus auf Kosten des Gedankengangs – mechanisch vierzeilige Strophen. Nur an wenigen Stellen gelingen in dieser Überarbeitung Verbesserungen, so wenn das »Auch« in Strophe 3 [12] aus der Spitzen- in die Schlußstellung gesetzt oder die doppeldeutige »Da«-Reihung in Strophe 4 [14/16/18] zu einer »Als«/»Da«-Fügung umgeändert wird.) Erst der Straßburger Goethe und dann Hölderlin erreichten wieder jenen Standard, den Klopstock mit der ersten Fassung der *Frühlingsfeyer* für die deutsche Hymnendichtung gesetzt hatte.

Einprägsamer als manche lange Erklärung kann eine – an sich belanglose – Episode aus dem ›Kulturbetrieb‹ der ersten Hälfte des 18. Jahrhunderts vergegenwärtigen, welchen Schritt Klopstock mit seinem Anspruch und dem Gelingen solcher Verse über das bestimmend Normale hinaustat; sie ist gleichsam ein Gegenbild zur Werther-Szene: Im fünften

Band der Lyrikanthologie *Poesie der Nieder-Sachsen* (1738) wird ein Brief mitgeteilt, den Christian Friedrich Weichmann, der frühere Herausgeber dieser Sammlung, 1726 an Gottsched geschrieben hat. Darin meldet er, daß eine Frau Curtius von einem Hannoverschen Hofrat überredet worden sei, ein (plattdeutsches) Gedicht, das sie aus Anlaß einer königlichen Jagd abgefaßt hatte, König Georg I. von England zu überreichen. Der hohe Herr war über die Kunstfertigkeit seiner Untertanin dermaßen überrascht, zumal es sich um eine Frau handelte, daß er ihre Fähigkeiten einer Probe zu unterwerfen befahl; diese fiel so sehr zu seiner Zufriedenheit aus, daß er »der Verfasserin so wol als ihrem Vater, dem Prediger zu Römstede, thätliche Zeichen der Königlichen Gnade [habe] sehen lassen«, nämlich 100 neue Harz-Taler. Eine solche Behandlung eines Poeten wäre Klopstock als eine schnöde Schmählichkeit erschienen. Für ihn war Dichten kein verbales Geschicklichkeitsspiel, Dichten war höchster geistiger Anspruch und Beruf zugleich, und dieses im Alltag der spätfeudalen-absolutistischen Gesellschaft in Programm und Realität durchgesetzt zu haben stellt historisch nicht sein geringstes Verdienst dar.

So sind – und dafür ist *Die Frühlingsfeyer* ein lebhafter Zeuge – artistische Fertigkeiten für Klopstock sowenig wie die Gemütserregung ein Selbstzweck. Obwohl Lotte und Werther den »Haupttonn« dieses Gedichts Klopstocks, seine das Gemüt bewegende emotionale Grundhaltung, richtig auffassen, verstehen sie es dennoch nicht im Sinne des Autors; indem sie es vor dem Hintergrund der empfindsamen Seelen- und Freundschaftsdichtung lesen, dichten sie es um. Wie der Autor selbst seinen Text aufgenommen wissen wollte, hat er in einer Vorrede zur ersten Veröffentlichung angedeutet (die aber bezeichnenderweise weder der empfindsame Darmstädter Kreis in sein Klopstock-Brevier noch der Dichter selbst in seine 71er Ausgabe aufgenommen hat). Der Verfasser leitet seine Leser in eine ganz andere Richtung als die, in welche wir Lotte und Werther wandeln sehen: »Mich deucht es sollte sich niemand rühmen, daß er die Freuden des Landlebens kenne [...], wer nicht, durch den Anblick der Natur, [...] zu Betrachtungen über *Den*, der dieß alles, und wie viel mehr noch! gemacht hat, erhoben wird. Dann erst ist der Schatten recht kühl [...] wenn die ruhige und schönere Seele als jenes alles ist, auf diesen Stufen zu dem allgütigen Vater der Schöpfung emporsteigt.«

Nicht ganz grundlos fühlte sich Klopstock in einer diese Passage abschließenden Bemerkung zu einer Beschwichtigung gedrängt: »Wer Anmerkungen von dieser Art nicht mehr hören mag, weil er sie schon oft gehört hat, der kömmt mir vor, wie einer, der seiner Existenz müde ist« (Fechner, S. *20 f.). *Die Frühlingsfeyer* behandelt nämlich ein Problem, das nun schon seit fast vier Jahrzehnten von deutschen Lyrikern zum Überdruß abgehandelt worden, ja, das zumindest in den zwanziger und dreißiger Jahren sogar fast das einzige Thema gewesen war, dem sich Gedichte (insofern sie nicht Gelegenheitscarmina waren) gewidmet hatten. Thematisch war es darum gegangen, in immer neuen Beispielen zu versichern, daß die materielle Natur (über welche die Kenntnisse seit der stürmischen Entwicklung der New Science in der zweiten Hälfte des 17. Jahrhunderts so vehement wuchsen) keineswegs ein in sich kreisendes, abgeschlossenes System, keine Machina mundi sei, sondern daß im Gegenteil die komplexe Natur gerade – wie etwa die ›Physikotheologie‹ verbreitete – auf einen Gott als ihren Schöpfer, Lenker und Erhalter hindeute, ihn geradezu beweise (Ketelsen, S. 54–155). Vieles hatte sich zwar seit des Hamburger Ratsherrn Brockes Zeiten (1680–1747) entschärft, naturwissenschaftliche Kenntnisse waren weitgehend produktiver Allgemeinbesitz geworden, gerade auch für Klopstock (Richter, S. 131–181); das einmal aufgeworfene weltanschauliche Grundproblem stellte sich aber immer noch mit unverminderter Schärfe, das Gespenst der ›Freigeisterei‹ ging nach den Vorstellungen der Zeitgenossen in Deutschland immer noch um. Klopstock versuchte es nicht mehr mit den Formeln der Physikotheologie zu bannen, die an Kraft verloren hatten, sondern mit denen der »Neologie«

(Kaiser, S. 28–122). So stellte sich ihm die alte Frage nach dem Zusammenhang zwischen materieller Natur und Gott etwas anders als Brockes, anders übrigens auch, als er im Vorspruch zur *Frühlingsfeyer* andeutete, wo er seinem Hamburger Vorgänger noch näher stand als im Gedicht selbst. Während sich Brockes nicht dafür interessiert hatte, ob die (belebte) Natur erlöst würde, ja auf den Erlösungsgedanken überhaupt kein Gewicht gelegt hatte, kreist das Gedicht Klopstocks gerade darum und entfaltet an dieser Frage seine gedankliche Logik: Erst das Gewahrwerden des Glühwürmchens wirft die schreckensvolle Frage auf, ob die angesichts der ungeheuren Größe der Schöpfung zunächst unwillkürlich empfundene universale Harmonie mit dem Schöpfer-Gott nicht eine Täuschung sei. Als Gott dann im Gewitter zürnend, im Regenbogen gnädig (im wahrsten Sinne des Wortes) in die Erscheinung tritt und auch das Glühwürmchen »aufmerkt« (97), also nicht nur Maschine ist, da beruhigt sich das angstvolle Fragen. Diese Beschwichtigung ist überhaupt der gedankliche Zielpunkt des Gedichts, der Regenbogen mit Bedacht das abschließende Symbol.

Im Dienst dieser Versöhnung steht die für die Zeitgenossen unerhörte Steigerung der Emotionalisierung mit den Mitteln der Poesie. Der Tiefe der weltanschaulichen Verunsicherung und der Unmöglichkeit, sie angesichts der fortgeschrittenen naturphilosophischen Diskussionen mit den Mitteln der Logik zu beheben, entsprang die ungeheuer gesteigerte Anstrengung, die Kluft, die Klopstock durch das Universum klaffen fühlte, emotional zu überwinden.

Lotte und Werther lesen Klopstocks *Frühlingsfeyer* nicht als Literarhistoriker, sie ›rekonstruieren‹ nicht mehr diesen Zusammenhang, der nicht (mehr) der ihre ist. Aber indem sie das Gedicht nicht historisch lesen, retten sie es; indem sie es aus seinem ursprünglichen Zusammenhang heraus- und in ihre Gegenwärtigkeit hineinheben, befreien sie den Enthusiasmus, die seelische Bewegtheit aus dem Dienste der beabsichtigten Argumentation. Auf solche Weise bewahrten sie dieses Gedicht vor dem Schicksal der anderen religiösen Gedichte Klopstocks. Sie gaben ihm eine Zukunft, die eine glücklichere war als die ihre.

Zitierte Literatur: Gerhard KAISER: Klopstocks »Frühlingsfeyer«. In: Interpretationen 1. Deutsche Lyrik von Weckherlin bis Benn. Hrsg. von Jost Schillemeit. Frankfurt a. M. 1965. S. 28–39. – Uwe-K. KETELSEN: Die Naturpoesie der norddeutschen Frühaufklärung. Stuttgart 1974. – Friedrich Gottlieb KLOPSTOCK: Ausgewählte Werke. [Siehe Textquelle. Zit. als: Schleiden.] – Klopstocks Oden und Elegien. [Siehe Textquelle. Zit. als: Fechner.] – Karl RICHTER: Literatur und Naturwissenschaft. München 1972. – Gerhard SAUDER: Der »zärtliche« Klopstock. In: Text & Kontext. Sonderreihe. Bd. 5: Deutsch-dänische Literaturbeziehungen im 18. Jahrhundert. Hrsg. von Klaus Bohnen. München 1979. S. 58–74.

Interpretationen: Paul BÖCKMANN: »Die Frühlingsfeier«. In: Gedicht und Gedanke. Hrsg. von Heinz Otto Burger. Halle a. d. S. 1942. S. 89–101. – Rudolf HILDEBRANDT: Ein Stückchen ultramontaner Literatur-Geschichte. In: Zeitschrift für Deutschen Unterricht 8 (1894) S. 217–219, 412 f., 601 f. – Rudolf IBEL: »Die Frühlingsfeier«. Eine Studie zur heldischen Wortgestaltung. In: Zeitschrift für deutsche Philologie 54 (1929) S. 359–377. – Werner KRAFT: Der Nahe. Zu Klopstocks »Frühlingsfeier«. In: W. K.: Augenblicke der Dichtung. München 1969. S. 24–29. – Jean MURAT: Klopstock. Les Thèmes principaux de son Œuvre. Paris 1959. S. 241–250. – Robert ULSHÖFER: Klopstocks »Frühlingsfeier«. In: Die deutsche Lyrik. Bd. 1. Hrsg. von Benno von Wiese. Düsseldorf 1956. S. 168–184. – Julius WIEGAND: Klopstocks »Die Frühlingsfeier«. In: J. W.: Zur lyrischen Kunst Walthers, Klopstocks und Goethes. Tübingen 1956. S. 65–67.

Weitere Literatur: Richard ALEWYN: Klopstocks Leser. In: Festschrift für Rainer Gruenter. Hrsg. von Bernhard Fabian. Heidelberg 1978. S. 100–121. – Wilhelm GROSSE: Studien zu Klopstocks Poetik. München 1977. – Hans-Heinrich HELLMUTH: Metrische Erfindung und metrische Theorie bei Klopstock. München 1973. – Gerhard KAISER: Klopstock. Religion und Dichtung. Königstein (Ts.) ²1975. – Terence K. THAYER: Klopstock and the Literary Afterlife. In: Literaturwissenschaftliches Jahrbuch der Görres-Gesellschaft. N. F. 14 (1973) S. 182–208.

Friedrich Gottlieb Klopstock

Der Erobrungskrieg

Wie sich der Liebende freut, wenn nun die Geliebte, der
hohen
Todeswog' entflohn, wieder das Ufer betritt;
Oft schon hatt' er hinunter geschaut an dem Marmor des
Strandes,
Immer neuen Gram, Scheiter und Leichen gesehn;
5 Endlich sinket sie ihm aus einem Nachen, der antreibt,
An das schlagende Herz, siehet den lebenden! lebt!
Oder wie die Mutter, die harrend und stumm an dem Thor
lag
Einer durchpesteten Stadt, welche den einzigen Sohn
Mit zahllosen Sterbenden ihr, und Begrabenen einschloß,
10 Und in der noch stets klagte das Todtengeläut,
Wie sie sich freuet, wenn nun der rufende Jüngling
herausstürzt,
Und die Botschaft selbst, daß er entronnen sey, bringt.
Wie der trübe, bange, der tieferschütterte Zweifler,
(Lastende Jahre lang trof ihm die Wunde schon fort)
15 Bey noch Einmal ergrifner, itzt festgehaltener Wagschal,
Sehend das Übergewicht, sich der Unsterblichkeit
freut!
Also freut' ich mich, daß ein großes, mächtiges Volk sich
Nie Eroberungskrieg wieder zu kriegen entschloß;
Und daß dieser Donner, durch sein Verstummen, den
Donnern
20 Anderer Völker, dereinst auch zu verstummen, gebot.
Jetzo lag an der Kette das Ungeheuer, der Greuel,
Greuel! itzt war der Mensch über sich selber erhöht!
Aber, weh uns! sie selbst, die das Unthier zähmten,
vernichten
Ihr hochheilig Gesetz, schlagen Erobererschlacht.

₂₅ Hast du Verwünschung, allein wie du nie vernahmst, so
                                          verwünsche!
    Diesem Gesetz glich keins! aber es sey auch kein Fluch
Gleich dem schrecklichen, der die Hochverräther der
                                          Menschheit,
    Welche das hehre Gesetz übertraten, verflucht.
Sprechet den Fluch mit aus, ihr blutigen Thränen, die jetzo
₃₀   Weint, wer voraussieht; einst, wen das Gesehene trift.
Mir lebt nun die Geliebte nicht mehr: der einzige Sohn
                                          nicht!
    Und der Zweifler glaubt mir die Unsterblichkeit nicht!

Abdruck nach: Friedrich Gottlieb Klopstocks Oden. 2 Bde. Hrsg. von Franz
Muncker und Jaro Pawel. Stuttgart: G. J. Göschen, 1889. Bd. 2. S. 83 f.
Entstanden: Juli 1793. – *Französische Übersetzung:* Hamburg 1795.
Erstdruck: [Hamburger Musenalmanach.] Musen-Almanach für 1794. Hrsg.
von Joh. Heinr. Voß. Hamburg: C. E. Bohn, [1793].
Weitere wichtige Drucke: Beylage zur Nr. 147 der Kaiserlich privilegierten
Hamburgischen Neuen Zeitung. September 1793. – Friedrich Gottlieb Klop-
stock: Werke. 12 Bde. Leipzig: G. J. Göschen, 1798–1817. Bd. 2. [Seitdem in
allen nachfolgenden Ausgaben unverändert.]

Harro Zimmermann

Wehmut und Agitation. Zu Klopstocks Gedicht *Der Eroberungskrieg*

Klopstocks Elegie *Der Eroberungskrieg* muß im Zusammenhang mit den geschichtlichen Ereignissen der Französischen
Revolution und ihren politisch-ideologischen Ausstrahlun-
gen auf Deutschland im 18. Jahrhundert gesehen werden.
Die französische Nation hatte, kaum waren Vorboten der
politischen Verwirklichung der ›Aufklärung‹ ins Licht der
Geschichte getreten, zum Entsetzen vieler deutscher Intel-

lektueller dem alten Europa den Krieg erklärt und schickte sich offensichtlich an, entgegen dem früheren Versprechen ihrerseits Eroberungspolitik zu betreiben. Klopstocks Elegie reagiert unmittelbar auf die Annexionen Nizzas im November 1792 und Savoyens im Januar 1793. Was sich im politischen Verständnis des Dichters indes als verwerfliche Eroberung ausnimmt, war im revolutionären Frankreich einem komplexen Interessenkampf entsprungen, der sich durch girondistische Befreiungsansprüche und Profiterwartungen ebenso wie durch feudale Restaurationsbestrebungen auszeichnete. Der Krieg gegen das feudalständische Europa war und blieb ein Spiegelbild auch der innergesellschaftlichen Auseinandersetzungen in Frankreich.

Klopstocks äußerste Reizbarkeit in der Frage des französischen Krieges, wie sie seiner Elegie *Der Erobrungskrieg* zugrunde liegt, speist sich indes aus mehreren Quellen. Sein Interesse an der historiographischen Erkundung vergangener und selbst erlebter Kriege, seine Brandmarkung fürstlicher Machtlust, seine Optionen für den Befreiungskampf von despotischer Herrschaft schon in frühen Jahren können hier nur erwähnt werden. Was den unmittelbaren geschichtlichen Ereigniszusammenhang der neunziger Jahre angeht, so ist daran zu erinnern, daß Frankreich zur Entstehungszeit des Klopstockschen Gedichtes schon die ersten Massaker, die Hinrichtung Ludwigs XVI. und den Machtkampf zwischen Gironde und Montagnards hinter sich hatte. In den Augen Klopstocks, wie auch vieler anderer deutscher Intellektueller, hatte die begeistert begrüßte Revolution damit bereits ihren aufklärerischen Geist ausgehaucht und war zur brutalen Pöbelherrschaft verkommen. Was Wunder, wenn nun der Krieg, das vielbeklagte Kainszeichen des Despotismus, als endgültiger Beweis für die Pervertierung der ›aufgeklärten‹ Revolution zur »Verwildung«, zum »Henkerstaat« (Klopstock) gewertet wurde.

So erklärt sich auch, daß Klopstock den Revolutionsprozeß im Nachbarland der Deutschen immer wieder aus dem Gesichtswinkel des Kriegsproblems ins poetische Bild hebt.

Nur wenige Gedichte noch schreibt der Dichter, in die sich nicht wehmütige bis aggressive Gedanken an die kriegerischen Verwachsungen der Revolution einfinden. Seine Elegie *Der Eroberungskrieg* bietet hierfür ein besonders anschauliches Beispiel. Wie gebannt starrt dieser empfindsame Poet auf das unsägliche Ausgleiten der Revolution in den Eroberungskrieg. Mühsam sucht er Worte für seine Fassungslosigkeit; dem Fluch gegen die »Hochverräther der Menschheit« (27), die Franzosen, will er weithin Gehör verschaffen.

Wenn Klopstock seinem Poem in der Erstveröffentlichung die Gattungsbezeichnung ›Elegie‹ zuerkannt hatte, so mag das überraschen, denn es ist nicht sogleich ersichtlich, inwiefern dieses im 18. Jahrhundert empfindsam stilisierte Genre zur dichterischen Verurteilung eines Eroberungskrieges taugen kann. Die Antwort hierauf gibt der Dichter in Gestalt eines Versuches, überkommene elegische Motiv- und Sprachmuster operativ umzufunktionieren. Die vom Thema her überraschende Eingangspartie des Gedichtes (1–16) erfüllt zunächst in auffälliger Stilisierung die zeitgenössischen Gattungserwartungen gegenüber der vertrauten Elegieform. Drei herzrührende, anmutig-sentimentale Bilder sind es, die der Dichter seinen Lesern in gemessen ausschwingendem Versrhythmus vor Augen führt. Ein Liebender hält verzweifelt Ausschau über das tosende Meer, das ihm die Geliebte entrissen hat. Endlich aber treibt sie in einem Nachen heran, um dem Erwählten in die Arme zu sinken. Sodann tritt eine Mutter auf, die in banger Erwartung vor den Toren einer von der Pest geschlagenen Stadt ihres Sohnes harrt. Ungeachtet der zahllos Hinsiechenden entrinnt der Ersehnte den Mauern des Elends. Schließlich tritt ein Denker oder Dichter hervor: eine Waage in der Hand haltend, glaubt er die frohe Botschaft seines verbürgten Nachruhms erfahren zu haben. Ohne Zweifel war es Klopstocks Absicht, in diesem ersten Gedichtteil die Integrität der elegischen Form zu wahren. Liebe, Trennung, Sehnsucht, naher Tod sind vertraute Motive dieses Genres. Auffällig allerdings erscheint

Klopstocks stark abstrahierende, geradezu raum- und zeitlose Stilisierung der poetischen Szenerie. Das traditionelle
Arsenal empfindsam-melancholischer Motiv- und Sprachformen wird nicht individualisierend, sondern eher repräsentativ, gleichsam typenhaft zur Geltung gebracht. Bei aller
rhythmisch bewußt gestalteten Sprachdynamik dieser Zeilen, die aus dem Wechsel von retardierenden Verben (5:
»sinket«, 7: »harrend«, »lag«, 9: »einschloß«, 10: »klagte«,
14: »trof«) und dynamisierenden Verben resultiert (1, 11,
16: »freut«, 2: »entflohn«, »betritt«, 6: »lebt«, 11: »herausstürzt«, 12: »entronnen«), gewinnt kein identifizierbares
lyrisches Subjekt, ebensowenig ein reales Geschehen Ausdruck. Selbst die durch sorgsam gewählte, extrem stim-
mungshafte Adjektive und Substantive erzeugte melancholische Erregtheit dieses Seelenklimas (2: »Todeswog'«, 4:
»Gram«, »Leichen«, 7: »stumm«, 8: »durchpestet«, 9:
»Sterbenden«, »Begrabenen«, 10: »Todtengeläut«, 13:
»trübe«, »bange«, »tieferschütterte«) wird nirgendwo einem
subjektiv-realen Erlebensraum anverwandelt. Drohendes
Unglück und erlösende Freude heben sich regelmäßig ineinander auf. Stets tritt der um objektivierende Distanz, um
Idealität bemühte Dichter ausgleichend zwischen die gegensätzlichen Pole der Stimmungszeichnung. Sorgsam werden
alle Realitätsbezüge ausgeblendet. Offensichtlich beabsich-
tigt der Dichter nicht, von sich selbst und seiner geschichtlichen Wirklichkeit zu sprechen. Schon das anfängliche »Wie«
zeigt das Formale, Vergleichhafte dieser Gedichtpartie. Das
lyrische Ich setzt sich erst in Zeile 17 zum elegischen Bild ins
Verhältnis; dort aber so, daß von diesem nichts mehr übrig
zu bleiben scheint.
Sind im ersten Teil des Gedichts die Stimmungsmomente des
drohenden Todes, des Grams, der Hoffnung, der Sehnsucht
und des Zweifels gleichsam leitmotivisch, dabei durchweg
topisch-abstrakt gesetzt, so gewinnt der Gegenstand des
Poems, der Eroberungskrieg, ab Zeile 17 (»Also freut' ich
mich«) überraschend realitätshaltigere Konturen. Ineins mit
dem Auftreten des lyrischen »Ich« dringt nun kontrafak-

tisch zum elegischen Stimmungsgebot gleichsam der Lärm der Geschichte selber in das Gedicht ein: Klopstock nähert sich seinem Thema. In inversiv aufgetürmter Rhetorik und mit wuchtiger Emphase werden dessen Eckpfeiler eingerammt: der Dichter spricht von seiner Freude darüber, daß die Franzosen nie wieder einen Eroberungskrieg hatten führen wollen, daß ihr Kriegsverzicht denjenigen der anderen Völker hätte nach sich ziehen können. Das »Ungeheuer« (21) Krieg habe an der Kette gelegen, die Franzosen hätten damit die Menschheit über sich selbst erhöht. Indes, bei aller Deutlichkeit dieser Bekundungen muß der Leser den intendierten Standpunkt des Dichters zum aktuellen Problem immer noch selber erschließen. Allein seine Freude und seinen Erwartungen angesichts des französischen Versprechens ist ausdrücklich die Rede. Im Hintergrund freilich wird an der verwendeten poetischen Begrifflichkeit die erschütternde Bedrohung deutlich, der Klopstock sich gegenüber sieht. Zudem ist seine Hoffnung entgegen dem Präsens-Imperfekt-Wechsel des elegischen Gedichtanfanges hier nun eindeutig in die Vergangenheit verlegt, damit als getrogene kenntlich gemacht.

Offenbar hat es nach Klopstocks dichterischer Intention dieser beschwörenden, dabei nochmals aussageverzögernden Gedichtpartie (17–22) bedurft, um die appellative Kraft der folgenden Gedichtzeilen (23–30) ganz zur Entfaltung zu bringen. Gegenüber der vorsichtigen, den Aussagezusammenhang aber deutlich lenkenden Selbstaussprache des Dichters in den Zeilen 17 bis 22 tritt ab Zeile 23 ein erneuter Wechsel der Redeform ein: in tektonisch gestaffelter Syntax wird der Leser nun unmittelbar ins Gedicht hineingezogen, werden seine Entscheidung und Mitverantwortung vermittels stoßweiser appellativer Ansprachen direkt herausgefordert. Über das »wir« (23: »uns«) und das »du« (25) zieht Klopstock Leser und Autor zusammen, löst er die Geschlossenheit der ästhetischen Formation des Gedichtes auf und überantwortet die Verurteilung des Krieges der Teilnahme seines Publikums. Die Bedrohung, die der Dichter sieht, wird nun unverhüllt und mahnend ausgesprochen: das »hochheilig Gesetz« (24) des Kriegsverzichts sei übertreten, das »Unthier« (23) Krieg nicht gezähmt worden. Die Franzosen seien die »Hochverräther der Menschheit« (27), gegen die der Dichter »Verwünschung« (25) und »Fluch« (26) ausgesprochen wissen will. Die wehmütigen Zähren der vormals elegischen Stimmung sind nun kraß in »blutige Thränen« (29) verwandelt. Die Zukunft der Deutschen ist bedroht, ihre entschiedene moralische Abwehrbereitschaft gegenüber der französischen Aggression wird zur programmatischen Forderung.

Daß Klopstock solchermaßen suggestiv Stellung bezieht und eher auf Gefolgschaft denn auf Gesprächsbereitschaft zu setzen scheint, ändert nichts an der von ihm verwendeten operativen, den Diskurs erheischenden Lyrikform. Nicht die Konstitution ›idealischer Reinheit und Vollendung‹ im Sinne der deutschen Klassik ist seine Intention; die ist vielmehr einem agitatorischen, auf Zeitumstände unmittelbar reagierenden dichterischen Genre verpflichtet. Was das hier vorgestellte Poem von den politisch-literarischen Ansprüchen etwa zeitgenössischer jakobinischer Lyrik unterscheidet, ist daher kaum im Kompositionell-Pragmatischen zu suchen, sondern viel eher im Inhaltlichen: in der Grenzmarkierung von frühliberalem und jakobinischem Handlungskonzept. Dies wird zumal an den beiden letzten Zeilen des Gedichtes deutlich. In ihnen gewinnt das Wort des Dichters wieder unmittelbaren Ich-Ausdruck, wobei überraschend die Hauptmotive der elegischen Eingangspartie nochmals aufgenommen werden. Unverkennbar zeigt sich jetzt, daß letztere als Allegorie des individuellen Lebensschicksals Klopstocks zu sehen ist, der in der Tat Frau und Kind verloren hat und angesichts der französischen Ereignisse um seine künftige Zeugenschaft für Aufklärung und Menschlichkeit besorgt sein zu müssen glaubt. Die ästhetische Faktur des Gedichtes zeigt sich damit als bewußtes Spiel mit zwei offenbar diametral entgegengesetzten Darstellungsformen: der elegischen Leidensbekundung und dem rhetorischen Bannspruch. Freilich soll das Poem nach Klopstocks Absicht damit nicht einfach auseinanderfallen. Beide Gestaltungsebenen sind vielmehr funktional aufeinander bezogen. Beginnt das Gedicht in einer ausgewogenen Stimmung von Seelennot und Beglückung, so kann hieran das Kontrastprogramm der folgenden Gedichtpartien rhetorisch um so schärfer akzentuiert werden. Die elegischen Gedichtelemente sind mithin Teile eines poetischen Konstruktionsvorganges, mit Hilfe dessen sowohl die emotionale Einstimmung des Lesers als auch seine rezeptive Verstörung ins Werk gesetzt werden können. Überdies lassen sich aus ihnen thematische Schlaglichter für die dichterische Individuation des Stoffes überhaupt gewinnen.

Indes tritt spätestens hier die dem Gedicht eigentümliche Poetisierung zwischen abstrakt-bildhafter Ein- und empfindsam bewegter Ausleitung ins Zwielicht. Denn genau besehen ist sie nicht allein operatives Darstellungsmittel, sondern wird gedanklich durchgehalten als konstitutive Form der Wahrnehmung geschichtlicher Entwicklungen schlechthin. Peter Rühmkorf verweist auf diese emotional-individualisierende Optik Klopstocks, wenn er sagt, daß der Dichter den Prozeß der Französischen Revolution »immer wieder im Bilde des verstoßenen Liebhabers zu fassen« versucht habe. So ist es denn auch sehr bezeichnend, daß die pazifistische Programmatik der Elegie *Der Eroberungskrieg* eingefaßt wird in einen Verbund subjektiv-emotionaler Erlebensformen: Freude, Trauer, Abscheu. Kein Wort fällt zu der – den deutschen Jakobinern etwa durchaus ersichtlichen – Dialektik dieses Krieges zwischen Eroberung und Befreiung, kein vermittelnder politischer Weg scheint herauszuführen aus seiner globalen moralischen Verdammung. Die sich in wuchtiger Rhetorik entladende Gedankenarbeit des Gedichtes offenbart sein reflexives Defizit: die Bannung des Kriegserlebnisses in die Metaphorik des »Donners« (19), des »Ungeheuers«, des »Greuels« (21), der »blutigen Thränen« (29) läßt die sich abzeichnende geschichtliche Agonie des feudal-reaktionären Europa außer acht und erfaßt den Krieg als rein amoralischen Impetus der Franzosen. Deren »eherne Unscham«, wie der Dichter in einem anderen Poem schreibt, ist es, die ihn aufs äußerste empört. Was Klopstock in seiner Elegie *Der Eroberungskrieg* scheinbar noch in Worte zu fassen vermag, droht sich in späteren Gedichten seiner Sprachmächtigkeit immer mehr zu entziehen. Das seither ins Animalische und Krankhafte hypostasierte Bild des Krieges (»thierisches Scheusal«, »Unthier«, »Seuche«, »Pest«, »Schande«) entspringt einer moralischen Fassungs- und Begriffslosigkeit, die nur noch zu »stammeln« vermag, der »das Wort [fehlt] | Für dies Scheußliche«.

Ohne Zweifel hätte Klopstock, der dem Freiheitskampf gegen Despotie früh schon zugetan war, ein differenzierteres Bild auch der Revolutionskriege zu gewinnen vermocht, wäre nicht die Erfahrung der jakobinischen Terreur gleichsam dazwischengekommen. In seiner Elegie *Der Eroberungskrieg* verbindet sich ja der moralische Protest gegen den Krieg bezeichnenderweise mit der scharfen Kritik an der Jakobinerherrschaft. Vom agitatorischen Auftrag dieses Antikriegsgedichtes her gesehen ist es indes verständlich, daß Klopstock mit einem Mindestmaß an politischer Gegenprogrammatik auszukommen sucht. Deren nur knapp benannte Markierungen können aus dem Gesamtzusammenhang seiner erstaunlich gleichförmigen Lyrikproduktion der Revolutionszeit heraus genauer bestimmt werden und lassen sich sodann analytisch auf seine Elegie *Der Eroberungskrieg* zurückwenden.

Zeitlebens hat Klopstock zu denjenigen entschieden antifeudal gesonnenen Literaten im Deutschland des 18. Jahrhunderts gehört, deren politische Vorstellungen einem frühliberalen Reformmodell zuzuordnen sind. Noch zur Zeit der Französischen Revolution geht Klopstock von einem Sozial- und Politikverständnis aus, wonach es einen von »weiser Menschlichkeit« getragenen Austausch »zwischen Vater, und Kindern«, zwischen Monarch und Untertanen geben müsse, der in einvernehmlich anerkannter »Gesetzherrschaft« zu gipfeln habe. Dieses nicht zuletzt von seinem

Gelehrten- und Dichterstatus her zu verstehende politische Reformmodell basiert auf Grundannahmen bürgerlicher Mitwirkungsansprüche im absolutistischen Staatsverband. Das in der (gelehrten) Öffentlichkeit geführte Gespräch soll zu einem solchen zwischen Gesellschaft und staatlicher Machtinstanz führen, in dessen Zusammenhang Herrschaft mit Vernunft zur Konvergenz gebracht werden könne. Noch die der deutschen Situation kaum vergleichbaren klassenkämpferischen Auseinandersetzungen im Frankreich der neunziger Jahre sucht Klopstock vermittels jenes traditionellen politischen Deutungsmusters zu erfassen. Es ist nur konsequent, daß sich diese Sichtweise der französischen Ereignisse nirgendwo in seiner Revolutionslyrik auch nur annähernd zur sozialhistorisch-politischen Deutung der dort widerstreitenden Interessen verdichtet. Klopstocks Problem ist nicht die Dialektik von revolutionärem Ziel und girondistisch, jakobinisch-plebejisch oder konservativ instrumentalisiertem Machtanspruch, sondern allein die geschichtlich aufgerissene Antinomie von »Geist«, »Weisheit«, »Menschlichkeit«, »Freyheit«, »Gesetz« auf der einen und »Herrschsucht«, »Wildheit«, »Unscham«, »Henkerstaat«, »Klubofuria« auf der anderen Seite. Vor allem das Strahlwort »Freyheit«, das »heilige Wort« und ihre »Seele«, das »Gesetz«, werden in den Klopstockschen Dichtungen der Revolutionszeit immer wieder beschworen. »Freyheit« und »Gesetzherschaft« gelten dem Dichter als die »menschliche, edle Verheissung«, die politisch keinesfalls instrumentalisierbar sein kann. In jenen verkörpert sich für ihn »der Traum, der so lange geträumt ward | Von der goldenen Zeit!«. Mit der Jakobinerherrschaft sei die »Göttin« Freiheit in den »Himmel wiedergekehret!«. Klopstock sieht das geschichtliche Desaster der Wohlfahrtsdiktatur wesentlich als eines der Trennung von »Handlung und Wort«, als ›Unreife‹ des revolutionären Geistes, die freilich vor allem eine seiner Moral ist. Was wunder, wenn dieser Poeta doctus die »vernichtete [...] Obergewalt des Gesetzes« in Frankreich dadurch wieder in ihre Rechte setzen will, daß er gegen unwahre »Meinungen«, gegen die »Verwundung« des Geistes, gegen die »Verachtung« der Menschen und vor allem für die »mit stiller Gewalt« wirkende »Wahrheit« zu kämpfen gedenkt. Nach wie vor garantieren allein intellektuelle und moralische Aufklärung, von deren erfolgreichem Wirken sich der Dichter im falschen Analogieschluß auch die politische Befriedung Frankreichs erhofft, die geschichtliche Überwindung der »Verwildung Europas« durch den jakobinischen Despotismus. Weisheit und Menschlichkeit, jene traditionellen Attribute empfindsam-humaner Gesellungsform des gebildeten Bürgertums, sind hier gleichsam in überlebensgroße Ordnungsgarantien des praktisch-politischen Machtgebrauchs hypostasiert. Wenn der Jakobinismus für Klopstock vor allem ein Problem moralischen Verfalls beinhaltet, so setzt er ineins mit dessen Virulenz den Verlust von intellektuellem Wertbewußtsein. Die Jakobiner haben nach seiner Überzeugung einen »Schleyer« über die »Wahrheit« der Geschichte und des Humanitätsgebotes menschlicher Lebensformen gezogen; sie haben die politische Praxis entmoralisiert und damit dem geschichtlichen Progreß entgegengestellt. Es braucht nicht eigens betont zu werden, daß hier die Wirklichkeit des revolutionären Prozesses in einem abstrakt-idealistischen Deutungsschema verfangen bleibt.

Wenn Klopstock in seiner Elegie *Der Erobrungskrieg* davon spricht, daß sich die Franzosen zu Beginn der Umwälzung »über sich selber erhöht« (22), dann aber das »hochheilig Gesetz« (24) der Kriegsvermeidung übertreten hätten und nun zu »Hochverräthern der Menschheit« (27) geworden seien, so kristallisieren sich hierin die Aporien seines aufklärerischen Bewußtseins nochmals deutlich. Die konkrete Eigengesetzlichkeit politischer Praxis, die interessengeleitete und in sozialen Ansprüchen verwurzelte Instrumentalisierung aufgeklärter Vernunft und philosophischer Ideale während des revolutionären Prozesses hat Klopstock wie viele andere Aufklärer nie durchschaut. Während zumal die deutschen Jakobiner an die Realisierung der Aufklärung nur denken konnten, insoweit sie deren theoretische Ansprüche als die wirklichen Interessen gesellschaftlich unmündiger Menschen umzuformulieren vermochten, hat Klopstock die Dialektik von Aufklärung und Wirklichkeit stets zugunsten der ersteren eingeebnet. Sein Entwurf von gesellschaftlich-politischer Praxis ist der eines wesentlich bewußtseinsmäßigen, moralisch-dialogischen Austausches. Idealistisch bleibt deshalb vor allem seine Auffassung von der praktischen Relevanz jener vielgerühmten Basisprinzipien der Menschenrechte und ihrer Inkarnation in der Gesetzesherrschaft. Diese waren für Klopstock von Anbeginn genuin geschichtsphilosophisch und anthropologisch begründet und damit gleichsam autark. Für sie konnte man nicht fraktionierte Interessenpolitik betreiben, sondern von ihnen mußte man als moralisches Individuum mit allen Fasern der Seele ergriffen sein und um ihrer Wirksamkeit willen öffentliches Bekenntnis ablegen. Die Grundprinzipien der Aufklärung waren für Klopstock so etwas wie der Rückenwind der geistigen Gewalt, politisch konnten sie allenfalls dort verwirklicht werden, wo die moralisch belehrte Vernunft unterschiedsloses Allgemeingut geworden war. Es ist daher kein rhetorisches Beiwerk, wenn Klopstock vom »heiligen« Gesetz und von der Freiheit als der »Mutter des Heils« spricht, die in den Himmel zurückgekehrt sei. In seine idealistische Praxisauffassung schießen solche der christlichen Eschatologie entsprungenen Erwartungshaltungen um so stärker ein, als er kein anderes geschichtliches Agens der Verwirklichung von Aufklärung anzugeben weiß als den Geist und die Moral der Individuen. Übrig bleibt im Kern eine an den alten ›Messias-Dichter‹ gemahnende geschichtsphilosophische Wunschprojektion, wonach die Menschen in der Verwirklichung von Aufklärung einen Abglanz von erfülltem göttlichen Ordo auf Erden zu erfahren vermögen. Die Jakobiner, so sagt der Dichter, sind Verräter an dieser (uneingestandenen) metaphysischen Menschheitsperspektive geworden, sie haben verhindert, daß sich der Mensch »über sich selber erhöht« hat.

Diese Denkfigur gibt den Rahmen ab für Klopstocks nun

anhebende, an zeitgenössische konterrevolutionäre Hetz-
kampagnen erinnernde Verwünschung der französischen
Revolutionäre als »Schlangen«, »gallische Wilde«, »ent-
stirnte Freyheitsvertilger«, »Raubende«, seine Verdammung
der Wohlfahrtsdiktatur als »Herschsucht«, »Tierrepublik«,
»blutige Mißgeburt«, »Republikgeripp«, »Sklavenstaat«,
»Giftquell«, »Unscham«. Die hypertrophe Metaphorisierung seines Abscheus gegenüber den radikalen Revolutionären und ihrem Machtsystem speist sich allenthalben aus den
lauteren Quellen empfindsamer Moral: »noch denket der
Geist | Wahrheit, das Herz fühlt noch des Guten Gewalt«,
hält Klopstock nicht zuletzt den deutschen Kritikern der
Revolution zugute. Ein wahrer Strom solch empfindsamer
Erlebensmuster ergießt sich seit der ›terreur‹ in seine Lyrik
und läßt das moralische Kontrastbild gegen die »Verwild-
rung« Frankreichs immer wieder beschwörend hervortreten:
Klopstocks »Wonn'« ist dahin; erfüllt von »Abscheu«,
»Kummer«, »Schauer«, »Wehmut«, »innigem Schmerz«
trauert er »verschmähter Liebe« nach, weint er »Thränen des
tiefsten Grams«. Hatte in der ersten Phase der Revolution
die »Geschichte so ganz enthüllet der Wahrheit Antlitz
erblickt«, hatten hier die gleichsam übergeschichtlichen
Prinzipien der Aufklärung reale Gestalt angenommen, so
werden nun Klopstocks politische Hoffnungen immer stärker in den subjektiven Binnenraum menschlicher Enttäuschung zurückgenommen. Die Elegie *Der Eroberungskrieg*
bietet auch hier die rechte Anschauung: »Wehmut«, wie sie
im Gedichteingang zunächst abstrakt bildlich, in der Schluß-
partie sodann individualisierend erscheint, wird von nun an
zur nahezu manischen Erlebensform geschichtlich-politi-
scher Ereignisse. Gedanken an den erwarteten Tod und den
verblichener Freunde, die drohende Vergeblichkeit des eigenen dichterischen Schaffens werden in äußerster Verstörung
immer wieder aufgerührt. Den deplorablen Zustand der
Welt erlebt der Poet noch einmal in den qualvollen Friktio-
nen seiner empfindsamen Seele. Indes, hier findet er gleichwohl Antworten auf die Abgründigkeit seiner geschichtli-

chen Situation. Und so führt denn gerade der moralische Idealismus Klopstocks dazu, daß er, der stolze Ehrenbürger der französischen Nation, sich von reaktionärer Verdammung dieser »einzig großen Weltbegebenheit« freizuhalten vermag: »Menschenfeind« will er ob ihrer geschichtlichen Deformation nicht werden, die Prinzipien und Ansprüche der Revolution verrät er nicht. Die französische »Staatsumschaffung« ist an ein vorläufiges Ende gekommen. Weiterhin offen bleibt aber der geschichtliche Horizont erwarteter Herrschaft des »Vernunft Rechts« in Europa. Und so kann sich Klopstock dennoch der »Siegenden freuen | Die mein Aug' entdeckt in der immer ändernden Zukunft«.

Seine Elegie *Der Eroberungskrieg* hält indes einen historisch besonderen Verlaufsaspekt des Jahrhundertauftrages fest, vor den er das zeitgenössische Bürgertum gestellt sieht. Diese Besonderung hat sich seinem Gedicht in gehaltlicher und kompositorischer Hinsicht eingeprägt und bestimmt dessen eigentümliche geschichtliche Zeugenschaft.

So sehr Klopstock hier Geschichte als begriffene ins poetische Wort zu bannen trachtet, so sehr verkehrt sie sich ihm zur Sistierung seines individualmoralischen Vernunftprogramms. Die ästhetische Faktur seiner Elegie drückt diese Antinomie auf ihre Weise deutlich aus. Das poetische Oszillieren dieses Gedichts zwischen elegischer Leidensbeschwörung und parteinehmender Agitation verdankt sich eben jenem idealistischen Handlungskonzept, das auch die übrigen Revolutionsdichtungen kennzeichnet. Klopstock gelangt trotz wohlerwogener ästhetischer Einvernahme von elegischen Stimmungsvaleurs zu keiner agitatorischen Überschreitung der traditionell individualisierenden bürgerlichen Geschichts- und Politikzugänge. Was planvoll konterkarierendes Spiel mit einer nunmehr fragwürdigen ästhetischen Gestaltungs- und Erfahrungsform hätte werden müssen, um agitatorische Potenz auf der Höhe der Zeit zu gewinnen, bleibt in Wahrheit ein gedanklich Uneingelöstes. Dem, was der Dichter kunsttechnisch unternimmt, vermag sein politisches Denken nicht zu folgen. So sind die elegischen Ausdrucksmittel poetisch durchdacht und rhetorisch wirksam eingearbeitet, indem sie die Rezeption des Gedichtes vermittels scharfer Kontrastierungen steuern, sie werden aber ihrer mitgeführten inhaltlichen Sichtblenden nicht entledigt. An keiner Stelle vermag der Dichter die elegischen, den reflexiven Gehalt des Poems aufzehrenden Gestaltungselemente in ihrem Eigengewicht operativ aufzubrechen und der objektivierenden geschichtlichen Geschehensdeutung einzufügen. Am Ende gelingt kaum mehr als der freilich bezeichnende Versuch, geschichtliche Bewegung dort greifbar und beurteilbar werden zu lassen, wo sie für Klopstock je schon ihren genuinen Wirkungsraum besessen hat: in der moralischen Gestimmtheit aufgeklärter Individuen.

Daß Klopstock in seinem Gedicht überkommene Elegieformen operativ zu nutzen weiß, diese aber gehaltlich derart ausgreifen, daß sich der notwendige überindividuelle Deutungsversuch geschichtlicher Veränderungen zum verstörten moralischen Lamento zusammenzieht, erweist sich als die historische Zeugenschaft des Poems in der Umbruchsphase von der feudalständischen zur bürgerlichen Gesellschaft in Deutschland. Die sich in Jakobinerherrschaft und Revolutionskrieg auslegende Dialektik der Aufklärung entbindet hier diejenigen Bewußtseinsirritationen, die aus dem geschichtlichen Zerbersten aufklärerischer Allgemeinheits- und Humanitätsansprüche notwendig resultieren mußten. Klopstocks Elegie *Der Eroberungskrieg* dokumentiert gehaltlich und kompositionell das »Überbaugeflacker« (Rühmkorf) dieses erregenden Umbruchsprozesses.

Zitierte Literatur: Peter RÜHMKORF: Friedrich Gottlieb Klopstock. Ein empfindsamer Revolutionär. In: P. R.: Walther von der Vogelweide, Klopstock und ich. Reinbek bei Hamburg 1975. S. 81–119.
Weitere Literatur: Hans-Wolf JÄGER: Politische Metaphorik im Jakobinismus und im Vormärz. Stuttgart 1971. – Alfred MOLZAN: O! komm, du neue, labende, selbst nicht geträumte Sonne. Das Naturbild im Dienste des aktiven Humanismus F. G. Klopstocks. In: Weimarer Beiträge 14. H. 5 (1968) S. 998–1036. – Alfred MOLZAN: Klopstocks Revolutionsoden. In: Hans-Georg Werner (Hrsg.): Friedrich Gottlieb Klopstock. Werk und Wirkung. Berlin [Ost] 1978. S. 153–172. – Joachim MÜLLER: Revolution und Nation in Klop-

stocks Oden. In: J. M.: Wirklichkeit und Klassik. Berlin [Ost] 1955.
S. 63–115. – Jean MURAT: Klopstock als französischer Bürger. In: Hans-Georg
Werner (Hrsg.): Friedrich Gottlieb Klopstock. Werk und Wirkung. Berlin
[Ost] 1978. S. 173–184. – Eberhard SAUER: Die französische Revolution von
1789 in zeitgenössischen deutschen Flugschriften und Dichtungen. Weimar
1913. – Eberhard SAUER: Die französische Revolution von 1789 in den
Gedichten Klopstocks und der Göttinger. In: Euphorion 21 (1914) S. 551–564.
– Eberhard Wilhelm SCHULZ: Klopstocks Alterslyrik. In: Euphorion 61 (1967)
S. 295–317. – Peter STEIN: Politisches Bewußtsein und künstlerischer Gestal-
tungswille in der politischen Lyrik 1780–1848. Hamburg 1971. – Alfred STERN:
Der Einfluß der Französischen Revolution auf das deutsche Geistesleben.
Stuttgart/Berlin 1928. – Text + Kritik. Sonderband Friedrich Gottlieb
Klopstock. Hrsg. von Heinz-Ludwig Arnold. München 1981. – Hermann
TIEMANN: Deutsche im Paris des Direktoriums. Aus den Berichten C. F.
Cramers an Klopstock im Jahre 1796. In: Wort und Text. Festschrift für Fritz
Schalk. Frankfurt a. M. 1963. S. 380–399. – Hermann TIEMANN: Neues aus
Paris anno 1795. ›Cramer der Krämer‹ berichtet an Klopstock. In: Der
Vergleich. Festgabe für Helmuth Petriconi. Hamburg 1955. S. 167–183. –
Hans-Georg WERNER: Klopstock und sein Dichterberuf. In: H.-G. W.
(Hrsg.): Friedrich Gottlieb Klopstock. Werk und Wirkung. Berlin [Ost] 1978.
S. 11–41. – Jürgen WILKE: Vom Sturm und Drang bis zur Romantik. In:
Walter Hinderer (Hrsg.): Geschichte der politischen Lyrik in Deutschland.
Stuttgart 1978. S. 141–178.

Johann Gottfried Herder

Der Genius der Zukunft

1769

Vom dunkeln Meer vergangener Thaten steigt   I
ein Schattenbild in die Seel' empor!
Wer bist du, Dämon! Kommst du leitend
mein Lebensschiff in die Höh' dort auf
in die blaue Nebelferne dort auf, wo Meer und Himmel
verweben ihr Trugegewand;
wie? oder Flamme des hohen Masts!
mir Irrphantom und nicht der Errettenden Einer
der Sternegekrönte Jüngling!

Flamm auf, du Licht der Zeiten, Gesang! du stralst   II
vom Angesicht der Vergangenheit, und bist
mir Fackel, meinen Gang dort fürder
zu leiten! dort, wo die Zukunft graut
wo ihr Haupt der Saum der Wolke verhüllt, wo Erd' und
                                        Himmel
sich weben, als wär' es Eins!
Denn was ist Lebenswißen! und du
der Götter Geschenk, Prophetengesicht! und der Ahndung
vorsingende Zauberstimme!

Mit Flammenzügen glänzt   III
in der Seelen Abgründen der Vorwelt Bild
und schießt weit über weißagend starkes Geschoß
in das Herz der Zukunft! Siehe! da steigen
der Mitternacht Gestalten empor! wie Götter, aus Gräbern
                                        empor
aus Asche der Jugendglut die Seher! Sie zerreißen
mit Schwerterblitzen das Gewölk! Sie wehn
im Blick durch die Sieben der Himmel, und schwingen sich
                                        herab!

Denn liest der Geist in seines Meers
Zauberspiegel die Ewigkeit. --

Dich bet' ich an, o Seele! Der Gottheit Bild   IV
30 in deine Züge gesenkt! In dir
zusammengehn des weiten Weltalls
Erhalterband'! Aus der Tiefe, dir
aus dem Abgrund webt sich Weltengebäu und sinnt und
                tastest
zum Saume des Ends hinan!
35 Nur tief umhüllt! in schwangerem Schoos
mit Wolken umhüllt! in Kluft des erbrausenden Meers
da ruht die keimende Nachwelt

Wer fand den Sonnenspiegel, ins dunklen Meers   V
verhüllte Schätze zu sehn? Wer fand
40 das Auge dieser neuen Schöpfung?
und ging hinein im Triumph? und nahm
im Triumph die tiefen Welten gefangen? und kam und
                nannte
den Herrscher des Abgrunds sich.
Es liegt verflochten, und unentwirrt
45 der Thaten Gespinnst! Des Glücks unerforschlichen Kneul
webt ab die leitende Zeit nur!

Ich aber komme jetzt   VI
von der röthenden Dämmerung Morgenhöhn
und sinn' hinüber und ziele gefiederten Blick
50 zu des Ufers Hoffnung. Siehe! da kommen
der Anfurt hohe Boten mir schon! umkränzen mit
                Freudegesang
die Gipfel des Schiffs. Ich seh! ihr Götter, da grünen
Gebürg', wie Säulen des Triumphs! Da wehn
sie wehn mit den Düften der Felder und laben mich hinan!
55 o Land! o Land! der schwarzen Ueberfart
Schlünden entrann ich, o Land!

274

[In der ersten Fassung dem Gedicht vorangestellt:]

Der Verfasser glaubt aus langen innigen Bemerkungen seiner Seele, daß aus der Summe der vergangnen Lebenserfahrungen im Grunde des Gemüths gewiße Resultate, Axiome des Lebens, liegen bleiben, die in schnellen oder ganz ungewißen Verlegenheiten, wo die kalte Vernunft nicht oder falsche Rathgeberin ist, wie Blitze auffahren, und dem der ihnen treu folgt, sehr sichre Fackeln seyn können, wo sonst Alles dunkel wäre. Er glaubt ferner, daß diese bei gewißen Menschen sehr hoch erhöht werden können, und sehr oft zu sichern Weißagern, Traumgöttern, Orakeln, Ahndungsschwestern erhöht worden sind, und daß fast kein großer Mann da ohne gewesen, oder zum Ziel gelangen sey: ja er glaubt noch viel mehr, was aber nicht, wie das Vorangemerkte, so nöthig zum Verständniß nachfolgender Ode gereichen möchte, die übrigens zur See gemacht, und also in Meeresbildern wandelt.

Überlieferung: Das Gedicht *Der Genius der Zukunft* (1769) ist in zwei, von Herder eigenhändig niedergeschriebenen Fassungen überliefert (Staatsbibliothek Berlin-West, Stiftung Preußischer Kulturbesitz, Herder-Nachlaß XVIII 39 und 40). Die erste (a) diente der Braut Herders, Caroline Flachsland, als Vorlage ihrer Abschrift für das sogenannte *Silberne Buch*, das sie seit Juni 1771 aus den von Herder ihr brieflich übersandten Gedichten zusammenzustellen begonnen hatte (Herder-Nachlaß XX 124).
Abdruck: Zweite Fassung (b), nach der Handschrift. Überschrift dieser Fassung von der Hand Caroline Herders.
Erstdruck der ersten Fassung (a): Johann Gottfried Herder's Lebensbild. 3 Bde. Hrsg. von Emil Gottfried von Herder. Bd. 2. Erlangen: Bläsing, 1846.
Erstdruck der zweiten Fassung (b): Johann Gottfried Herder: Sämmtliche Werke. Taschen-Ausg. 60 Tle. Stuttgart/Tübingen: Cotta, 1827–30. Zur schönen Literatur und Kunst. Bd. 3.
Weiterer wichtiger Druck: Herders Sämmtliche Werke. 33 Bde. Hrsg. von Bernhard Suphan. Berlin: Weidmann, 1877–1909. Bd. 29. [Abdruck nach der zweiten Fassung (b); die Abweichungen der Fassung (a) werden nach dem *Silbernen Buch* verzeichnet. Die Handschrift von (a) hat dem Herausgeber (Carl Redlich) offenbar nicht vorgelegen. Die Darbietung der Varianten ist zudem ungenau. Nur in (a) stammt die Überschrift von Herder. Die Jahreszahl und die Klammern um die dem Gedicht *vorangestellte* Erläuterung sind vermutlich von Caroline nachgetragen worden. In (b) stammen Überschrift und Jahreszahl von der Braut Herders. Die kritische Ausgabe verzeichnet auch nicht die teilweise andere Zeilenbrechung in (a) und die wichtige Tatsache, daß Herder in der ersten Fassung die sechs Strophen numeriert hat: 1 – 2 – 3 / 1 – 2 – 3.]

Hans Dietrich Irmscher

Die Geschichtlichkeit des menschlichen Daseins.
Johann Gottfried Herders *Der Genius der Zukunft*

Herders Gedicht *Der Genius der Zukunft*, nach der Datierung von seiner eigenen Hand 1769 während seiner Reise
von Riga nach Nantes entstanden, bereitet dem Verständnis
einige Schwierigkeiten. Zwar hat es immer wieder die Aufmerksamkeit der Interpreten auf sich gezogen, doch haben
diese sich mit wenigen Hinweisen oder einer ausführlichen
Paraphrase begnügt. Form und Aussage der von Herder
selbst so genannten Ode erschließen sich dem Verständnis
erst dann, wenn die Lebenssituation, auf die sie antwortet,
berücksichtigt und andere Schriften Herders herangezogen
werden.

Die Form

Durch die Strophenzählung in Fassung (a) hat Herder eine
Gliederung markiert, die das Gedicht als eine pindarische
Ode erscheinen läßt. Auf die Strophe folgt die Antistrophe,
und beide finden ihre Lösung in der Epode. Legt man dieses
Schema dem Gedicht zugrunde, läßt sich sein Gang etwa so
skizzieren: Auf die Frage nach der möglichen Bedeutung
»vergangener Thaten« (1) für Gegenwart und Zukunft in der
ersten Strophe folgt in der zweiten der beschwörende Ruf
nach dem Gesang als dem allein zureichenden Ausleger
vergangener Schattenbilder. Die Epode schließlich spricht
von dem blitzartigen Aufleuchten der Zukunft im Bild der
Vergangenheit. Die zwei Gedankenstriche am Ende dieser
dritten Strophe betonen die in der Struktur gegebene Zäsur.
Deutlich knüpft die erste Strophe des zweiten Teils an das
Vorangegangene an. Die Erkenntnis, daß in dem sich be-
schauenden Geist selbst aus der Vergangenheit die Zukunft

entspringt, mündet in das Gebet an die Seele, die, wenn auch dunkel, die Unendlichkeit der Welt in sich enthält (vgl. XXIX,253,259). Diesem Lobpreis setzt die Antistrophe den Zweifel entgegen, ob es dem Menschen überhaupt möglich sei, die in ihm verborgene Unendlichkeit ans Licht zu heben. Eine Wendung bringt dann die Epode, die letzte Strophe des Gedichts. Ganz nach außen gerichtet den Blick, findet sich das lyrische Ich in der konkreten Situation der Ankunft nach gefahrvoller Seefahrt. War in der Strophe die Zeit verstanden als verborgene Ewigkeit im Grunde der Seele, so stellt die Epode die unaufhebbare Bindung des Menschen an seine jeweilige Gegenwart vor Augen, in der er sich dem Unvorhersehbaren gegenübersieht, aber auch der Chance des Anfangs und der Entdeckung. Wie das Verhältnis zwischen den Strophen, so kann auch das der beiden Teile des Gedichts zueinander als komplementär bezeichnet werden. Während die ersten drei Strophen in Frage, Anruf und Verkündigung das innerseelische Geschehen vergegenwärtigen, liegt den Strophen des zweiten Teils eine distanzierte, vergegenständlichende Perspektive zugrunde. Vom Gebet an die Seele wendet sich das lyrische Ich über Zweifel und Reflexion zur Hoffnung auf das von außen herantretende Zukünftige. Vielleicht ist es nicht ganz abwegig, in dem inneren Weg des Gedichts von der Erscheinung des Vergangenen bis zur Erwartung des Kommenden auch den Übergang vom Traum zum Erwachen unter dem Schein der Morgenröte nachgezeichnet zu sehen (vgl. Herders *Älteste Urkunde des Menschengeschlechts*, in der er die Genesis als Morgenlied interpretiert).

Was die Struktur des Gedichts im ganzen bestimmt, läßt sich auch im einzelnen, etwa an der Bildlichkeit zeigen. Der nach oben gerichteten Bewegung (1 f.: »steigt [...] empor«, 3 f.: »leitend [...] auf«, 22 f.: »steigen [...] empor«, 33 f.: »webt [...] hinan«, 54: »laben [...] hinan«) begegnet eine andere nach unten, in die Abgründe der Seele (wie in die Tiefe des Meeres) gerichtete (26: »schwingen sich herab«, 41/43: »ging hinein« in den »Abgrund«, 47 f.: »komme [...] von den

[. . .] Morgenhöhn«). Den Bildern für räumliche Höhe (7: »Mast«, 9: »Sterne«, 5, 14, 26: »Himmel«, 52: »Gipfel des Schiffs«, 53: »Gebürg'«) entsprechen jene der Tiefe (1, 5, 27, 36, 38: »Meer«, 20, 33, 43: »Abgrund«, 23: »Gräber«, 35: »schwangerer Schoos«, 56: »Schlünde«. Gegensätzlichkeit beherrscht auch die Licht-Metaphorik. Dunkelheit und Nebelferne, verschleierndes Gewölk, die Dunkelheit des tiefen Meeres und die Schwärze seiner Schlünde werden erhellt von der Flamme des hohen Masts, dem Licht der Zeiten, dem Gesang, der zur Fackel dem Irrenden werden kann. In Flammenzügen glänzend hebt die Vergangenheit sich aus dem Grund der Seele empor. Die Seher zerreißen mit Schwerterblitzen das Gewölk, und ein Sonnenspiegel soll die Tiefen des Meeres (wie der Seele) erhellen. Beginnt das Gedicht mit der Dunkelheit der Nacht auf dem Meer, die allein erhellt wird durch das Elmsfeuer, so schließt es mit dem Aufgang der Sonne. Unübersehbar enthalten die Bilder dieser letzten Strophe Anspielungen auf Apollon, den Gott des Sonnenlichts und der Morgenfrühe, vor allem aber der Erkenntnis des Zukünftigen (Otto, S. 97 ff.). Seine Attribute sind die Leier und der Bogen, der Gesang und die »fernhintreffenden« Pfeile (Hölderlin, *Brot und Wein*, V. 61, nach Hesiod, *Theogonie* 94). Dem entsprechen in Herders Gedicht der »Gesang« (10) und das »weißagend starke Geschoß« (21), der »gefiederte Blick« (49), ebenfalls Zeichen für das Erkennen des Zukünftigen. In den Bildern der Leier und des Bogens vergegenwärtigt auch Pindar seine Sendung als Dichter (*Olympien* 1 und 2). Die letzte Strophe beschwört so mit dem Gott Apollon zugleich noch einmal seinen begnadeten Sänger, aus dessen Geist Herder sein Gedicht geschrieben hat.

Pindar

Herder: ein Nachahmer Pindars! Das scheint im Widerspruch zu seinen eigenen Äußerungen zu stehen, in denen er immer wieder die Unmöglichkeit einer solchen Wiedererweckung Pindars behauptet hat. Die Dithyramben des Pfarrers Willamov (1763) hat Herder als Wiederholung des historisch Einmaligen kritisiert (I, 68 ff., 307 ff.; II, 251 ff.). Pindars Dichtungen seien, wie die Dramen von Sophokles oder Shakespeare, Produkte ihrer Zeit und daher unwiederholbar. Eine solche historische Erklärung dichterischer Gebilde war für Herder weniger methodisches Dogma als Waffe im Kampf gegen den klassizistischen Kanon.

Einer freien Entfaltung der dichterischen Produktivität in seiner Gegenwart glaubte er nur durch Destruktion des geltenden Nachahmungsprinzips vorarbeiten zu können. Gerade Pindar wollte Herder aus jenem Kanon herausbrechen. Gegen die von Horaz (*Carmina* IV, 2) mitbegründete Auffassung von der Dunkelheit dieses Dichters setzte er die Behauptung seiner vollständigen Erklärbarkeit. Es käme nur darauf an, die historischen Bedingungen seines Schaffens nicht außer acht zu lassen. Herder hat diese These in einer Fragment gebliebenen, ungedruckten Abhandlung (etwa 1766) über Pindars Olympische Gesänge zu beweisen versucht (*Herder-Nachlaß* I 30). Dennoch steht seine Adaption Pindars keineswegs im Widerspruch zu seinen theoretischen Forderungen. Denn die historische Erklärung dichterischer Werke sollte ja gerade Raum schaffen für den produktiven Wetteifer (›aemulatio‹) mit dem Vorbild. Gebraucht, so hatte er in den *Fragmenten* den Dichtern zugerufen, die Mythologie der Alten als »Poetische Heuristik« (I, 444), lernt von ihnen, wie sie ihre Welt metaphorisch ins Enge gezogen haben, und bildet euch so zu Dichtern eurer eigenen Gegenwart! Tatsächlich hat Herder in seinem Gedicht versucht, Sprechhaltung und Bauform der pindarischen Ode dem eigenen, ›modernen‹ Ausdruckswillen zu unterwerfen, denn es redet vor allem von der menschlichen Seele.

Herder hat sich schon früh mit Pindar beschäftigt. Aus einem Brief an Hamann vom Mai/Juni 1769 wissen wir, daß er von diesem eine Pindar-Ausgabe entliehen hatte. Kein Zweifel auch, daß er die Schlußsätze von Hamanns *Aesthe-*

tica in nuce kannte, in denen Klopstocks freirhythmische Verse als Wiederherstellung des lyrischen Gesanges gefeiert werden und ihm der Ehrenname eines »deutschen Pindars« zuerkannt wird (II,215). Schon früh auch forderte Pindar, dieser ›edle Freund seiner Jugend‹, ihn heraus, sich mit ihm zu messen. Zeugnis ist das Gedicht *An sich, den Pindar Nachahmer* (XXIX,262). Aus ihm spricht die Verzweiflung, aus eigener Kraft das Vorbild jemals erreichen zu können. Auch später hat Pindar ihn nicht losgelassen. Durch Herders Vermittlung hat der junge Goethe an dem griechischen Sänger das Wesen jeder Meisterschaft entdecken können (Goethe an Herder, 10. Juli 1772). Noch einer der letzten Aufsätze Herders, in der sechsten Sammlung der *Adrastea*, befaßt sich unter dem Titel *Pindar, ein Bote der Götter, Ausleger alter Geschichten* (XXIV,335) mit dieser Gestalt seiner frühen, ehrgeizigen Dichterträume.

Die Metapher der Schiffahrt

In der Vorbemerkung zu seinem Gedicht sagt Herder, daß es »zur See gemacht, und also in Meeresbildern wandelt«. Tatsächlich verweist die Ode schon durch ihre Metaphorik auf die biographischen Voraussetzungen. Im Frühjahr des Jahres 1769 entschloß sich Herder, ein begeisternder Lehrer und hinreißender Prediger, aber auch ein erfolgreicher Schriftsteller, zur Überraschung seiner Freunde von heute auf morgen und scheinbar unbegründet beim Magistrat der Stadt Riga um seine Entlassung nachzusuchen. In seiner Abschiedspredigt vom 17. Mai 1769 erläutert er den Zuhörern seinen Entschluß mit den Worten: »Meine einzige Absicht ist die, die Welt meines Gottes von mehr Seiten kennen zu lernen« (XXXI,141 f.). Auf der Höhe seines frühen Ruhms hatte er die Gefahr erkannt, zu jenem Bild zu erstarren, das seine nähere Umwelt, aber auch die Kritiker der Literatur sich von ihm, dem angeblichen Schüler Hamanns, zu entwerfen begannen. Wenig später, im *Journal meiner Reise im Jahr 1769*, hat Herder diese Sorge in dem Entwurf *Über die Jugend und Veraltung Menschlicher Seelen* (IV,44) als generelles menschliches Problem zu objektivieren versucht. Noch in der Weimarer Zeit erscheinen ihm Erstarrung und notwendiger Aufbruch als die Gesetze der geschichtlichen Bewegung selbst (*Tithon und Aurora* [1792], XVI,109 ff.).

Zunächst hatte Herder geplant, in Kopenhagen an Land zu gehen, um Klopstock, den Dichter des *Messias*, persönlich kennenzulernen. Aber von seinem Begleiter, dem Rigaer Kaufmann Gustav Berens, ließ er sich bestimmen, die Fahrt ohne Unterbrechung in Richtung Frankreich fortzusetzen. Am 5. Juni 1769 verließ das Schiff den Hafen von Riga, am 15. Juli des gleichen Jahres betrat Herder in Paimbœuf, dem Hafen von Nantes, französischen Boden. Herder hat diese Reise ebenso wie die von Antwerpen nach Amsterdam am Ende des Jahres dichtend und reflektierend kommentiert. *Der Genius der Zukunft* ist hierfür ein Zeugnis, ebenso das Gedicht *Als ich von Liefland aus zu Schiffe ging* (XXIX,319 ff.). In Nantes schreibt Herder nach Aufzeichnungen, die er während der Überfahrt in seine Schreibtafel eingetragen hatte, das *Journal meiner Reise im Jahr 1769* nieder. Auch im *Auszug aus einem Briefwechsel über Oßian und die Lieder alter Völker* greift er auf sein Erlebnis der Seefahrt zurück, um seinen Begriff einer Poesie zu erläutern, die, wie das Volkslied, als Antwort auf eine »lebendige Natur« zu verstehen ist (V,168 f.). Noch am Ende seines Lebens, im dritten Teil seiner Schrift *Kalligone* (1800), erklärt er sein Verständnis des Erhabenen mit der Erinnerung an die Unendlichkeit des Meeres (XXII,233 f.).

Was zunächst nur als Beschreibung einer ganz persönlichen Erfahrung erscheint, ist zugleich eine der ältesten Metaphern des bilderschaffenden menschlichen Geistes. Ernst Robert Curtius hat auf die Verbreitung der Schiffahrtsmetapher in Antike und Mittelalter hingewiesen. Jüngst sah Hans Blumenberg sich veranlaßt, eine Variante dieses Bildes, »Schiffbruch mit Zuschauer«, als »Paradigma einer Daseinsmetapher« nachzuzeichnen. Herder ist diese Metapher mit ihren Abwandlungen schon vor der Seereise geläufig. Er knüpft vor allem an jene Tradition an, in der die Fahrt des Schiffes als Sinnbild der Lebensreise verstanden wird (XXIX,57; XXXII,436; XVI,369). Eine solche Verwendung der Metapher findet sich etwa in dem Sonett *An die Welt* von Andreas Gryphius oder in Goethes *Auf dem See* und *Seefahrt*, um nur zwei Beispiele zu nennen.

Bei Herder nun koinzidiert die Bedeutung der alten Metapher auf eigentümliche Weise mit seiner konkreten Erfahrung. Das persönliche Erlebnis wird aussprechbar und zugleich auf die Ebene einer generellen Bedeutsamkeit gehoben. Umgekehrt erscheint das alte Schema wie erlöst aus seiner Erstarrung. Die besondere Anwendung entfaltet erst die potentielle Aussagekraft des Überlieferten. Man könnte kein treffenderes Beispiel für Herders Begriff der geschichtlichen Rezeption finden: Seine Verwendung der Metapher ist »genetisch« durch Aufnahme der Tradition, »organisch« durch deren besondere Anverwandlung aus gegenwärtigem Interesse (V,509 f.; XIII,347 f.).

Die Variation der alten Metapher durch Herder läßt sich in folgenden Punkten charakterisieren: Die Fahrt auf das Meer hinaus erscheint zunächst als ein Akt der Befreiung aus engen Verhältnissen zur Weite unendlicher Möglichkeiten. Vor allem im Reisejournal gibt Herder dieser Erfahrung in bewegenden Worten Ausdruck (IV,348 f.). Das Meer, schon in dem Gedicht *Zweites Selbstgespräch* (XXIX,259) Bild für die unendlichen, noch nicht ausgeschöpften und also zukünftigen Möglichkeiten in der Seele des Menschen, erscheint aber zweitens auch als Ort der Gefährdung. Welche Möglichkeiten soll der Mensch ergreifen? Hat er nicht die Enge des festen Landes, das er verlassen hat, nur mit Orientierungslosigkeit vertauscht? Worte wie »Irrphantom« (8) und »Trugegewand« (6) vergegenwärtigen diese Situation. Als Übergang von etwas zu etwas, als Blitz in der Nacht, hat Herder selbst seine eigene Existenz bezeichnet (*Briefe* II,122). Am auffälligsten ist die dritte Modifikation des Bildes in der Deutung der Ankunft des Schiffes. Hafen und Landung bringen dem Reisenden zwar die Errettung aus der »schwarzen Ueberfart | Schlünden« (55 f.), aber weder die Ruhe des Todes und der Ewigkeit (Gryphius) noch die im Naturbild vermittelte Gewißheit, daß auch dem eigenen Selbst organische Entfaltung und Reifung beschieden sein werden (Goethe). Derjenige, der hier den Ruf »Land« (55) vernimmt, betritt voller Hoffnung und Erwartung eines neuen Anfanges den festen Boden vielleicht eines neuen Erdteils.

Genius

Die Frage, um die das Gedicht sich dreht, ist aber zunächst: Wie findet der Mensch, der seine heimatliche Welt verlassen hat, den Weg in das neue Land? Dies ist die Frage nach dem »Genius«, ein Wort, in dem jene Zeit nach alten mythologischen Vorstellungen das Problem der Bestimmung des individuellen Lebens zu denken versucht hat.

Die Frage nach der »Bestimmung des Menschen« beschäftigt Herder schon sehr früh. Er exzerpiert die 1748 erschienene Schrift des Berliner Theologen Spalding, die diesen Titel trägt (XXXII, 160 ff.), und entwirft eine Abhandlung unter dem Titel *Wie ich mich bestimmen soll* (*Herder-Nachlaß* XXVIII 2,83ᵛ). Von der Bestimmung des Menschen, dem Plan seines Lebens, ist auch in den Predigten der Rigaer Zeit immer wieder die Rede (XXXII, 344, 359 f., 389, 393, 432 ff., 334, 508 f.). Herder betont auch, daß der Mensch sein »eigner Führer« sein muß (XXXII, 433), es sei seine eigentliche Aufgabe, sich »selbst [zu] bestimmen, selbst [zu] handeln« (XXXII, 440 f.). Die traditionelle Genius-Vorstellung wird also in entscheidender Weise abgewandelt. In dem etwa 1763 entstandenen Gedicht *Mitternachtsgesicht meines Genius* erscheint der Genius dem ihm anvertrauten Ich allein zu dem Zweck, ihm die Bestimmung seines Lebens in die eigenen Hände zu legen:

dein Genius
sey *du* dir! (Ernsthaft rührt' er mein Auge an)
Licht und Dunkelheit zu sehn, und Menschheit
Herzhaft zu wagen. (XXIX,250)

Manche Äußerungen des frühen Herder erinnern an die
Lebensplan-Problematik Kleists. Denn Hand in Hand mit
der Forderung nach Selbstbestimmung geht die Erkenntnis der in der Natur des Menschen angelegten Möglichkeit
des Verkennens und Verfehlens seiner ureigensten Bestimmung:

[...] ich spüre in mir unendliche Wünsche, ich fühle in mir unbefriedigte Leidenschaften und Neigungen, [...] mein letzter Tag ist
angebrochen, mein Leben ist zu Ende: tausend unbefriedigte Wünsche brennen in meinem Geist: tausend Neigungen kochen in meinem Herzen, und ich muß weg! Elendes Leben! Verächtliches
Daseyn! Daseyn uns zu täuschen, zu ängstigen, zu quälen, Begier-
den zu haben und sie nicht [zu befriedigen], Fähigkeiten und sie
nicht anzuwenden, Triebe und sie nicht zu genießen. Zu sterben,
ehe man ausgelebt hat, ja ehe man zu leben angefangen [...].
(XXXII,345)

Als Ursache dieser Verfehlung des eigenen Wesens nennt
Herder vor allem die Neigung, Zukünftiges in der Einbildungskraft vorwegzunehmen und so die Gegenwart zu ver-
säumen (XXXII, 344, 393, 508 ff.). Ohne Orientierung am
Zunächstliegenden zeigt sich aber der Lebensweg »in so
dunklem Licht« (XXXII,359 f.), die Welt wie die Wüste
eines wilden Meeres (XXIX,321), als »Labyrinth« und
»Schattenspiel« (XXXII,346).
Zu anderen Resultaten kommt Herder bei dem Versuch, die
Situation des Menschen philosophisch zu bestimmen. In
seiner Anthropologie, die sich in den Grundzügen bereits in
den Rigaer Predigten abzeichnet (XXXIII,344), systema-
tisch jedoch erst in der *Abhandlung über den Ursprung der
Sprache* (1772) entwickelt wird, erscheint der im Vergleich
mit dem Tier hervorgetretene Mängelcharakter der menschlichen Natur gerade als ihr eigentlicher Vorzug. Diese biolo-

gisch fundierte Unbestimmtheit seiner Existenz begründet seine Freiheit zu einer Welt unendlicher Möglichkeiten. Sein Schicksal, sich selbst sein »eigener Schutzgeist« sein zu müssen (V,104), macht ihn zu einem Wesen der Möglichkeit. »Nicht mehr eine unfehlbare Maschiene in den Händen der Natur, wird er sich selbst Zweck und Ziel der Bearbeitung« (V,28).

Diese aber ist ein prinzipiell unabschließbarer Prozeß. Selbstbestimmung kann daher immer nur als ein vorläufiger Entwurf verstanden werden. So hat Herder in seinem Reisejournal versucht, sich selbst die Möglichkeiten der eigenen Existenz vor Augen zu führen. Alle diese Pläne zu literarischen, philosophischen und pädagogischen Werken, diese Selbstaufmunterungen zu politischer und reformerischer Tätigkeit werden jedoch begleitet von dem Zweifel an der Fähigkeit, die eigene, seine Möglichkeit zu entdecken: »O Genius! werde ich dich erkennen?« (IV,463).

Intuitive Erkenntnis

Diese Erkenntnis des eigenen Genius setzt Herder in der Erläuterung zu seinem Gedicht der »kalten Vernunft« entgegen und vergleicht sie auffahrenden Blitzen, die aber gerade »in schnellen oder ganz ungewißen Verlegenheiten [...] sehr sichre Fackeln seyn können«. Seine Überzeugung von der Existenz und dem Recht einer solchen Erkenntnis hat Herder auch an anderen Stellen, vor allem in den Briefen an seine Braut vom 17. Oktober und 1. November 1770 (*Briefe* I,265, 278) bekräftigt. Welche Bezeichnung – »Ahnden« – oder Umschreibung – »der schnelle Blitz« – er immer wählt, worauf er zielt, ist deutlich: Es ist der Akt der reflexionslosen Intuition, die Herder auch »Genius« nennt. Der Ausdruck bezeichnet also nicht nur die Bestimmung des Menschen, seine Zukunft, sondern auch die Art ihrer Erkenntnis:

Ich glaube, jeder Mensch hat einen Genius, das ist, im tiefsten Grunde seiner Seele eine gewiße Göttliche, Prophetische Gabe, die ihn leitet; ein Licht, das wenn wir darauf merkten, und wenn wirs nicht durch Vernunftschlüße und Gesellschaftsklugheit und wohlweisen bürgerlichen Verstand ganz betäuben und auslöschten, ich sage, was uns denn eben auf dem dunkelsten Punkt der Scheidewege einen Stral, einen plötzlichen Blick vorwirft: wo wir eine Scene sehen, oft ohne Grund und Wahrscheinlichkeit, auf deren Ahndung ich aber unendlich viel halte. Das war der Dämon des Sokrates: er hat ihn nicht betrogen, er betrigt nie; nur er ist so schnell, seine Blicke so fein, so geistig: es gehört auch zu ihm so viel innerliche Treue und Aufmerksamkeit, daß ihn nur achtsame Seelen, die nicht aus gemeinem Koth geformt sind, und die eine gewiße innerliche Unschuld haben, bemerken können. (*Briefe* I,278.)

In seiner Abhandlung *Vom Wissen und Nichtwissen der Zukunft* (1797) hat Herder versucht, diese intuitive Erkenntnis genauer als eine Fähigkeit zu definieren, den »Zusammenhang der Dinge einzusehen« (XVI,372). Auch jetzt noch ist sie ihm eine der Vernunft entgegengesetzte, »verworrene, viel-umfassende Erkenntniß« (XVI,372 Anm.). Er nennt sie auch das Vermögen zu ahnen, »die Zukunft dunkel vorauszuempfinden« (XVI,373).

Die Stimmen der Väter

Herders Erläuterungen könnten den Gedanken nahelegen, als handle es sich bei dieser Vorausempfindung der eigenen Zukunft lediglich um eine Anwendung der individuell gewonnenen Lebenserfahrung. Das Gedicht jedoch redet von der Vergangenheit schlechthin, vom Schattenbild »vergangener Thaten« (1) und von der »Vorwelt« (20). Die »Stimmen der Väter« sind es, ihre Worte und Werke, die in der Seele lebendig werden. Der dunkle Grund der Seele erscheint wie das Totenreich, aus dem die Schatten der Verstorbenen hervortreten, um noch einmal im Ich ins Leben zurückzukehren:

Wolkenhoch erwach ich am Segel und unter mir
ruht ein Ocean! Doch in den holen Tiefen
donnert herauf Neptun; so steigen hier
Gedanken empor; es rauscht das Feld in mir
von Todten, die sich ins Leben riefen.
(*Zweites Selbstgespräch*, XXIX,259.)

Von den »weckenden Väterstimmen« ist in dem Gedicht
Mein Schicksal die Rede. Der Sinn dieser Wendung wird
deutlich in der Vorrede zur Schrift über Thomas Abbt. Der
Autor, der sich bemüht, den Geist dieses früh Verstorbenen
als eine »lebendige Werkstätte aufzuschließen, das Andere in
ihm arbeiten« (XXXII,177; II,454 f.), will ja nichts anderes,
als daß die noch unerschöpfte Kraft der Werke dieses Autors
aufgenommen, angewendet und also, wenn auch in veränderter Gestalt, wieder lebendig werde. Auch hier bedient
sich Herder zur Verdeutlichung seiner Absicht der Metaphorik seiner Gedichte: »Ich lese, wie wenn ich Stimmen
hörte aus den Gräbern« (XXXII,176). Bedenkt man den
Bedeutungsumfang dieser Metaphern, so erkennt man den
Sinn jener an Hölderlin erinnernden Wendung:

Mit Flammenzügen glänzt
in der Seelen Abgründen der Vorwelt Bild
und schießt weit über weißagend starkes Geschoß
in das Herz der Zukunft! (19–22)

Gemeint ist die aufblitzende Einsicht in die noch unausge-
schöpfte und daher zukünftige Potentialität des Vergangenen: »der Zukunft werdende Welt« (Variante zu V. 37)
scheint auf in den »Flammenzügen« der Vergangenheit – für
einen Augenblick vergegenwärtigt im Blitz der intuitiven
Erkenntnis, in der so die »Ewigkeit«, das mystische ›nuc
stans‹, in der geschichtlichen Zeit sich verwirklicht. Dies
aber ist ein Grundgedanke der Hermeneutik Herders, den er
einmal auf die Formel gebracht hat, er könne sich »von dem
kühnen weißagenden Blicke nicht entwöhnen [...]: ›von
dem, was ein Schriftsteller sagt, darauf zu schließen, was er
könnte sagen!‹« (II,251).

Der Gesang

Das Medium einer solchen Deutung der Vergangenheit ist für Herder der »Gesang« (10). Dabei denkt er vor allem an die »Nationalgesänge«, in denen ein Volk durch bilderreiche Auslegung seiner Herkunft sich seiner Identität vergewissert (XXXII,148 ff.). Von dieser Aufgabe her versteht Herder auch Pindar als einen »Ausleger alter Geschichten« (XXIV,335 ff.). Der vermutlich Anfang der siebziger Jahre niedergeschriebene *Wochentagzettel* (XXXII,238) zeigt, wie ernst Herder selbst die Funktion des Gesanges genommen hat. In diesen hingeworfenen Reflexionen übt er heftige Kritik an den biblischen Schriften. Der Maßstab seiner Kritik ist die »seelerhebende« Wirkung auf Gegenwart und Zukunft:

[...] welche That, die ich wünschte gethan! welche Empfindung, die ich wünschte gefühlt – welche Seele, nach der ich weinte sie gehabt zu haben! [...] zeigt mir ein Wort, einen Gedanken, eine Seele, die mich in der Verfallenheit meiner Seele trösten, aufrichten, mit süßem Honig speisen und Balsam und Oel auf meine verwundete Seele gießen könne – welch Wort? welche Sylbe? – Welche Wahrheit, welche einzige Wahrheit, die ich meinem lieben, meinem lieben blutverwandten Kinde frühe einflößen kann, daß sie sich wie Lebenssaft in seine Adern gieße und mit seinem zarten Herzen verwachse? [...] Ich küße dich, lieber Sohn mit Thränen, was soll ich dir singen – was dir sagen – in welcher Enge schwebe ich – soll ich reden, oder schweigen. – Die Geschichte der Schöpfung! (XXXII,238).

Der Abgrund der Seele

Die Aussage, daß »in der Seelen Abgründen« (20) nicht nur die individuelle Lebenserfahrung, sondern die Vergangenheit schlechthin erwacht und blitzartig in ihrer Zukünftigkeit sich enthüllt, setzt voraus, daß die Seele als Inbegriff unendlicher Möglichkeiten gedacht werden kann. Davon redet die vierte Strophe in Form eines Gebetes. Auch diese

Überzeugung, daß die menschliche Seele potentiell das ganze räumliche und zeitliche Universum in sich enthält, findet sich in zahlreichen frühen Gedichten Herders: *Die Welt der Menschlichen Seele* (XXIX,253), *Zweites Selbstgespräch* (XXIX,258 ff.), *Die Schöpfung. Ein Morgengesang* (XXIX,437 ff.; vgl. auch II,258). Natürlich entstammt dieser Gedanke der Philosophie von Leibniz. Schon dieser hatte behauptet, daß jede Monade und daher auch jede menschliche Seele, wenn auch dunkel, in der Art der ›petites perceptions‹, das Universum in sich enthält (*Monadologie*, § 56). Das heißt aber auch, daß die Seele Vergangenheit, Gegenwart und Zukunft als eine Einheit umfaßt. »Jeder gegenwärtige Zustand einer einfachen Substanz ist natürlicherweise eine Folge ihres vorhergehenden Zustandes, ebenso wie in ihr das Gegenwärtige mit dem Zukünftigen schwanger geht« (*Monadologie*, § 22; vgl. *Théodicée*, § 360). Herder hat diesen Gedanken schon im *Zweiten Selbstgespräch* bis in die sprachliche Formulierung hinein übernommen. Die dritte Strophe dieses Gedichtes lautet:

Es schläft in mir! im Schoos des Chaos schläft
welche Gedankenwelt!
um einen Punkt dehnt ein unendlich Feld
sich in der Ferne Schatten. Hier schläft
um mein Jezt die Asche von Vergangen
in ihr der Keim der ganzen Künftigkeit. (XXIX,258 f.)

Die letzten beiden Verse erinnern wörtlich an die Verse 31–36 in Albrecht von Hallers *Unvollkommenem Gedicht über die Ewigkeit* von 1736:

Furchtbares Meer der ernsten Ewigkeit!
Uralter Quell von Welten und von Zeiten!
Unendlichs Grab von Welten und von Zeit!
Beständigs Reich der Gegenwärtigkeit!
Die Asche der Vergangenheit
Ist dir ein Keim von Künftigkeiten.

Bemerkenswert jedoch ist die Differenz. Während Haller die Einheit von Vergangenheit, Gegenwart und Zukunft in der Ewigkeit begründet sieht, liegt sie für Herder im dunklen Grund jeder hier und jetzt existierenden Seele.

Wer daher die Zukunft begrifflich (im Sprachgebrauch jener Zeit: deutlich) erkennen will, der muß in die eigene Seele hinabsteigen. Davon redet die fünfte Strophe des Gedichtes. Sie beginnt mit der Frage nach dem »Sonnenspiegel« (38), bestimmt, Licht in die Tiefen des dunklen Meeres der Seele zu tragen, um so die Schätze der Vergangenheit heben, als zukünftige erkennen zu können. Ein technischer Vorschlag aus dem Reisejournal geht in das Gedicht als Metapher ein. Dort hatte Herder ein Programm zur Erforschung der Meerestiefen skizziert:

Wer kennet diese? Welcher Kolumb und Galiläi kann sie entdecken? Welche *urinatorische neue Schiffart*; und welche *neue Ferngläser* in diese Weite sind noch zu erfinden? Sind die letzten nicht möglich, um die Sonnenstralen bei stillem Wetter zu vereinigen und gleichsam das Medium des Seewaßers, damit zu überwinden? (IV,351).

Was im vorliegenden Gedicht als Frage gestellt wird, erscheint in anderen Versen dieser Zeit als Selbstaufmunterung. Herder scheint mit dem Gedanken gespielt zu haben, es müsse dem Ich möglich sein, mit einem einzigen schöpferischen, ja gewaltsamen Akt selbst die Schätze in der dunklen Tiefe der eigenen Seele, also die eigenen unendlichen Möglichkeiten, ans Licht zu heben:

O spräch ich ›Sey!‹ und meine ganze Welt
erstünde mir, *dem Gott*, so! welche Millionen
der Zoll der ganzen Schöpfung, tief versenkt
ins Meer der Nacht!
    (XXIX,259; vgl. 230, 243, 246, 250, 243.)

Indessen hatte schon Leibniz in seiner *Monadologie* (§ 61) auf die Unmöglichkeit einer solchen schöpferischen Selbsterkenntnis der Seele hingewiesen: »Aber eine Seele kann in sich selbst nur das deutlich Vorgestellte lesen; sie kann nicht auf einen Schlag auseinanderlegen, was in ihr zusammengefaltet ist; denn diese Fältelung geht ins Unendliche.« Auch Herder hat sich diese Überzeugung zu eigen gemacht, denn auf die Frage der fünften Strophe nach dem »Herrscher des Abgrunds« (43) erfolgt in den letzten drei Versen die Antwort:

Es liegt verflochten, und unentwirrt
der Thaten Gespinnst! Des Glücks unerforschlichen Kneul
webt ab die leitende Zeit nur! (44–46).

Die Einsicht in die Grenze, die dem Streben nach absoluter Selbstbestimmung gesetzt ist, lag Herder schon von seinen christlichen Denkvoraussetzungen her nahe. Es verwundert daher nicht, wenn er schon in den Predigten der Rigaer Zeit seinen Zuhörern zu bedenken gibt, »daß ich mein Schicksal weder in meiner Aussicht, noch in meiner Hand habe« (XXXII,470, 446). Vor allem die letzte, vor der Abreise aus Riga, am 24. Mai 1769, gehaltene Predigt *Die Haushaltung Gottes bei Menschlichen Angelegenheiten* (XXXII,502 ff.) entwickelt in nachdrücklicher Wiederholung den Gedanken, daß ein sinnvoller Plan Gottes mit dem Menschen auch dann vorausgesetzt werden muß, wenn ihm selbst jede Einsicht in jenen versagt ist, ja seine Vernunft nur Widersinn – »Schattenfabel, zerstückt! Scene zerrißen!« (XXIX,341) – entdecken kann. Unter den Stichworten am Schluß der Predigt findet sich der Name »Hiob«. Herder wird diesen Namen immer wieder aufgreifen, um sein Schicksalsgefühl und Geschichtsbild zu veranschaulichen (vgl. das Gedicht *Mein Schicksal*, XXIX,340 ff., und den Schluß der Schrift *Auch eine Philosophie der Geschichte zur Bildung der Menschheit*). Auf dem Gebiet der Psychologie erkennt er bald die Unmöglichkeit der vollkommenen Selbsterkenntnis und kommt zu dem Schluß, daß der Mensch nur in der Begegnung mit dem anderen sich selbst entdecken lernt (II,258).

Ist es hier der andere, an dem ein Ich zur Selbsterkenntnis findet, so sind es im Bereich der Geschichte, wie Herder schon in dem *Versuch einer Geschichte der lyrischen Dichtkunst* von 1766 darlegt, die jeweiligen Umstände, die eine Entdeckung des Neuen nicht nur ermöglichen, sondern geradezu hervorrufen. Subjektive und objektive Faktoren müssen auf eine unvordenkliche Weise zur rechten Stunde koinzidieren, wenn in der Geschichte ein neuer Anfang gesetzt werden soll: »Dem Samen, der Alles in sich zur herrlichsten Erndte enthält, und in der Erde unter ewigem Schnee modert, fehlt blos eine Kleinigkeit – der Strahl der Frühlingssonne« (XXXII,103 f.; XXIX,259; II,5). In der Abhandlung *Auch eine Philosophie der Geschichte zur Bildung der Menschheit* (1774) hat Herder mit Nachdruck auf die Gebundenheit geschichtlichen Handelns und Denkens an den rechten Augenblick hingewiesen, zugleich aber auch das Gewicht des subjektiven Faktors hervorgehoben: »Wie oft waren solche Luthers früher aufgestanden und – untergegangen: der Mund ihnen mit Rauch und Flammen gestopft, oder ihr Wort fand noch keine freie Luft, wo es tönte – aber nun ist Frühling: die Erde öfnet sich, die Sonne brütet und tausend neue Gewächse gehen hervor – Mensch, du warst nur immer, fast wider deinen Willen, ein kleines *blindes Werkzeug*« (V,532). Wenig später wird diese einseitige Position durch ihren Gegensatz ergänzt: »Was Luther sagte, hatte man lange gewußt; aber jetzt sagte es *Luther*« (V,532). Nach diesen Prinzipien hat Herder auch Shakespeare interpretiert. Auf der einen Seite arbeitet er die Gewalt der historischen Bedingungen heraus, ohne die Shakespeares Werk nicht zu denken ist, nennt ihn aber auf der anderen Seite zugleich den Schöpfer, dessen es bedurfte, um das »Neue, Erste, ganz Verschiedne« in der Geschichte hervorzubringen (V,217 f.).

Da keine deutliche Erkenntnis der Unendlichkeit und also

der Zukunft im Dunkel des Seelengrundes zu erreichen ist, bleiben nur die Möglichkeit und das Recht einer intuitiven, blitzartigen Erhellung des jeweils nächsten Lebensweges. Diese Überzeugung scheint in der letzten Strophe des Gedichtes ihren Ausdruck zu finden. Die Wendung »sinn' hinüber und ziele gefiederten Blick | zu des Ufers Hoffnung« (49 f.) nimmt offensichtlich die Metaphorik der dritten Strophe wieder auf: »und schießt weitüber weißagend starkes Geschoß | in das Herz der Zukunft« (21 f.). Wer in dieser Weise, die Seele dunkel erfüllt von der Potentialität des Vergangenen, seinen Blick auf die an ihn herantretende Wirklichkeit richtet, dem werden zu glücklicher Stunde vergangene Taten und die Seher der Jugendglut zu reden beginnen, und er wird – wie Columbus – vielleicht nicht das Erwartete finden, aber das Neue entdecken.

Zitierte Literatur: Hans BLUMENBERG: Schiffbruch mit Zuschauer. Paradigma einer Daseinsmetapher. Frankfurt a. M. 1979. – Ernst Robert CURTIUS: Europäische Literatur und lateinisches Mittelalter. Bern 1948. – Herders Sämmtliche Werke. [Siehe Textquelle. Zit. mit Band- und Seitenzahl.] – Johann Gottfried HERDER: Briefe. Hrsg. von den Nationalen Forschungs- und Gedenkstätten der klassischen deutschen Literatur in Weimar. [Bisher] 7 Bde. Weimar 1977 ff. [Zit. als: Briefe, mit Band- und Seitenzahl.] – Walter F. OTTO: Theophania. Der Geist der altgriechischen Religion. Hamburg 1956.
Weitere Literatur: Bernhard BLUME: Die Kahnfahrt. Ein Beitrag zur Motivgeschichte des 18. Jahrhunderts (1957). In: B. B.: Existenz und Dichtung. Essays und Aufsätze. Ausgew. von Egon Schwarz. Frankfurt a. M. 1980. S. 195–236. – Arthur HENKEL: »Der deutsche Pindar«. Zur Nachahmungsproblematik im 18. Jahrhundert. In: Geschichte des Textverständnisses am Beispiel von Pindar und Horaz. Hrsg. von Walther Killy. München 1981. S. 173–193. – Wendelin SCHMIDT-DENGLER: Genius. Zur Wirkungsgeschichte antiker Mythologeme in der Goethezeit. München 1978.

Ludwig Christoph Heinrich Hölty

Frühlingslied

Die Luft ist blau, das Thal ist grün,
Die kleinen Mayenglocken blühn,
Und Schlüsselblumen drunter;
Der Wiesengrund
5 Ist schon so bunt,
Und mahlt sich täglich bunter.

Drum komme, wem der May gefällt,
Und freue sich der schönen Welt
Und Gottes Vatergüte,
10 Die diese Pracht
Hervorgebracht,
Den Baum und seine Blüthe.

Überlieferung: Insgesamt liegen drei Fassungen des Gedichtes vor, davon zwei
handschriftlich. Die erste handschriftlich überlieferte Fassung entstand am
17. Februar 1773, die zweite Handschrift stammt aus dem Jahre 1774. Die
dritte (Druck-)Fassung wurde vor allem deshalb gewählt, weil sie die Überlieferung bis heute weitgehend bestimmt hat.
Abdruck nach: [Göttinger Musenalmanach.] Musenalmanach auf das Jahr
1776. Göttingen/Münster: Waldeck, [1774]. S. 28. [Erstdruck. – Unterzeichnet
mit der Sigle »P.«. Über die Hintergründe dieser Anonymität vgl. meine
Ausführungen S. 295 f.]
Weiterer wichtiger Druck: Ludwig Christoph Heinrich Hölty: Sämtliche
Werke. 2 Bde. Krit. und chronol. hrsg. von Wilhelm Michael. Weimar:
Gesellschaft der Bibliophilen, 1914–18. Neudr. Hildesheim: Olms, 1969.
Bd. 1. 1914. [Mit den Lesarten der beiden ersten Fassungen: Titel: Maylied. *I,
II* 1 Der Anger steht so grün, so grün, *I, II* 2 Die kleinen Gänseblumen
blühn, *I* Die blauen Veilchenglocken blühn, *II* 3 Und Veilchenglocken
drunter; *I* Und Schlüßelblumen drunter, *II* 4 f. Der grüne Plan | Ist wohl-
gethan, *I* 6 Und färbt sich täglich bunter. *I, II* 8 Welt, *I, II.*]

August Stahl

Utopie und Erfahrung im Spiegel der »schönen Natur«. Zu Höltys *Frühlingslied*

Vor dem Hintergrund seiner Geschichte erweist sich das *Frühlingslied* Höltys in all seiner »Pracht« (10) als ein gegen die Erfahrung vorgetragener schöner Schein. Anders als Goethes *Maifest* vom Mai 1771 vergegenwärtigt Höltys *Frühlingslied* gegen den jahreszeitlichen Befund seiner Entstehungszeit (17. Februar 1773) mit dem »Baum und seiner Blüthe« (12) zunächst noch Ausstehendes, noch nicht Gegebenes, allenfalls Gewußtes und Ersehntes. Und was die Umstände seiner ersten Veröffentlichung im *Göttinger Musenalmanach auf das Jahr 1776* an materieller Not, an menschlichem Jammer, an Demütigungen und Verdächtigungen bloßlegen, das steht in einem auffallenden Widerspruch zu jener »schönen Welt« (8), von der das Gedicht einzig zu sprechen vorgibt.

Gegen ein ausdrückliches Verdikt seines Hainbund-Freundes Johann Heinrich Voß und entgegen eigenen Zusicherungen hatte Hölty das Gedicht zusammen mit vier anderen, unter ihnen das später nicht weniger bekannt gewordene Mailied *Der Schnee zerinnt, Der May beginnt . . .*, dem damals mit den Dichtern des Bundes zerstrittenen Herausgeber des *Göttinger Musenalmanachs* Dietrich zum Druck überlassen (Grantzow, S. 70 ff., 184 f.). In einer »beschworenen« Gemeinschaft (Hölty, *Der Bund*), in der moralische Integrität, unverbrüchliche Treue und »ewige« Freundschaft gelten sollten, mußte die Verletzung eines gegebenen Versprechens schwer wiegen. Folglich waren auch Entrüstung und Beschämung groß, als der ›Fehltritt‹ Höltys bekannt wurde. Die Briefe geben davon Zeugnis. Johann Martin Miller an Voß am 16. Juni 1775:

Hättest Du Dir von ihm einen so schlechten und heimtückischen Streich vermutet? Kann ein solcher Mensch unser wahrer Freund sein?

Voß an Hölty am 14. November 1775:

In dem Almanach stehn doch Gedichte von dir, und du hast es nicht nur verschwiegen, sondern geleugnet. Ist das freundschaftlich? Der Streich hat mich sehr geschmerzt. Ich hoffe, du wirst Gründe anführen können, die mich beruhigen.

Hölty an Voß am 4. Dezember 1775:

Warum ich Stücke in den göttingischen Musenalmanach gab? Warum ichs leugnete? Die Geschichte hängt so zusammen. Im Februar lieh ich von Dietrich 2 Louisd'or, und gab ihm bei dieser Gelegenheit, als er mich darum bat, einige verworfene Stücke. Ich schickte ihm von Mariensee aus das Geld zurück, und bat ihn, die Stücke nicht drucken zu laßen, weil sie schlecht wären. Ich hoffte, er würde es thun, und deswegen leugnete ich es damals in Hamburg. So, dacht' ich, würde die ganze Geschichte verborgen bleiben. Ich wünschte es wäre nicht geschehen, bloß darum, weil es dich gekränkt hat. Der Geldmangel verleitete mich dazu.

(II,170 f., 187; Grantzow, S. 79.)

Was sich hinter diesen Sätzen an mangelndem Vertrauen und Verständnislosigkeit auftut, das liegt weit ab von den Idealen der Freundschaft, Liebe und »Redlichkeit«, die Bestandteil der poetischen Mission waren, der sich die Dichter des Göttinger Hains pathetisch verschrieben hatten, die sie in ihren Gedichten feierlich priesen und deren sie sich in zahlreichen Oden gegenseitig versicherten. Die Dissonanz zwischen den propagierten Idealen und der beschreibbaren Wirklichkeit ist nun allerdings, wie üblich, weder zufällig noch auch bloß biographisch zu belegen. Den meisten Gedichten Höltys ist denn auch das Wissen von schlechter Erfahrung keineswegs fremd. Sein Werk ist vielmehr von dem Widerspruch gegen die Ideale der »schönen Welt« (8), der »Pracht« (10) und »Güte« (9) wesentlich durchdrungen. Die hochgestimmte Heiterkeit, mit der Hölty nach der

Gründung des Göttinger Hains seine Schwüre leistet oder die neu eröffnete Zukunft preist, lebt zum nicht geringen Teil von der Leidenschaftlichkeit, mit der er in rhetorisch aufbereiteter Sprache ihre Gefährdungen verflucht:

Seyd Zeugen, Geister! – – Haining beschwört den Bund! –
Mein Spiel verstumme flugs, mein Gedächtniß sey
  Ein Brandmal, und mein Name Schande:
  Falls ich die Freunde nicht ewig liebe!

Kein blaues Auge weine die Blumen naß,
Die meinen Todtenhügel beduften; falls
  Ich Lieder töne, welche Deutschland
  Schänden und Laster und Wollust hauchen!

(*Der Bund*, I,85.)

Wo Hölty wie hier sein Ethos pathetisch nur als eine innere Angelegenheit des lyrischen Subjekts verkündet und als Spannung zwischen Aufschwung und Zerknirschung mitteilbar macht, da bleiben die gewußten Widersprüche eigentümlich abstrakt und ungreifbar. Das bestätigen insbesondere diejenigen Texte, in denen der dunkle Hintergrund der »Aufmunterung zur Freude« in negativen Wendungen verharmlost wird und daher nur ganz schemenhaft erkennbar bleibt:

Rosen auf den Weg gestreut,
  Und des Harms vergeßen!
  (*Lebenspflichten*, I,200.)

Wer wollte sich mit Grillen plagen,
  So lang uns Lenz und Jugend blühn;
  (*Aufmunterung zur Freude*, I,209.)

Sobald Hölty allerdings die Rollen zwischen dem lyrischen Ich und der Welt aufteilt, werden die Konturen seiner Polemik schärfer und die Quelle des Leids konkreter und greifbarer:

Jener beuget sein Knie vor dem Altar des Golds,
  Stopfet Beutel auf Beutel voll,

Schließt sein Kämmerlein zu, schüttet die Beutel aus,
  Und beäugelt den Seelenschaz. –
Mich entzücket der Wald, mich der entblühte Baum,
  Mich der tanzende Wiesenquell [...].
    (*Die Beschäftigungen der Menschen*, I,194.)

Bei aller Distanz, die die erbaulich inszenierte Bildlichkeit
wahrt (vgl. Luk. 12,16–21), verweist sie dennoch auf die
reale Lage der dem »unterdrückten Bürger- und Plebejer-
tum« entstammenden Dichter des Göttinger Hains (Ruiz,
S. 99). Diese ist von dem sich verstärkt durchsetzenden
»Prinzip des ökonomischen Nutzens« (Grimminger, S. 19)
und dem allgemein herrschenden Erwerbsdenken bestimmt.
Idealisiert spiegeln sich die utilitaristischen Zwänge in dem
freilich im 18. Jahrhundert nicht mehr Ethos der
Arbeit mit der ihm eigentümlichen Verbindung von Askese (= Unterdrückung der inneren Natur) und Leistung
(= Steigerung der Produktivität) (vgl. Baioni, S. 238).
Die Unzufriedenheit mit der eigenen wirtschaftlichen Lage
und die Auflehnung gegen das herrschende ökonomische
Nützlichkeitsdenken verschmolzen bei den Göttingern mit
der Kritik an der politisch-gesellschaftlichen Wirklichkeit
der noch weithin intakten feudalen Ordnung und der absolutistischen Willkür (vgl. Promies, S. 244). In der lyrischen
Bilderwelt Höltys und der anderen Hainbündler erscheint
die Kritik an den politischen und wirtschaftlichen Zuständen
als Gegensatz von Hof und Hütte, Stadt und Land, Gesellschaft und Natur. Gegen Hof, Stadt und Gesellschaft vertreten in dieser Opposition Hütte, Land und die nichtmensch-
liche Natur das Ideal eines geglückten und harmonischen
Lebens.
Von der allgemeinen Misere war Hölty besonders hart
betroffen, weil – wie es sein Freund Miller später schonend
umschrieb – »seine ökonomischen Umstände [...] nicht die
besten waren« (II,211) und er zudem von schlechter gesund-
heitlicher Konstitution war. Durch eine Kinderkrankheit
entstellt (»in dem allerhäßlichsten Körper die schönste
Engelseele« – v. Einem, S. 136), starb er nicht ganz achtund-

zwanzigjährig an Lungenschwindsucht. Es steht demnach ein ganz realer Leidensdruck hinter dem, was in den Gedichten gelegentlich als »Harm und Grillen« abgetan wird, und die heitersten Entwürfe Höltys müssen von daher als die Utopie eines leidensfreien Raumes gelesen werden.

Daß Hölty, der sich selbst einen »Hang zur ländlichen Poesie« (II,198) bescheinigte, diesen Freiraum in der Natur glaubte finden zu können, mag mit seinen persönlichen Enttäuschungen und seiner dörflichen Herkunft zusammenhängen (vgl. Promies, S. 253 ff.), ist aber zugleich eine Folge der allgemeinen Stimmung in den siebziger Jahren des 18. Jahrhunderts wie der literarischen und philosophischen Tradition, in der er beheimatet ist. Die allgemeine Stimmung war entscheidend beeinflußt von der durch Rousseau formulierten Kritik an der gesellschaftlichen Ordnung, den religiösen Zwängen und der Herrschaft der Vernunft, einer Kritik, die der Franzose im Namen der Natur vortrug. Die Empfänglichkeit für den von Rousseau so dramatisch akzentuierten Gegensatz zwischen natürlicher und gesellschaftlich gemachter Ordnung (›civilisation‹) hatte sich allerdings innerhalb der literarischen Entwicklung seit der Frühaufklärung selbst allmählich herausgebildet, ohne daß der Glaube an eine mögliche Harmonisierung gänzlich aufgegeben worden wäre (vgl. Huyssen, S. 8 ff.). Sieht man daher einmal von der Akzentverschiebung in Richtung auf die erwähnte Spannung ab, so unterscheidet sich die Dichtung Höltys von der eines Brockes oder Haller weniger in der Thematik als vielmehr in der bei aller Einfachheit eindringlichen Form der Frühlingslieder.

Thematisch verbindet Hölty mit dieser Tradition die Feier der Natur, der Preis der Schöpfung und der Glaube an die mögliche Glückseligkeit des Menschen in dieser Schöpfung. In diesem Optimismus ist auch Hölty noch Aufklärer. Entsprechend den lange nachwirkenden Thesen der Epoche ist die Welt nach »dem bestmöglichen Plan« (Leibniz, S. 429) geschaffen worden. Notwendigerweise wurde denn auch »den Geschöpfen die meiste Macht, die höchste

Erkenntnis, das größte Glück und die größte Güte [...] zugeteilt« (ebd.). Die »natürliche Ordnung der Dinge« ist »kraft der zu jeder Zeit prästabilierten Harmonie« so angelegt, daß die Schöpfung immer »unsere Wünsche übersteigt« (Leibniz, S. 435). Ganz im Sinne dieser von Leibniz gepriesenen »Ordnung des ganzen Weltalls« und »Güte unseres Schöpfers« und in ausdrücklicher Anlehnung an die Psalmen (111,2) dichtete Barthold Hinrich Brockes sein *Irdisches Vergnügen in Gott*:

Auf, ihr Sterblichen, betrachtet,
  Schauet Gottes Wunder an!
  Schmeckt die Liebe, fühlt die Stärcke!
  Ruffet: Groß sind Deine Wercke!
Wer Ihr achtet,
  Der hat eitel Lust daran.
        (*Das Gras, im Anfange des Frühlings*,
        in: Brockes, S. 15.)

Die »schöne Welt« unseres *Frühlingsliedes* fügt sich nahtlos ein in diese Hymne auf die geglückte Schöpfung, und die bereits in der zweiten Fassung gestrichenen Zeilen

Der grüne Plan
Ist wohlgethan

können durchaus als Variation der Leibnizschen Annahmen gelesen werden. Die »schöne Welt« des Frühlingsliedes bestätigt den Gedanken von der »besten aller möglichen Welten« und beglaubigt zugleich dessen teleologischen Optimismus. Die »wohlgethane« Welt ist der Ort möglicher Glückseligkeit des Menschen. Verständlich, daß der »May gefällt« (7).
Der Aufbau des Gedichtes folgt der inneren Logík dieses Denkens. Erst wird die Welt als Locus amoenus beschrieben, dann wird zum beglückenden Genuß des Beschriebenen eingeladen. Hölty, der seine Gedichte, ehrgeizig wie er war (vgl. II,199: »Ich will kein Dichter sein, wenn ich kein großer Dichter werden kann«), immer wieder verbesserte

und umarbeitete, was er einmal scherzhaft »die Höcker wegraspeln« nannte (II,161), hat wohl nicht zuletzt um dieses Aufbaus willen die preisenden Zeilen 4/5 (»wohlge-than«) durch die beschreibenden:

Der Wiesengrund
Ist schon so bunt,

ersetzt. Den argumentativen Charakter der Gedichtgliede-rung hebt denn auch das die zweite Strophe einleitende »Drum« deutlich hervor.

Gewissermaßen nebenbei wird durch die Änderung der Zeilen 4 und 5 sowohl eine größere Klangfülle wie auch eine erhöhte Kohärenz des Textes erreicht. Der Komparativ »bunter« wird erst durch den Bezug auf das neu gesetzte »bunt« voll in den vorhergehenden Zusammenhang einge-bunden.

Die von der Kritik am höfischen Absolutismus und den ökonomischen Leistungszwängen des städtischen Bürger-tums geprägte Feier der Natur in den Gedichten Höltys blieb nicht ohne Einfluß auf die Sprache seiner Lyrik. Die schlichte und anspruchslose Diktion insbesondere der Mai- und Frühlingslieder vom Februar 1773 (»Grün wird Wies' und Au« – »Der Schnee zerrinnt« – »Die Luft ist blau«) fügt sich durchaus in die allgemeine Entwicklung der deutschen Literatursprache in den Jahren von 1700 bis 1775 (Blackall, S. 157–209). Sie verläuft – grob gesprochen – in Richtung einer Reduktion des vor allem im Spätbarock wuchernden Figurenapparates, der Häufungen, Inversionen und auch der Metaphorik. Dies wird deutlich, wenn man die Lieder Höl-tys mit einem bereits rhetorisch zurückhaltenden Frühlings-gedicht des Frühaufklärers Brockes vergleicht:

Der Erden runde Brust, das fette Land,
Bedeckt ein liebliches, Smaragden-gleich Gewand.
Der Bluhmen-Heer durchwirkt ein fast lebendig Grün.
Ein reines Silber blinkt in der bestral'ten Flut,
Und auch zugleich auf Bäumen, welche blühn.
                    (Zit. nach Blackall, S. 181.)

Die allegorische Darstellung der Erde als üppig gekleidete Frau, die feudale Metaphorik der kostbaren Stoffe und Metalle, der vorangestellte Genitiv, die Inversion von Subjekt und Objekt und die Wortkombinationen (»Bluhmen-Heer«) wurden nach der Jahrhundertmitte als »gesucht und affektiert« empfunden und konnten mit Lessing als sprachlicher Ausdruck von »Pomp und Etikette« (*Hamburgische Dramaturgie*, 59. Stück) des höfischen Lebens angesehen werden.

Was die verdächtig gewordene Metaphorik angeht, so ist die Lyrik Höltys davon keineswegs ganz frei. Namentlich die Gedichte seiner frühen Zeit sind von ihr noch deutlich gezeichnet, wie etwa die folgenden Zeilen aus dem Jahre 1769 belegen können:

In Silberhüllen eingeschleyert
   Steht jetzt der Baum,
Und strecket seine nackten Äste
   Dem Himmel zu.

Wo jüngst des Apfels Purpurwange
   Geblinket, hängt
Jetzt Eiß herab.

(I,14; II,30)

Hat Hölty diese Art von Bildlichkeit in der Folgezeit allgemein weitgehend zurückgenommen und durch den direkteren Ausdruck ersetzt, so gilt dies vor allem für die Lieder des Frühjahrs 1773, die wie das *Frühlingslied* ganz ohne barokken Sprachprunk auskommen. Die Abkehr vom kunstvollen Figurenapparat des schlesischen Spätbarock in den Naturgedichten des Februar 1773 wurde durch die Bewunderung der Dichter des Göttinger Hains für den Minnesang gefördert. Der Schweizer Kritiker und Ästhet Bodmer hatte bereits 1748 *Proben der alten schwäbischen Poesie des Dreizehnten Jahrhunderts* herausgegeben, denen er 1758/59 seine *Sammlung von Minnesängern aus dem schwäbischen Zeitpunkte* folgen ließ. Die (in der Nachfolge Klopstocks) auf die nationale Tradition stolzen Studenten des Göttinger Kreises

äußerten ihre Begeisterung für diese Tradition in zahlreichen
Minne- und Mailiedern. Ihre nacheifernde Sympathie be-
ruhte teilweise wenigstens auf einem Mißverständnis. Sie
hielten die hochstilisierte Kunst der Minnesänger schlicht für
volkstümliche und naive Poesie. Vor dem Hintergrund der
abgelehnten Dichtung des Spätbarock mag der Irrtum verständlich sein. Mehr oder weniger beiläufig und vorübergehend sind die Spuren, die der Nachahmungseifer in der Lexik
hinterlassen hat. Die Substantive »Anger« und »Plan«, die
nachweislich minnesängerischer Herkunft sind (vgl. Elschenbroich, S. 629 f.), wurden denn auch bei den Umarbeitungen
gestrichen. Nachhaltiger und entscheidender wurde die
Begegnung mit dem Minnesang für den liedhaften Ton
Höltys. Dessen verführerische Melodik bestätigen schon die
zahlreichen Vertonungen. Max Friedlaender gibt 14 Vertonungen des Mailieds »Der Schnee zerrinnt« an und zählt 15
Vertonungen unseres Frühlingsliedes »Die Luft ist blau«,
unter ihnen mehrere von Schubert.
Die volksliedhafte Sangbarkeit erreicht Hölty zunächst
durch einen sehr gefälligen und eingängigen Wechsel von
vier-, drei- und zweihebigen Zeilen. Die kurzen Verse ver-
stärken die klangliche Wirkung des Reimes und erhöhen auf
diese Weise die musikalische Lautinstrumentierung des
Gedichtes. Darüber hinaus arbeitet Hölty mit zahlreichen
Alliterationen. Auffallend die dichte Sequenz der Liquiden
(l, r):

Die *L*uft ist b*l*au, das Tha*l* ist grün,
Die *kl*einen Mayeng*l*ocken b*l*ühn,
Und Sch*l*üsse*lbl*umen d*r*unter.

Was in den ersten Zeilen die Liquiden, das sind in den
folgenden die g- und p/b-Alliterationen:

Und *G*ottes Vater*g*üte,
Die diese *P*racht
Hervor*g*e*b*racht,
Den *B*aum und seine *B*lüthe.

Dem Klangzauber und der Sangbarkeit entspricht selbstverständlich eine Natur, die sich als ›schöne Natur‹ dem Genuß des Betrachters anbietet. Was da »gefällt« und »freut«, das ist eine festlich geschmückte, friedvolle und die Sinne beglückende heitere Landschaft, die in ihren sparsam gezeichneten Konturen und ihrer bunten Farbenpracht zum lustvollen Aufenthalt einlädt.

Die im Vergleich etwa zur Ausführlichkeit eines Brockes geradezu dürftige Detaillierung ist so geschickt arrangiert und komponiert, daß nicht nur nicht der Schein des Lückenhaften entsteht, sondern geradezu die Illusion der »Phänomenfülle des Ganzen« (Lausberg, § 443) erzeugt wird. Die antithetisch gebaute Sequenz der Eingangszeile, das Spiel mit drei- bzw. fünfgliedrigen Reihungen, der Wechsel zwischen exemplarischen Details (3: »Schlüsselblumen«, 12: »Blüthe«) und zusammenfassenden Ober- bzw. Allgemeinbegriffen (8: »schöne Welt«, 10: »diese Pracht«) vermitteln den Eindruck der Fülle und Totalität ebenso wie der durch Versbau, Reimstellung und Syntax (man beachte die Ausklammerung der letzten Zeile!) gerundete Rhythmus.

Als »schöne« ist die Naturszene das Gegenstück zu jener »erhabenen«, der man bei Brockes, Haller, Christian Ewald von Kleist und Klopstock (Baioni, S. 235 ff.), aber auch beim frühen Hölty begegnet:

Dich lobt der Westwind, der die grüne Fluth
  Der Saaten kräuselt, Dich
Erhebt die Windsbraut, die den Eichenwald
  Entwurzelt und zerreißt.

Dich lobt der Donner, der am Himmel rollt,
  Und rothe Blitze sprüht,
Der Wolkenbruch, der auf die Wiese fällt,
  Und sie in Meer verkehrt.
              (*Lob der Gottheit*, I,3.)

Im Gegen- oder auch Nebeneinander von erhabenem Schrecken, den die entfesselte Natur verbreitet, und schöner Lust, die die heitere dem Genuß bereithält, ist der Abgrund fühlbar, der den Befund vom Anspruch trennt, der »Abgrund zwischen aufklärerischer Vernunftutopie und konkret erfahrener Lebenswirklichkeit« (Huyssen, S. 11). Guiliano Baioni, der die sozialgeschichtliche Funktion der erhabenen Natur überzeugend beschrieben hat, hat zugleich darauf hingewiesen, daß im Gefühlshaushalt der Epoche das »Entsetzen [...] deutlich die Rolle eines Stimulans der Unterwerfung« zu spielen hat (Baioni, S. 240). Die Ehrfurcht, die die erhabene Natur dem staunenden Subjekt abverlangt, übt dieses sozusagen ein in die von ihm erwartete passiv-duldende Haltung wie in die von ihm gewünschte Arbeitsmoral mit ihrer Verbindung von Repression und Eifer. Einen Hauch dieser Gesinnung der Demut spiegelt auch das Frühlingslied Höltys. In der »Vatergüte« mag man mit Baioni etwas von der Ehrfurcht erkennen, die der Bürger dem »aufgeklärten Landesvater des Absolutismus« entgegenbrachte, der, jedenfalls dem Begriffe nach, die »Glückseligkeit seiner Untertanen im Sinne hatte«. In Höltys *Frühlingslied* sind Ehrfurcht und Bewunderung beinah ganz verstellt von der in ihm verheißenen Freude. Aber aus dem Kontext seiner Geschichte und des gesamten Werkes gewinnt das *Frühlingslied* seinen ganzen Reiz gerade aus dem, was es aus seiner Erinnerung ausgeschlossen hat. Sein Aufruf zur Freude an einer geglückten Schöpfung erzeugt aus dieser Sicht noch heute die Rührung, die von der Hoffnung ausgeht, die den Anspruch auf verfehlte Möglichkeiten festhält und in der die Utopie eines lustvollen und friedvollen Lebens aufscheint. Was das *Frühlingslied* als gegeben beschreibt und feiert, ist von daher nur das Bild einer gegen die »erfahrene Lebenswirklichkeit« gerichteten Sehnsucht, das Bild einer »schönen Welt«, von deren Freude der Dichter selbst »fast nichts geschmeckt« hatte (Voß über Hölty, II,203).

Zitierte Literatur: Guiliano BAIONI: Naturlyrik. In: Horst Albert Glaser (Hrsg.): Deutsche Literatur. Eine Sozialgeschichte. Bd. 4. Reinbek bei Hamburg 1980. S. 234–253. – Eric A. BLACKALL: Die Entwicklung des Deutschen zur Literatursprache. 1700–1775. Stuttgart 1966. – Barthold Hinrich BROCKES: Irdisches Vergnügen in Gott. Bd. 1. Hamburg ⁶1737. – [Charlotte von Einem:] Aus dem Nachlaß Charlottens von Einem. Ungedruckte Briefe von Hölty, Voß, Boie, Overbeck u. a. Jugenderinnerungen. Hrsg. von Julius Steinberger. Leipzig 1923. – Adalbert ELSCHENBROICH: L. Chr. H. Hölty. In: Benno von Wiese (Hrsg.): Deutsche Dichter des 18. Jahrhunderts. Berlin [West] 1977. S. 619–640. – Max FRIEDLAENDER: Das deutsche Lied im 18. Jahrhundert. Stuttgart/Berlin 1902. – Hans GRANTZOW: Geschichte des Göttinger und des Vossischen Musenalmanachs. Bern 1970. – Rolf GRIMMINGER: Aufklärung, Absolutismus und bürgerliche Individuen. Über den notwendigen Zusammenhang von Literatur, Gesellschaft und Staat in der Geschichte des 18. Jahrhunderts. In: R. G. (Hrsg.): Deutsche Aufklärung bis zur Französischen Revolution. 1680–1789. München/Wien 1980. S. 15–99. – Ludwig Christoph Heinrich HÖLTY: Sämtliche Werke. [Siehe Textquelle. Zit. mit Band- und Seitenzahl.] – Andreas HUYSSEN: Das Versprechen der Natur. Alternative Naturkonzepte im 18. Jahrhundert. In: Reinhold Grimm / Jost Hermand (Hrsg.): Natur und Natürlichkeit. Stationen des Grünen in der deutschen Literatur. Königstein (Ts.) 1981. S. 1–18. – Heinrich LAUSBERG: Handbuch der literarischen Rhetorik. Eine Grundlegung der Literaturwissenschaft. München 1960. – Gottfried Wilhelm LEIBNIZ: In der Vernunft begründete Prinzipien der Natur und Gnade. In: G. W. L.: Kleine Schriften. Darmstadt 1965. S. 414–439. – Wolfgang PROMIES: Hölty aus dem Hain. In: Christa Bürger / Peter Bürger / Jochen Schulte-Sasse (Hrsg.): Aufklärung und literarische Öffentlichkeit. Frankfurt a. M. 1980. S. 238–264. – Alain RUIZ: Göttingen und der Hain. In: Horst Albert GLASER (Hrsg.): Deutsche Literatur. Eine Sozialgeschichte. Bd. 4. Reinbek bei Hamburg 1980. S. 92–100.

Weitere Literatur: Norbert MECKLENBURG (Hrsg.): Naturlyrik und Gesellschaft. Stuttgart 1977. – Thymiane OBERLIN-KAISER: L. Chr. H. Hölty. Diss. Zürich 1964. – Karl RICHTER: Literatur und Naturwissenschaft. Eine Studie zur Lyrik der Aufklärung. München 1972.

Friedrich Leopold Stolberg

Lied auf dem Wasser zu singen,
für meine Agnes

Mitten im Schimmer der spiegelnden Wellen
   Gleitet wie Schwäne der wankende Kahn;
Ach, auf der Freude sanftschimmernden Wellen
   Gleitet die Seele dahin wie der Kahn;
Denn von dem Himmel herab auf die Wellen
   Tanzet das Abendroth rund um den Kahn.

Ueber den Wipfeln des westlichen Haines
   Winket uns freundlich der röthliche Schein;
Unter den Zweigen des östlichen Haines
   Säuselt der Kalmus im röthlichen Schein;
Freude des Himmels und Ruhe des Haines
   Athmet die Seel' im eröthenden Schein.

Ach es entschwindet mit thauigem Flügel
   Mir auf den wiegenden Wellen die Zeit.
Morgen entschwinde mit schimmerndem Flügel
   Wieder wie gestern und heute die Zeit,
Bis ich auf höherem stralenden Flügel
   Selber entschwinde der wechselnden Zeit.

Abdruck nach: [Hamburger Musenalmanach.] Musenalmanach herausgegeben von Voß und Goeckingk für das Jahr 1783. Hamburg: Carl Ernst Bohn, 1782. S. 168 f. [Erstdruck.]
Weiterer wichtiger Druck: Gesammelte Werke der Brüder Christian und Friedrich Leopold Grafen zu Stolberg. 20 Tle. Hamburg: Friedrich Perthes, 1820–25. Bd. 1. 1820.

Wolfgang Promies

Worte wie Wellen, Spiegelungen. Zu Stolbergs
Lied auf dem Wasser zu singen, für meine Agnes

Sechszeilige Strophen. Das verspricht in der Regel raffinierte
Reimkombinationen. Stolberg aber griff einfach zum Kreuzreim, und als gelte es die künstliche Simplizität des Volks-
lieds, wechseln Strophe für Strophe weibliche und männliche, klingende oder stumpfe Endreime ab. Aber kann man
überhaupt von Reimen reden? Das ist die erste Besonderheit
dieses Gedichts.
Seine Zeilen enden jeweils auf zweisilbige oder einsilbige
Substantive, die in jeder Strophe dreimal wiederholt werden.
Man könnte dieses ungewöhnliche Verfahren die Bildung
von *identischen* Reimen nennen. Doch ein derartiger Begriff
beschönigt die Tatsache, daß Stolberg die Erwartung des
Hörers oder Lesers, am Ende der sechs Zeilen variierende
Reime zu vernehmen, absichtlich enttäuscht. Welchen Sinn
hat dann aber dieses von Stolberg für die drei Strophen
gewählte Bauprinzip? Dazu eine Anmerkung. Unter seinen
bis 1783 geschriebenen Gedichten finden sich wohl Lieder
und Gedichte mit sechszeiligen Strophen – zumal in Balladen und Romanzen verwandte er sie gern –, aber immer sind
sie ordentlich gereimt. Höchstens der beinahe gleichzeitig
mit dem *Lied auf dem Wasser zu singen* entstandene Acht-
zeiler *An meinen Freund, den Grafen Ernst von Schimmel-
mann* (I, 310) nähert sich, weniger gelungen allerdings, dem
Verfahren des Liedes:

Nicht die donnernden Wogen,
Welche schwindelnden Augen
Schwarze Tiefen enthüllen:
Nicht die donnernden Wogen,
Welche spähenden Augen
Mond und Sterne verhüllen;

Nur die trennenden Wogen
Sind, oh Geliebter! mir furchtbar.

Aber auch in der Geschichte der deutschen Lyrik gibt es
merkwürdigerweise keinen weiteren Beleg für das eigenartige poetische Verfahren, wenn man nicht aus Bürgers Ballade *Lenore* einen Vers wie den folgenden zum Vorbild
erheben will:

O, Mutter, was ist Seligkeit?
O, Mutter, was ist Hölle?
Bei ihm, bei ihm ist Seligkeit,
Und ohne Wilhelm Hölle!

Während diese Reimweise in Handbüchern der *deutschen*
Strophenformen und Geschichten des *deutschen* Reims
wenig Berücksichtigung findet, ist sie in der romanischen
Literatur sehr wohl seit dem Mittelalter bekannt. Man nennt
dort, was von mir zunächst mit dem Begriff des identischen
Reims gefaßt wurde, »parola-rima«. Meister in dieser Technik war der provençalische Troubadour Arnaut Daniel, der
damit in der von ihm erfundenen ›Sestine‹ brillierte, die bei
den italienischen Renaissance-Poeten wie Petrarca ebenso
beliebt war wie bei Barockdichtern und den Romantikern.
Ob Stolberg die italienischen Renaissance-Poeten überhaupt
kannte, geht aus seinen Briefen kaum hervor. Und im
übrigen ist sein *Lied auf dem Wasser zu singen* keine Sestine.
Wenn sie ihm geläufig war, so wandelt er sie derart eigentümlich ab, daß eigentlich nur die Verwendung des ›Wort-
Reims‹ als Anlehnung übrig bleibt. Was bewog ihn zur Wahl
dieses künstlerischen Mittels, das seinem Gedicht das besondere Gepräge gibt?
Da ist zunächst die Beschränkung auf sechs gleiche Wörter
am Ende der achtzehn Verszeilen: »Wellen«/»Kahn«; »Haines«/»Schein«; »Flügel«/»Zeit«. Stolberg verwendet diese
sechs Wörter anstelle denkbarer Endreimvariationen, die
auch nach dem Schema des Kreuzreims eine Vielzahl von
Variationen zuließe. Diese Beschränkung offenbart eine

absichtliche Genügsamkeit, was die wortwählende Phantasie des Autors betrifft. Sie nimmt die gewisse Monotonie in Kauf, erzielt dafür aber einen Effekt, der die Wort-Reime fast in den Rang von Epiphern erhebt. Gleichzeitig wird aber Monotonie durch ihre gleichmäßige, dreifache Wiederholung zu einem gewollten Reiz. Zum andern nimmt Stolberg dadurch, daß er auf den Endreim verzichtete, diesem Gedicht ein Moment an denkbarer musikalischer Stimmung, akustischen Echos – aber nur im Sinne des nachmals geschaffenen romantischen Klangkörpers eines lyrischen Gedichts. Für die Begriffe des entwickelten 18. Jahrhunderts versieht Stolberg sein kurzes Lied mit einer Vielzahl vokalischer und konsonantischer Raffinessen, mit einer Fülle von Alliterationen und Assonanzen, die innerhalb des vorgegebenen Schemas von der abgewandelten Variation des jeweils Strophengleichen eine überraschende Vielfalt an Nuancen erlaubt. Dennoch: das Prinzip dieses Gedichts ist das der Architektur und nicht das der Musik! Sein Kennzeichen ist ein bemessenes Fließen in der Zeit, ist die Dreizahl, die Stolberg seinem Bau zugrunde legte und jeweils verdoppelt, verdreifacht, versechsfacht: drei Strophen, die wiederum drei klar voneinander abgehobene Sinngebinde ausmachen. Nicht nur ihrer Mitteilung nach unterscheiden sie sich merklich. Auch ihre Erscheinungsform sondert sie voneinander ab. Stolberg führt Strophe für Strophe jede Sinneinheit in einem Enjambement über zwei Verszeilen aus; am Ende der Sinneinheit stehen Semikolon, Punkt oder Komma. Wäre das Gedicht aber nur dieses Dreier-Schema, so wäre es ohne den spezifischen Reiz, den es besitzt, und eher ein Produkt klassizistischen Akademismus' zu nennen, wofür es seinerzeit und von Stolberg selbst Beispiele zuhauf gibt. So wichtig es war, sich zunächst einmal das bestimmte Zahlen-Spiel bewußt zu machen, welches dem Gedicht als Gerüst dient, zugleich aber auch ein Element des Ausdrucks darstellt, von dem noch zu reden ist, so wichtig ist es, sich eines anderen Elements bewußt zu werden, das dieses Gedicht prägt. Denn seine zweite Besonderheit ist der Versrhythmus!

Stolberg hat den Daktylus als Versmaß gewählt. Er baut seine Verszeilen vierhebig, wobei alle Zeilen, strenggenommen, katalektisch enden. Auffällig ist, daß Metrum und Versrhythmus bis auf eine Stelle, eine Zäsur innerhalb der Verszeile, völlig identisch verlaufen. Diese Zäsur ist in der dritten Zeile der anaphorische Beginn mit dem Ausruf: »Ach«. Noch einmal gebraucht Stolberg diese Interjektion. Aber während das »Ach« in der dritten Zeile, durch ein Komma von dem anderen Text getrennt, eine auch visuell sichtbare Zäsur darstellt, wird die Interjektion in der dreizehnten Zeile im Erstdruck ohne jedes Komma hingestellt und damit in den Fluß des Zeilenrhythmus aufgenommen. Im übrigen paßt sich der Rhythmus der Verszeilen, durch die Wahl des Versmaßes begünstigt, einer durch die Wortwahl und den Textinhalt beabsichtigten Bewegung vollkommen an. Es ist die dem Wasser nachgesagte, nachgeahmte Dreitaktbewegung der Wellen. Schlüsselwörter dieser Bewegung, in denen Versmaß und Versrhythmus ihre Versinnlichung erfahren, sind jene vor allem die erste und letzte Strophe kennzeichnenden Präsenspartizipien: »spiegelnden« (1), »wankende« (2), »schimmernden« (3), »wiegenden« (14), »stralenden« (17), »wechselnden« (18). Ich kenne kein Gedicht in deutscher Sprache, das den Rhythmus der Wellenbewegung, ihre Gleichmäßigkeit bei aller gelinden Variabilität der Takte so genau in sprachliche Bewegung übersetzt hätte, daß es fast taktlos ist, dieses Gelingen noch einmal in Worte zu fassen und damit festzuhalten, festzustellen. Und doch ist diese Bewegung nur der Basso continuo, nicht die Durchführung des Gedichts selbst, des »Liedes«, das auf den Wassern zu singen wäre.

Den Anfang macht eine, sagen wir, realistische Bestimmung des Lokals: ein Kahn, der sich auf dem Wasser dahinbewegt. Auffällig ist in diesen ersten beiden Zeilen das Aussparen des Subjekts, das da Beobachtung beschreibt, Situation bestimmt. Auffällig aber auch das Bemühen des Beschreibers, Sinneswahrnehmungen zu verbalisieren. Die erste Zeile der sinnliche Versuch, Lichtreflexe im Wasser, des Wassers wiederzugeben; die mähliche Bewegung des Fahrzeugs, das »wankend« (2) genannt wird; und schließlich der überwältigende Vergleich: für das Gleiten des Kahnes Schwäne zu assoziieren. Es ist nicht nötig, aus diesem Grunde die antike Mythologie oder die christliche Ikonographie zu beschwören. Jedenfalls umgibt Stolberg das reale Bild, den von Gefühlen und Personen leeren Vorgang mit einer Aura, die ein liebendes Paar suggeriert und dem Ganzen fast sakrale Sphäre verleiht. Stolberg bereitet durch diesen Vergleich die Stillage der dritten und vierten Zeile und selbst schon die Wort- und Bildwahl jener Allegorie von der geflügelten Zeit in der letzten Strophe vor. Die dritte und vierte Zeile greifen wichtige Worte der ersten beiden Zeilen wieder auf. Aber nach dem »Stilprinzip der planvollen Wiederholung« (Blume, S. 368), welches das Gleiche beibehält und dabei entscheidend abwandelt, ist plötzlich nicht mehr der Kahn das Subjekt dieser Sinneinheit, sondern die »Seele« (4). Die Worte der zuvor beschriebenen Realität entnehmend, sie übernehmend, macht Stolberg die ehemalige Realität zur Metapher, indem er schreibt: »Wellen der Freude« (3), und zum Vergleich: »wie der Kahn« (4). »Freude« und »Seele« dagegen stellen sozusagen die neue Realität dar. Die Abstraktheit dieser Begriffe, für sich genommen, irritiert. Woher die Freude angesichts der Gleichmäßigkeit der Bewegung? Warum das Bild der Seele, die wie abgelöst, vereinzelt – wie in einem Charonsnachen – dahingleitet? Stolberg gelingt es durch die Exklamation »Ach«, die Zeilen eben in dem Augenblick, wo sie zur Allegorie zu erstarren drohen, überaus zu subjektivieren – für den Augenblick. Aber das hinter dem Ausruf stehende Ich wird deshalb nicht greifbarer. Die Freude, die es seine Seele empfinden läßt, ist, wenn schon von dieser Welt, nicht irdischer, sondern überirdischer Herkunft. Für den Verfasser ist das, scheint's, völlig einleuchtend, wie das überwältigende »Denn« (5) der vorletzten Zeile beweiskräftig machen will, durch das ein Zusammenhang zwischen Wirklichkeit und Seelenfreude hergestellt wird, die vom Himmel herab kommt, sich im Tanz des Abendrotes auf den Wellen rund um den Kahn sichtbaren Ausdruck verschafft.

Interessant der Wechsel der Perspektive. Das Wasser – die Waagrechte – wird am Ende der ersten Strophe erstmals durch die Betrachtung und Bemerkung der Höhe, der Senkrechten, abgelöst. Wie wichtig diese Beobachtung ist, zeigen die weiteren Strophen bis hin zur völligen Veränderung der Perspektive am Schluß. Interessant ist zum andern die Freude der Seele im Zusammenhang mit dem Rot der *abendlichen* Sonne. Stimmungsvaleur also, das man eher mit dem Begriff des Elegischen als mit dem des Amönen, des Euphorischen verbindet. Stolberg hat – so war bisher die Meinung – das Gedicht auf der Hochzeitsreise geschrieben; schiene nicht die Röte der Morgensonne in diesem Lebenszusammenhang realer? Nicht auch idealistischer? Jedenfalls ist Rot die Farbe der zweiten Strophe. Abermals nimmt Stolberg eine Dreiteilung vor. Zwei Beobachtungen aus der Realität, in zwiefacher Perspektive, stehen sich antithetisch gegenüber; auf sie folgt eine Art Synthese in den letzten beiden Zeilen. Fast einförmig die Kontrastierung: »*Ueber* den Wipfeln des *westlichen* Haines« (7) – »*Unter* den Zweigen des *östlichen* Haines« (9). Beide Richtungen, die des Morgens und die des Abends, sind in dem allgemeinen Rot aufgehoben. Aber der »röthliche Schein« (8) des Abendrots macht noch keine Wiedergabe der Realität. Es handelt sich vielmehr um Stilisierung der Wirklichkeit, wie wir sie von Klopstock und den Lyrikern des Göttinger Hains genugsam kennen. Hain und Kalmus, aber auch ein seinerzeit so beliebtes Verbum wie »säuseln« (10) signalisieren die erwünschte Stillage und – die Zeitgebundenheit des Liedes. Die elfte und zwölfte Zeile bringen die alles umfassende, einbeziehende Natur- und Himmelserscheinung zu einer Synthese, die der Dichter abermals auf sich selbst, seine Seele, bezieht. Beide Zeilen spiegeln rhythmisch und wörtlich die gleichmäßig freudige und ruhige Stimmung des hier sprechenden Ichs wider, veranlaßt durch die »Freude des Himmels« und die »Ruhe des Haines«. Erstmals in dieser

Strophe ist übrigens ein Personalpronomen verwendet worden: »uns« (8), ein Plural, der eher auf zwei oder mehrere Personen als auf einen Plural majestatis schließen läßt. Und schließlich verrät die Verwendung der Wörter »freundlich« (8) und »Freude« (11) im Zusammenhang mit der Beschreibung des Scheins der Abendsonne, verraten die Kommunikation herstellenden Verben »Winket uns« (8), »Säuselt« (10; svw. ›spricht‹), wie schon das »Tanzet« (6), daß der Dichter das Abendrot nicht als Gleichnis elegisch abschiedlicher Stimmung begreift, sondern als den genauen Ausdruck vollkommener Freude, die allerdings »sanft« (3) ist und – damit ebenfalls zeitgemäß. Die Bevorzugung der abendlichen Stimmung, des Zeitpunkts also, wo die Strahlen der Sonne milde geworden sind, gibt auch anderen Gedichten Stolbergs das Gepräge, man denke etwa an die Johann Martin Miller gewidmete Ode *Der Abend* (1774) und, noch beweiskräftiger, das 1777 geschriebene *Badelied zu singen im Sunde*. Wie sehr zumindest dem lyrisch eingestimmten Zeitgenossen die abendliche Naturstaffage bei Sonnenuntergang die Lebensgeister rege machte, geht auch aus der Beschreibung der Heimfahrt im Kahn hervor, die Stolbergs Freund Voß an den Schluß der Ersten Idylle seiner *Luise* gesetzt hat. Sie ist übrigens im Musenalmanach für 1784 zuerst gedruckt worden.

Die Durchdringung von beobachteter äußerer Realität und gespiegelter seelischer Äußerung wird in der dritten und letzten Strophe zugunsten einer durchgängigen Reflexion aufgegeben. Das »Ach«, das Stolberg diesmal an den Anfang der gesamten Strophe stellte, ihm damit ein noch größeres Gewicht verleihend als in der dritten Zeile, scheint eine andere Stimmung einzutönen. Steht doch diese Strophe unter dem Eindruck eines einzigen Verbums, das Stolberg als Polyptoton verwendet: »entschwinden« (13/15/18). Damit huldigt das Gedicht am Ende scheinbar doch der Flucht der Zeit, die durch das Bild des Dahingleitens auf dem Wasser, durch die im Bilde des Wassers verrinnende Zeit, vorgefaßt war. Gisbert Kranz meinte deshalb urteilen zu können: »Das Lied hat also die Vergänglichkeit der Lebensfreude zum Thema« (Kranz, S. 66). Auch Blume, ganz offenbar irritiert von dem zweimaligen Ausruf, schließt daraus, daß sich rückwirkend der elegische Grundton dieses »sonderbaren Hochzeitskarmen« durchsetzt, »in dem der Bräutigam mitten auf der *Freude sanftschimmernden Wellen* sich schon seinem irdischen Dasein entschwinden sieht«, und er spricht folgerichtig deshalb von der sanften Wehmut, »der wir immer begegnen, wo die Losung des *Carpe diem!* dem mahnenden Gedenken an die Vergänglichkeit begegnet« (Blume, S. 369). Das hieße, um dies der jungen Frau gewidmete Lied einmal (zum ersten Mal) völlig persönlich zu wenden, von einem Hochzeiter nicht eben scharmant seiner just angetrauten Eheliebsten gegenüber gedacht – junge Ehen gelten übrigens und ja wohl auch im 18. Jahrhundert eher als Zeichen der Lebensbejahung als von Lebensverneinung. Übrigens ist dieses Lied vermutlich *vor* Stolbergs Eheschließung entstanden (s. S. 318 f.); die eingehendere Betrachtung der letzten Strophe wird erweisen, daß Stolberg auch anderes im Sinne hatte.

Auffällig an der letzten Strophe ist, daß darin erstmals das Personalpronomen »Ich« (17) gebraucht wird. Die Gefühlsperspektive, die in der ersten Strophe ganz allgemein gehalten war, in der zweiten Strophe eine Erweiterung erfuhr, wird zuletzt in die Reflexion und Empfindung desjenigen zurückgenommen, der da redet. Darin unterscheidet sich die letzte Strophe von den vorhergehenden. Die äußere, gegenständliche Welt tritt hier fast völlig zurück, wird beinah zur Anspielung und Allegorie. An ihre Stelle tritt die Transzendierung des gegenwärtig Erfahrenen durch das empfindliche Ich. Aber auch dieser Prozeß vollzieht sich in einer dem gesamten Gedicht zugrunde liegenden Dreigliederung. Die dreizehnte und vierzehnte Zeile beschwören die Gegenwart, auf den Wellen, die zugleich die Flüchtigkeit, das Vorübergehen der Zeit vergegenwärtigen und versinnbildlichen. Daß das Verb »entschwinden« hier aber nicht das Vergänglich-Flüchtige meinen soll, sondern vielmehr den Zeit-Vertreib, geht aus der fünfzehnten und sechzehnten Zeile hervor, die den Wunsch des Redenden ausdrücken, auch morgen (in der Zukunft) möge die Zeit so vergehen wie gestern und heute!

Nicht um das Thema der Vergänglichkeit von Lebensfreude war es Stolberg zu tun, sondern im Gegenteil um den Genuß der Tatsache, daß Zeit nicht mehr zählt, nur der in gleichmäßiger Freude erlebte, erfahrene Augenblick der Gegenwart, die deswegen in die Zukunft projiziert wird. Die Erkenntnis der Zeitlichkeit heben die letzten beiden Zeilen des Gedichts auf eine neue und andere Ebene. Sie bieten die Vision jenes Augenblicks, in dem das Ich selbst der »wechselnden Zeit« (18) überhoben wird. Innerhalb der strikt durchgeführten Dreigliederung lesen sich die letzten beiden Zeilen wie eine abschließend krönende Klimax. Im übrigen korrespondieren sie mit den letzten beiden Zeilen der Eingangsstrophe. Wie dort die Blickrichtung »von dem Himmel herab« (5) geht, dessen Sonnenrot den Kahn umtanzt, ist der Blick am Ende von der Erde gen Himmel gerichtet, Himmelfahrt der Seele, des Ichs, das dadurch, daß es die Zeit überwindet, erst die Verfestigung des Augenblicks erfahren wird, der Seelenfreude bedeutet, die hier nur als »entschwindend« erfahrbar sein kann. Noch in der Beschreibung der letzten Lebenstage seiner geliebten Frau, die schon 1788, nach nur sechsjähriger Ehe, stirbt, äußert Stolberg, der mit ihr »unaussprechlich selig« gewesen war: »Ein Tag folgte schnell dem andern, und am Ende jeder Woche wunderten wir uns lachend über den Flug der Zeit« (Janssen, S. 209). Stolberg, der gottgetroste, fromme Ästhet und glücklich Liebende, metaphysiert in seinem Liede das Moment von Lebensfreude, das er aus dem glücklichen Diesseits in das Jenseits hinüberretten will. Daß dies der Schluß seines Liedes sein soll und nicht ein Lamento über die Vergänglichkeit, geht schließlich aus dem von Stolberg verwendeten Vokabular hervor. Fast noch präziser beschränkt er die Wortwahl, indem er durch beständige Variation neue Bezüge schafft. »Flügel [...] der Zeit« ist das sich zweimal aufdrängende Bild (13 f., 15 f.), die Metapher dieser Strophe. Oder soll man sagen, eine vage Allegorie? Seit dem Mittelalter wird Chronos gern mit mächtigen Vogelfittichen dargestellt. Aber der Flügel assoziiert im Zusammenhang des Gedichts zunächst doch wohl das Bild, den Vergleich mit den Schwänen. Wichtig auch die Adjektive, die Stolberg dem Substantiv »Flügel« zugesellt; »tauig« (12) zunächst, dann »schimmernd« (15), entsprechend den schimmernden Wellen der ersten Strophe. Und schließlich »strahlend« (17), ein Wort, das er durch das daktylische Adverb »höherem« noch intensiviert. Der Dichter entwendet der Zeit ihr eigenes Attribut; er selbst fliegt nun auf einer höheren, strahlenden Art Flügel empor – eine Himmelfahrt außer der Zeit. Auf diese Weise wird das Gedicht, welches das Gleichmaß des Rhythmus, den Parallelismus der Satzbewegungen und Gedankengänge, die Variation derselben Worte bis zu Ende beibehielt, zu einer Art Spiegelbild: was das Ich in der äußeren, gegenständlichen Wirklichkeit erfährt, erfährt zugleich seine Spiegelung in der Seele des ›Singenden‹. Wie das Lied diese Identität zuwege bringt, macht es zu einem unerhörten Kunst-Gebilde. Dessen Balance zwischen Form und Gehalt, die Transparenz von Beobachtung und Reflexion lassen es zu, es mit Goethes Lebenslied *Um Mitternacht* oder auch Hölderlins *Hälfte des Lebens* in einem Atemzuge zu nennen.

Bislang war von diesem Gedicht so die Rede, als wäre es die Schöpfung eines unbekannten Autors, deren Entstehungszeit vage ist. Bewußt wurde zunächst darauf verzichtet, es aus dem Kontext seiner Zeit und Epoche, dem Lebenszusammenhang seines sehr wohl bekannten Verfassers zu interpretieren. Als Friedrich Leopold Graf zu Stolberg, geboren 1750 auf Schloß Barnstedt in Holstein, gestorben 1819 auf Schloß Sondermühlen bei Osnabrück, seine obligate Lustpartie unternahm, bewegte er sich, ob er wollte oder nicht, in einem Element, das längst Literatur geworden war. Tatsächlich ist die Kahnfahrt »eines der beliebtesten dichterischen Themen des achtzehnten Jahrhunderts«

(Blume, S. 379). Eine Unzahl von Poeten hat ihm den lyrischen Tribut gezollt. Das Thema war ja auch reizvoll genug, stellte es doch drei wesentliche Forderungen an den Dichter, sich damit abzugeben: »eine seelische, eine beschreibende und eine rhythmische« (Blume, S. 364). Der Vergleich soundso vieler Gedichte, die dieses Motiv nur unmerklich variieren, erlaubt einen Einblick in ein offenbar im 18. Jahrhundert weitverbreitetes Lebensgefühl empfindsam-privaten Lebensgenusses, der die absehbaren Unbilden und Untiefen lieber und tunlichst mied. Aber der Vergleich mit anderen Autoren und ihren Beiträgen zu dem probaten Motiv führt auch vor Augen, daß es Stolberg war, der einmal wenigstens jenes empfindliche Lebensgefühl in Sprache übersetzte und in eine Form brachte, wie es die vielen intendierten, ohne mehr zustande zu bringen als ein sentimentales Stückchen in konventionellen Reimen und Rhythmen.

Stolberg hat das *Lied auf dem Wasser zu singen* 1782 verfaßt. Es erschien noch im gleichen Jahr in dem von Voß und Goeckingk herausgegebenen Musenalmanach für das Jahr 1783. Die Redaktion für diesen Jahrgang mußte Goeckingk übernehmen, da Voß zum Rektor in Eutin ernannt worden war; der bevorstehende Umzug beschlagnahmte seine Kräfte. Immerhin konnte er Goeckingk unter dem 6. Mai 1782 (Voß, S. 122) mitteilen, daß er bereits eine ganze Reihe von Beiträgen zur Verfügung habe, darunter von Stolberg »ein herliches Lied, eine Ode, und verschiedene Kleinigkeiten«. Das Datum und die Aufzählung sind interessant genug. Mit dem »herlichen Lied« kann nur das *Lied auf dem Wasser zu singen* gemeint sein, von dem man bislang annahm, daß es auf der Hochzeitsreise, frühestens also nach dem 11. Juni 1782, in Hamburg entstanden sei; nach dem Brief von Voß ist aber einigermaßen sicher, daß dieses Gedicht noch von dem »Bräutigam und Oberschenk in Eutin« Stolberg verfaßt worden ist.

Stolberg hat dem Gedicht eine Widmung gegeben: »für meine Agnes«. Gemeint ist Agnes Henriette Eleonore von

Witzleben, die Stolberg am 11. Juni 1782 heiratete. Die »kleine Witzleben«, wie er sie anfänglich in Briefen titulierte, wurde am 9. Oktober 1761 geboren und wuchs in Hude bei Delmenhorst auf. Stolberg hatte sie 1781 am fürstbischöflichen Hof in Eutin kennengelernt, wo sie Hofdame der Herzogin war. »Unter den Menschen hier ist mir die kleine Witzleben die liebste«, schreibt Stolberg am 27. Juni 1781. »Es ist ein sehr hübsches, naives, lebhaftes, unschuldiges Mädchen. Mit ihren Geschwistern, alle elf leben noch, auf dem Lande erzogen, hat der Hof sie noch nicht von den Milchideen der Unschuld und Freude entwöhnen können. Unschuld in der Hütte hat das Mädchen gut und mild gebildet« (Janssen, S. 123). Agnes, musikalisch und malerisch begabt und literarisch interessiert, war selbst schriftstellerisch tätig. Von ihr stammt die Prosaerzählung *Aura*, die Stolberg in seine *Insel* aufgenommen hat. Neben dieser Erzählung sind von Agnes noch ein Lied und eine Ode erhalten: ein *Wiegenlied*, das in den Vossischen Musenalmanach auf das Jahr 1789 mit einer Vertonung von Schulz aufgenommen wurde, und das 1783 entstandene Liebesgedicht *An ihren Stolberg* (I, 352), ein Sechzehnzeiler in freien Rhythmen. Übrigens schrieb Agnes ihre Erzählung und auch das Lied im Musenalmanach unter dem Pseudonym »Psyche«. Sollte Stolbergs mehrfaches Zitat der Seele in seinem Lied demnach eine Anspielung auf Agnes darstellen?

Von ihm erfährt man allerdings nichts darüber, es existieren auch keinerlei Hinweise auf die Entstehung dieses Liedes. Nur weil man wußte, daß Stolberg im Juni 1782 heiratete und sich danach auf seiner Hochzeitsreise befand, nahm man an, daß dieses Lied in Hamburg entstanden ist, wo er »selige Tage« in der Nähe Klopstocks verbrachte, »in denen auch meine Saiten sich rührten« (Janssen, S. 126). Nicht nur die Tatsache, daß Stolberg, nach dem Brief von Voß zu schließen, dieses Gedicht bereits vor seiner Heirat und Hochzeitsreise geschrieben hat, macht die Frage irrelevant, die Blume (S. 369) stellte: ob das Lied »wohl seinen

Ursprung im Erlebnis einer tatsächlichen Kahnfahrt gehabt hat, oder ob es in bewußter Symbolik die Ehe metaphorisch im Bild der Kahnfahrt begreift«. Irrelevant deshalb, weil das Gedicht einen direkten Zusammenhang zwischen Stolbergs privater Situation und dem Ausdruck des Liedes nicht zuläßt; irrelevant auch aus der Perspektive der Poetik des 18. Jahrhunderts, die gerade nicht die des einzigen Goethe war. Und eine Symbolik der Ehe suggeriert das Gedicht nur dem, der voraussetzt, daß Stolberg als Hochzeiter schreibend unterwegs war.

Stolberg schrieb kein Lied, das die Ehelichkeit zum Symbol erheben wollte. Zu seinem privaten Glück fehlte sicherlich nur eine Agnes, »ein süßes Mädchen, voll Taubeneinfalt und Kindessinn« (Janssen, S. 124). Zur Vollendung seines Liedes jedoch benötigte er eine poetische und Lebensphilosophie, wie er sie 1780 in einem dithyrambischen Essay formulierte, dem er den bezeichnenden Titel gab: *Über die Ruhe nach dem Genuß und über den Zustand des Dichters in dieser Ruhe* (X,382–392). Stolberg, der sich zwischen 1777 und 1782 mehrmals über den Beruf des Dichters Gedanken machte, sinnierte darin, welcher Art die Arbeit des Dichters eigentlich sei, die mit keinerlei Arbeit anderer Berufsstände vergleichbar ist, sowenig die Ruhe vergleichbar ist, die der Dichter genießt und deren der Arbeiter nach des Tages Arbeit bedarf. Um zu veranschaulichen, daß der Dichter als Dichter nicht die Ruhe nach der Arbeit, sondern nur die Ruhe nach dem Genuß dessen, was er an Sinneseindrücken in sich aufgenommen hat, kennt, wählt Stolberg einen Vergleich, der frappiert. Denn er beschwört nicht viel anderes als Situation und Stimmung, die sein *Lied auf dem Wasser zu singen* so eigentümlich auszeichnen:

So ist der Zustand der Ruhe nach dem Genuß. Die Seele gleicht einem schönen, heitern, kühlen Abend. Die Sonne ist untergegangen; ein glühendes, aber immer sanfter sich schattirendes Abendroth bedeckt den Himmel; es scheint, als ruhe die Natur; aber eben in diesen Augenblicken ist sie doch wirksam; mit leisem, ungesehenen Wachsthum nehmen die Gewächse zu, und trinken den träufelnden

Thau, um sich wieder desto schöner zu entfalten. Leise, kaum geahnete Empfindungen entwickeln sich in der Seele des Freudetrunkenruhenden. Wie aus dem schwindenden Abendroth ein Stern nach dem andern hervortritt, so gehet eine Empfindung nach der andern auf. Solche Augenblicke sind für die Seele des Dichters fruchtbare Augenblicke der Empfängniß. (X,386 f.)

Und zu den Empfindungen, die sich Stolberg zufolge in der Seele des »Freudetrunkenruhenden« entwickeln, rechnet er ausdrücklich nicht nur den »Genuß des Gegenwärtigen«, sondern auch »die Freuden der Erinnrung und der Hoffnung«, die eine »Fluth in der Seele« erregen, »welcher eine sanfte Ebbe folgt« (X,390). Das ausführlichere Zitat belegt, wie teuer ihm das Bild des Wassers, Flut und Ebbe, die Darstellung der Stimmungen gegen Abend als Dichter gewesen sind. In ihnen veranschaulicht er sich selbst und dem Leser seinen eigentlichen Lebensgenuß, seinen Begriff von Freude, seine private Religion und – das Stimulans zu dichten! Insofern wird, was das *Lied auf dem Wasser zu singen* zunächst so absichtlich unpersönlich machte – das Aussparen der Individualität, des Gegenübers –, nunmehr völlig verständlich. Das Lied gibt in der Tat Agnes einen sinnlichen Begriff dessen, was Stolberg in Leben und Dichten »genießen« heißt, die Empfindungen der Seele eines wahrhaft »Freudetrunkenruhenden«.

Angesichts der Bedeutung dieses Gedichts mag es befremden, daß es auf die Zeitgenossen nicht weiter wirkte. Allerdings ist da ein *Lied zu singen bei einer Wasserfahrt*, das der Lyriker Johann Gaudenz von Salis-Seewis (1762–1834) zwischen 1794 und 1798 geschrieben hat. Blume nannte dieses Lied das vielleicht »melodischste der ganzen Motivgruppe« (Blume, S. 371). Er übersah dabei, daß Salis-Seewis, dieser Virtuose in den lyrischen Konventionen des 18. Jahrhunderts, sich offenbar von Stolbergs Lied inspirieren ließ:

Wir ruhen vom Wasser gewiegt,
Im Kreise vertraulich und enge;
Durch Eintracht wie Blumengehänge

Verknüpft und in Reihen gefügt;
Uns sondert von lästiger Menge
Die Flut, die den Nachen umschmiegt.

So gleiten, im Raume vereint,
Wir auf der Vergänglichkeit Wellen,
Wo Freunde sich innig gesellen
Zum Freunde, der redlich es meint!
Getrost, weil die dunkelsten Stellen
Ein Glanz aus der Höhe bescheint.

Ach! trüg' uns die fährliche Flut
Des Lebens so friedlich und leise!
O drohte nie Trennung dem Kreise,
Der sorglos um Zukunft hier ruht!
O nähm' uns am Ziele der Reise
Elysiums Busen in Hut!

Verhallen mag unser Gesang,
Wie Flötenhauch schwinden das Leben;
Mit Jubel und Seufzen verschweben
Des Daseins zerfließender Klang!
Der Geist wird verklärt sich erheben,
Wenn Lethe sein Fahrzeug verschlang.

An Stolberg gemahnen nicht nur die in sechs Zeilen gebau-
ten Strophen, die eine über jeweils zwei Zeilen gehende
Dreiergliederung aufweisen, gemahnen die alternierend
männlichen und weiblichen Endreime und der Gebrauch des
Zeilensprungs. An Stolberg läßt erst recht die Themenstel-
lung denken, Formulierungen wie »der Vergänglichkeit
Wellen« und die schließliche Apotheose: »Der Geist wird
verklärt sich erheben, | Wenn Lethe sein Fahrzeug ver-
schlang.« Im Gegensatz zu den von Stolberg verwendeten
Wort-Reimen wirkt der von Salis-Seewis verwendete Endreim aufgrund des einfachen Schemas penetrant und aus-
druckslos. Das von Blume an ihm gerühmte Melodiöse wird
auf diese Weise zur Litanei, der Gang der Gedanken ist
Ende des Jahrhunderts in ihm bereits so trivial, wie wir es
dann in Gestaltungen des 19. Jahrhunderts sattsam antreffen

können. Desto erstaunlicher diese Wertung: »Erst gegen Salis-Seewis' Gedicht gehalten, wird die Starrheit von Stolbergs Wasserfahrt, in der sich dasselbe Wort jeweils dreimal im Zeilenschluß nicht reimt sondern wiederholt, völlig sichtbar. Man fühlt, wie das *Gleiten* und *Wiegen*, das in anderen Gedichten zur stereotypen Wendung geworden ist, sich hier [gemeint ist bei Salis-Seewis] ganz in sprachliche Bewegung verwandelt hat« (Blume, S. 372).

Aber nicht Salis-Seewis, sondern Stolbergs Lied inspirierte einen genialen Musiker zur Vertonung! Ein Musiker des 19. Jahrhunderts erkannte die unerhörte rhythmische, klangliche und inhaltliche Qualität dieses Textes: Franz Schubert, der ihn 1823 (op. 72) vertont hat. Es ist faszinierend zu hören, wie Schubert den daktylischen Rhythmus der Wellen, die Bewegung der Wörter in kontinuierliche Tonbewegung übersetzte, wie er den Dreierschritt der Textvorlage erkannte und seinerseits übertrug und musikalisch weiterführte. Folgt man dem Gesangsvortrag, vernimmt man klar die von Schubert übernommene Gliederung. Mit Ausnahme der ersten beiden Zeilen einer jeden Strophe werden die folgenden zwei Zeilen einmal wiederholt; das gilt auch für die letzten beiden Zeilen jeder Strophe: sie werden ihrerseits wiederholt, aber gegenüber dem Mittelteil eigentümlich abgewandelt. Man muß wissen, daß Schubert dem von ihm vertonten Lied die Moll-Tonart unterlegt hat. Damit scheint er Interpretationen zuzuneigen, die in diesem Gedicht das elegische Moment, den Gesang auf die Vergänglichkeit aller Lebensfreude zu erblicken vermeinten. Tatsächlich aber geht Schubert in der letzten Zeile jeder Strophe aus dem zuvor tonangebenden Moll unversehens und überwältigend in die völlige Freiheit und Heiterkeit von Dur über, leistet er mit den Mitteln der Musik eben jene Steigerung und Synthese, die Stolbergs Text durch das »höhere Strahlende« ausgedrückt hat. Schuberts musikalische Interpretation meint so am Ende gleichfalls heiteres Einvernehmen, nicht Elegie.

Zitierte Literatur: Bernhard BLUME: Die Kahnfahrt. Ein Beitrag zur Motivge-
schichte des 18. Jahrhunderts. In: Euphorion 51. H. 4 (1957) S. 355–384. –
Johannes JANSSEN: Friedrich Leopold Graf zu Stolberg bis zu seiner Rückkehr
zur katholischen Kirche. 1750–1800. Bd. 1. Bern 1970. – Gisbert KRANZ:
Friedrich Leopold zu Stolberg: Lied, auf dem Wasser zu singen. In: G. K.:
Siebenundzwanzig Gedichte interpretiert. Bamberg 1972. S. 64–66. – Johann
Heinrich VOSS: Briefe an Goeckingk 1775–1786. Hrsg. von Gerhard Hay.
München 1976. – Gesammelte Werke der Brüder Christian und Friedrich
Leopold Grafen zu Stolberg. [Siehe Textquelle. Zit. mit Band- und Seiten-
zahl.]

Weitere Literatur: Dietrich FISCHER-DIESKAU (Hrsg.): Texte deutscher Lieder.
Ein Handbuch. München 1968. – Der Göttinger Hain. Hrsg. von Alfred
Kelletat. Stuttgart 1967 [u. ö.]. – J. H. HENNES: Aus Friedrich Leopold v.
Stolberg's Jugendjahren. Nach Briefen der Familie und anderen handschrift-
lichen Nachrichten. Bern 1971. – Brigitte SCHUBERT-RIESE: Das literarische
Leben in Eutin im 18. Jahrhundert. Neumünster 1975.

Johann Heinrich Voß

Der siebzigste Geburtstag

An Bodmer

Bei der Postille beschlich den alten christlichen Walter
Sanft der Mittagsschlummer in seinem geerbten Lehnstuhl,
Mit braunnarbichtem Jucht voll schwellender Haare
                               bepolstert.
Festlich prangte der Greis in gestreifter kalmankener Jacke:
Denn er feierte heute den siebzigsten frohen Geburtstag;
Und ihm hatte sein Sohn, der gelahrte Pastor in Marlitz,
Jüngst vier Flaschen gesandt voll alten balsamischen
                               Rheinweins,
Und gelobt, wenn der Schnee in den hohlen Wegen es irgend
Zuließ', ihn zu besuchen mit seiner jungen Gemahlin.
Eine der Flaschen hatte der alte Mann bei der Mahlzeit
Ihres Siegels beraubt, und mit Mütterchen auf die
                               Gesundheit
Ihres Sohnes geklingt, und seiner jungen Gemahlin,
Die er so gern noch sähe vor seinem seligen Ende!
Auf der Postille lag sein silberfarbenes Haupthaar,
Seine Brill' und die Mütze von violettenem Sammet,
Mit Fuchspelze verbrämt, und geschmückt mit goldener
                               Troddel.
  Mütterchen hatte das Bett' und die Fenster mit reinen
                               Gardinen
Ausgeziert, die Stube gefegt und mit Sande gestreuet,
Über den Tisch die rotgeblümte Decke gebreitet,
Und die bestäubten Blätter des Feigenbaumes gereinigt.
Auf dem Gesimse blinkten die zinnernen Teller und
                               Schüsseln;
Und an den Pflöcken hingen ein paar stettinische Krüge,
Eine zierliche Ell', ein Mangelholz und ein Desem.
Auch den eichenen Schrank mit Engelköpfen und
                               Schnörkeln,

25 Schraubenförmigen Füßen und Schlüsselschilden von
                                        Messing,
   (Ihre selige Mutter, die Küsterin, kauft' ihn zum
                                        Brautschatz:)
   Hatte sie abgestäubt und mit glänzendem Wachse gebonert.
   Oben stand auf Stufen ein Hund und ein züngelnder Löwe,
   Beide von Gips, Trinkgläser mit eingeschliffenen Bildern,
30 Zween Theetöpfe von Zinn, und irdene Tassen und Äpfel.
   Jetzo erhob sie sich vom binsenbeflochtenen Spinnstuhl
   Langsam, trippelte leis' auf knirrendem Sande zur Wanduhr
   Hin, und knüpfte die Schnur des Schlaggewichts an den
                                        Nagel,
   Daß den Greis nicht weckte das klingende Glas und der
                                        Kuckuck;.
35 Sah dann hinaus, wie der Schnee in häufigen Flocken am
                                        Fenster
   Rieselte, und wie der Sturm in den hohen Eschen des Hofes
   Rauscht', und verwehte die Spuren der hüpfenden Krähn an
                                        der Scheune.
   »Aber mein Sohn kommt doch, so wahr ich Elisabeth
                                        heiße!
   (Flüsterte sie:) denn seht, wie die Katz' auf dem Tritte des
                                        Tisches
40 Schnurrt und ihr Pfötchen leckt, und Bart und Nacken sich
                                        putzet!
   Dies bedeutet ja Fremde, nach aller Vernünftigen Urteil!«
   Sprach's, und setzte die Tassen mit zitternden Händen in
                                        Ordnung,
   Füllte die Zuckerdos' und scheuchte die sumsenden Fliegen,
   Die ihr Mann mit der Klappe verschont zur Winter-
                                        gesellschaft;
45 Nahm zwo irdene Pfeifen, mit grünen Posen gezieret,
   Von dem Gesims' und legte Tobak auf den zinnernen Teller.
   Jetzo ging sie und rief mit leiser heiserer Stimme
   Aus der Gesindestube Marie vom rummelnden Spulrad:
   »Scharre mir Kohlen, Marie, aus dem tiefen Ofen und lege
50 Kien und Torf hinein, und dürres büchenes Stammholz;

Denn der alte Vater, du weißt es, klaget beständig
Über Frost, und sucht die Sonne sogar in der Ernte.«
    Also sprach sie; da scharrte Marie aus dem Ofen die
                                          Kohlen,
Legte Feu'rung hinein, und weckte die Glut mit dem
                                          Blas'balg,
Hustend, und schimpfte den Rauch und wischte die
                                          thränenden Augen.
    Aber Mütterchen brannt' am Feuerherd' in der Pfanne
Emsig die Kaffeebohnen, und rührte sie oft mit dem Löffel;
Knatternd bräunten sie sich, und schwitzten balsamisches
                                          Öl aus.
Und sie langte die Mühle herab vom Gesimse des
                                          Schornsteins,
Schüttete Bohnen darauf, und nahm sie zwischen die Kniee,
Hielt mit der Linken sie fest, und drehte den Knopf mit der
                                          Rechten;
Sammelte auch haushältrisch die hüpfenden Bohnen vom
                                          Schoße,
Und goß auf das Papier den grobgemahlenen Kaffee.
Aber nun hielt sie mitten im Lauf die rasselnde Mühl' an:
    »Eile, Marie, und sperre den wachsamen Hund in den
                                          Holzstall,
Steig' auf den Taubenschlag und sieh, ob der Schlitten nicht
                                          ankommt.«
    Also sprach sie; da eilte die fleißige Magd aus der Küche,
Lockte mit schimmlichem Brote den treuen Monarch in den
                                          Holzstall,
Krampte die Thüre zu und ließ ihn kratzen und winseln;
Stieg auf den Taubenschlag und pustete, rieb sich die Hände;
Steckte sie unter die Schürz' und schlug sich über die
                                          Schultern.
Jetzo sah sie im Nebel des fliegenden Schnees, wie der
                                          Schlitten
Dicht vor dem Dorfe vom Berg' herklingelte, stieg von der
                                          Leiter
Eilend herab und brachte der alten Mutter die Botschaft.

75 Aber mit bebenden Knieen enteilte die Mutter; ihr Herz
schlug
Ängstlich, ihr Othem war kurz, und im Laufen entflog ihr
Pantoffel.
Näher und näher kam das Klatschen der Peitsch' und das
Klingeln;
Und nun schwebte der Schlitten herein durch die Pforte des
Hofes,
Hielt an der Thür'; und es schnoben, beschneit und
dampfend, die Pferde.
80 Mütterchen eilte hinzu, und rief: »Willkommen!
Willkommen!«
Küßt' und umarmte den lieben Sohn, der zuerst aus dem
Schlitten
Sprang, und half der Tochter aus ihrem zottigen Fußsack,
Löst' ihr die sammtne Kapuz' und küßte sie; Thränen der
Freude
Liefen von ihrem Gesicht auf die schönen Wangen der
Tochter.
85 »Aber wo bleibt mein Vater? Er ist doch gesund am
Geburtstag?«
Fragte der Sohn; da tuschte die Mutter mit winkenden
Händen:
»Still! er schläft! Nun laßt die beschneiten Mäntel euch
abziehn;
Und dann weck' ihn mit Küssen, du liebe trauteste
Tochter!
Armes Kind, das Gesicht ist dir recht rot von dem
Ostwind!
90 Aber die Stub' ist warm; und gleich soll der Kaffee bereit
sein!«
Also sprach sie und hängt' an gedrechselte Pflöcke die
Mäntel,
Öffnete leise die Klink' und ließ die Kinder hineingehn.
Aber die junge Frau mit schönem lächelndem Antlitz
Hüpfte hinzu und küßte des Greises Wange. Erschrocken
95 Sah er empor und hing in seiner Kinder Umarmung.

Abdruck nach: Der Göttinger Dichterbund. 3 Tle. Hrsg. von August Sauer. T. 1: Johann Heinrich Voss. Berlin/Stuttgart: Spemann, 1885. (Deutsche National-Literatur. 49.) Neudr. Darmstadt: Wissenschaftliche Buchgesellschaft, 1966. S. 136–140. [Erste Druckfassung.]
Erstdruck: [Hamburger Musenalmanach.] Musen-Almanach oder Poetische Blumenlese für das Jahr 1781. Hrsg. von J. H. Voß und Goeckingk. Hamburg: Carl Ernst Bohn, [1780]. [95 Verse.]
Weitere wichtige Drucke: Johann Heinrich Voß: Gedichte. [Bd. 1.] Hamburg: Hoffmann, 1785. [Überarbeitet und erweitert auf 124 Verse. Die Widmung an Bodmer entfällt ab jetzt.] – Johann Heinrich Voß: Idyllen. Königsberg: Nicolovius, 1801. Faksimiledr. mit einem Nachw. von E. Th. Voss. Heidelberg: Lambert Schneider, 1968. (Deutsche Neudrucke. Goethezeit.) [Abermals überarbeitet und erweitert auf 232 Verse. So in den folgenden Ausgaben:] – Johann Heinrich Voß: Sämtliche Gedichte. 6 Bde. Königsberg: Nicolovius, 1802. Bd. 2. – Johann Heinrich Voß: Sämtliche Gedichte. Auswahl der lezten Hand. 4 Bde. Königsberg: Universitäts-Buchhandlung, 1825. Bd. 2. – Johann Heinrich Voß: Sämmtliche poetische Werke. Hrsg. von Abraham Voß. Leipzig: Müller, 1835.

Günter Häntzschel

Johann Heinrich Voß: *Der siebzigste Geburtstag.* Biedermeierliche Enge oder kritischer Impetus?

Johann Heinrich Voß scheint gerade mit diesem Text das zu verkörpern, was seine Kontrahenten, einige der Romantiker, in ihm sahen: den »Großmeister des weitverzweigten Philisterordens deutscher Zunge«, den »eigentlichen Kleinstädter unserer Literatur«, der »eine bloß spießbürgerliche Ehrbarkeit als die alleinseligmachende Religion proklamiert« (Eichendorff, S. 221). Obwohl Voß auch eindeutig sozialkritische Gedichte geschrieben hat, ist er mit dem *Siebzigsten Geburtstag* und seinem ebenfalls in Hexametern abgefaßten bürgerlich-idyllischen Epos *Luise* bei einem breiten Publikum bis in das 20. Jahrhundert hinein bekannt und beliebt geblieben. Diese Sparte der Voßschen Dichtung stand ein Jahrhundert lang auf dem Unterrichtsprogramm der Schulen, sie bildete Modell für ähnliche Werke, vieles daraus wurde zum geflügelten Wort. Die vermeintlich nur beschaulichen Züge legten eine harmonisierend-genüßliche Rezeption nahe. Aus diesem Grund wurde Voß aber auch von den führenden Geistern als skurriler Pedant verschrien, in Satiren und Pamphleten mehr und mehr ironisiert und schließlich vergessen.

Ziel dieser Interpretation ist es, kritisch zu überprüfen, ob die vorliegende Idylle tatsächlich nur beschaulichen Charakter hat, und plausibel zu machen, wie sich die Vorliebe für den *Siebzigsten Geburtstag* im 19. Jahrhundert erklärt. Da der Text keine Verständnisschwierigkeiten enthält, liegt der Hauptakzent auf dem Kontext. Dieser erweist sich als wichtiger. Liest man nämlich das Voßsche Gedicht ohne Kenntnis des literarischen und sozialgeschichtlichen Kontextes, wird man dem Eindruck des Philisterhaft-Pedantischen ohne weiteres zustimmen, sieht es doch so aus, als ob inhaltlich nichts anderes als eine Banalität vermittelt ist: Der siebzigjährige fromm-rechtschaffene Hausvater wartet an seinem Geburtstage auf seinen Sohn und schlummert darüber ein, während das »Mütterchen« (11) emsig allerlei Vorkehrungen für den ersehnten Besuch trifft; trotz widrigen Wetters finden Sohn und Schwiegertochter zu den Eltern; die Wiedersehensfreude ist groß, der Vater erwacht – »und hing in seiner Kinder Umarmung« (95). Der Text scheint hauptsächlich nur die häusliche Wohlgeordnetheit abzuschildern. Wozu dann aber die künstlich-ornamentale Hexametersprache? Offenbar liegt eine Diskrepanz zwischen inhaltlicher Aussage und stilistischer Gestalt vor.

Voß' Gedicht scheint ›Idylle‹ im populären Sinne des Wortes zu sein, die – laut Duden – das »Bild eines friedlichen und einfachen Lebens in ländlicher Abgeschiedenheit« gibt, nicht aber die viel komplexere Idylle zu verkörpern, die die Forschung wieder beachtet und die definiert werden kann als eine in durchaus kritischer Intention erfolgende Darstellung eines idealen Wunsch- und Gegenbildes gegenüber der als schlecht empfundenen Wirklichkeit. Diese Meinung ver-

trat auch Bodmer, dem das Gedicht im Hamburger Musenalmanach für 1781 gewidmet war, denn er verfaßte eine
spöttische Parodie auf Voß' Idylle und merkte dazu an:
»Wir erkennen hier Vossens geißelnden Sarkasme nicht,
den der junge Cramer zum Hauptcharakter seiner Poesie
machet« (E. Th. Voss, S. 22). Die Widmung an Bodmer und
Bodmers Reaktion darauf müssen hier kurz erklärt werden,
weil sie für das Verständnis unseres Textes aufschlußreich
sind.

1779 war in Nicolais *Allgemeiner deutscher Bibliothek* eine
Rezension erschienen, die Bodmers Homer-Verdeutschung
auf Kosten der Stolbergschen *Ilias* lobte. Voß, schon in
dieser Zeit bester Kenner der Homerischen Poesie, der
soeben seine Übertragung der *Odyssee* vollendet hatte, die
zwei Jahre später erschien, griff in mehreren Abhandlungen
in Boies *Deutschem Museum* den anonymen Kritiker wegen
seines fragwürdigen Urteils an und stellte den Wert der
Stolbergschen Übersetzung heraus, während er Bodmers
Versuch, »dieses ganz verfälschte, aus dem Lateinischen
verdeutschte Kauderwelsch«, nicht einmal in Anmerkungen
des Widerlegens für würdig hält (Voß an Boie, April 1780,
Briefe, Bd. 3,1, S. 149). Zur Versöhnung widmet Voß dieses
Gedicht dem so hart Attackierten. Bodmer jedoch, gekränkt
über Vossens Polemik, ist nicht bereit einzulenken und
erkennt in seinem persönlichen Ärger nur die negativen,
belanglosen Merkmale. Solche mußten dem zeitgenössischen Leser des Musenalmanachs aber auch tatsächlich als
erstes in die Augen fallen, denn hier war Vossens Idylle
umgeben von harmlos-geselligen Liedern heute meist ver-
gessener Autoren wie Göckingk, Overbeck, Blum, Engel-
schall, Pfeffel, Sangershausen, Weppen, von vielen mittelmäßigen Produkten also, unter denen sich die Beiträge
von Klopstock, Stolberg und Voß nur schwer profilieren
konnten.

Was Voß aber mit dem *Siebzigsten Geburtstag* auch und
vielleicht eigentlich gemeint hatte – es ist übrigens kein

Altersgedicht, Voß schrieb es mit 29 Jahren –, nämlich einen kritischen Entwurf, der zu den Veröffentlichungen des Jakobiners Voß paßt, zeigt schon die Text- und Veröffentlichungsgeschichte des Gedichts. Voß überarbeitet und erweitert es mehrmals und fügt es seit 1785 seinem Idyllenwerk ein. Was im Musenalmanach vereinzelt publiziert war, wird nun Teil einer literarischen Konfession und bekommt damit einen veränderten Stellenwert. Die Forschung hat nachgewiesen, daß Vossens Idyllen nicht im Sinne des bekannten Jean-Paul-Worts aus seiner *Vorschule der Ästhetik* allein als »Vollglück in der Beschränkung« aufzufassen sind, sondern daß ihnen deutlich sozialkritische Implikationen innewohnen. Voß' Idyllenwerk erweist sich als ein »System von Komplementärerscheinungen« (E. Th. Voss, S. 59). Zu seiner Gesetzmäßigkeit gehört es, daß der Autor gern einem Stück, das ein ungeschminktes Bild der negativen Wirklichkeit schildert, ein ersehntes Wunschbild gegenüberstellt; Anti-Idylle und positive Idylle beziehen sich aufeinander und gehören als Einheit zusammen. Eines ihrer Themen bildet die Kritik an Verhaltensweisen und Machtposition des Adels, dessen negative Erscheinungen Voß selbst empfindlich zu spüren hatte. Mußte er, der Enkel eines Leibeigenen, doch schon in seiner frühen Jugend, dann während seiner erniedrigenden Behandlung als Hauslehrer bei Freiherr von Oertzen in Ankershagen, selbst als Rektor in Eutin und in seinen späteren Jahren so oft persönlich erleben, wie Toleranz, Freiheit und Menschenwürde unterdrückt wurden.

Die Standeskonflikte zwischen leibeigenen Bauern und ihrem Gutsherren, der einem von ihnen Hoffnung auf Heirat und Freikauf macht, den Freikauf aber schließlich doch ablehnt und damit auch die Heirat vereitelt, schildert die Anti-Idylle *Die Leibeigenen*; ihr positives Gegenbild, *Die Freigelassenen*, demonstriert, wie der adelige Gutsherr, durch die Vermittlerrolle des humanistisch eingestellten Pfarrers zu bürgerlicher Gesinnung veredelt, sich entschließt, die Leibeigenschaft aufzuheben. »Ich denke zuweilen so stolz, daß ich durch diese Gedichte Nutzen stiften könnte. Welch ein Lohn, wenn ich etwas zur Befreiung der armen Leibeigenen beigetragen hätte«, äußert Voß zu Brückner (20. März 1775, *Briefe*, Bd. 1, S. 190). Und eben solche humanitäre Absicht steckt auch in der Idylle *Der siebzigste Geburtstag*, die die Ständekonflikte auf bürgerlicher Ebene austrägt und noch deutlichere Konturen erhält, wenn wir sie als positives Gegenbild zu der negativen Idylle *Das Ständchen* und mehr noch zu der 1793 entstandenen Satire *Junker Kord* verstehen, die Voß zwar nicht seiner Idyllensammlung einreihte, die er aber in ironischer Weise als »Junkernidylle« bezeichnete und von der er sich erhoffte, daß sie »den Junkern wie Englischer Senf in der Nase kribbeln wird«. Ausdrücklich bringt er sie mit den gesellschaftlichen Wandlungen im Zuge der Französischen Revolution in Zusammenhang (Voß an Schulz, 21. Juli 1793, Schulz/Voß, S. 91).

Mehrere Themenbereiche, die in beiden Gedichten behandelt werden, machen plausibel, daß diese Stücke, Satire und Idylle, bewußt aufeinander bezogen sind. Ein solcher ist der Stellenwert von Wissen und Bildung:

Auch weiß der Mensch, ein Wust von Wissenschaften ziere
Nur Bürgervolk zur Not, doch schänd' er Kavaliere.
Was macht ein junger Herr mit Griechisch und Latein?
Sollt' er der klügste Sproß des alten Stammbaums sein?

heißt es verächtlich-überheblich in *Junker Kord* (V. 65–68). Dem Junker ist der Hauslehrer nur nütze für die ›ritterlichen‹ Tugenden des Fechtens, Tanzens und der Konduite; er unternimmt keinerlei Anstrengungen, eine geistige Bildung zu erringen, obwohl ihm alle Möglichkeiten dazu offenstehen. Im *Siebzigsten Geburtstag* erleben wir das Gegenteil: erst angedeutet in der ursprünglichen Fassung, näher ausgeführt in den späteren, nachdem bereits *Junker Kord* veröffentlicht war, wird geschildert, wie der Jubilar sich die Ausbildung für seinen begabten Sohn abgespart hat,

Welcher als Kind auf dem Schemel gepredigt, und, von dem Pfarrer
Ausersehn für die Kirche, mit Noth vollendet die Laufbahn,
Durch die lateinische Schul', und die theuere Akademie durch,

(E. Th. Voss, V. 18–20.)

bis er schließlich zum Pfarrer aufsteigen konnte. Im Adel
verkümmern die geistigen Anlagen, im aufstrebenden Bürgertum werden sie unter materiellen Opfern gepflegt. Das
humane Verhalten dieses jungen Pfarrers, der seinem Vater
in ehrsam-rechtschaffener Gesinnung und Beharrlichkeit
gleicht, kontrastiert mit dem »Pfäfflein« (V. 146) in *Junker
Kord*, dem »Ausbund der Pastöre« (V. 105), der seine Stelle
vom Gutsherren bekommen hat, weil er sich dazu hergab,
eine vom Junker geschwängerte Magd zu heiraten, und nun
in »Prunk und Völlerei« (V. 122), ein Sklave seines Herren,
aufklärerische Ideen »beseufzt« (V. 146), freie und demo-
kratische Gesinnung »verdammt« (V. 147). Gravierende
Unterschiede auch im jeweiligen Verhältnis zwischen Vater
und Sohn: in der bürgerlichen Idylle liebevolle Anhänglich-
keit, gegenseitige Achtung und Vertrauen, der Sohn scheut
keine Opfer, seinem Vater zuliebe eine beschwerliche Reise
auf sich zu nehmen; in der Adelssatire dagegen die Personen
von Egoismus geprägt, der Junker freut sich über den Tod
seines Vaters, weil er ihm selbst die Herrschaft ermöglicht.
Der Mätressenwirtschaft im *Junker Kord* stehen im *Siebzigsten Geburtstag* eheliche Liebe und Treue gegenüber. Die
Tätigkeiten der Junker beschränken sich auf Spielen und
Jagen; in der bürgerlichen Idylle steht die Arbeit im Mittelpunkt. Sie hat dem Greis, seit vierzig Jahren »Organist,
Schulmeister zugleich, und ehrsamer Küster« (E. Th. Voss,
V. 5), einen bescheidenen Wohlstand gebracht, und auch im
Alter wird sie durch die häuslichen Verrichtungen der Frau
symbolisiert. Der Junker, »ein stolzer Menschentreiber«
(V. 130), betitelt Bauern und Bürger mit »Canaill' und
Pack« (V. 141); *Der siebzigste Geburtstag* zeichnet ein liebe-
volles und daher so minuziös ausgemaltes Genrebild der
vom Adel verachteten bürgerlichen Welt und ihrer eigenen
Größe und Wertordnung. Die detaillierte Beschreibung des

Interieurs erfolgt nicht aus Selbstzweck, sondern ist ein Mittel, das zu zeigen vermag, wie aufgrund der bürgerlichen Tugenden – Arbeitsethos, Sparsamkeit, Bescheidenheit, Ausdauer und Gottvertrauen – allmählich der Besitzstand wächst und eine warme, behagliche Sphäre, abgegrenzt von der ›kalten‹ Welt ›draußen‹, ermöglicht wird. Nur dieses bürgerliche häusliche Glück garantiert Zufriedenheit mit dem Erreichten, Stolz auf das selbst Erarbeitete und Erworbene. Die Familie ist der Ort gegenseitiger Liebe und Achtung, auch dies eine indirekte kritische Komponente der Idylle, die als Gegenbild zu den Intrigen und Kabalen des Adels entworfen ist. Dort ist familiäre Vertraulichkeit nicht typisch. Bezeichnenderweise fügt Voß in den späteren Fassungen ausdrücklich hinzu, daß die von ihm ausgemalte Familienszene in einem »gesegneten Freidorf« (E. Th. Voss, V. 4) spielt, an einem Ort also, der vor direkten schädlichen Einwirkungen des Adels geschützt ist.

Was Voß in dieser und anderen Idyllen gestaltet, ist – worauf Gerhard Hämmerling hinweist – zu großen Teilen dichterische Umsetzung des von aufgeklärten Pädagogen, Popularphilosophen und Philanthropen propagierten bürgerlichen Reformprogramms, das in ständeausgleichender Weise das zunehmende Selbstwertgefühl der bürgerlichen Gesellschaft stützen und stärken will und auf Verbesserung bürgerlicher Sitten, Selbstwert und Achtung dieses Standes zielt. Die Schriften von Campe, Basedow, Trapp, Salzmann, Stuve, vor allem aber Carl Friedrich Bahrdts weitverbreitetes *Handbuch der Moral für den Bürgerstand* geben den zeitgenössischen Kommentar zu Voß' Idyllen; hier wie dort das verstärkte Interesse an häuslicher Glückseligkeit, die Aufwertung der privaten Lebensverhältnisse, die Betonung der primär bürgerlichen Standesethik mit dem Anspruch auf gesamtgesellschaftliche Gültigkeit. Was Gellert mit dem Roman und Lessing mit dem Trauerspiel initiiert hatten, die Verbürgerlichung der Literatur, das verwirklicht Voß in der Gattung der Idylle. Er erneuert damit eine Gattung, die in Deutschland noch mit Salomon Geßner und seinen Nachfolgern auf den ländlichen Schauplatz beschränkt blieb und nur Hirten und Schäfer auftreten ließ, in dieser Weise aber anachronistisch zu werden drohte, weil der Realitätsbezug schwand. Indem Voß den ländlichen Schauplatz durch einen bürgerlichen, den Hirten durch den Pastor oder ähnliche vorbildhafte Personen ersetzt, hält er die im Absterben begriffene Gattung am Leben. Solcher Aktualisierungsprozeß wird ihm von der zeitgenössischen Kritik bestätigt: Die Idyllen sind »eine Dichtart, die Hrn. Voß eine ganz neue und originale Behandlungsart verdankt, die er aus dem idealischen, arkadischen Gebiete, in welches sie sich oft zu sehr verlohr, in das Gebiet der größern Wirklichkeit zurückgeführt« (*Neue Allgemeine deutsche Bibliothek*, S. 387).

Die hier konstatierte »größere Wirklichkeit« ist jedoch nicht nur eine literarische Parallele zu den »niederländischen Konversationsstücken unter den Gemälden«, wie neben anderen Johann Joachim Eschenburg (S. 445) meint. Voß, der sich gegen solche Urteile wehrte, verteidigt neben der empirischen Detailmalerei die idealische Komponente seiner Idyllen. »Meine ländlichen Menschen sind, oder sollen es sein, nicht weniger über das Alltägliche erhöht, als der Homer'sche Sauhiert, und Theokrit's Waldsänger« (an Campe, 18. September 1792, E. Th. Voss, S. 68). Ebenso ist in seiner *Luise* der Schauplatz »nur im Gebiete der veredelten Möglichkeiten zu suchen« (*Luise*, S. 325). In der Idylle *Die Kirschenpflückerin* versucht er, »wie weit man die Denkart der Mädchen veredeln kann, ohne unnatürlich zu werden« (an Boie, April 1780, *Briefe*, Bd. 3,1, S. 149). Immer wieder also das Bestreben, der Faktizität eine überhöhende, idealisierende, zeitlos-vorbildliche Bedeutung abzugewinnen. Kein Mittel ist Voß dazu geeigneter als die gewählte, hohe Hexametersprache, die er in den Übersetzungen Homers und anderer antiker Dichter im Deutschen heimisch macht und in seine eigene Dichtung überträgt.

Seit Winckelmann waren griechische Sprache und Kultur für die Gebildeten zum absoluten Vorbild erhoben; das klassische Altertum und Homer tragen die Zeichen eines idealen

Gegenbildes zur eigenen, als unzulänglich empfundenen Gegenwart. »Das Studium der Alten soll *Humanität*, Veredelung dessen, was den Menschen erhebt, abzwecken« (*Über klassische Bildung*, S. 63). Das Bemühen, diese als vorbildhaft empfundene Sprache aus der antiken Dichtung in die deutsche zu verpflanzen, ist also nicht etwa philologische Pedanterie, sondern entspringt sittlichem und moralischem Verantwortungsbewußtsein. Voß hat das Ziel, die deutsche Sprache zu einer der griechischen ebenbürtigen Schönheit und Beweglichkeit emporzuläutern. Daher verfeinert und vervollkommnet er seine Übersetzungen und Hexameter-Idyllen immer wieder. Gemäß seiner Überzeugung: »der Vers muß zu gemeinen Gegenständen nicht hinabsinken, sondern zu seiner Würde sie mit erheben« (*Zeitmessung der deutschen Sprache*, S. 189), bekommen im *Siebzigsten Geburtstag* die an sich einfachen Vorgänge durch die homerisch-theokritische Diktion ein Gewicht, das den großen Begebenheiten in den Homerischen Epen entspricht. Die bürgerlichen Personen geraten in die Aura der antiken Helden, ihr Ethos gewinnt Vorbildcharakter. Voß errichtet eine Welt, die Züge aus der Realität entlehnt, diese aber ins Ideale wendet.

In dieser Weise wurden die Idyllen von den Zeitgenossen aufgenommen. Nachdem aber die Antike seit Anfang des 19. Jahrhunderts ihren absoluten Vorbildcharakter eingebüßt hatte, war Voß' Bemühen, die griechische Hexametersprache so genau wie möglich im Deutschen nachzubilden, nicht mehr plausibel. »Seine Idyllen wären unübertrefflich und wahrhaft deutsch, wenn er sich nicht in der Wahl der Versart, des Hexameters nämlich, vergriffen hätte«, meint Oscar Ludwig Bernhard Wolff in Verkennung von Voß' Intentionen (Wolff, S. 1063). Reißt man den *Siebzigsten Geburtstag* dann gleichzeitig aus seinem ursprünglichen komplexen Zusammenhang heraus und veröffentlicht ihn allein, so ist der kritisch-reformerische Impetus nicht mehr wahrzunehmen. Das notwendige Gegengewicht fehlt. Das Publikum des späteren 19. Jahrhunderts las diese Idylle unkritisch als Selbstbestätigung. Solche Rezeptionsverengung erklärt sich zudem durch den veränderten Stellenwert der Familie, die Voß' Gedicht thematisiert: War die bürgerliche Familie im 18. Jahrhundert eine positive Sphäre gegenüber der als negativ empfundenen höfischen Lebensweise, so gerät sie im 19. Jahrhundert aufgrund der gesellschaftlichen Umstrukturierung immer mehr zum Refugium der Selbstzufriedenheit und biedermeierlichen Enge.

Zitierte Literatur: Briefe von Johann Heinrich Voß, nebst erläuternden Beilagen. 3 Bde. Hrsg. von Abraham Voß. Halberstadt 1829–32. – Briefwechsel zwischen Johann Abraham Peter Schulz und Johann Heinrich Voß. Hrsg. von Heinz Gottwald und Gerhard Hahne. Kassel 1960. [Zit. als: Schulz/Voß.] – Joseph Frhr. von EICHENDORFF: Geschichte der poetischen Literatur Deutschlands. (1857.) In: J. Frhr. v. E.: Neue Gesamtausgabe der Werke und Schriften. Hrsg. von Gerhart Baumann und Siegfried Grosse. Bd. 4. Stuttgart 1958. – Johann Joachim ESCHENBURG: Beispielsammlung zur Theorie und Literatur der schönen Wissenschaften. Berlin 1788. – Neue Allgemeine deutsche Bibliothek 27 (Hamburg 1796) T. 2. – Johann Heinrich Voss: Idyllen. [Siehe Textquelle. Zit. als: E. Th. Voss.] – Johann Heinrich Voss: Luise. Ein ländliches Gedicht. Tübingen 1807. – Johann Heinrich Voss: Über klassische Bildung. In: J. H. V.: Kritische Blätter. Bd. 2. Stuttgart 1828. – Johann Heinrich Voss: Zeitmessung der deutschen Sprache. Königsberg [2]1831. – Oscar Ludwig Bernhard WOLFF: Poetischer Hausschatz des deutschen Volkes. Leipzig [5]1843.

Weitere Literatur: Renate BÖSCHENSTEIN-SCHÄFER: Idylle. Stuttgart [2]1977. – Gerhard HÄMMERLING: Die Idylle von Geßner bis Voß. Theorie, Kritik und allgemeine geschichtliche Bedeutung. Frankfurt a. M. / Bern 1981. – Günter HÄNTZSCHEL: Johann Heinrich Voß. Seine Homer-Übersetzung als sprachschöpferische Leistung. München 1977. – Gerhard KAISER: Wanderer und Idylle. Goethe und die Phänomenologie der Natur in der deutschen Dichtung von Geßner bis Gottfried Keller. Göttingen 1977. – Helmut Jürgen Eduard SCHNEIDER: Bürgerliche Idylle. Studien zu einer literarischen Gattung des 18. Jahrhunderts am Beispiel von Johann Heinrich Voß. Diss. Bonn 1975. – Friedrich SENGLE: Formen des idyllischen Menschenbildes. In: F. S.: Arbeiten zur deutschen Literatur. 1750–1850. Stuttgart 1965. S. 212–231.

Matthias Claudius

Abendlied

Der Mond ist aufgegangen,   I
Die goldnen Sternlein prangen
    Am Himmel hell und klar.
Der Wald steht schwarz und schweiget,
Und aus den Wiesen steiget
    Der weisse Nebel wunderbar.

Wie ist die Welt so stille,   II
Und in der Dämmrung Hülle
    So traulich und so hold!
Als eine stille Kammer,
Wo ihr des Tages Jammer
    Verschlafen und vergessen sollt.

Seht ihr den Mond dort stehen? –   III
Er ist nur halb zu sehen,
    Und ist doch rund und schön!
So sind wohl manche Sachen,
Die wir getrost belachen,
    Weil unsre Augen sie nicht sehn.

Wir stolze Menschenkinder   IV
Sind eitel arme Sünder,
    Und wissen gar nicht viel.
Wir spinnen Luftgespinnste,
Und suchen viele Künste,
    Und kommen weiter von dem Ziel.

Gott, laß uns *dein* Heil schauen,   V
Auf nichts Vergänglichs trauen,
    Nicht Eitelkeit uns freun!

Laß uns einfältig werden,
Und vor dir hier auf Erden
30   Wie Kinder fromm und fröhlich seyn!

* * *

Wollst endlich sonder Grämen   VI
Aus dieser Welt uns nehmen
   Durch einen sanften Tod!
Und, wenn du uns genommen,
35   Laß uns im Himmel kommen,
   Du unser Herr und unser Gott!

So legt euch denn, Ihr Brüder,   VII
In Gottes Namen nieder;
   Kalt ist der Abendhauch.
40   Verschon' uns, Gott! mit Strafen,
Und laß uns ruhig schlafen!
   Und unsern kranken Nachbar auch!

Abdruck nach: ASMUS omnia sua SECUM portans, oder Sämmtliche Werke des
Wandsbecker Bothen. T. 4. Hamburg: Friedrich Perthes, 1782. S. 91 f.
Erstdruck: [Hamburger Musenalmanach.] Musen-Almanach oder Poetische
Blumenlese für das Jahr 1779. Hrsg. von Joh. Heinr. Voß. Hamburg: Carl
Ernst Bohn, [1778]. [Lesarten gegenüber der Werkfassung: Neben anderer
Zeichensetzung und Schreibweise einzelner Wörter heißt es 35: »in Himmel«
(in der Werkfassung wohl Druckfehler); 36: »Du lieber treuer frommer Gott!«
Die sieben Strophen sind ohne die Unterbrechung durch die drei Sterne nach
Strophe 5 gesetzt, das Gedicht ist mit »Asmus.« unterschrieben.]
Weitere wichtige Drucke: Volkslieder. Nebst untermischten andern Stücken.
2 Tle. Hrsg. von Johann Gottfried Herder. Leipzig: Weygand, 1778/79. T. 2.
[Titelzusatz: »Deutsch«. Die Strophen 5 und 6 sind weggelassen, kommentie-
rend ist die Anmerkung hinzugesetzt: »Von Claudius. Das Lied ist nicht der
Zahl wegen hergesetzt, sondern einen Wink zu geben, welches Inhalts die
besten Volkslieder seyn und bleiben werden. Das Gesangbuch ist die Bibel des
Volks, sein Trost und seine beste Erholung.«] – Lieder für das Volk und andere
Gedichte von Matthias Claudius genannt Asmus. Hrsg. von August Hermann
Niemeyer. Halle: Waisenhaus-Verlag, [1781]. [Nachdruck ohne Autorisierung
durch Claudius mit dem Zusatz: »Mel.: Nun ruhen alle Wälder.« Lesarten: 31:
»ohne Grämen«; 36 wie im Erstdruck: »Du lieber treuer frommer Gott!«; 42:
»Und unsre kranken Brüder auch!«] – Gesangbuch für Schulen und Erzie-

hungsanstalten. Hrsg. von August Hermann Niemeyer. Halle: Waisenhaus-Verlag, 1785. [Erstes Gesangbuch, in das das *Abendlied* aufgenommen wird. Die zahlreichen späteren Wiedergaben in Gesangbüchern verzeichnen Fischer, S. 112; Nelle, S. 153 ff.; Hübner, S. 120 f.] – Matthias Claudius: Sämtliche Werke. Gedichte. Prosa. Briefe in Auswahl. Hrsg. von Hannsludwig Geiger. Berlin/Darmstadt/Wien: Tempel-Verlag, 1967. [Geiger teilt für 30 die Lesart »Wie Kinder froh und fröhlich seyn!« mit; sonst ist sie jedoch nirgends erwähnt.]

Vertonungen: Die bis heute mit dem Lied verbundene Vertonung stammt von Johann Abraham Peter Schulz in: Lieder im Volkston. T. 3. Berlin 1790. Die zahlreichen anderen Vertonungen (u. a. von Reichardt, Hiller, Michael Haydn und Schubert) verzeichnet Friedlaender, Bd. 2, S. 255 f., 561.

Reiner Marx

Unberührte Natur, christliche Hoffnung und menschliche Angst – Die Lehre des Hausvaters in Claudius' *Abendlied*

> »Das *Abendlied* ist seinen Nach-
> betern weit überlegen.«
> (Eigenwald, S. 187)

I

Wie kaum ein zweites Gedicht des 18. Jahrhunderts erfuhr und erfährt bis auf den heutigen Tag das *Abendlied* von Matthias Claudius Verbreitung und Rezeption. Keine Lyrikanthologie, die etwas auf sich hält, kann auf dieses »lyrische Meisterwerk« verzichten, für viele Germanisten (vor allem auch Didaktiker) stellte es eine Interpretations-herausforderung dar, und in Schullesebüchern behauptet es unangefochten seit eh und je seinen Platz. Auch in Lieder- und Gesangbüchern (in der Schulzschen Vertonung, durch die viele den Text überhaupt nur kennen) begegnet man dem *Abendlied* nicht minder häufig, im Ausland rangiert es neben Müllers *Lindenbaum* in den ersten Positionen der

Popularität und steht ein für typisch deutsche ›Innerlichkeit‹. Nicht zuletzt hat Claudius' berühmtestes Gedicht immer wieder Schriftsteller zur Auseinandersetzung gereizt – man denke nur an Wiecherts pathetischen Hymnus auf diese Verse, an Koeppens Reflexionen zum »Reinfelder Mond« oder an Rühmkorfs artistisch-parodistische »Variation«.

Dabei fiel das Gedicht im Laufe seiner Rezeption allzuoft ideologischen Vereinnahmungen zum Opfer: Für die einen sollte es »die stärksten Wurzeln des Deutschtums« verkörpern (vgl. Eigenwald, S. 182), die immanente Nachkriegsgermanistik verharmloste es zur gemütvollen Idylle, und die verdächtig breite Didaktikrezeption zeugt von dem Bemühen, es zur Vermittlung zeitloser, ›allgemein-menschlicher‹ und traditionell christlicher Werte zu gebrauchen. Aber die konservative Besetzung wird dem Text ebensowenig gerecht wie radikal kritische Positionen, die in ihm lediglich Aufklärungsfeindschaft manifestiert sehen wollen.

Aufgabe einer heutigen Interpretation müßte es sein, das Gedicht sowohl im Kontext seiner Zeit und deren sozialgeschichtlichen und psychohistorischen Bedingungen zu verstehen zu suchen, als auch die Aspekte an ihm zur Sprache zu bringen, die es für unsere Gegenwart reaktivierbar machen.

II

Mit dem Titel *Abendlied* stellt sich Claudius in eine bestehende Tradition. Trotz antik-mythischer (Nachtfeier) und christlicher (Abendhymnus) Präformationen konstituierte sich das Abendlied »als selbständige poetische Gattung, als volkssprachliches Gegenstück zum ›Te lucis ante‹ der Kirche, als Abendgebet des Dichters« erst ab dem Zeitalter der Reformation. Es gehört zum Typus der geistlichen Gesänge und ist damit der religiösen Dichtung zuzuordnen (Roß, S. 307). Dennoch kennzeichnen es neben der eindeutig religiösen Tendenz zusehends volkstümliche Elemente in Sprache und Darstellung. Der Begriff verweist zum einen auf die Liedform, also auch auf den Aspekt der gesanglichen Darbietungsweise, zum andern auf den Anlaß oder die Gelegenheit zum Singen, in diesem Fall durch die Bestimmung der Tageszeit. Vor allem aus der Hausväter-Literatur ist der Gebrauchswert solcher Lieder bekannt. Abends und morgens versammelte sich die gesamte Hausgemeinschaft (Familie, Knechte und Mägde), »vielleicht um ein Stück aus der Bibel zu lesen, [...] zum mindesten aber doch, um gemeinsam ein Gebet zu sprechen oder ein Lied zu singen«. Die zahlreichen Abendlieder in den Gesang- und Gebetbüchern »befassen sich gewiß auch mit dem zurückliegenden Tag, aber eindringlicher noch mit der kommenden oder vergangenen Nacht« (Alewyn, S. 308). Die Angst vor der Nacht war ein Hauptmovens für dieses Genre – ein kulturgeschichtlich wichtiger Aspekt, der dem heutigen Leser in seiner elektrifizierten Umwelt kaum noch verständlich erscheint. Die Hausgemeinschaft anempfiehlt sich Gottes Schutz gegen die potentiellen Bedrohungen und Gefahren der kommenden Nacht. Entsprechend erscheint in diesen Gedichten die Verbindung von Nacht und Tod mit ziemlicher Regelmäßigkeit.

Wie die meisten Abendlieder hebt auch das Gedicht von Claudius, das ja nach der Blüte des Genres in der Reformationszeit und im Barock eher am Ende einer Entwicklungslinie steht, mit einem »Natureingang« an. An ihn schlossen sich in der Regel »vielstrophige«, »erbauliche« Fortsetzungen an, in denen die Reflexion überwiegt (Roß, S. 307). Diese von der Anschauung zur Deutung fortschreitende Struktur findet sich vor allem auch bei Brockes, so daß Annelen Kranefuss den Einfluß der »physikalisch-moralischen Zweiteilung« (ihrerseits in der Emblematik präformiert) in den Gedichten des *Irdischen Vergnügens in Gott* auf Claudius annimmt (Kranefuss, S. 134 f.). Jedenfalls ist die Dichotomie in darstellend-deskriptiven Natureingang und didaktisch-theologische Auslegung, wie sie sich auch im

»Wechsel des Sprachstils« nach der zweiten Strophe von der Deskription zur Argumentation spiegelt (vgl. Schulz, S. 238 f.), auch für Claudius' *Abendlied* strukturbildend.

Wohl gerade der ersten Strophe verdankt das Gedicht seine Berühmtheit. Dabei ist sie trotz des scheinbar vertrauten Duktus nicht ohne Tücken. Bereits der Eingangsvers stellt den Interpreten vor ein Problem: Ist die Wendung »Der Mond ist aufgegangen« als lapidare Feststellung zu verstehen oder als programmatisch für die gesamte folgende Argumentation? Gewiß fügt sich der Vers nahtlos in die angestrebte kindlich-naive Sicht der Welt ein (vgl. Vers 2 das Diminutiv »Sternlein« und Vers 30), wie ja insgesamt die ruhig verlaufende Schweifreimstrophe den Eindruck von Schlichtheit unterstützt. Demnach käme der bis heute üblichen Wendung vom Aufgehen des Mondes keine weitere Bedeutung zu. Jedes bewußte Lesen des Verses entlarvt ihn indes als hinter den Stand der ›aufgeklärten‹ Naturwissenschaft zurückgehend, ja als Verleugnung der kopernikanischen Wende. Im Zusammenhang mit der expliziten Wissenschaftskritik der Strophen 3 und 4 erscheint diese Interpretation nicht mehr abwegig. In einer bewußten Setzung wendet sich Claudius von einer die Menschen existentiell zusehends verunsichernden Naturwissenschaft ab und reaktiviert ein vorkopernikanisches Weltbild, das vertrauen- und ordnungstiftend wirkt. Vielleicht hat sogar dieser berühmte Vers die ungetrübte umgangssprachliche Verwendung einer naturwissenschaftlich überholten Formulierung eigentlich festgeschrieben, indem er der ›volkstümlichen‹ Wahrnehmung von Naturerscheinungen entschieden mehr entsprach, als es ein naturwissenschaftlicher Diskurs vermag.

Der Struktur der Schweifreimstrophe entsprechend, die nach dem ersten der beiden Terzette einen deutlichen Absatz entstehen läßt, spricht die erste Strophe, abgesetzt voneinander, den himmlischen und den irdischen Bereich an. Kennzeichnet die Evokation des Sternenhimmels eine vertraute, kindliche Sehweise, wobei ihm die Attribute »hell und klar« (3) und die Farbqualität »golden« (2) zugesprochen werden, wird der irdische Bereich deutlich davon abgehoben: Ihn bestimmt der Schwarz-Weiß-Kontrast und nebulose »geheimnisvolle Undurchsichtigkeit« (Spitzer, S. 78). Der hell leuchtende transparente Abendhimmel wirkt vertrauter, freundlicher als die den Menschen unmittelbar umgebende nächtliche Natur. Dem schwarz stehenden Wald und dem geheimnisvoll steigenden Nebel eignet ein Moment von Bedrohung wie von Faszination, beides gleichermaßen aufgehoben in dem Wort »wunderbar«, das hier in seiner etymologisch ursprünglichen Bedeutung – wie ein Wunder – verstanden werden muß. Ein ambivalentes Fluktuieren zwischen Distanz und Nähe kennzeichnet das Verhältnis des noch nicht namhaft gemachten Subjekts zur nächtlichen Natur. Nicht zufällig klingt Claudius' Natureingang mit einem Begriff aus, den die Schweizer Ästhetiker Bodmer und Breitinger schon 50 Jahre früher der allzu rationalistischen Poetik eines Gottsched entgegengesetzt hatten. Die aufklärungskritische Haltung Claudius', die sich gegen eine eindeutige Erklärung und eine rationale Bemächtigung der Natur zur Wehr setzt, verschafft sich in der ersten Strophe ein weiteres Mal Gehör: »das Wunderbare markiert die Grenzen der ratio« (Schulz, S. 237). In Abwendung von dem traditionellen Ausgangspunkt der Abendlieder, der Angst vor der Nacht und dem Versuch einer Bannung dieser Angst, gelingt Claudius eine eigene und neue Wahrnehmung der nächtlichen Landschaft, die eine wesentliche, wenn nicht *die* wesentliche ästhetische (von »Aisthesis«, ›Wahrnehmung‹!) Qualität des Gedichtes ausmacht: »Der ›Natur‹-Eingang der Abendlieder ist einer der schmalen Durchgänge, durch die sich ein neuer lyrischer Ausdruckswille Bahn schafft« (Roß, S. 308; vgl. auch Wild, S. 152 ff.).

Dominierte in der ersten Strophe die visuelle Wahrnehmung des Abends, steht in der folgenden die akustische im Zentrum. Die zweimalige Nennung des Adjektivs »still« (7, 10) betont überdeutlich die nächtliche Ruhe, die auch den Zusammenhang zum folgenden Thema des Schlafs herstellt. In einer weiteren Abwendung vom Topos der nächtlichen

Angst verkehrt Claudius die Erwartung in ihr Gegenteil. Der Abend hat nicht nur seine Bedrohung verloren, er wird sogar zum Garanten von Geborgenheit. Die abendliche Welt bedeutet Schutz (8: »Hülle«, 10: »Kammer«) vor Gefahren jeder Art, die das Gedicht gar nicht mehr thematisiert, aber vor allem ein Refugium vor des »Tages Jammer« (11). In dieser fast barocken Wendung (man denke nur an das »irdische Jammertal«) scheinen alle Alltagssorgen, ökonomischen Probleme und gesellschaftlichen Mißstände mit eingeschlossen. Erfährt der Tag eine negative Charakterisierung, die deutliche Anklänge an die barocke Sicht des menschlichen Lebens überhaupt enthält, so verleiht der Text der Nacht positive Qualitäten, wie sie später besonders die Romantik artikulierte: Den unbewußten Kräften wird eine korrigierende, fast therapeutische Wirkung zugebilligt, die Bewältigung der realen Anfeindungen und Mißstände erfolgt im Schlaf. Metaphern wie »Hülle« und »Kammer«, die auch zum ersten Mal die Verbindung zwischen Mensch und Natur herstellen, markieren – unbeschadet ihrer wohl pietistischen Observanz – einen Symbolhintergrund, der für mütterliche Geborgenheit einsteht. Die bemerkenswerte Einsicht in die alltagsbewältigenden Kräfte des Schlafes (Kammer = Schlafkammer) stellt eher eine psychologische Beobachtung dar als eine unaufgeklärte Verdrängung gesellschaftlicher Not. Die deutliche Dichotomie Tag/Nacht bringt gleichzeitig aber eine bestimmte Ordnung zum Ausdruck: Arbeit und gesellschaftliche Bestimmung des Menschen prägen den Tageslauf; dagegen bedeutet der Abend ein Ruhepol für die Regeneration im Privatbereich. Der Aufforderungscharakter des Modalverbs »sollt« (12) weist dabei auf diese Ordnung hin, die den verschiedenen Funktionsbereichen von Tag und Nacht zugrunde liegt. Der Mensch *soll* die jeweiligen Möglichkeiten bewußt nutzen. Schon hier deutet sich die Einbettung menschlicher Existenz in eine wohlstrukturierte göttliche Ordnung an, in der »Jammer« wie erholsame Geborgenheit ihren Platz gleichermaßen haben.

346

Wenn der Eingangsvers in seiner Evokation des aufgehenden Mondes eher an einen Vollmond denken ließ, präzisiert die dritte Strophe die Vorstellung zu einem Halbmond. Damit sind auch unterschiedliche Funktionen angesprochen: Stand am Beginn das Naturbild des Abendhimmels ungedeutet von menschlichen Subjekten ganz für sich, wird es jetzt zum Gegenstand didaktischer Auslegung. Unter Anwendung des deiktischen Prinzips (von der Anschauung zur Erkenntnis) erfolgt eine Belehrung einer angesprochenen Personengruppe (13: »ihr«) durch einen Sprecher. Die Analogie zur Predigt, die, von einem konkreten Bibeltext ausgehend, zu grundsätzlichen Reflexionen über christliches Leben vorschreitet, ist evident. Es spricht auch einiges dafür, den Sprecher als Hausvater anzusehen (vgl. Sommer, S. 62; Schulz, S. 240, 248), der seine Hausgemeinde in christlichem Sinne unterweist; damit jedenfalls erklärt sich die in der Schlußstrophe geäußerte Bitte für den Nachbarn, der wohl aus dem bisherigen Adressatenkreis ausgeschlossen war. Inhalt der in der großfamilialen Sphäre des ›ganzen Hauses‹ vor dem Schlafengehen vorgetragenen Belehrung des Hausvaters ist zunächst die Relativität menschlicher Erkenntnis. Das Vertrauen des Menschen auf seine Wahrnehmung, auf das Sichtbare leitet ihn notwendig fehl; gerade das nicht Sichtbare, das, was sich den Sinnen entzieht, bedeutet oft die Wahrheit. Analog der positiven Wertung der nächtlichen Kräfte des Vergessens, der unbewußten Bewältigung schätzt Claudius die Erscheinungen, die sich dem erkennenden Bewußtsein entziehen, als die einzig relevanten ein; aber die Erscheinung des Ganzen ist für den, der sehen gelernt hat, auch schon im Teil wahrnehmbar. Dem gemeinhin »Belachten« (17) kommt die eigentliche Bedeutung zu, die menschliche Hybris in ihrem blinden Vertrauen auf die Autonomie ihrer Wahrnehmungsinstrumente zielt genau am Wesentlichen vorbei.

Konsequent formuliert die folgende Strophe eine explizite Wissenschaftskritik. Die rationalistische Aufklärungswissenschaft bringt mit ihrem unbedingten Gültigkeitsanspruch den Menschen von seinem eigentlichen »Ziel« (24) ab, das immer komplizierter werdende System der Wissenschaften – hier durch »viele Künste« (23; die Artes) angesprochen – wird entsprechend mit »Luftgespinnsten« (22), Phantasmen gleichgesetzt. Die Bitte an Gott, *sein* »Heil schauen« (25) zu lassen, resultiert aus der Einsicht in die ›Heillosigkeit‹ menschlicher Erkenntnis. In der Wendung »stolze Menschenkinder« (19) drückt sich das Dilemma des modernen Menschen besonders eindringlich aus: als das zwischen hybrider Selbsteinschätzung aufgrund vermeintlicher Erkenntnisfortschritte und der wirklichen Bestimmung des Menschen, die der Dichter im Bild des Kindes faßt, das auch die fünfte Strophe beherrscht. In Anlehnung an das Matthäus-Evangelium (5,3; 18,3) wird im Kindsein die wahre Grundbefindlichkeit des Menschen gesehen; »einfältig« (28), »fromm« (sprachhistorisch wohl noch im Sinne von ›unschuldig, rechtschaffen‹) und »fröhlich« (30) sind die Attribute dieses Zustands einer natürlichen, nicht durch kritische Reflexion gebrochenen Existenzform. Wieder kommt dem Unbewußten eine entscheidende Bedeutung zu: Das unhinterfragte Bei-sich-Sein des Kindes steht der »Eitelkeit« (27) und dem blinden Vertrauen auf »Vergänglichs« (26) positiv entgegen. Die Belehrung des Hausvaters an die »Kinder« seiner großen Familie spiegelt das patriarchalische Ordnungsgefüge zwischen Gott und seinen »Menschenkindern« adäquat wider. Zu einem historischen Zeitpunkt, als sich in den Städten schon die ›dissoziierte Kernfamilie‹ gebildet hatte, restituiert Claudius die ländliche Lebensform des ›ganzen Hauses‹, in dem dem einzelnen sein Platz im patriarchalischen Gesamtgefüge zukommt. Zu Recht weist Schulz darauf hin, daß es Claudius vor allem um »das irdische Dasein des Menschen« gehe (29: »vor dir hier auf Erden«), um eine ersehnte »Art Erfüllung gerade der irdischen Existenz des Menschen« durch eine Rückbesinnung auf »alltägliche Lebenspraxis«. Demnach ist die Aufklärungs- und Wissenschaftskritik des Gedichts als »diesseitsbezogenes« Korrektiv zur »Abstraktheit« und zur Generalisierungsneigung der Wissenschaften zu verstehen (Schulz, S. 244 f.). Aufklärung heißt in diesem Kontext also weniger politisches Engagement als vielmehr lebenspraktische Verbesserungsversuche. Diese schließen aber Aufklärungskritik per se mit ein, jedenfalls an den Tendenzen, die über ihren Abstraktionen den menschlichen Alltag in seiner Relativität vergessen. Vor allem das Phänomen des Todes läßt alle eitlen menschlichen Bemühungen in ihrer Bedingtheit erkennen.

Auf ihn kommt Claudius in der sechsten Strophe zu sprechen, indem er die Bitte um einen »sanften Tod« (33) formuliert. Mit der Verbindung Nacht–Tod kehrt der Dichter zur Tradition des Abendlieds zurück. Die Ängste des betenden Menschen werden in den beiden letzten Strophen zum eigentlichen Thema. Den traditionelleren Gebetston dieses Teils bemerkend und gleichsam als Reaktion auf Herders Weglassung der beiden Schlußstrophen, hat Claudius sie seit der Werkausgabe durch drei Sternchen vom Vorherigen abgetrennt. Mit der Wendung »sonder Grämen« (31) schließt die Bitte wieder an das kindliche Glaubensideal an. »Jammer« und »Gram«, unumstößliche Konstituenten menschlicher Existenz, sollen den Moment des Todes nicht beeinträchtigen. Ohne Sorge um sich und andere soll der Mensch »diese Welt« (32) verlassen und in die andere »sanft« (33) eingehen. Die Tröstung und Beruhigung durch die abendliche Welt und den Schlaf wird in Parallelität zum »sanften Tod« gesehen. Die im Naturbild der ersten Strophe evozierte klare Himmelswelt klingt in der neuerlichen Erwähnung des Himmels als Ort der Heilsgewißheit wieder auf; so eindeutig und klar, wie der Himmel dem Betrachter erscheint, ist die kindliche Hoffnung, in den Himmel zu kommen.

Den Beschluß der hausväterlichen Belehrung, die in der direkten Anrede Gottes zu einem Gebet wurde, markiert die rhetorische Geste der Anfangszeile von Strophe 7: »So [. . .] denn«. In der Beschlußformel wird die als »Brüder« (37) angesprochene Hausgemeinde (ein Indiz für die christlichpatriarchalische Struktur des ›ganzen Hauses‹ aufgefordert, zu Bett zu gehen. Der vieldiskutierte folgende Vers »Kalt ist der Abendhauch« (39) scheint eine bisher nicht gekannte Bedrohung zum Ausdruck zu bringen. Gewiß macht er deutlich, »daß über der Andacht Zeit verstrichen ist« (Kranefuss, S. 195), daß hier der Übergang vom Abend zur Nacht durch die Wahrnehmung einer ungewohnten Kälte, eines leichten Windes markiert wird; dies zumal, als bereits die Evokation des aus den Wiesen steigenden Nebels in der ersten Strophe an eine herbstliche Jahreszeit denken ließ. Zugleich aber vermittelt die Zeile den Eindruck der »Unwirtlichkeit der (abendlichen) Welt« und nimmt dabei die »zu Beginn des Gedichts anklingende Diskrepanz zwischen dem Menschen und seiner Welt intensivierend wieder auf« (Schulz, S. 247). In dem sinnlich erfahrbaren Phänomen des kalten Hauchs scheint die Gesamtheit menschlichen Bedroht- und Gefährdetseins – bis hin zu gesellschaftlichen Mißständen – zusammenzuschießen. Damit wird die Angst – traditioneller Ausgangspunkt so vieler Abendlieder – deutlich in den Blickpunkt des sonst so tröstlichen und zuversichtlichen Gedichts gerückt. Im Kontext mit den vorausgegangenen Versen, von denen die Zeile nur durch Semikolon (in der Werkausgabe) getrennt ist, liest sie sich fast wie eine Begründung des Vorigen: Weil der Abendhauch kalt ist, ist es nötig, sich »In Gottes Namen« (38) niederzulegen. Die Geborgenheit und Aufgehobenheit im gottgefälligen Schlaf wird gegen die Bedrohungen und Gefahren durch die Umwelt gesetzt, die Bitte um einen ruhigen Schlaf resultiert aus der plötzlich evident gewordenen Unwirtlichkeit der abendlichen Welt. Diese Wahrnehmung ihrerseits hängt mit dem zuvor angeklungenen Todesthema zusammen, das den Menschen neuerlich in seiner Relativität zeigt. Todesthema und die nächtliche Kälte zusammen erzeugen das bisher unbekannte Bild vom alttestamentlichen strafenden Gott, worin die Ambivalenz des väterlichen Gottesbildes evident wird. Menschliche Angst ist trotz der beständigen Evokationen der Geborgenheit im Glauben und der schützenden

Gottes-Imago nicht vollends auszutreiben; allein im Schlaf besteht Hoffnung auf schuldfreies Existieren. Die menschliche Angst läßt über den engeren Kreis der eigenen Familie und des eigenen Hausstandes hinausdenken; die Verbundenheit mit anderen scheint im letzten Vers des Gedichts bedeutsam auf, die »soziale Dimension der menschlichen Existenz« (Schulz, S. 248) wird sichtbar. Nicht nur als dem Gebot christlicher Nächstenliebe folgend ist dieser Vers zu verstehen, sondern auch im Sinne eines elementaren Verbundenheitsgefühls mit dem Mitmenschen angesichts der Bedrohungen der Welt. Daß es sich dabei um einen »kranken Nachbar« (42) handelt, verweist zum einen auf die Notwendigkeit, gerade auch jener zu gedenken, denen es schlechter als einem selbst geht (Caritas), als auch auf »die menschliche Hinfälligkeit schlechthin« (Schulz, S. 249), die einzig in der gläubigen Hinwendung zu Gott erträglich ist. Die Gemeinsamkeit der Menschen konstituiert sich im Wunsch nach einem ruhigen Schlaf; noch einmal greift die Schlußstrophe den zentralen Gedanken vom versöhnenden rekreierenden Schlaf auf.

In seinem *Abendlied* thematisiert Claudius gleichermaßen kindliche (im positiven Sinn!) Glaubenshoffnung und existentielle menschliche Angst, eingebettet in eine christliche Hausvaterbelehrung.

III

Die enorme Verbreitung des Gedichts bis auf den heutigen Tag mag mit der bereits sehr früh einsetzenden Rezeption in zwei unterschiedliche Richtungen zusammenhängen. Indem Herder das Gedicht als einziges zeitgenössisches deutsches Lied schon kurz nach seinem Erscheinen in den zweiten Teil seiner Volksliedersammlung aufnahm, bereitete er dieser Rezeptionsweise den Weg, wobei er jedoch die beiden besonders »geistlichen« Schlußstrophen tilgte. In seiner Anmerkung zu dem Gedicht konzedierte er jedoch auch den

geistlichen Charakter des Textes, wenn er »das Gesang-
buch« als »die Bibel des Volks, sein Trost und seine beste
Erholung« bezeichnete und damit die Verbindung zwischen
Volks- und geistlichem Lied herstellte.

Dem von Claudius nicht autorisierten Nachdruck des
Abendlieds in Niemeyers *Liedern für das Volk* verdankt
die Kirchenlied-Rezeption ihren Beginn. Der Zusatz
»Mel[odie:] Nun ruhen alle Wälder« stellte einen eindeu-
tigen Bezug zu dem *Abendlied* Paul Gerhardts her, das als
geistliches Lied fester Bestandteil aller Gesangbücher war; in
der Forschung ist dieser Zusammenhang mehrfach diskutiert
worden (vgl. Jacoby; Sommer, S. 63 ff.; Hübner, S. 114 ff.;
Kranefuss, S. 132 ff.; zu weiteren vermuteten Einflüssen auf
das *Abendlied*, etwa durch Vergil und Ovid, vgl. Hübner,
S. 114 ff.; durch Zachariä, Gray und Brockes, vgl. Kranefuss,
S. 84 f., 135 ff.). Trotz erstaunlicher Parallelen in Strophenform, Versmaß, »wörtlichen Anklängen« (Kranefuss, S. 133)
und dem Phänomen des Natureingangs, dem sich die religiösen Reflexionen anschließen, handelt es sich bei dem Text von
Claudius keineswegs um eine Kontrafaktur des barocken
Gedichts; vielmehr setzte Claudius seinen möglichen ›Vorla-
gen‹ »mit seiner schlichteren, alltäglicheren Diktion« eine
»eigene, unprätentiöse Sicht des Abends« entgegen und
verwirklichte »seine eigene Vorstellung von dem, was diese
Gattung leisten sollte«, »die Summe der Tradition ziehend
und sie dabei zugleich korrigierend« (Kranefuss, S. 85).
Trotz der unübersehbaren Tradition des evangelischen Kir-
chenliedes betont die Forschung den innovatorischen Eigenwert des Gedichts, die Intensivierung abgegriffener
Wendungen, seine Teilhabe am Prozeß der Säkularisation,
die ausgeprägte Diesseitigkeit und die literaturgeschichtliche »Zwischenstellung zwischen Gerhardt und Goethe«
(Schulz, S. 241).

Vor allem durch die Aufnahme des *Abendlieds* in Niemeyers
Gesangbuch für Schulen und Erziehungsanstalten (1785)
erfährt die Kirchenlied-Rezeption ihre endgültige Bestär-
kung; von da an riß die Übernahme des Gedichts in Gesang-

bücher nicht mehr ab (vgl. Nelle, Fischer). Claudius selbst
hat durch die beiden von ihm autorisierten Veröffentlichungen in durchaus säkularem Rahmen wohl eher den Volks-
liedcharakter des Textes akzentuiert. Der Erstdruck in
einem Musenalmanach (in dem z. B. auch ein Mond-
Gedicht von Hölty stand, S. 91) und die Werkfassung
machen dies deutlich, wenngleich gerade mit dem vierten
Teil des *Wandsbecker Bothen* die Hinwendung zu vornehmlich religiösen Themen erfolgt. Im Fall der *Abendlied*-
Rezeption könnte man von einer partiellen Resakralisierung
sprechen, indem der durchaus säkular verstandene Text im
nachhinein Eingang in die Gesangbücher fand – möglicher-
weise aber auch ein Indiz für die zunehmende Säkularisie-
rung der Gesangbücher (vgl. Hübner, S. 122).

IV

Das *Abendlied* heute? Viel eher als die christlich-hausväterli-
che Didaxe oder der vielgerühmte ›Volkston‹ ist das in ihm
angesprochene Verhältnis zur Natur von bemerkenswerter
Aktualität. In einer Zeit, wo die technische und technokrati-
sche Beherrschung von Natur im Namen von Rationalität
und Fortschritt zu ihrer allmählichen Zerstörung führt,
kann ein Gedicht wie das *Abendlied* einen Umgang mit
Natur vermitteln, der, praktiziert, nicht zu solchen Verhältnissen geführt hätte. Die relative Autonomie der Natur, wie
sie vornehmlich in der Eingangsstrophe sich artikuliert, ist
in unmittelbarem Zusammenhang mit Claudius' aufklä-
rungskritischer Einstellung zu sehen. Zu einem relativ frühen Zeitpunkt benennt der Dichter das dialektische Moment
von Aufklärung; der nur rationale Diskurs vermag Natur am
wenigsten zu verstehen und in ihrer faszinierenden Fremd-
heit zu belassen. Wissenschaftliche Bemächtigung macht sie
allenfalls zum Objekt von Ausbeutung. Norbert Mecklen-
burgs Postulat eines Naturgedichts, das »überschwengliche
Versöhnungsgebärden ebenso vermeidet wie verkrampftes

Zur-Schau-Stellen von Entfremdung«, »das eine Haltung einübt, die Natur in Ruhe läßt, sie in ihrer Eigentümlichkeit anerkennt«, scheint zumindest im Natureingang von Claudius' *Abendlied* verwirklicht, als »ästhetischer ›Vor-Schein‹ einer nicht nur ausbeuterischen gesellschaftlichen Haltung gegenüber Natur« (Mecklenburg, S. 28).

Trotz einer weitgehend residualen Position (Restituierung des ›ganzen Hauses‹, patriarchalische Organisation als Widerspiegelung göttlicher Ordnung, kindliche Frömmigkeit versus aufgeklärte Wissenschaft), die zu einem zivilisationsgeschichtlich fortgeschritteneren Zeitpunkt in der Einbettung menschlichen Lebens in einen christlichen Bezugsrahmen am ehesten die Möglichkeit guten Lebens erblickt (vgl. Wild, S. 81 ff.), gewinnt die Sicht der Natur, die ja aus diesem Weltbild resultiert, eine utopische Qualität angesichts unserer gegenwärtigen Realität. Solche Gedichte sind notwendig!

Zitierte Literatur: Richard Alewyn: Die Lust an der Angst. In: R. A.: Probleme und Gestalten. Essays. Frankfurt a. M. 1974. S. 307–330. – Rolf Eigenwald: Matthias Claudius und sein ›Abendlied‹. In: Projekt Deutschunterricht 9: Literatur der Klassik II. Stuttgart 1975. S. 177–201. – A. F. W. Fischer: Kirchenlieder-Lexikon. 2 Bde. Gotha 1878/79. Neudr. Hildesheim 1967. – Max Friedlaender: Das deutsche Lied im 18. Jahrhundert. Quellen und Studien. 2 Bde. Stuttgart/Berlin 1902. Neudr. Hildesheim 1962. – Götz Eberhard Hübner: Wege der Kirchenliedrezeption in vorklassischer Zeit. Zum wirkungsgeschichtlichen Verständnis einiger Gedichte von Bürger, Goethe, Claudius. Diss. Tübingen 1969. Auch u. d. T.: Kirchenliedrezeption und Rezeptionswegforschung. Zum überlieferungskritischen Verständnis einiger Gedichte von Bürger, Goethe, Claudius. Tübingen 1969. [Vor allem: Die Aktualisierung des Kirchenliedtopos als quellen- und wirkungsgeschichtlicher Verstehenszugang zum ›Abendlied‹ des Matthias Claudius. S. 99–122.] – Daniel Jacoby: Paul Gerhardt und Matthias Claudius. In: Archiv für die Geschichte deutscher Sprache und Dichtung 1 (1874) S. 381–384. – Wolfgang Koeppen: Der Reinfelder Mond. In: W. K.: Nach Rußland und anderswohin. Empfindsame Reisen. Stuttgart 1958. S. 7–9. – Annelen Kranefuss: Die Gedichte des Wandsbecker Boten. Göttingen 1973. – Norbert Mecklenburg (Hrsg.): Naturlyrik und Gesellschaft. Stuttgart 1977. – Wilhelm Nelle: Matthias Claudius und das Kirchenlied. In: Monatsschrift für Gottesdienst und kirchliche Kunst 11 (1906) S. 122–126, 153–159, 182–188. – Werner Ross: Abendlieder. Wandlungen lyrischer Technik und lyrischen Ausdruckswillens.

In: Germanisch-Romanische Monatsschrift. N. F. 5 (1955) S. 297–310. – Peter RÜHMKORF: Variation auf >Abendlied< von Matthias Claudius / Abendliche Gedanken über das Schreiben von Mondgedichten. In: P. R.: Kunststücke. 50 Gedichte nebst einer Anleitung zum Widerspruch. Reinbek bei Hamburg 1962. S. 86–134. – Georg-Michael SCHULZ: Matthias Claudius' >Abendlied<. Kreatürlichkeit und Aufklärungskritik. In: Deutsche Vierteljahrsschrift für Literaturwissenschaft und Geistesgeschichte 53 (1979) S. 233–250. – J. Carl Ernst SOMMER: Studien zu den Gedichten des Wandsbecker Boten. Frankfurt a. M. 1935. Neudr. Hildesheim 1973. – Leo SPITZER: Matthias Claudius' >Abendlied<. In: Euphorion 54 (1960) S. 70–82. Auch in: L. S.: Texterklärungen. Aufsätze zur europäischen Literatur. München 1969. S. 176–186, 265–270. – Ernst WIECHERT: Von den treuen Begleitern. Berlin 1946. – Reiner WILD: Literatur im Prozeß der Zivilisation. Entwurf einer theoretischen Grundlegung der Literaturwissenschaft. Stuttgart 1982.

Weitere Literatur: Hans BLUMENBERG: Die kopernikanische Wende. Frankfurt a. M. 1965. – Walter FRANKE: Zum Thema >Der Mensch<. Matthias Claudius >Abendlied<, >Der Mensch<; Josef Weinheber >Jahraus-jahrein<. In: Der Deutschunterricht 2 (1950) H. 3. S. 88–101. – Helmuth de HAAS: ... und ist doch rund und schön. In: Die Welt. 19. 7. 1969. Dokumentation: Griff nach dem Mond. – Handbuch des Volksliedes. Hrsg. von Rolf Wilhelm Brednich, Lutz Röhrich, Wolfgang Suppan. 2 Bde. München 1973–75. – Herbert LEHNERT: Provokation, Predigtstruktur und Spielraum: Claudius' >Abendlied< und Beispiele aus der expressionistischen und zeitgenössischen Lyrik. In: H. L.: Struktur und Sprachmagie. Zur Methode der Lyrik-Interpretation. Stuttgart/Berlin/Köln/Mainz 1966. S. 43–50. – Günther MÜLLER: Geschichte des deutschen Liedes vom Zeitalter des Barock bis zur Gegenwart. München 1925. Neudr. Darmstadt 1959. – Johannes PFEIFFER: Dichtkunst und Kirchenlied. Über das geistliche Lied im Zeitalter der Säkularisation. Hamburg 1961. [Vor allem S. 48–61: Claudius und Seume.] – Johannes PFEIFFER: Matthias Claudius >Abendlied<. In: Die deutsche Lyrik. Hrsg. von Benno von Wiese. Bd. 1. Düsseldorf 1964. S. 185–189. – Karl RICHTER: Literatur und Naturwissenschaft. Eine Studie zur Lyrik der Aufklärung. München 1972. – Kaspar Heinrich SPINNER: Der Mond in der deutschen Dichtung von der Aufklärung bis zur Spätromantik. Bonn 1969. [Vor allem S. 36–40: Matthias Claudius.] – Alexander SYDOW: Das Lied. Urprung, Wesen und Wandel. Göttingen 1962. – Werner WEBER: Kleiner Umgang in Deutschland I. In: W. W.: Figuren und Fahrten. Aufsätze zur gegenwärtigen Literatur. Zürich 1956. S. 89–95.

Matthias Claudius

Kriegslied

's ist Krieg! 's ist Krieg! O Gottes Engel wehre,
    Und rede du darein!
's ist leider Krieg – und ich begehre
    Nicht Schuld daran zu seyn!

5 Was solt ich machen, wenn im Schlaf mit Grämen
    Und blutig, bleich und blas,
Die Geister der Erschlagnen zu mir kämen,
    Und vor mir weinten, was?

Wenn wackre Männer, die sich Ehre suchten,
10   Verstümmelt und halb todt
Im Staub sich vor mir wälzten, und mir fluchten
    In ihrer Todesnoth?

Wenn tausend tausend Väter, Mütter, Bräute,
    So glücklich vor dem Krieg,
15 Nun alle elend, alle arme Leute,
    Wehklagten über mich?

Wenn Hunger, böse Seuch' und ihre Nöthen
    Freund, Freund und Feind ins Grab
Versammleten, und mir zu Ehren krähten
20   Von einer Leich' herab?

Was hülf mir Kron' und Land und Gold und Ehre?
    Die könnten mich nicht freun!
's ist leider Krieg – und ich begehre
    Nicht Schuld daran zu seyn!

Abdruck nach: ASMUS omnia sua SECUM portans, oder Sämmtliche Werke des Wandsbecker Bothen. T. 4. [Hamburg:] Beym Verfasser und in Commißion Breslau: G. Löwe, [1783]. S. 143 f.
Erstdruck: [Hamburger Musenalmanach.] Musen-Almanach oder Poetische Blumenlese für das Jahr 1779. Hrsg. von Joh. Heinr. Voß. Hamburg: Carl Ernst Bohn, [1778].

Wolfgang Promies

Bürgerliche Bedenken gegen den Vater aller Dinge. Zu dem *Kriegslied* von Matthias Claudius

Das *Kriegslied* von Matthias Claudius ist selten interpretiert, aber häufig fehlgedeutet worden. Dreierlei war dafür maßgeblich. Da ist zum einen die falsche historische Zeitangabe und eine mißverstehende Lokalisierung in der Zeit. Für Friedrich Kranz etwa stammt dieses Gedicht »aus der napoleonischen Kriegszeit« (Kranz, S. 80), spielt es u. a. auf die Verantwortung eines Napoleon an. Peter Rühmkorff mißt es seinerseits an Klopstock, dessen entschiedenere Verurteilung des Eroberungskriegs er rühmt, um Claudius der »quietistisch-verbindlichen Unverbindlichkeit« (Kranefuss, S. 120 Fußnote) zu zeihen. Tatsächlich stammt dieses Lied aber aus dem Jahre 1778, und um ihm ganz gerecht zu werden, halte man es tunlichst gegen die einschlägigen Erzeugnisse von Gleim und Ramler. Da ist zum anderen die unbedachte Beziehung, die man zwischen diesem Text und dem Abziehbild des *Wandsbecker Boten* herzustellen pflegt. Daraus ergeben sich Wertungen, die immer wieder und in stereotypen Wendungen begegnen. Der Dichter ist demnach redlich und gläubig, seine Darstellung holzschnittartig, seine Sprache dem Lutherdeutsch der Bibel nahe. Ein weiterer Grund liegt endlich in der verfehlten Aktualisierung dieses Liedes, das angeblich »der bedrängenden Frage nach der

Verantwortung des einzelnen im Kriege« (Kranefuss, S. 32) nachgeht. Als ›Sinngehalt‹ vermeint man zu erkennen, daß Claudius zu Mitempfinden, Mitgefühl, zu Mitverantwortung aufruft, und da man weiß, daß er Christ war, liest man bei Friedrich Kranz und noch bei Heinz Meyer, daß das *Kriegslied*, mit den Worten von Johannes Pfeiffer, der »echte und notwendige Ausdruck einer gläubigen Bekümmerung« (Pfeiffer, S. 120) sei. Wo man den historischen Ort des Gedichts verkennt, es ohne Ansehen des Textes aus der »schlichten Frömmigkeit« des Autors herleitet und mit seinem Lied ein Exempel gefunden zu haben glaubt, das die Verantwortung des einzelnen unserer Tage eindrucksvoll ins Bild setzt, nimmt es auch nicht wunder, daß einen Interpreten die letzte Strophe »wie das erleichterte Aufatmen eines bekümmerten Menschen« anmutet, »der in fröhlicher Bejahung seines geringen Standes auf alle irdischen Güter und Auszeichnungen gerne verzichten und nicht mitregieren, wohl aber mitfühlen möchte« (Meyer, S. 25).

Rudolf Walter Leonhardt war 1961 der Meinung: »Zu ›interpretieren‹ gibt es an dem Gedicht kaum etwas« (Leonhardt, S. 44); den Zugang zu dem *Kriegslied* fand er durch die Aussage der ersten Strophe, während ihm die anderen Strophen »illustrierend noch dieses oder jenes« beitragen, aber »zu fünft nicht so schwer wie diese erste« (Leonhardt, S. 43) wiegen. Doch sein persönliches Bekenntnis bestätigt nur die Notwendigkeit und den Sinn einer genauen Betrachtung des Textes.

Das Lied, wie Claudius sein Gedicht nannte, weist in der verbreiteten Fassung sechs Strophen auf, Vierzeiler, nach dem Schema des Kreuzreims gereimt, die abwechselnd weiblich und männlich ausklingen. Das Versmaß ist ein Jambus, der in der ersten Zeile einer jeden Strophe auftritt, als gälte es die Intonation leidenschaftlicher Dramatik. Bemerkenswert die an poetische Willkür reichende Freiheit, die sich Claudius in der Handhabung des Versmaßes herausnimmt. Auf die fünf Hebungen der ersten Zeile jeder Strophe und der dritten Zeile in den Strophen 2 bis 5 folgen

Zeilen mit drei Hebungen, vier Hebungen (in der ersten und letzten Strophe) und wieder drei Hebungen (in den vierten Zeilen jeder Strophe). Dadurch macht das Lied den Eindruck, als ströme es in diesem Augenblick frei dahin, um im nächsten wie abrupt zu stoppen. Aber Claudius bringt diese Wirkung nicht nur durch die variierende Handhabung des Versmaßes zuwege. Er unterbricht es durch eine Vielzahl von Kola, durch weite Zeilensprünge – am eindrucksvollsten in der fünften Strophe, die das Enjambement über vier Zeilen hinwegführt und damit das grauenhafte Bild zu einer atemlosen Suggestion macht. Und schließlich bricht er den metrischen Rhythmus durch die widerständige Beschwerung von unbetonten Silben, eine gegen das Versmaß gerichtete Betonung, die der einzelnen Zeile Gewicht gibt wie etwa hier: »Freund, Freund und Feind ins Grab« (18). Sollte man danach ernst nehmen, daß Claudius seinen Text »Lied« überschrieb?

»Kriegslied« im Sinne von Asmus hieß etwas, wozu es keine oder nur eine kakophone Melodie geben konnte. Und im übrigen war dieser Titel eine Claudius gemäße Verfremdung (Kranefuss, S. 86), auf den Frieden hinauszuwollen, indem er den Krieg intonierte. Das *Volks*lied diente ihm hier sicher nicht zum Vorbild. Zu virtuos ist das Versmaß gehandhabt, zu kunstvoll kompliziert der Gedankengang. Und das *Kirchen*lied? Sein Einfluß liegt bei einem Schriftsteller nahe, dem nichts über »kräftige Kirchenlieder« ging und dessen Kompositionen man gern unter die »geistlichen Volkslieder« zählt, ohne daß man sagen könnte, er wäre ein Kirchenlieddichter vom Fach (Hübner, S. 99, 112). An den Introitus von Kirchengesängen gemahnt in der Tat der eindrucksvolle Eingang des Liedes. Die den Hörer aufrüttelnde doppelte Wiederholung begegnet etwa in einem Liede von Johann Walter 1561: »Wach auf, wach auf, du deutsches Land!« Aber das Lied von Claudius ist kein säkularisierter geistlicher Gesang, und es lebt auch nicht aus einer potentiellen Singbarkeit. Gerade weil man weiß, wie viele seiner Texte vertont wurden, erscheint es bemerkenswert, daß das

Kriegslied nicht vertont worden ist. Es muß gesprochen, vorgetragen werden, damit es seine Wirkung für das Ohr und innere Auge entfalten kann: bisweilen wie ein Text von Kleist anmutend – wenn er in Blankverse gegossen wäre. Kennzeichen des Gedichts ist seine faszinierende rhetorische Konstruktion, die sämtliche Strophen auszeichnet, und die fast zwanghafte Syntax.

Das beginnt mit der Epanalepse in der ersten Zeile der ersten Strophe. Die Wiederholung der beiden Sätze, das rhetorisch gewichtige Moment dieses evokanten Eingangs, das wie ein Fanal nach allen Seiten hin, einer Sirene vergleichbar, ausstrahlt, wird durch die Wiederaufnahme des Aussagesatzes in der dritten Zeile bekräftigt. Aber Claudius intensiviert den Eindruck jener Aussage mit Hilfe *eines* Wortes. Die unerhörte Verwendung eines so unansehnlich scheinenden, weil alltäglich gesprochenen Wortes wie »leider« hat Karl Kraus (S. 36) dazu hingerissen, es als den »tiefsten Komparativ von Leid, vor dem alle Leidenslyrik vergeht«, zu charakterisieren. Claudius liefert auch anderenorts Beispiele der Intensivierung unangemessen erscheinender oder alltäglicher Wendungen; doch das berühmteste Beispiel ist zweifellos die Verwendung dieser Bedauernsfloskel, die »gerade durch ihre Blässe und Unangemessenheit zum Zeichen des Verzichts auf Pathos, zum Zeichen der Hilflosigkeit« (Kranefuss, S. 157 Fußnote 22) wird. Die dritte und vierte Zeile der ersten Strophe werden in der dritten und vierten Zeile der sechsten Strophe wörtlich wiederaufgenommen. Claudius bindet auf diese Weise den Fortgang des Gedichts durch einen festen Kehrreim ein, nachdem die ersten beiden Zeilen die Einstimmung geliefert haben.

Die Darstellung des Schuld-Komplexes Krieg, die wuchtigen Exempel der Verheerungen durch den Krieg fangen die zweite Strophe an, ein mit »Was« eingeleiteter Fragesatz, den Claudius akzentuiert, indem er das Pronomen wie eine Anapher und Epipher gebraucht. Diesem schier barock anmutenden Bauprinzip entspricht schließlich die Parallelführung seiner Beispiele, die er viermal mit »Wenn« einleitet, wobei die Strophen drei bis fünf anaphorisch mit dem Bindewort beginnen. Ihnen folgt, wie resümierend, ein für sich stehender Fragesatz, der abermals mit »Was« anhebt. Claudius setzt seine drastischen Bilder und moralischen Exempel in den Konjunktiv. Ungewöhnlich für die kunstvoll ›volkstümliche‹ Schreibabsicht dieses Schriftstellers die verzwickte Darstellung eines Sachverhalts, der ja beschwört, welche Folgen derjenige auf sich lädt, der schuld an einem Krieg ist. Spricht nicht auch die schwierige syntaktische Konstruktion dagegen, daß Claudius wirklich ein zu singendes, ein akustisch rezipierbares Lied im Sinn hatte? Spricht die Kompliziertheit des Textes nicht überdies für ein zur Steigerung der Bild-Beschwörungen empfindlich nachvollziehendes *Lese*publikum von erheblicher philologischer Bildung und feiner ästhetisch-politischer Rezeptibilität?

Übrigens geht die Kompliziertheit des Satzbaus und Gedankengangs mit einer Wortwahl und Bildersprache einher, die 1778 wie eine Art Neubarock anmuten und den Gesichten, die er vor Augen führt, eine Aussagekraft verleihen, die das Gedachte zu einer grauenhaften Wahrheit macht. Auffällig jeweils die zweiten Zeilen. Sie retardieren die Handlung, beinhalten nur Gefühlseindrücke, machen Emotionen rege: »blutig, bleich und blas« (6), »Verstümmelt und halb todt« (10), »So glücklich vor dem Krieg« (14), »Freund, Freund und Feind ins Grab« (18). Bemerkenswert ist nicht nur die Wahl von Wörtern, die Gefühle aufrühren sollen. Claudius intensiviert die erwünschte Wirkung rhetorisch etwa durch die Verwendung alliterierender Adjektive in der zweiten Zeile der zweiten Strophe, wobei »bleich und blas« zugleich synonyme Doppelformel ist, die den Eindruck des Wortes verstärkt. Oder in der zweiten Zeile der fünften Strophe, in der man nicht nur Alliteration, sondern auch die Wiederholung desselben Substantivs beobachtet. Dazu die Wahl von einsilbigen Wörtern, deren Gewicht das Versmaß fast völlig außer Kraft setzt, um der Emotion Nachdruck zu verleihen. Die Stilfigur der Wiederholung von Wörtern, ein effektvolles Gespinst von Alliterationen prägen stark auch die vierte

Strophe; Beispiele sind »tausend tausend« (13) oder »alle elend, alle arme Leute« (15). Das Element des Klanges trägt zur Wirkung dieses Textes bei. Claudius verwendet zu Endreimen auffallend viele Diphthonge, auch Vokale, die dem Ganzen etwas Dumpfes mitteilen. Und der unreine Reim »Nöthen«/»krähten« (17/19), von Claudius gewiß bewußt verwendet, macht die schreiende Dissonanz des Bildes schrecklich hörbar.

Die Emotionalisierung des Hörers erreicht Claudius vollends durch Art und Inhalt der von ihm suggerierten Gesichte. Die Erscheinung der Geister der Gefallenen; das Bild der verstümmelten Krieger; der Zug von Tausenden von Menschen, die der Krieg elend machte. Ihre heftige Artikulation: weinend, fluchend, wehklagend. Die Vorstellungen, die mit jenem Alptraum eröffnet wurden, gipfeln in dem ungeheuerlichen Bild, das wie ein abhandengekommenes Emblem anmutet: Beschwörung der schauderhaften Folgen des Kriegs, in der Claudius Hunger und Krankheit personifiziert und sie von einer Leiche herab *krähen* läßt, mißtönig wie Hähne. Er suggeriert damit ein Bild, das eher an Galgen, Gehenkte und Raben denken läßt, ein Bild wie von Goya, dessen »Sueños« und »Caprichos« gleichwohl später entstanden sind als das Gedicht. Wenn irgend in diesem Lied das Wort von Neubarock Berechtigung haben sollte, dann durch die Bildkraft dieser Strophe, die offenbar dem Herausgeber des für das siebte Schuljahr gedachten Lesebuchs »lesen und lauschen« noch 1970 so kraß erschien, daß er diese Strophe unterschlug. Übrigens widerlegt sie allein die oben wiedergegebene Auffassung Rudolf Walter Leonhardts: das Gedicht wirkt wie auf diesen Höhepunkt hin konzipiert.

Seine Aufzählung der Kriegs-Folgen beschließt Claudius zu Anfang der sechsten Strophe durch einen Satz, der angesichts der vorher ausgemalten Schrecken und Greuel alle denkbaren Errungenschaften eines Kriegs für sich in Frage stellt. Er tut es in Form eines ›barocken‹ Polysyndeton, das wie eine Klimax erscheint, aber nur die Summe negativer

Werte ausmacht: »Die könnten mich nicht freun!« (22). Und das Lied endet ebenso lakonisch, wie es begonnen hatte, mit den Worten des Kehrreims, der aus der ersten Strophe bereits vertraut ist, und der klaren Distanzierung von der Schuld am Krieg.

Man möchte meinen, damit wären die Tendenz dieses Liedes und der ihr gemäße Ausdruck schon hinlänglich charakterisiert. Aber das Lied ist keine oder nicht nur Absage an den Krieg. Das Ich, das sich Strophe für Strophe der Realität des Krieges und den grauenhaften Visionen seiner Folgen aussetzt, sich ganz allein den vielen, einem Kollektiv von Kriegsversehrten, gegenüberstellt, ist dieses Ich – wenn es schon das *lyrische* Ich sein sollte – denn auch das reale, d. h. handelnde Ich dieses Kriegsliedes? Betrachtet man das Gedicht daraufhin, wen es im Zusammenhang des Textes anredet, so stößt man zunächst auf die Apostrophe der ersten Zeilen: »O Gottes Engel wehre, | Und rede du darein!« So begreiflich die Anrufung Gottes oder eines seiner Sendboten in einer existentiellen Notlage immer sein mag: das Gedicht kommt auf die Beihilfe Gottes wider allen Krieg nicht zurück, und das Ich, das hier redet, maßt sich nicht an, für den Himmel zu sprechen. Der Autor handelt einfach das ganze gräßliche Ereignis, die Tatsache Krieg sub specie aeternitatis ab; stellt ihn damit unter eine Art Gerichtsbarkeit Gottes. Wenn aber das sogenannte lyrische Ich nicht in Vertretung Gottes dareinredet – für wen ergreift es dann das Wort? Für die Toten, die Leidtragenden ja nicht, wohl aber für den, der schuld am Krieg ist. 1778 ist das nicht irgendwer und jedermann, sondern namhafte Leute. Insofern erhält die erste Zeile der letzten Strophe eine Schlüsselfunktion, wahrhaftig im Sinne des Aufschließens: »Was hülf mir Kron' und Land und Gold und Ehre«. Diese Wörter umschreiben den Urheber von Kriegen und die Ziele derartiger Unternehmen. Claudius hat eine Art Rollengedicht verfaßt, in dem die Rolle camoufliert wird. Es ist der Kriegführende, Herrscher mit der Krone, für den Claudius spricht, und die ideellen und materiellen Ziele des Krieges stehen

ebenso fest, wie diejenigen feststehen, welche schuld an
Kriegen sind! Die Kriegsschuldigen des Schreibjahres 1778
sind die von Gottes Gnaden – insofern erhält die Anrufung
zu Anfang des Gedichts noch ihren tieferen, d. h. politischen Sinn. Claudius vertritt damit entschieden bürgerliche
Positionen, schrieb er das Gedicht doch in einem Augenblick, da Kriege noch dynastische Angelegenheiten waren,
zu denen der Bürger höchstens gepreßt wurde. Sie gingen
ihn nichts an; er hatte nur Opfer zu bringen und Leiden zu
tragen. Daß das Gedicht von Claudius diese und keine
anderen Adressaten hatte, hätte sich aus dem geschichtlichen
Moment und einer philologischen Bewandtnis von vornherein und leicht belegen lassen; es war mir aber darum zu tun,
das Gedicht zuerst aus seinem eigenen sprachlichen Zusammenhang zu veranschaulichen, um auf diese Weise zu *dem*
Schluß zu führen, den die Kenntnis der historischen Ereignisse und die Textkritik belegen.

Das *Kriegslied* von Claudius ist, historisch gesehen, eine Art
Gelegenheitsgedicht. Es entstand aus Anlaß des sogenannten
Bayerischen Erbfolgekriegs, der 1778 ausbrach. Friedrich II.
von Preußen führte ihn gegen Joseph II., der die Stellung
Österreichs im Reich nach dem Aussterben der bayerischen
Linie der Wittelsbacher – 1777 war Maximilian Joseph
gestorben – durch den Gewinn Niederbayerns und der
Oberpfalz zu stärken suchte. Herzog Carl Theodor von der
Pfalz, der Bayern geerbt hatte, war bereit, seine Erbschaft an
Habsburg abzutreten. Friedrich II. verhinderte dies durch
die Demonstration eines kurzen Feldzuges in Böhmen, vor
allem aber durch russisch-französische Vermittlung. In diesem merkwürdigen Krieg, den man aus Spott Kartoffelkrieg
nannte, verloren die Preußen, ohne daß es überhaupt zu
einem ernsthaften Kampfe gekommen wäre, durch Krank-
heiten und Desertion 8000 Mann. Claudius war über den
drohenden Krieg ganz und gar entgeistert. Das geht aus
einem Brief hervor, den er 1778 von Wandsbek aus, das
damals im dänischen Holstein lag, an Herzog Friedrich
August von Braunschweig schrieb: »Wir armen gehorchen-

den Menschen hatten gehofft, das Frühjahr werde uns den Frieden wiederbringen und daß der liebe Gott die Kriegsrute wieder hinter den Spiegel stecken werde. Aber es scheinet wohl, daß wir noch nicht genug gezüchtigt sind. Bitten Sie doch den König, daß kein neuer Krieg werde« (*Briefe*, S. 217). In diesen Sätzen spricht Claudius unverhohlener und persönlicher als in dem Gedicht, das gleichwohl in der Klage und Anklage direkter ist.

Wie direkt dieses Lied, das nun als eine Art Rollen-Gedicht bezeichnet wurde, anfangs gemeint war, geht aus dem Umstand hervor, daß sein Text in der Fassung, wie sie Voß zuerst im Musenalmanach für 1779 abgedruckt hatte, sieben Strophen aufweist. Die dort letzte Strophe lautet aber:

Doch Friede schaffen, Fried' im Land' und Meere:
  Das wäre Freude nun!
Ihr Fürsten, ach! wenn's irgend möglich wäre!!
  Was könnt Ihr Größers thun?

Claudius eliminierte diese Strophe 1783 für die Ausgabe seines *Asmus omnia sua secum portans, Vierter Teil*. Das ist irritierend genug. Seine Gründe können nur vermutet werden. Wenn sie ästhetischer Natur waren, so spielte es sicherlich eine Rolle, daß das Lied auch ohne die ehemalige Schlußstrophe leserlich war, aber an Geschlossenheit gewann, indem es an den Eingang zurückkehrte. Im Vergleich zu den vorhergehenden Strophen sind die eliminierten Zeilen nur ein rührender Appell, der etwas hilflos wirkt, während die Gefühlslage und rhetorischen Mittel der vorhergehenden Strophen unmittelbar ergreifen. Claudius hat gern Lehrgedichte verfaßt; auch dieses Lied ist eine Art Lehrgedicht, das mitteilt, warum Kriege tunlichst unterbleiben sollten. Aber er unterläßt es, ihm – wie es in der Fabel üblich wäre und von der Mehrzahl zeitgenössischer Autoren auch befolgt worden ist – eine Moral anzuhängen, da er von der Notwendigkeit nicht-lehrhaften Sprechens überzeugt war. Die Lehre ist von vornherein integrierender Bestandteil des

Gedichtganzen. Dadurch aber, daß Claudius auf die Anrede an die Fürsten verzichtete, wurde »der Kreis der Adressaten und von der Frage des Gedichts Betroffenen« keinesfalls »auf jeden Leser« ausgeweitet. Das heißt unhistorisch geschlossen, wie auch die Folgerung von Annelen Kranefuss unhistorisch ist: »niemand mehr kann sich der Verantwortung mit der Begründung entziehen, diese Verse seien nur für die Regierenden bestimmt« (Kranefuss, S. 32). Wohl entschärfte Claudius für die breitere Öffentlichkeit – wer las 1779 schon Almanache? – sein *Kriegslied*, indem er die direkte Apostrophe strich, aber er verallgemeinerte darum doch nicht den Schuldzuspruch und die politische Verantwortung. Seiner Mentalität und Weltanschauung nach war ihm nicht darum zu tun, sich mit den Herrschenden seiner Zeit anzulegen, und sei es auf dem Papier. Denn ein Parteigänger politischer Umwälzung in der Art und nach dem Muster der Französischen Revolution war Claudius bekanntlich nicht. Der Landesvater trägt für ihn aufgrund »seiner Stellung nur ein höheres Maß an Verantwortung für die Respektierung des Menschen in seinen Untertanen, und dem hat er in allem, was er tut oder unterläßt, zu genügen« (Rengstorf, S. 211). Und selbst seine Auffassung vom Kriege war nicht immer so dezidiert gegen ihn wie anno 1778. Im sechsten Teil des *Asmus* veröffentlicht er 1797 einen Rundgesang mit Chorus und Vorsänger, der den Titel *Krieg und Friede* trägt. In dieser antiphonischen Dichtung suggeriert Claudius zuletzt die Möglichkeit eines Krieges, für den Menschenblut »nicht zu gut« ist (*Sämtliche Werke*, S. 467 bis 470):

Doch, wenn ohne Fug und Ehren
   Jemand trotzt; und droht
Herd und Altar zu zerstören;
  – Not hat kein Gebot –
Denn zu kriegen und zu siegen,
Und zu schlagen, bis sie liegen!

Im Zeitalter der Französischen Revolution und der Koalitionskriege, während der ›Franzosentid‹ in Deutschland war es wohl denkbar, daß ein Mann wie Claudius seine Meinung über das Recht auf Kriegführung modifizierte. Dieser Wandel in der Auffassung von gerechten und nicht zu rechtfertigenden Kriegen ist nicht seine Privatangelegenheit gewesen. Es gab eine Art öffentliches Einverständnis darüber, das mit Hilfe soundso vieler Schriftsteller hergestellt wurde und sich schließlich – im Banne der Befreiungskriege – in einer Sammlung von vierzig einschlägigen Liedern widerspiegelt, die Rudolph Zacharias Becker unter der Rubrik *Für Soldaten, Landwehr- und Landsturm-Männer* in die Ausgabe von 1815 seines *Mildheimischen Liederbuches* aufgenommen hat.

Aber das *Kriegslied* steht nicht in dieser ideologischen Verbindung, die sich erst seit der Französischen Revolution, deren allgemeine Wehrpflicht so etwas wie Volkskriege möglich machte – »Weltkrieg« ist eine Wortprägung des Turnvaters Jahn –, mehr und mehr Bahn bricht. Das wahre Pendant zu dem *Kriegslied* ist *Ein Lied nach dem Frieden in Anno 1779* (*Sämtliche Werke*, S. 218–220). Dieses Lied erschien, unterzeichnet: »Wandsbeck, im Junius, Asmus«, zuerst in Vossens Musenalmanach für 1780 (S. 139–142). Es spielt auf den am 13. Mai 1779 zwischen Preußen und Österreich geschlossenen Frieden von Teschen an, der den Bayerischen Erbfolgekrieg beendete und Österreich wenigstens das bayerische Inntalviertel zusprach. Claudius nennt in diesem Lied die Kontrahenten bei ihren Namen: »Die Kaiserin und Friderich«. Und in diesem Lied, das so eingänglich und leicht singbar geschrieben ist, wie man Moritaten und Volkslieder im Ohr zu haben glaubt, wird er auch in seiner Kritik ganz unumwunden. Er appelliert an die »Menschenvater-Würde der Könige«; nennt »Heldenruhm und Ehr'« bloßen »Wahn«; häuft auf die beiden Herrscher »Ruhm und Ehr und Macht«, nur weil sie Frieden gemacht haben.

Nach diesen Texten zu urteilen, war Claudius aus ganz und gar privaten und gutbürgerlichen Bedenken ein strikter Gegner aller Kriege. Aber er machte auch keinen Unterschied zwischen dem preußischen König und der österreichischen Monarchin: das war 1778 keineswegs selbstverständlich. Die Begeisterung für »Friedrich den Einzigen«, wie man ihn im 18. Jahrhundert gern nannte, war in den norddeutschen, den protestantischen Ländern Deutschlands weit verbreitet. Schriftsteller nahmen gern politisch für den Partei, der sie gleichwohl spüren ließ, wie wenig er von der zeitgenössischen deutschen Kultur hielt. Auch Matthias Claudius hat im übrigen durchaus die Begeisterung der Zeitgenossen für Friedrich II. geteilt (vgl. Rengstorf, S. 210), allerdings nicht für den riskanten Feldherrn, sondern für den aufgeklärten Monarchen. Um sich zu vergegenwärtigen, was Claudius mit seinem *Kriegslied* eigentlich geleistet hat, erscheint es angebracht, einmal Umschau zu halten in der zeitgenössischen Literatur und der dazugehörigen Mentalität.

Im Umkreis der Fridericus-Rex-Idolatrie und der Bewunderung für das Kriegsglück der Preußen entwickelte sich eine Art Genre-Malerei von Kriegs wegen, in der Schriftsteller wie Ramler und erst recht der Halberstädter Kanonikus Gleim reüssierten. Karl Wilhelm Ramler (1725–98) veröffentlichte 1778 einen *Schlachtgesang*, der unmittelbar auf den Krieg zwischen Preußen und Österreich Bezug nimmt und ausdrücklich Partei ergreift (*Epochen der deutschen Lyrik*, S. 113 f.). Hier findet sich die das eigene Gewissen beruhigende Formel vom »Gerechten Krieg« ebenso wie am Ende des Liedes die in den Befreiungskriegen propagierte Trias von »Gott, König, Vaterland«. Hier auch liest man mit Entsetzen die Leichtigkeit eines Denkens, das zu formulieren vermag:

Wer starb, wird dann mit Recht beweint,
  Wer lebt, hat Ruhm und Glück.

Es nimmt nicht wunder, daß Becker dieses Lied, das angeblich von preußischen Truppen im Bayerischen Erbfolgekrieg gesungen worden ist, in seine Liedersammlung aufgenommen hat (Becker, S. 498, Nr. 750).

Johann Wilhelm Ludewig Gleim (1719–1804) ist durch seine *Preußischen Kriegslieder in den Feldzügen 1756 und 1757 von einem Grenadier* berühmt geworden. Mit ihnen schuf er einen für den historischen Augenblick immerhin begreiflichen Ausdruck bürgerlicher Parteinahme und preußischen Nationalgefühls. Gleims Kriegslyrik steht damit am Anfang einer Traditionskette, die vom Siebenjährigen Krieg über die Befreiungskriege bis zum Ersten Weltkrieg reicht. Aber Gleim ließ es sich bedauerlicherweise nicht nehmen, auch für den neuerlichen Konflikt zwischen Preußen und Österreich abermals *Preußische Kriegslieder vom März 1778 bis Aprill 1779* auf den Markt zu bringen. Eine Kostprobe genügt, um zu belegen, auf welchem Niveau – ästhetisch *und* ideologisch – diese Art Gebrauchs- und Gelegenheitslyrik abgefaßt war (Gleim, S. 131 f.):

Unsere Kriegessänger

Das Chor

Wir singen! der ist unser Freund,
Wer das Gesung'ne singt;
Wir singen; der ist unser Feind,
Wer aus dem Ton' uns bringt!

Wir singen, wer sein Leben kürzt
Für Gott und Vaterland;
Wir singen, wer Tyrannen stürzt,
Die Waffen in der Hand!

Wir singen Morgens, eh es tagt,
Des guten Gottes voll,
Den König, der dem Kaiser sagt,
Daß er nicht *nehmen* soll!

Wir singen Abends, wenn die Nacht,
Vom blauen Himmel sinkt,
Den König, der durch eine Schlacht
Zur Wiedergabe zwingt! [usw.]

Man hat das *Kriegslied* von Claudius, den Titel jenes Gedichts »einen Protest gegen eine Gattung« genannt, welche die »schreckliche Realität des Krieges leichtfertig beschönigt oder ignoriert« (Kranefuss, S. 84). Erinnert man sich der Begriffe, die Claudius in seinem Lied als negative Größen anführt: Krone, Ehre, Land, Gold, wirkt es in der Tat wie die Zurückweisung der gereimten Suggestionen Ramlers und Gleims.

Und es ist deshalb ein feiner Zug von Claudius, sein *Lied nach dem Frieden in Anno 1779* ausgerechnet Gleim zu übersenden . . .

Zitierte Literatur: Rudolf Zacharias BECKER: Mildheimisches Lieder-Buch von acht hundert lustigen und ernsthaften Gesängen über alle Dinge in der Welt und alle Umstände des menschlichen Lebens, die man bringen kann. Gotha 1815. – Matthias CLAUDIUS: Sämtliche Werke. Textred. von Jost Perfahl. Anm. und Bibl. von Hansjörg Platschek. München 1968. – Matthias CLAUDIUS: Briefe an Freunde. Hrsg. von Hans Jessen. Berlin 1938. – Epochen der deutschen Lyrik. Bd. 6: 1770–1800. Hrsg. von Gerhart Pickerodt. München 1970. – Johann Wilhelm Ludewig GLEIM: Sämmtliche Werke. Erste Originalausgabe aus des Dichters Handschriften durch Wilhelm Körte. Bd. 4. Halberstadt 1811. – Götz Eberhard HÜBNER: Wege der Kirchenliedrezeption in vorklassischer Zeit. Zum wirkungsgeschichtlichen Verständnis einiger Gedichte von Bürger, Goethe, Claudius. Diss. Tübingen 1969. – Annelen KRANEFUSS: Die Gedichte des Wandsbecker Boten. Göttingen 1973. – Friedrich KRANZ: Vergleichende Gedichtinterpretation als Klassenarbeit (1963). Ein Unterrichtsbeispiel zur Schulung des Qualitätsgefühls. In: Norbert Mecklenburg (Hrsg.): Zur Didaktik der literarischen Wirkung. Frankfurt a. M. / Berlin / München 1975. S. 78–89. – Karl KRAUS: Die Sprache. In: K. K.: Werke. Hrsg. von Heinrich Fischer. Bd. 2. München [4]1962. – Rudolf Walter LEONHARDT: Matthias Claudius: Kriegslied. In: Dieter E. Zimmer (Hrsg.): Mein Gedicht. Begegnungen deutscher Lyrik. Wiesbaden 1961. S. 43 f. – Heinz MEYER: Matthias Claudius: Kriegslied. In: Johannes Wilhelmsmeyer (Hrsg.): Die Gedichtstunde. Anregungen und Hilfen für den Unterricht. Düsseldorf [o. J.]. S. 25 f. – Johannes PFEIFFER: Umgang mit Dichtung. Hamburg [7]1952. S. 119–120. – Karl Heinrich RENGSTORF: Der Wandsbecker Bote. Matthias Claudius als Anwalt der Humanität. In: Wolfenbütteler Studien zur Aufklärung. Bd. 3. Wolfenbüttel 1976. S. 195–226.

Weitere Literatur: Jörg-Ulrich FECHNER: Matthias Claudius und die Literatursoziologie? Überlegungen und unvollständige Anmerkungen zum Abschiedsbrief des Addreszcomptoir-Nachrichtenschreibers. In: Geist und Zeichen. Festschrift für Arthur Henkel zu seinem 60. Geburtstag. Hrsg. von Herbert Anton [u. a.]. Heidelberg 1977. S. 57–74. – Hans-Albrecht KOCH / Rolf SIEBKE: Unbekannte Briefe und Texte von Matthias Claudius nebst einigen Bemerkungen zur Claudius-Forschung. In: Jahrbuch des Freien Deutschen Hochstifts 1972. S. 1–35.

Christian Friedrich Daniel Schubart

Die Forelle

In einem Bächlein helle,
  Da schoß in froher Eil
Die launische Forelle
  Vorüber wie ein Pfeil.
5 Ich stand an dem Gestade,
  Und sah' in süsser Ruh
Des muntern Fisches Bade
  Im klaren Bächlein zu.

Ein Fischer mit der Ruthe
10 Wohl an dem Ufer stand,
Und sah's mit kaltem Blute
  Wie sich das Fischlein wand.
So lang dem Wasser Helle,
  So dacht' ich, nicht gebricht,
15 So fängt er die Forelle
  Mit seiner Angel nicht.

Doch plözlich ward dem Diebe
  Die Zeit zu lang. Er macht
Das Bächlein tückisch trübe,
20 Und eh' ich es gedacht; –
So zuckte seine Ruthe,
  Das Fischlein zappelt dran,
Und ich mit regem Blute
  Sah' die Betrogne an.

25 Die ihr am goldnen Quelle
  Der sichern Jugend weilt,
Denkt doch an die Forelle;
  Seht ihr Gefahr, so eilt!

Meist fehlt ihr nur aus Mangel
  Der Klugheit. Mädchen seht
Verführer mit der Angel! –
  Sonst blutet ihr zu spät.

Abdruck nach: Christian Friedrich Daniel Schubarts sämmtliche Gedichte.
Von ihm selbst herausgegeben. 2 Bde. Stuttgart: Buchdruckerei der Herzogli-
chen Hohen Carlsschule, 1785/86. Bd. 2. S. 139 f. [Gegenüber der »Kerker«-
Ausgabe von 1785 nahm Schubart an der *Forelle* einige Veränderungen in der
Zeichensetzung vor; auch änderte er in Zeile 17 »endlich« in »plözlich« und
Zeile 25, die zunächst »Ihr, die ihr noch am Quelle« lautete, in »Die ihr am
goldnen Quelle«. Schubarts Handschrift des Gedichts enthält noch eine ver-
worfene Variante zu Strophe 4 (mitgeteilt bei Holzer, S. 102 f.):

So scheust auch manche Schöne
Im vollen Strom der Zeit
Und sieht nicht die Sirene
Die ihr im Wirbel dräut
Sie folgt dem Drang der Liebe
Und eh' sie sichs versieht
So wird das Bächlein trübe
Und ihre Unschuld flieht.]

Erstdruck: Schwäbischer Musenalmanach auf das Jahr 1783. Tübingen: Cotta,
[1783].
Weitere wichtige Drucke: Christian Daniel Friedrich Schubarts Gedichte aus
dem Kerker. Zürich: Orell, Geßner, Füßli, 1785. [Der anonyme Herausgeber
beteuerte, Schubart habe selbst »durchaus keinen Antheil« an der Edition.] –
Christian Friedrich Daniel Schubart's Gedichte. Hrsg. von seinem Sohn Ludwig. Frankfurt a. M.: J. C. Hermann, 1802. [Der Herausgeber änderte in
Zeile 3 »launische« in »launige«. Die späteren Drucke halten sich durchweg an
die so entstandenen Fassungen von 1786 und 1802.] – Christian Friedrich
Daniel Schubart's gesammelte Schriften und Schicksale. 8 Bde. Stuttgart:
Scheible, 1839/40. Neudr. Hildesheim: Olms, 1972. Bd. 4. – Chr. Fr. D.
Schubarts Gedichte. Hist.-krit. Ausg. von Gustav Hauff. Leipzig: Reclam,
[1884]. (Reclams Universal-Bibliothek. 1821–24.)

Hans-Wolf Jäger

Von Ruten. Über Schubarts Gedicht *Die Forelle*

Es war eine trübe Affäre, was Ende Januar 1777 zwischen
Ulm und Blaubeuren begann. Carl Eugen, Herzog von
Württemberg, glaubte sich zu lang schon von den kritischen
Pfeilen aus Schubarts *Deutscher Chronik* verletzt und wollte
dem aufsässigen Herausgeber ein für allemal das polemische
Handwerk legen. Doch war der in der Freien Reichsstadt
Ulm nicht zu fangen. So lockte ihn der Herzog auf württem-
bergisches Gebiet, nach Blaubeuren, und der betrogene
Schubart merkte die Tücke erst, als er bereits gefaßt und auf
dem Transport zu seinem Kerker auf dem Hohenasperg
war, wo er zehn Jahre in Haft blieb.
Hier entstand – vor allem in den achtziger Jahren, als der
Gefangene sich etwas freier bewegen durfte – eine Vielzahl
geistlicher und weltlicher Gedichte, darunter, wohl um die
Jahreswende 1782/83 verfaßt, *Die Forelle*.

I. Ich habe *Die Forelle* öfter nach der Melodie von Franz
Schubert singen hören. Jetzt lese ich sie – und bin verwun-
dert, daß sie nicht, wie in Schuberts Vertonung, drei, son-
dern vier Strophen hat. Die vierte Strophe hat der Komponist weggelassen und damit das Gedicht verändert.
Das Gedicht bietet sich in vier Strophen dar: drei Strophen
Erzählung, eine Strophe Nutzanwendung des Erzählten.
Nach herkömmlichen Begriffen: es ist deutlich zwiegeteilt in
Exempel und Moral. Auch die drei erzählenden Strophen
sind übersichtlich disponiert; die erste nennt den Ort des
Geschehens und führt die Forelle als Hauptfigur der Erzählung ein; die zweite Strophe bringt eine zweite Figur hinzu;
die dritte endlich schildert die Begegnung beider Figuren
und das Ergebnis. Akkurat sind die Strophen den drei
Phasen des erzählten Geschehens zugeordnet. Ein gut ge-

gliedertes didaktisches Gedicht also? Eine – worauf schon der Titel deutet – *Fabel*?

Schubart kannte die äsopische Gattung gut. Er hatte in der Geislinger Schulmeisterzeit (1763–69) seinen Zöglingen antike und zeitgenössische Fabeldichtung nahegebracht, vor allem Gellert und Lichtwer, und sich selbst mehrfach in diesem Genre versucht. Doch sind solche Stücke, Schubarts eigene wie die der übrigen deutschen Fabulisten, durchwegs von anderem Duktus und Ton als die *Forelle*. So klingend, sangbar und von derart zugleich einfacher wie ordentlicher Strophik ist didaktische Poesie kaum. Und auch die Innigkeit des Tons, bei erstem Lesen des Gedichts *Die Forelle* bereits spürbar, fehlt der eher distanziert plaudernden und eher kühl demonstrierenden Tierfabel. Form und Ton weisen auf eine andere poetische Art.

II. Wenn ich die erste Zeile des Gedichts – »In einem Bächlein helle« – halblaut vor mich hinspreche, melden sich Erinnerungen an ähnlich schwingende Gedichteingänge: »Die Brünnlein die da fließen« kommt mir in den Sinn; oder: »Ich wollt ein Bäumlein steigen«, »Weiß mir ein Blümlein blaue«. Das sind Anfänge von Volksliedern aus vorbarocker Zeit, die seit den siebziger Jahren des 18. Jahrhunderts, vor allem durch die Bemühungen Herders, neue Anerkennung finden. Sie sind, wie *Die Forelle*, zum großen Teil im dreihebigen Jambentakt gehalten, die Verse abwechselnd weiblich und männlich endend, dabei kreuzweise gereimt. Bei vielen, auch bei den Liedern von den fließenden Brünnlein und dem Blümlein blaue, schließen sich je zwei Kreuzreimpaare als Halbstrophen zu einer achtzeiligen Strophe zusammen. So ist es auch bei der *Forelle*. Und hier wie dort sind die beiden Halbstrophen trotz ihres Zusammenhangs wohl unterscheidbar. Zumeist beginnt mit der fünften Verszeile ein neuer Satz und läuft bis zum Ende der achten, wobei zwischen erster und zweiter Halbstrophe eine kleine Pause entsteht – von geringerem Rang zwar als zwischen den Strophen selbst, doch deutlich zu merken. Allerdings muß ich, auf Schubarts Gedicht blickend, eine Einschränkung machen: Für die dritte Strophe scheint dieses Satz- und Zeilenschema nicht zu gelten, Vers 4 drängt hier ungeduldig in die nächste Halbstrophe hinüber. Das bleibt festzuhalten. Unregelmäßig, um es gleich mitzunotieren, sind auch die zweite Zeile der dritten und die sechste Zeile der vierten Strophe: hier gibt es inmitten der Verszeile schroffe syntaktische Grenzen; sie stören den leichten Fluß der Verse, worin Satz- und Zeilengliederung sonst schön harmonieren.

Trotzdem täusche ich mich wohl nicht, wenn ich *Die Forelle* ein *Lied* nenne, ja genauer – nach den Maßstäben der Sturm-und-Drang-Zeit, die dabei noch nicht an anonymes Gewächs aus überindividuellem Volksgeist dachte –, ein *Volkslied.* Wie die Fabel hatte auch das einfache Lied schon lange Schubarts Interesse. »Er studierte von Jugend auf das alte, kerndeutsche Volkslied«, sagt sein Sohn, und das gab seinen Gedichten »Herzlichkeit, Popularität, kindliches Gefühl, Naivität, leichte und natürliche Versifikation« (zit. nach Klob, S. 335). Stellte nicht Schubart selbst seine *Forelle* unter diese für ein Volkslied geltenden Merkzeichen? Noch in der Entstehungszeit hat er das Gedicht vertont, als Strophenlied in C-Dur. Und den Charakter der gewählten Tonart definierte er in seinen *Ideen zu einer Ästhetik der Tonkunst,* die gleichfalls auf dem Hohenasperg entstanden sind, so: »C-Dur, ist ganz rein. Sein Charakter heißt: Unschuld, Einfalt, Naivität, Kindersprache.«

Manches fällt nunmehr in Auge und Ohr, was die Bestimmung unseres Gedichts als Volkslied bestätigt, inhaltliche und formale Reize, zu denen die überkommene Liedform den Dichter anhält. Wohlbekannt und leicht überschaubar ist das Inventar der Gegenstände und Handlungen: Bach, Ufer, Fisch, die Wasserwaid – wer kennt das nicht? Ganz einfach erscheinen die Epitheta für die Hauptfigur und ihr Element: »hell« (1), »klar« (8), »froh« (2), »launisch« (3, soviel wie ›lebhaft‹ bedeutend), »munter« (7). Selbst der Vergleich des Fisches mit dem Pfeil (4) – das Wort evoziert Bilder einer auf Jagd beruhenden frühen Kultur – ist alles andere als gesucht, beschreibt doch schon Johann Heinrich Zedlers *Großes vollständiges Universal Lexicon* von 1735 die Spezies Forelle mit ähnlichen Ausdrücken: »Ein wie ein Pfeil wider den Strom schnell schießender behender Fisch, welcher mit seinen hellen Augen auch den Schatten des Menschen fliehet« (Zedler, S. 1472). Die kosenden Diminutive fallen auf: »Fischlein« zweimal (12, 22), »Bächlein« gleich dreimal (1, 8, 19) im Gedicht. Und dem zarten Gesetz der Naivität fügt sich – wie bei dem zitierten »Blümlein blaue« oder den sonst dem Volkslied geläufigen »Füßlein schön« und »Röslein rot« – das nachgestellte unflektierte Adjektiv »helle«, das dem ganzen ersten Vers einen silbrigen Klang verleiht. Wer im Text nach schönen und typischen Details weitersucht, entdeckt auch die Apokopen und Elisionen, die Herder am einfältig-rauhen Liedschatz der niederen Stände so sehr zu loben weiß. Schwächliche und rhythmisch unnütze Silben werden verstoßen, gegen die grammatische Korrektheit heißt es nun »sah's« (11) und »dacht' ich« (14) und »eh' ich« (20); aber auch – da Schubart noch »sahe« für die korrekte Präteritumform hält – zweimal »sah'« (6, 24). Der Leser vernimmt, mit historisch geneigtem Ohr, statt gebildeter konventioneller Sprache die Stimme des Herzens, gegen die grammatische Norm tönt ihm der affektive Laut von Natur und unregulierter Empfindung. Und nun sei, um diese formale Beschreibung und Einordnung ganz in Sicherheit zu bringen, noch die rührende Wendung von der »süssen Ruh« (6) hervorgehoben und auf ein traditionelles Element spätmittelalterlich-volkstümlicher Lyrik gedeutet: auf den ›Natureingang‹ in der ersten Halbstrophe des Gedichts.

III. Schubarts *Forelle*: Tiergeschichte, empfindsam dargeboten in der typischen Form eines Volksliedes. Das ist ein braves Ergebnis der bisherigen Textbetrachtung, natürlich befriedigt es nicht. Hält das Gedicht wirklich einen unschuldig-naiven Ton durch? Kommen nicht merkwürdig böse Wörter darin vor, richtig aggressive Wendungen? Drängt sich nicht ein ›lyrisches Ich‹ berichtend und unter Ausbreitung seiner Gefühle in den Vordergrund? Und ist da nicht die vierte Strophe, auf welche sehr wenig von dem zutrifft, was die bisherige Expertise erbracht hat?

Der Reihe nach. Ein Ich stellt sich in der Weise der Selbsterinnerung dar: zunächst still in den Anblick einer kleinen Naturszene versunken; dann eine Störung des friedlichen Schauspiels sorglich erwägend (14: »So dacht' ich«); dann aufgeregt, ja aufgebracht über den tatsächlich erfolgten – nicht nur störenden, sondern zerstörerischen – Eingriff ins schöne Naturbild. Worauf das lyrische Ich mit Erregung antwortet, das gestörte Naturschauspiel findet in der dritten Strophe auch seine *rhythmische* Entsprechung; die schon notierten Abweichungen vom Regelmaß – in der zweiten Zeile ein Stocken, überhastetes Weiterspringen zwischen vierter und fünfter Zeile – bekräftigen die inhaltliche Aussage über die gewaltsame Destruktion der Eingangsidylle. Auch am Wortschatz läßt sich die zunehmende Verdüsterung des heiteren Horizonts ablesen. Führt in der ersten Strophe noch kein Wort beunruhigende Konnotate mit sich, so wecken in der zweiten bereits drei Wörter negative Vorstellungen: »Ruthe« (9), »kalt« (11) und »fängt« (15); die dritte Strophe verdoppelt mit »Dieb« (17), »tückisch«, »trübe« (19), »zuckte« (21), »zappelt« (22), »Betrogne« (24) die dunklen Signale. Verstärkt durch das adversative »Doch«, schreckt hier auch das Wort »plözlich« (17) aus der geruhsamen Naturbetrachtung und kündet den bösen Eingriff von außen an.

Diesen Eingriff – dem Bild nach ja mehr ein Zugriff von oben – teilt das lyrische Subjekt als eigenes Erleben mit; nicht kühl registrierend, sondern nachdenklich, betroffen. Noch in der Erinnerung nimmt es Anteil am Schicksal einer Kreatur, die – froh, launisch, munter, schließlich betrogen – mit seelischen Eigenschaften begabt erscheint, als wär's ein Stück von ihm. Wieder fällt der Abstand zur gängigen Fabelpoesie auf, wo der Dichter, folgt man Lessing, das tierische Personal gerade darum wählt, weil es als seelenloses besser zur nüchternen und nicht durch Identifikationen behelligten Verstandesbelehrung taugt. Dagegen liegt hier wohl keine zum Lehrzweck ersonnene Episode zugrunde. Angemessener scheint es, hinter der Betroffenheit des lyrischen Ich ein Erlebnis des Dichters zu suchen, eine einzelne eindrucksvolle Naturbegegnung oder ein persönliches Widerfahrnis anderer Art. Bebt's unter dem Liedtext nicht wie Klage oder Anklage? Anklage des bis aufs Blut Erregten (23) wider den Kaltblütigen (11)?

IV. Doch hier schiebt sich energisch die Frage nach der *vierten* Strophe dazwischen. Niemand kann die Änderung des sprachlichen Gestus übersehen, niemand den ganz anderen Ton dieser Strophe leugnen. Ging es in den drei ersten Strophen empfindsam zu, bildstark und konkret, so wimmeln hier auf engem Raum die Abstrakta. Eine Tugend wird begrifflich eingeführt (30: »Klugheit«), ebenso ein Kollektivum oder eine allgemeine Lebensalter-Vorstellung (26: »Jugend«); letztere ist Teil einer, vor allem durch das preziöse Beiwort »golden« (25), sehr gewählt wirkenden Allegorie. Unfreiwillig grotesk wirkt die Vermischung von realem und metaphorischem Bereich in dem erotischen Schreckbild vom »Verführer mit der Angel« (31). Kausale und konsekutive Sätze dominieren, liedfernes Vernünfteln setzt auch dem Rhythmus schwer zu, doch haben die rhythmischen Brüche, anders als in der dritten Strophe, hier keinen informativen Sinn. Erst bei mehrmaligem Lesen ist der letzte Satz mit seiner verqueren Syntax zu verstehen – in Prosa: wenn ihr nicht auf den Verführer mit der Angel achtet, blutet ihr, und dann ist es zu spät. Zwei Ausrufezeichen gibt es (28, 31), dazu drei Imperative: »Denkt« (27), »eilt« (28), »seht« (30). Ist eine größere Distanz vorstellbar zwischen dem dadurch erzeugten Ton und jenem der empfindsamen Erzählung des ersten Teils? Spricht hier nicht ein ganz anderes Ich, bauscht sich in moralisch-präzeptorischer Gebärde? Es scheint, als habe sich zwischen die Selbstaussprache der drei ersten Strophen und den Schluß ein Überlegen, ein absichtsvolles Probieren geschoben. Und darauf weist ja auch die verworfene und, sagen wir's ruhig, gleichfalls mißglückte Variante der letzten Strophe hin. Auch sie der Versuch einer erotischen Didaktik für junge Mädchen, kraß vor Entjungferung warnend. Schubert tat gut daran, bei seiner Vertonung das vom Dichter beibehaltene schwache Sprachstückchen auszuscheiden, abgesehen davon, daß ihm überhaupt das Didaktische wenig behagte.

V. Zum Geschehen zurück. Hier fällt etwas Merkwürdiges auf: Das Wasser wird getrübt, damit der Fisch an die Angel geht. Diese Fangtechnik ist, soweit ich mich unter Fachleuten umhöre, unbekannt – jedenfalls beim Angeln. Anders ist es beim Netzfischen. Vielleicht hat der Dichter im Bestreben, die *Täuschung* des Fischleins »mit seinen hellen Augen« (Zedler) besonders sinnfällig zu machen, diese beiden Fangarten miteinander verwirrt. Vielleicht haben den volkstümlich schreibenden Schubart die Redensarten, nach denen manche Leute aussehn, als könnten sie »kein Wässerlein trüben«, während sie doch »im Trüben fischen«, zu seinem Bild geführt. Vielleicht schlägt hier die, sicherlich voraussetzbare, Vertrautheit des Dichters mit Äsops Fischer-Fabel durch:

Ein Fischer fischte in einem Fluß. Er spannte seine Netze von beiden Flußufern durch den Fluß, band einen Stein an ein Tau und schlug damit ins Wasser, damit die Fische auf der Flucht ins Netz gerieten, ohne es zu merken. Ein Anlieger beobachtete ihn bei dieser Tätigkeit und schalt ihn, weil er den Fluß trübe und ihn kein klares Wasser mehr trinken ließe. Der aber sprach: »Wird der Fluß nicht so aufgewirbelt, so müßte ich Hungers sterben.«

Mir scheint weder möglich noch sinnvoll, über diese denkbaren Anregungen ausschließend zu entscheiden. Vielleicht waren alle drei am Werk, und uns genüge es zunächst, wenn das Gedicht durch derlei Erinnerungen einen reicheren Bedeutungshof gewinnt.

Die zitierte Fabel hat übrigens noch einen Schluß:

So strengen sich auch im Staate die Demagogen am meisten an, wenn sie ihr Land in Bürgerzwist stürzen.

Äsops Fabel spricht vom einem Zustand staatlicher Wirrnis, sie ist politisch.

Ich überlasse mich nun dem Gedanken, daß dieser Bereich auch in Schubarts Lied hineinspielt. Das Wort »Ruthe« (9), als erstes bedrohliches Signal im Gedicht, durch das Reimwort »Blute« (11) noch dunkel konturiert, weckt meine Aufmerksamkeit. Es bezeichnet ja nicht nur das Werkzeug des Anglers, sondern ruft weit entschiedener die Vorstellung eines Straf- und Erziehungsinstrumentes hervor, der Zuchtrute. Das Grimmsche Wörterbuch bestätigt die Dominanz dieser Bedeutung von ›Rute‹ als Strafstock. Dagegen ist die Bedeutung ›Angel‹ hier nur knapp und, um ein weiteres Auskunftsmittel einzuführen, in Hermann Fischers *Schwäbischem Wörterbuch* gar nicht vermerkt. Schubart selbst verwendet das Wort ›Rute‹ noch an zwei bezeichnenden Stellen: Im Gedicht *Zeichen der Zeit* (1789), das der Französischen Revolution gilt, spricht er von Engeln, die Gott mit »strafenden Schwertern und Ruthen« jetzt zur Erde sendet; das andere Beispiel findet sich im großen Zorngedicht auf den Despotismus, in der *Fürstengruft* (1780/81), dort wird der tyrannische Herrscher eine »Nationenruthe« genannt. Auch ein anderer Schwabe bringt in dieser Zeit ›Rute‹ mit ›Herrschaft‹ zusammen: Friedrich Schiller, Schubarts früher Bewunderer. In seiner *Geschichte des Abfalls der vereinigten Niederlande von der Spanischen Regierung* (1788) beklagt er »die schwere Zuchtruthe des Despotismus«, welche auf Holland lag, und bemerkt an einer weiteren Stelle: »Philipps eiserne Ruthe förderte diese [niederländische] Revolution«. Auch hier steht das Wort wie bei Schubart im politischen Sinnfeld. Vielleicht geht die Wendung beide Male auf einen Vers der Apokalypse zurück, wo es, in Luthers Übersetzung, von einem heißt, er werde die Unterworfenen »weiden mit der eisern Ruten« (Offb. 19,15).

Vertraue ich mich dieser Zweitbedeutung des Wortes ›Rute‹

an und unterstelle dem Gedicht weiterhin eine politische Membran, so wäre die Rede von einem despotischen Akt herauszuhören. Daß er »mit kaltem Blute« (11) geschieht, paßte gut in die Metaphorik der Zeit; denn häufig charakterisieren empfindsam-aufgeklärte Autoren die absolutistische Hofsphäre mit Attributen der Starre und Kälte. Schubart spricht aus ihrer Mitte. »Eh'rne Busen« haben die ungerechten Souveräne in der *Fürstengruft*; ein Gedicht aus dem Jahr der *Forelle* trägt den sinnreichen Titel *Aderlässe* und vergleicht der Freiheit »heißes« Blut mit einem Blut, wie es die Fürsten lieben, nämlich »frostig wie zerschmolznes Eis«.

VI. Warum nun länger den Gedanken wegschieben: Der hier mitteilt, er habe »mit regem Blute« (23) beim Fang einer Forelle zugesehen, erinnert sich erregt seiner eigenen Gefangennahme. Und so käme ich über politische Mutmaßungen bei einer biographischen Interpretation an. Schubart spricht von sich.

Das ist nicht ungewöhnlich in seinen Gedichten, die auf »des Thränenberges Höhen« entstehn. Ergreifend unmittelbar, ohne Gleichnis, sprechen *Der Gefangene* und *An den Mond*, beide aus dem Jahr 1782. Öfter hat der Häftling sein Geschick auch parabolisch beseufzt, sich im traurigen Los der Lerche und Nachtigall (*Die gefangenen Sänger*, 1782) oder eines geschossenen Finken gespiegelt (*Erstickter Preisgesang*, 1782), hat sich mit einer Linde verglichen, entblättert von »kaltem stürmischem Odem« des Herbstes (*Die Linde*, 1782). So liedhaft wie in der *Forelle* ist ihm die Klage nie gelungen – im Bild ganz ohne Vergleich und ›et ego‹. Wer Schubarts schlimme Geschichte nicht kannte, dem war der Text rein als sentimentale Tiergeschichte lesbar, sprechbar, singbar.

Aber auch dem, der um den Hergang von Schubarts Verhaftung und seine fortdauernde Festung wußte? Und mußte so jemand neben der *Klage* des Eingesperrten nicht lauter noch die *Anklage* hören? Denn Schubart spricht nicht nur von sich, er spricht auch über seinen Gegner und Fänger, den

Herzog Carl Eugen von Württemberg, der ihn unter die Zuchtrute genommen und seiner »Zuchthauspädagogik« (Schröder, S. 63) unterworfen hat. Starke Worte fallen, so verstanden, gegen den Souverän: nicht nur Empfindungslosigkeit wird ihm vorgehalten, sondern auch kalte Tücke und – mit der Bezeichnung »Dieb« (17) – unehrlich-unrechtes Tun. Die Trübung der »Helle« läßt sich als herrischer Verstoß gegen die Forderung allgemeiner Aufklärung und Publizität verstehen, der Frevel gegen die am Gedichtanfang gemalte heile Natur als absolutistische Willkürhandlung wider das natürliche gemeingültige Recht. Wichtige Elemente dieses Volksliedes erscheinen nun, wie gerade der ›Natureingang‹, mit einem zweiten Sinn geladen. Dazu brauchte Schubart keine Metaphern zu erfinden und als Winke in seinem Gedicht zu verstecken. Die Topoi der Despotenschelte waren dem Sturm und Drang ja geläufig, auch die Bilder einer lichten und ungefesselten Landschaft, in die das Bürgertum jener Tage die Ideen von Aufklärung und Naturrecht faßte. Das war ohne allegorische Tüftelei in die liedhafte Selbstaussprache des traurigen zornigen Dichters einzumischen. Doch mußte er bei Betrachtung seiner bitteren Strophen besorgen, daß sie dem zeitgenössischen Publikum vor allem als eine Anprangerung durchlauchtiger Willkür und als Schelte gegen den Herzog erschienen. Und zu diesem Publikum zählte ja in gewisser Weise der Herzog selbst. Gerade zwei Jahre war es her, daß dieser *Die Fürstengruft* gedruckt zu Gesicht bekommen hatte, jene dröhnende Rede wider die Tyrannen – Schubart mußte dafür mit Verlängerung seiner Haft büßen. Wie also einer erneuten folgenschweren Verstimmung seines herzoglichen Zuchtmeisters vorbeugen? Es könnte so sein:

VII. Die vierte Strophe der *Forelle* ist Produkt von Selbstzensur und Mittel persönlicher und politischer Vorsicht. Seine politische Biographie, die das Gedicht austönt, spielt Schubart auf ein anderes Feld hinüber: das erotische. Durch die Mädchen-Lektion der letzten Strophe werden rückwirkend der despotisch-polizeiliche Zugriff in einen sexuellen Griff, die ihn versinnlichende Tiergeschichte in ein Exempel, das erinnerungsschwere Lied in eine Art Fabel umgedeutet – oder doch bei Bedarf und Gefahr so deutbar. Das erklärt auch ein wenig die befremdende Künstlichkeit dieser Verse.

Was empfiehlt aber gerade den *erotischen* Bereich als poetisch-politisches Asyl? Merkwürdig ist doch, daß sich hier jemand zum Jungfrauen-Präzeptor aufwirft, der wie kaum einer der Weiblichkeit nachstellte – selbst wenn ihn die lange Isolation reumütig gemacht hat. Bot die Forellen-Episode vielleicht in sich selbst eine Handhabe zum Transfer in die Erotik? Ich verzichte auf Psychoanalyse, wenngleich zutrifft, daß nicht wenige Gedichte Fischerei und Liebeswerben miteinander verbinden; an das *Schweizerische Fischerlied* von Johann Bürkli sei erinnert, das man lange Zeit für ein Werk Schubarts gehalten hat, und an Goethes Ballade *Der Fischer*. Eine griffigere Handhabe entdecke ich indessen in der »Ruthe«. Das Wort wird in der erotischen vierten Strophe vermieden, auch für das Verführungsgerät »Angel« stellt sich kein *eigentlicher* Ausdruck ein. Das ist auffällig, aber verständlich. ›Rute‹ ist, zumal im Schwäbischen, keine ungebräuchliche Bezeichnung für ein hin und wieder der Buhlerei, auch liederlich ausschweifender, dienendes Teil. »Onkuschait getriben werd in der Ruot«, bucht das *Schwäbische Wörterbuch*, auch: »ain Kindes Rutten«; und noch im Vormärz verdeutscht der schwäbische Aristophanes-Übersetzer Ludwig Seeger den berühmten Schwur der Lysistrate so: »nie soll ein Buhler noch ein Ehemann | mir nahn mit steifer Ruthe«. Es könnte die zuckende »Ruthe« in ihrer Mehrsinnigkeit von Fang-, Zucht- und Buhlwerkzeug dem Dichter den rettenden Weg aus der Gefahr in die Moral gewiesen haben.

VIII. Als Schubert in den Jahren 1817/21 *Die Forelle* vertonte, hatte ihr Dichter – als gebrochener Mann 1787 aus der Haft entlassen, 1791 gestorben – lange ausgelitten. Des

Komponisten Gedichtrezeption war unbeschwert von der Lage des gefangenen Schubart. Dessen Wut und Angst und Vorsichtigkeit beschäftigten vielleicht Editoren und Historiker, doch hatte sich die ungelehrte Aufnahme des Gedichts von Ort und Umständen seiner Entstehung gelöst. Über die war historischer Schatten gefallen, und somit *Die Forelle* zu einer artigen Tiergeschichte geworden, von homophonem Klang und ohne durchbebendes menschliches Schicksal – allerdings mit einem ärgerlich moralisierenden Anhängsel. Nur als ein solches konnte in der anderen geschichtlichen Situation die vierte Strophe erscheinen. Und wurde nun entbehrlich. Dies ist wohl der entscheidende, das ästhetische Urteil unterfangende Grund, warum Schubert die vierte Strophe nicht mehr vertont und uns das Gedicht in verkürzter Form weitergegeben hat. Der Komponist hat seine Kunst an kein schlechtes Stück Text gewendet. Wenn ich alles, was mir dazu eingefallen ist, wieder vergesse: allein das anmutig geschriebene Bild der ersten Strophe ist nicht rückgängig zu machen.

Zitierte Literatur: Hermann FISCHER: Schwäbisches Wörterbuch. Bd. 5. Tübingen 1920. – Ernst HOLZER: Schubart als Musiker. Stuttgart 1905. – Karl Maria KLOB: Schubart. Ein deutsches Dichter- und Kulturbild. Ulm 1908. – Jürgen SCHRÖDER: C. F. D. Schubart: Die Fürstengruft. In: Geschichte im Gedicht. Hrsg. von Walter Hinck. Frankfurt a. M. 1979. S. 59–73. – Johann Heinrich ZEDLER: Großes vollständiges Universal Lexicon. Bd. 9. Leipzig/Halle 1735.
Weitere Literatur: Eugen NÄGELE: Aus Schubarts Leben und Wirken. Stuttgart 1888. – Siegfried NESTRIEPKE: Schubart als Dichter. Ein Beitrag zur Kenntnis Christian Friedrich Daniel Schubarts. Pössneck (Thür.) 1910. – Robert SCHOLLUM: Schubarts und Schuberts »Forelle«-Vertonungen. In: Musikerziehung 28 (Wien 1974) S. 19–23.

Gottfried August Bürger

Des Pfarrers Tochter von Taubenhain

Im Garten des Pfarrers von Taubenhain   I
Geht's irre bei Nacht in der Laube.
Da flüstert und stöhnt's so ängstiglich;
Da rasselt, da flattert und sträubet es sich,
5   Wie gegen den Falken die Taube.

Es schleicht ein Flämmchen am Unkenteich,   II
Das flimmert und flammert so traurig.
Da ist ein Plätzchen, da wächst kein Gras;
Das wird vom Tau und vom Regen nicht naß;
10   Da wehen die Lüftchen so schaurig. –

Des Pfarrers Tochter von Taubenhain   III
War schuldlos, wie ein Täubchen.
Das Mädel war jung, war lieblich und fein,
Viel ritten der Freier nach Taubenhain,
15   Und wünschten Rosetten zum Weibchen. –

Von drüben herüber, von drüben herab,   IV
Dort jenseits des Baches vom Hügel,
Blinkt stattlich ein Schloß auf das Dörfchen im Thal,
Die Mauern wie Silber, die Dächer wie Stahl,
20   Die Fenster wie brennende Spiegel.

Da trieb es der Junker von Falkenstein,   V
In Hüll' und in Füll' und in Freude.
Dem Jüngferchen lacht' in die Augen das Schloß,
Ihm lacht' in das Herzchen der Junker zu Roß,
25   Im funkelnden Jägergeschmeide. –

Er schrieb ihr ein Briefchen auf Seidenpapier,   VI
Umrändelt mit goldenen Kanten.

Er schickt' ihr sein Bildnis, so lachend und hold,
Versteckt in ein Herzchen von Perlen und Gold;
30 Dabei war ein Ring mit Demanten. –

»Laß du sie nur reiten, und fahren und gehn!   VII
Laß du sie sich werben zu schanden!
Rosettchen, dir ist wohl was Bessers beschert.
Ich achte des stattlichsten Ritters dich wert,
35 Beliehen mit Leuten und Landen.

Ich hab' ein gut Wörtchen zu kosen mit dir;   VIII
Das muß ich dir heimlich vertrauen.
Drauf hätt' ich gern heimlich erwünschten Bescheid.
Lieb Mädel, um Mitternacht bin ich nicht weit;
40 Sei wacker und laß dir nicht grauen!

Heut' mitternacht horch auf den Wachtelgesang,   IX
Im Weizenfeld hinter dem Garten.
Ein Nachtigallmännchen wird locken die Braut,
Mit lieblichem tiefaufflötenden Laut;
45 Sei wacker und laß mich nicht warten!« –

Er kam in Mantel und Kappe vermummt,   X
Er kam um die Mitternachtstunde.
Er schlich, umgürtet mit Waffen und Wehr,
So leise, so lose, wie Nebel, einher,
50 Und stillte mit Brocken die Hunde.

Er schlug der Wachtel hellgellenden Schlag,   XI
Im Weizenfeld hinter dem Garten.
Dann lockte das Nachtigallmännchen die Braut,
Mit lieblichem tiefaufflötenden Laut;
55 Und Röschen, ach! – ließ ihn nicht warten. –

Er wußte sein Wörtchen so traulich und süß   XII
In Ohr und Herz ihr zu girren! –
Ach, Liebender Glauben ist willig und zahm!

387

Er sparte kein Locken, die schüchterne Scham
60 Zu seinem Gelüste zu kirren.

Er schwur sich bei allem, was heilig und hehr,   XIII
Auf ewig zu ihrem Getreuen.
Und als sie sich sträubte, und als er sie zog,
Vermaß er sich teuer, vermaß er sich hoch:
65 »Lieb Mädel, es soll dich nicht reuen!«

Er zog sie zur Laube, so düster und still,   XIV
Von blühenden Bohnen umdüftet.
Da pocht' ihr das Herzchen; da schwoll ihr die Brust;
Da wurde vom glühenden Hauche der Lust
70 Die Unschuld zu Tode vergiftet. – – –

Bald, als auf duftendem Bohnenbeet   XV
Die rötlichen Blumen verblühten,
Da wurde dem Mädel so übel und weh;
Da bleichten die rosichten Wangen zu Schnee;
75 Die funkelnden Augen verglühten.

Und als die Schote nun allgemach   XVI
Sich dehnt' in die Breit' und Länge;
Als Erdbeer' und Kirsche sich rötet' und schwoll;
Da wurde dem Mädel das Brüstchen zu voll,
80 Das seidene Röckchen zu enge.

Und als die Sichel zu Felde ging,   XVII
Hub's an sich zu regen und strecken.
Und als der Herbstwind über die Flur,
Und über die Stoppel des Habers fuhr,
85 Da konnte sie's nicht mehr verstecken.

Der Vater, ein harter und zorniger Mann,   XVIII
Schalt laut die arme Rosette:
»Hast du dir erbuhlt für die Wiege das Kind,

So hebe dich mir aus den Augen geschwind
Und schaff' auch den Mann dir ins Bette!«

Er schlang ihr fliegendes Haar um die Faust;   XIX
Er hieb sie mit knotigen Riemen.
Er hieb, das schallte so schrecklich und laut!
Er hieb ihr die samtene Lilienhaut
Voll schwellender blutiger Striemen.

Er stieß sie hinaus in der finstersten Nacht   XX
Bei eisigem Regen und Winden.
Sie klimmt' am dornigen Felsen empor,
Und tappte sich fort, bis an Falkensteins Thor,
Dem Liebsten ihr Leid zu verkünden. –

»O weh mir, daß du mich zur Mutter gemacht,   XXI
Bevor du mich machtest zum Weibe!
Sieh her! Sieh her! Mit Jammer und Hohn
Trag' ich dafür nun den schmerzlichen Lohn,
An meinem zerschlagenen Leibe!«

Sie warf sich ihm bitterlich schluchzend ans Herz;   XXII
Sie bat, sie beschwur ihn mit Zähren:
»O mach es nun gut, was du übel gemacht!
Bist du es, der so mich in Schande gebracht,
So bring auch mich wieder zu Ehren!«

»Arm Närrchen, versetzt' er, das thut mir ja leid!   XXIII
Wir wollen's am Alten schon rächen.
Erst gieb dich zufrieden und harre bei mir!
Ich will dich schon hegen und pflegen allhier.
Dann wollen wir's ferner besprechen.« –

»Ach, hier ist kein Säumen, kein Pflegen, noch   XXIV
                              Ruh'n!
Das bringt mich nicht wieder zu Ehren.
Hast du einst treulich geschworen der Braut,

So laß auch an Gottes Altare nun laut
120 Vor Priester und Zeugen es hören!«

»Ho, Närrchen, so hab' ich es nimmer gemeint!   XXV
Wie kann ich zum Weibe dich nehmen?
Ich bin ja entsprossen aus adligem Blut.
Nur Gleiches zu Gleichem gesellet sich gut;
125 Sonst müßte mein Stamm sich ja schämen.

Lieb Närrchen, ich halte dir's, wie ich's gemeint: XXVI
Mein Liebchen sollst immerdar bleiben.
Und wenn dir mein wackerer Jäger gefällt,
So laß ich's mir kosten ein gutes Stück Geld.
130 Dann können wir's ferner noch treiben.«

»Daß Gott dich! – du schändlicher, bübischer   XXVII
                                                    Mann! –
Daß Gott dich zur Hölle verdamme! –
Entehr' ich als Gattin dein adliges Blut,
Warum denn, o Bösewicht, war ich einst gut,
135 Für deine unehrliche Flamme? –

So geh dann und nimm dir ein adliges Weib! –   XXVIII
Das Blättchen soll schrecklich sich wenden!
Gott siehet und höret und richtet uns recht.
So müsse dereinst dein niedrigster Knecht
140 Das adlige Bette dir schänden! –

Dann fühle, Verräter, dann fühle, wie's thut,   XXIX
An Ehr' und an Glück zu verzweifeln!
Dann stoß an die Mauer die schändliche Stirn,
Und jag eine Kugel dir fluchend durchs Hirn!
145 Dann, Teufel, dann fahre zu Teufeln!« –

Sie riß sich zusammen, sie raffte sich auf,   XXX
Sie rannte verzweifelnd von hinnen,
Mit blutigen Füßen, durch Distel und Dorn,

Durch Moor und Geröhricht, vor Jammer und Zorn
Zerrüttet an allen fünf Sinnen.

»Wohin nun, wohin, o barmherziger Gott,   XXXI
Wohin nun auf Erden mich wenden?« –
Sie rannte, verzweifelnd an Ehr' und an Glück,
Und kam in den Garten der Heimat zurück,
Ihr klägliches Leben zu enden.

Sie taumelt', an Händen und Füßen verklomt,   XXXII
Sie kroch zur unseligen Laube;
Und jach durchzuckte sie Weh auf Weh,
Auf ärmlichem Lager, bestreuet mit Schnee,
Von Reisicht und rasselndem Laube.

Es wand ihr ein Knäbchen sich weinend vom   XXXIII
                                        Schoß,
Bei wildem unsäglichen Schmerze.
Und als das Knäbchen geboren war,
Da riß sie die silberne Nadel vom Haar,
Und stieß sie dem Knaben ins Herze.

Erst, als sie vollendet die blutige That,   XXXIV
Mußt' ach! ihr Wahnsinn sich enden.
Kalt wehten Entsetzen und Grausen sie an. –
»O Jesu, mein Heiland, was hab' ich gethan?«
Sie wand sich das Bast von den Händen.

Sie kratzte mit blutigen Nägeln ein Grab,   XXXV
Am schilfigen Unkengestade.
»Da ruh du, mein Armes, da ruh nun in Gott,
Geborgen auf immer vor Elend und Spott!
Mich hacken die Raben vom Rade!« – –

Das ist das Flämmchen am Unkenteich;   XXXVI
Das flimmert und flammert so traurig.
Das ist das Plätzchen, da wächst kein Gras;

Das wird vom Tau und vom Regen nicht naß!
180 Da wehen die Lüftchen so schaurig!

Hoch hinter dem Garten vom Rabenstein,   XXXVII
Hoch über dem Steine vom Rade
Blickt, hohl und düster, ein Schädel herab,
Das ist ihr Schädel, der blicket aufs Grab,
185 Drei Spannen lang an dem Gestade.

Allnächtlich herunter vom Rabenstein,   XXXVIII
Allnächtlich herunter vom Rade
Huscht bleich und molkicht ein Schattengesicht,
Will löschen das Flämmchen, und kann es doch nicht,
190 Und wimmert am Unkengestade.

Abdruck nach: Gedichte von Gottfried August Bürger. Hrsg. von A[ugust] Sauer. Berlin/Stuttgart: W. Spemann, [1883]. (Deutsche National-Literatur. 78.) S. 241–247.
Entstanden: 1781.
Erstdruck: Göttinger Musen-Almanach auf 1782. Göttingen: Dieterich, [1781].
Weitere wichtige Drucke: Gottfried August Bürger's sämtliche Werke. Göttingen: Dieterich, 1829. – Bürgers Gedichte. 2 Tle. Hrsg., mit Einl. und Anm. vers. von Ernst Consentius. Berlin [u. a.]: Bong, [1909]. T. 1. – Gottfried August Bürger's Werke. Hrsg. von Eduard Grisebach. Berlin: Grote, ⁴1885. – Bürgers sämtliche Werke. 4 Bde. Mit einer Einl. und Anm. hrsg. von Wolfgang von Wurzbach. Leipzig: Hesse, [1902]. Bd. 1.

Hartmut Laufhütte

Vom Gebrauch des Schaurigen als Provokation zur Erkenntnis. Gottfried August Bürger: *Des Pfarrers Tochter von Taubenhain*

Anders als *Lenore* hat dieses Gedicht eine uneinheitliche Rezeptionsgeschichte. Sie ist bestimmt von Zuordnungsunsicherheiten und gegensätzlichen Wertungen.

Zur Zuordnung: Häufig wird die Rubrik ›soziale Ballade‹ bemüht, doch nie ohne Vorbehalt. Benzmann (*Die soziale Ballade*, S. 44) und Kayser (S. 257) lehnen sie ab. Hinck dürfte die *Pfarrerstochter* meinen, wenn er die »sogenannte soziale Ballade des 19. Jahrhunderts« von der »sozialkritischen des Sturms und Dranges (Bürger)« abgrenzt (Hinck, S. 61). Während Kayser das Gedicht zu den Prototypen der »Geister- und Schauerballade« zählt (Kayser, S. 105), raten Hinck seine »antifeudalen, sozialkritischen Akzente«, den als einschlägig angesehenen Typus der »nordischen Ballade« nicht zu eng aufzufassen (Hinck, S. 13, 75).

Zur Wertung: Zunächst fand das Gedicht überwiegend Kritik. Den Haupttenor der älteren bezeichnet dieser Satz aus August Wilhelm Schlegels Bürger-Abhandlung von 1801 bzw. 1828: »Des menschlichen Elends haben wir leider zu viel in der Wirklichkeit, um in der Poesie noch damit behelligt zu werden« (S. 193; vgl. Pröhle, S. 132; Goerth, S. 388 f.; Goldschmidt, S. 14; dagegen Grisebach, S. XXXII). Einen Tendenzumschwung markierte die Arbeit von Holzhausen (S. 324 f.). Seither überwiegen positive Stellungnahmen, bei z. T. weitgehender Einzelkritik und mit gelegentlicher Neigung zu unkritischer Emphase (Beyer, S. 1–12, 112 f.; Benzmann, *Die soziale Ballade*, S. 44; Benzmann, *Wesen*, Bd. 1, S. XXIV; Schnellbach, S. 13; Leonhardt, S. 44; Kaim-Kloock, S. 220; dagegen Sternitzke, S. 25, 28).

Der archaisierende, grammatikalisch etwas befremdliche

Titel ist Bürgers Streben nach dem ›rechten‹ Balladen-Ton zu verdanken und englischen, durch Percys Sammlung vermittelten Mustern nachgebildet (vgl. Percy, Bd. 2, 2.10; Bd. 3, 2.8; zu Bürgers Percy-Rezeption vgl. Wagener und Beyer). Im Gedicht selbst wird nirgends archaisiert. Es ist Bürgers Beitrag zu einem damals vielbehandelten, ebenso aktuellen wie brisanten Thema: dem der Verführung eines einfachen Mädchens durch einen Adligen und der späteren Bestrafung allein des Opfers. (Zur Aktualität vgl. Schmidt, pass.; Consentius, Bd. 2, S. 274 f.; Rameckers, pass.; Sternitzke, S. 25; Kaim-Kloock, S. 220; Köpf, S. 231 ff.). Bürgers Beschäftigung mit einem ›Kindsmörderin‹-Projekt läßt sich in seiner Korrespondenz weit zurückverfolgen. 1776 wurde ein schon lange bedachter Dramenplan aufgegeben: Wagners *Kindermörderin* war erschienen (Strodtmann, Bd. 1, S. 337–347). Doch auch eine balladische Behandlung wurde früh erwogen (Strodtmann, Bd. 1, S. 341) und bleibt im Gespräch. Schon 1778 muß der spätere Titel festgestanden haben (Strodtmann, Bd. 2, S. 265). Anstoß zu Konzeption und Ausführung könnten einschlägige Kriminalfälle gewesen sein, mit welchen der Jurist Bürger 1772 und 1781 zu tun hatte (vgl. Strodtmann, Bd. 3, S. 65; Consentius).

Das mit 38 fünfzeiligen Strophen (zur Form vgl. Laufhütte, *Die deutsche Kunstballade*, S. 41, 50) recht lange Gedicht weist eine ausgeprägte Rahmenstruktur auf. Die beiden einleitenden und die drei schließenden Strophen heben sich durch ihre präsentische Darbietung und ihren Inhalt deutlich von der Erzählung ab. Deren Binnengliederung läßt auf Vorgeschichte und anderes Expositorische (Str. 3–5) Anfang und Ende der mitzuteilenden Geschichte als intensive Ausgestaltungen jeweils weniger Stunden der Vorgangszeit folgen (Str. 6–14, 18–35), während sie den weitaus größten Teil der Vorgangszeit, ein Dreivierteljahr, raffend überbrückt (Str. 15–17).

Das Verständnis des Gedichts hängt von der Erfassung des Steuerungsprozesses ab, dem Bürger den Leser zu unterwerfen sucht, der verschiedenen Rollen, die er ihm zur Annahme bereitstellt, der Wirkungen, die sich aus dem Eingehen des Lesers auf ein solches Angebot ergeben können. Der Art der Eingestaltung von Leserrollen in diesen Text ist hier vor allem nachzugehen.

Die beiden Eingangsstrophen vermitteln durch Tempus und konkretisierende Ortsangaben eine intensive Empfindung von Gegenwärtigkeit. Sie bieten dem Leser ferner die Rolle eines gespenstergläubigen Menschen an: die beiden so eindringlich vergegenwärtigten Orte sind unheimlich, an ihnen spukt es. Doch die Darstellung des Unheimlichen ist ungewöhnlich. Der Gruseleffekt ist bei weitem nicht so stark, wie es dem beliebten Genre entspräche und wie er selbst in einer ironischen Infragestellung desselben, in Goethes Ballade *Der Totentanz*, noch mühelos erreicht wird. Der Vergleich vom Falken und der Taube etwa (5), ein primär optisches, vor allem aber ein überaus bedeutungsbefrachtetes, ein allegorisches, ein Sinn-Bild, fügt sich nicht recht in die bis dahin aufgebaute Folge rein akustischer Signale ein, mit deren Hilfe der Spuk vorgestellt wird (3 f.). Vergleiche sind bekanntlich wenig zu unmittelbarer Präsentation geeignet; dieser hier ist wie der sprechende Ortsname im Titel und im Eingangsvers, an den er anknüpft, ein der Reflexion des Lesers angebotener Hinweis. Er widerstreitet der Suggestivität der präsentisch-iterativen Vorgangsgestaltung, wodurch beide Momente je aufeinander aufmerksam machen. Mit dem Spuk »am Unkenteich« (6) ist es ähnlich. Eine Unheimlichkeitsfaszination, sollte sie durch die erste Strophe dennoch vermittelt worden sein, wird durch den Neueinsatz der zweiten zumindest gestört: die neue Erscheinung am neuen Ort läßt vorerst keinen Zusammenhang mit jener ersten erkennen. Die Darbietung selbst mit ihren Diminutiva legt zumindest einem Leser von heute eher die Empfindung von Komik als von Schauer nahe. Indem sie aber die ›Schaurigkeit‹ des Vorgangs benennt (10), statt sie nachempfindbar zu machen, scheint auch hier anderes erstrebt. Die Brüchigkeit der Suggestion, das Zusammenbinden von Suggestivität und Reflexionsstimulierung in dieser Passage stellt sicher, daß der Leser die Erwartung dieses anderen aufbaut, zumindest aber, daß er sich nicht ungestört gruseln lassen kann. Dem Trivialklischee der ›Schauerballade‹ entspricht das kaum.

Auffälligste Merkmale der Dreiergruppe von Strophen, welche die Erzählung eröffnet (Str. 3–5), sind Gegenstands- und Tempuswechsel. War in der ersten Rahmengruppe ein fiktionales ›Jetzt‹ bzw. ›Immer‹ plausibel gemacht worden, so wird nun ein vergangenes Geschehen als solches vorgestellt. An die Stelle ungreifbarer Phänomene treten konkrete Personen, das Mädchen (Str. 3), der Junker (Str. 5), mit ihrem jeweiligen Umfeld. Bei so viel Andersartigkeit werden um so deutlicher Kontinuitäten sichtbar, so die Charakterisierung des Mädchens durch die nun schon leitmotivische, abermals im Vergleich verwendete Taubenbildlichkeit (11 f.). Die Wiederaufnahme sorgt dafür, daß sich auch der später (21) genannte Name des Junkers mit dem allegorischen Bild der Eingangsstrophe verbindet und Rahmen und Erzählung in einen ersten, noch unbestimmten Zusammenhang gegenseitiger Erklärung treten. Noch andere lenkende Hinweise sind in den Anfang der Erzählung eingebaut. Zwar stellen die drei Strophen vor allem die Protagonisten und Schauplätze vor, das Mädchen (Str. 3), den Junker (Str. 5), Hügel, Schloß und Dörfchen (Str. 4); zwar teilen sie auch den Ansatzpunkt für das kommende Geschehen mit: trotz der vielen Freier (14 f.) schwärmt sie vom Schloß und für den stattlichen Besitzer (23–25), in welchem man wohl den Grundherrn sehen soll. Doch im Zusammenhang dieser expositorischen Angaben lenkt eine Reihe Sympathie stimulierender Adjektive Interesse und Anteilnahme des Lesers auf das Mädchen: »schuldlos« (12) ist sie, »jung«, »lieblich und fein« (13), dem Taubenbild gemäß. Dagegen suggerieren die dem Schloß gewidmeten Vergleiche (19 f.) ebenso wie der Name des Junkers den Eindruck von Härte, Kälte, Brutalität, und vollends negative Assoziationen löst die Wortwahl der ihm gewidmeten Einführung aus: »Da trieb es der Junker von Falkenstein | In Hüll' und in Füll' und in Freude« (21 f.). Vom Ende der Expositionsgruppe an weiß der Leser, daß ein Konflikt zwischen dem Mädchen und dem Junker bevorsteht, für und gegen wen von beiden sein emotionales Engagement eingefordert werden wird und daß der Spuk der Eingangsstrophen mit dem Bevorstehenden in enger Verbindung steht.

»Er schrieb ihr ein Briefchen« (26): mit der sechsten Strophe setzt abrupt die erste Handlungspassage ein. Sie gestaltet Vorgänge eines einzigen Tages bzw. einer Nacht, und zwar den ersten und wohl einzigen – vom Junker eingeleiteten – Kontakt, dessen Ergebnis, die Verführung, die in der zweiten Handlungspassage erzählte Katastrophe vorbereitet. Daß die Initiative nicht dem Mädchen zugewiesen wird, sondern dem Junker, von welchem der Leser also annehmen soll, er habe ihre naive Verehrung (23–25) wahrgenommen und nutze sie nun aus, ist abermals als Bestandteil der bisher als wirksam erkannten Charakterisierungsstrategie zu bewerten. So ist es auch mit der Vorführung des Briefinhalts (31–45). Sie macht den Schreiber als Routinier kenntlich: das Mädchen soll den Freiern entfremdet (Str. 7), vor allem aber zu einem nächtlichen Rendezvous überredet werden (Str. 8 und 9). Geschenke sollen für Gefügigkeit sorgen (28–30), vage Formulierungen lassen Versprechungen ahnen (33–37), süßlich-zweideutige ›Poesie‹ (43 f.) verhüllt – für den vorbereiteten Leser nur allzu schlecht – die wahre Absicht.

Über Empfang und Wirkung des Briefes fällt kein Wort. Konstellation und bisherige Charakterisierung der Protagonisten machen überleitende Erklärungen entbehrlich. Der Beginn der zehnten Strophe konfrontiert den Leser mit der Situation der nächtlichen Begegnung. Abermals ist sorgfältige Charakterisierungsarbeit geleistet. Dem Mädchen wird außer seinem Erscheinen (55) keine ›Handlung‹ zugewiesen; selbst diese eine ist als Reaktion mitgeteilt. Alle weiteren Angaben bestätigen das bisher entworfene Bild. Trotz liebevollen Vertrauens ist sie schüchtern und schamhaft (59), sträubt sich und erliegt sanfter Gewalt (63). Zur Sicherung der rechten Einstellung tritt der Erzähler gar selbst als anteilnehmender Kommentator hervor: ihr Eingehen auf den Vorschlag des Junkers teilt er bedauernd mit (55), ebenso ihre Vertrauensseligkeit, die gleichwohl auch als typisches Verhalten dem Verständnis und der Anteilnahme des Lesers nahegebracht wird (58). Der Höhepunkt der Anteilnahme-Suggestion wird in der Schlußstrophe der ersten Handlungspassage erreicht (68). Um so stärker kontrastiert unmittelbar danach die unzweideutig wertende Mitteilung: »Da wurde vom glühenden Hauche der Lust | Die Unschuld zu Tode vergiftet. – – –« (69 f.)

Entsprechend bleibt der Bericht über das Verhalten des Junkers in dieser Passage von Signalen begleitet, die Negativwertungen nahelegen: »vermummt« (46) und »So leise, so lose, wie Nebel« (49) kommt er an den bestimmten Ort. Alles ist geplant. Vorsichtshalber hat er sich bewaffnet (48) und sogar an die Hunde gedacht (50). Das Singvogel-Bild, dessen er sich im Brief bedient hatte (41, 43; vgl. 53) und das der Erzähler zur Beschreibung und Charakterisierung seines Verhaltens aufgreift (56 f.), steht in planvoll inszeniertem Kontrast zu den Raubvogel-Bildern, die ihm von Anfang an zugehören, und zu den deutlichen Auskünften über seine wahren Ziele (59 f.). Es ist ebenso verlogen, qualifiziert ihn ebenso zum Betrüger wie der ausdrücklich konstatierte Meineid (64) und die vagen Versprechungen (65), die ihn schließlich zum Erfolg führen. Die Schlußformel (69 f.) bedauert das Opfer und verurteilt den Verführer.

In der Strophe 14 stellt sich (vgl. zuvor 42) durch die Ortsangabe die bisher deutlichste Beziehung des Erzählten zu den Rahmen-Vorgängen her. Die Strophe 13 hatte mit einem der in ihr verwendeten Verben (63: »Und als sie sich sträubte«) auch das Sinnbild des Eingangs wieder aufgerufen. Damit werden erstmals Vermutungen über die Art jenes Spuks nahegelegt. Sie stimmen auf einen traurigen Ausgang des zu Erzählenden vor und lassen bereits hier das Mißverhältnis zwischen der im Spuk angezeigten Strafe über den

Tod hinaus und der bisherigen Darstellung des Mädchens und ihres Verhaltens zutage treten.

Erst dem Tag der Geburt und Tötung des Kindes ist wieder eine vergleichbar intensive und kohärente Darstellung gewidmet. Zwischen den Blöcken aber steht eine Dreiergruppe von Strophen (Str. 15–17), welchen der ihnen von ihrer Überbrückungsaufgabe auferlegte Zwang zu äußerster Knappheit einen eigenen Reiz verleiht. (Zu ihrer sehr kontroversen Beurteilung vgl. Holzhausen, S. 325; Grisebach, S. XXXII; dagegen Schlegel, S. 193 f.; Pröhle, S. 132; Kaim-Kloock, S. 224.) Ähnlich wie später Goethe in seiner *Ballade* (Str. 3 und 4) gestaltet Bürger in ihnen das Motiv der zwischen den beiden – jahreszeitlich situierten – Ereignissen (Frühling – Winter) ablaufenden Zeit, die ja gerade das Geschehene zutage fördert. Er bringt den Zeitablauf zur Anschauung durch je eine den dazwischenliegenden Jahreszeiten gewidmete Strophe – späteres Frühjahr, Sommer, Herbst. Dazu bedient er sich einer dreifach variierten syntaktischen Figur aus voraufgehendem Temporal- und nachfolgendem Hauptsatz. Vor allem die Nebensatzreihen der Strophen 16 und 17 bringen das Thema der fortschreitenden Zeit wirkungsvoll zur Geltung. Der Kunstgriff: den für die jeweilige Jahreszeit typischen Erscheinungen – Verblühen, Wachsen der Frucht, Reifwerden zur Erntezeit – sind die Stadien der Schwangerschaft parallelisiert, die sich zuletzt »nicht mehr verstecken« läßt (85). Die – abgesehen von der auch hier wirksamen Sympathie-Suggestion – aus der Tendenz der bisherigen Darstellung herausgelöste idyllisierende Retardation bringt den harten Einsatz des neuen Handlungsteils um so schärfer zur Geltung.

Die im zweiten Hauptteil (Str. 18–33) präsentierten Ereignisse spielen in einer einzigen Winternacht (96). Daher gibt die Strophe 18 nicht, wie es ihr Anschluß an den Vers 85 zunächst nahezulegen scheint, die Reaktion des Vaters auf die Entdeckung der Schwangerschaft wieder – die hat er schwerlich erst wenige Stunden vor der Niederkunft gemacht, sondern zur Erntezeit, als sie sich »nicht mehr verstecken« ließ –, sondern einen letzten, besonders heftigen, in Mißhandlung (Str. 19) und Verstoßung (Str. 20) gipfelnden Ausbruch.

Der neue Teil gliedert sich in drei ›Szenen‹ mit eigenen Schauplätzen; sie folgen einander in lückenloser Nachgestaltung der Vorgangschronologie. Die erste (86–97), deren Mittelteil (91–95) motivisch der Volksballade *Der grausame Bruder* nahesteht (Meier, Bd. 2, S. 38 ff.), spielt im Pfarrhaus. Die Wahl eines solchen Herkunftsbereichs der Heldin fügt sich in die bisherigen Darstellungstendenzen ein. Hier am ehesten wären Verständnis, Mitleid und Hilfe zu erwarten. Ihre Verweigerung gerade hier läßt die Unmenschlichkeit des Herkommens, die Verlassenheit des Opfers um so deutlicher zutage treten. Das Verhalten des Vaters und der Eingangshinweis des Erzählers auf seine Härte und seinen Jähzorn (86) nehmen den Leser gegen ihn ebenso ein wie gegen den Junker.

Zunächst wird auch in diesem Teil das Mädchen nicht zur handelnden Person: man handelt mit ihr. Außer dem Inhalt der ersten ›Szene‹ zeigt das die Verteilung der Partien direkter Rede. Im ersten Hauptteil sind solche dem Junker (31–45, 65), hier dem Vater zugewiesen (88–90), ihr nicht. Das ändert sich in der zweiten ›Szene‹ (98–145). Sie spielt im Schloß. Dorthin hat die Verstoßene sich zuerst gewandt, hilfesuchend, »Dem Liebsten ihr Leid zu verkünden« (100). Der Leser soll glaubhaft finden, daß sie in ihrer Naivität noch immer nicht ahnt, daß sie das Opfer eines von Anfang an geplanten, ihm infolge der erzählerischen Aufbereitung längst durchschaubar gewordenen Betruges sei. Um so stärker empfindet er dann den Kontrast ihres neuen zum bisherigen Verhalten. Denn trotz ihrer hoffnungslosen Unterlegenheit ist in der zweiten ›Szene‹ die Aktion ganz auf ihrer Seite (vgl. Paustian, S. 200; Kaim-Kloock, S. 223 f.). Ihre Reden nehmen schon quantitativ den größten Teil der Darstellung ein. Zunächst ist die Anklage, die sie erhebt (101–110), mehr eine inständige Bitte und läßt die Grundlage immer noch vorhandenen Vertrauens erkennen. Die zweite ihr zugeteilte Redepartie (116–120) weist Ausreden ab und insistiert auf Versprochenem, ja Beschworenem. Zuletzt (131–145) reagiert sie mit Empörung auf das niederträchtige Angebot des Meineidigen und verflucht den augenblicklich Aufgegebenen ohne Rücksicht auf die eigene verzweifelte Lage. Das bislang passive Opfer hat das Format einer tragischen Heldin gewonnen.

Die beiden eingelagerten Redepartien des Junkers hingegen bestätigen nur das bisher durch Wiedergabe und andeutende Kommentierung seiner Erklärungen entworfene Bild. Die mehrfach (111, 121, 126) verwendete scherzhaft-geringschätzige, angesichts der Situation zynische Anrede spiegelt seine Einstellung ebenso wie sein Vorschlag, das Mädchen könne ja als Frau seines Jägers seine Mätresse bleiben (128–130).

Noch anderes führt die bisherige Darstellungstendenz weiter, ja unterstreicht sie. In der Schloßszene ist noch konsequenter als sonst die Vorgangsgestaltung auf blockartige Aneinanderreihung des Wichtigsten beschränkt. Abgesehen von den Überleitungsversen 98–100 besteht sie aus uneingeleiteter Dialogrede. Nur an zwei Stellen, im jeweils ersten Redepart, gibt es eine Unterbrechung, die Mitteilung einer Handlung hier (106 f.: »Sie warf sich ihm bitterlich schluchzend ans Herz; | Sie bat, sie beschwur ihn mit Zähren«), eine Redeeinführung dort (111). Beide Male wird so vorweg die in den Reden sich artikulierende Haltung gestisch charakterisiert und affektiver Rezeption nähergebracht: Schmerz und Vertrauen gegen zynische Gelassenheit.

Die dritte ›Szene‹ (146–175) besteht in kontinuierlicher Erzählung und Kommentierung der rasch zur Katastrophe eilenden Vorgänge. Die ihrer letzten Hoffnung und jeder Zugehörigkeit und Zuflucht Beraubte irrt zurück an den »unseligen« Ort (157), an dem das Unglück seinen Anfang genommen hatte: die Laube im väterlichen Garten. Die drei Strophen, die Bürger ihrem nächtlichen Weg widmet (Str. 30–32), regen den Leser, der Tendenz der bisherigen Darstellung gemäß, zu starker Teilnahme an und bereiten ihn zu eindeutiger Bewertung der unmittelbar bevorstehenden Tat des Mädchens vor. Ihr gemeinsames Hauptmotiv ist dasjenige physischer und seelischer Zerrüttung. Es beherrscht die Bewegungsverben und ihr expressiv aufgeladenes Umfeld (146–148, 153, 156 f.) und wird abermals in eindeutigen Erklärungen des Erzählers außerdem direkt benannt: »verzweifelnd« (147, 153) weiß er die Unglückliche, »vor Jammer und Zorn | Zerrüttet an allen fünf Sinnen« (149 f.). Ihr Hilferuf an den »barmherzigen Gott« (151) bleibt ebenso unerhört wie zuvor der an den Verführer. Ein stärkerer Ausdruck von Verlassenheit, als er an dieser Stelle gelingt, ist kaum denkbar. Daran hat auch die Tatsache teil, daß gerade hier der erste Hinweis auf das nahe Ende eines »kläglichen Lebens« steht (154 f.). Der emotional ohnehin stark angesprochene Leser, der nun auch mit dieser Perspektive konfrontiert wird, kann – und soll – das Mädchen nur als ihrer Sinne nicht mehr Mächtige, als Opfer sehen, das Mitleid und Klage, aber nicht Anklage und Verurteilung verdient. Selbst die Uneindeutigkeit dieser beiden Verse (154 f.: »Und kam in den Garten der Heimat zurück, | Ihr klägliches Leben zu enden«) trägt zur Bestärkung einer solchen Einstellung bei. Der Nebensatz läßt offen, ob er ein Gedankenreferat bietet, also eine Absichtsbekundung der Heldin, oder eine Vorausdeutung des Erzählers, also auch, ob bevorstehender Selbstmord angezeigt sei oder die übliche Hinrichtung nach einem Kindsmordprozeß. Die inhaltliche Mehrdeutigkeit des Satzes läßt aber dasjenige, worauf es ankommt, nur um so deutlicher zutage treten: das Handeln des Mädchens soll aus ihrem Zustand erklärt und als nicht von ihr zu verantwortendes verstanden werden.

Die letzten drei Strophen der Vorgangswiedergabe (Str. 33–35) bringen mit ihren Kraßheiten, die gerade wegen der Sparsamkeit des realistischen Details so heftig wirken, Elend und Tat der Verzweifelten voll zur Geltung. Entsprechend tritt wie üblich der Erzähler mit bewertenden und lenkenden Erklärungen hervor. Die Tötung des Kindes erfolgt im »Wahnsinn« (167). Daß dieser unmittelbar nach

der Tat weicht und mit der Einsicht »Entsetzen und Grausen« über die Täterin herfallen (168), wird bedauert: »Erst,
als sie vollendet die blutige Tat, | Mußt' ach! ihr Wahnsinn
sich enden« (166 f.). Nach allem Voraufgegangenen muß
der Leser in der kommentarlosen Mitteilung der aus kla-
rer Erkenntnis resultierenden Schlußworte des Mädchens
(173–175) anteilnehmendes Verständnis spüren und wird
geneigt sein, es seinerseits zu erbringen.
Bis zum Ärgernis irritieren muß ihn dann aber der Schluß
(176–190). Abrupt – der wiederholt identifizierende Vers-
eingang »Das ist« (176, 178) und seine Variationen knüpfen
ja nicht an direkt, sondern lange zuvor Mitgeteiltes an –
schließen und ergänzen die drei Strophen den präsentischen
Rahmen, auf empörende Weise. In fast wörtlicher Wiederholung bezieht die erste (Str. 36) den in der zweiten Strophe
des Eingangs angedeuteten Spuk nun erklärend auf das
zuletzt Erzählte und desavouiert so alle bisher aufgebaute
sympathisierende Anteilnahme. Das »Plätzchen« (8, 178),
das die Natur nicht in ihren ausgleichenden Kreislauf einbe-
zieht, ist das »Grab«, in welchem das Kind verscharrt wurde
(171 f.), das »Flämmchen« (6 f., 176 f.) seine unerlöste Seele
– es hatte ja keine Taufe stattgefunden. Sein Schicksal kontrastiert hart mit der Gewißheit der Heldin: »Da ruh du,
mein Armes, da ruh nun in Gott‹« (173). Bürger legt in den
Rahmenstrophen, wie sich nun vollends zeigt, den Leser auf
eine andere Rolle fest als im Erzählteil, eine solche, die sich
am naiven zeitgenössischen Volksglauben orientiert – der
dem Autor selbst wohl noch weitaus erlebbarer war, als wir
uns das vorzustellen geneigt sind (vgl. *Zur Beherzigung an
die Philosophunculos*, II,12–15, hier: S. 15; Althoff, Bd. 5,
S. 206, 266; Staiger, S. 97 f.; Kayser, S. 98 f.) – und die nur
in unüberbrückbarem Kontrast zu der in den Erzählteil
eingestalteten Leserrolle durchgeführt werden kann.
Dieser Kontrast wird noch verschärft dadurch, daß die
Symmetrie-Erwartungen, welche die Tatsache der Rahmen-
bildung auslöst, über die Korrespondenz der Strophen 2 und
36 hinaus nicht erfüllt werden. Die Rahmenteile stehen in

einem Wiederholungsverhältnis nur insofern, als die Erklärungsfunktion der gerahmten Erzählung bestätigt werden muß; sonst ergänzen sie einander. So bleibt die Eingangsstrophe ohne Entsprechung. In den beiden letzten aber werden ein dritter schauerlicher Ort, die Richtstätte (Str. 37), und eine neue Spuksituation (Str. 38) eingeführt: Der Geist der Kindsmörderin – sein ›Umgehen‹ läßt nun doch auf Selbstmord im ›sündhaften‹ Zustand der Verzweiflung schließen; dem hinzurichtenden Verbrecher öffnete sich mit der Sühne auch die Möglichkeit der Gnade – kommt nachts von der Richtstätte, wo der Leichnam aufs Rad geflochten worden ist (175, 182–184), zum Grab herab und müht sich vergeblich (189), die Seele des Kindes, dessen Ruhelosigkeit sie ja ›verschuldet‹ hat, zur Ruhe zu bringen, das »Flämmchen« zu löschen. Zusammen ergeben die beiden Rahmenteile auf der fiktionalen Gegenwartsebene die Auskunft, die Verbrecherin müsse in gewissen Nächten von der Situation der Verführung an (Str. 1) bis zur Einsicht in ihre Tat (Str. 2, 38) büßend die Stadien ihres Unglücks wiederholen.

Das aber kann der Leser, der sich auf die Teilnahme-Suggestion und die Positiv- und Negativwertungen der Erzählung eingelassen hat, nur empörend finden. Er muß es um so mehr, als die Konzentration der Rahmenstrophen auf die beiden Opfer zwar formal der Dominanz der Heldin im zweiten Gedichtteil entsprechen mag, keinesfalls aber der mitvollzogenen Sympathiefixierung und Schuldzuweisung, auch nicht der wenigstens von der Eingangsstrophe noch genährten Erwartung einer Sühne auch des Verführers, die dann doch ausbleibt. Die Andeutungstechnik jener Strophe war zwar schon ganz auf das Mädchen zentriert – Tertium comparationis des Vergleichs (4 f.) ist die Taube, die sich gegen den Falken zu wehren sucht, nicht der Falke, welcher die Taube schlägt –; doch war der Junker immerhin noch einbezogen. Er war es aber, so zeigt der Schluß, damit sein Fehlen im kompletten Spuk-Arrangement um so auffälliger sei. So setzen sich also zwar die Qual und Verzweiflung, welche die Heldin zur Mörderin machten und aus dem Leben trieben, jenseits desselben fort, die Wertungen und Schuldzuweisungen der Erzählung aber bleiben auf der Gegenwartsebene sowie ›vor der Ewigkeit‹ unbestätigt, die eigentlichen Mörder offenbar unbestraft. Wie soll diese harte Kontrastierung verstanden werden?

Eine wichtige Leistung der beiden nicht korrespondierenden, sondern ergänzenden Rahmenstrophen (Str. 37, 38) besteht darin, daß sie Vergangenheitserzählung und vergegenwärtigenden Rahmen zeitlich nahe aneinanderrücken. Das geschieht durch die Erwähnung des in der Gegenwart der Rahmenstrophen noch am Richtort vorhandenen Schädels der Selbstmörderin (Str. 37). So wird die ohnehin durch die Erzählung einer aus den sozialen Verhältnissen der Produktionsgegenwart resultierenden Handlung bewirkte Aktualität des Gedichtes zusätzlich ›realistisch‹ abgesichert. Daß die affektive Beteiligung, welche dem Leser abverlangt wird, durch eine solche ›Vergegenwärtigung‹ der gerahmten Erzähung einen weiteren Stimulus erhält, versteht sich wohl. Die Spukszenerie, mit der er verbunden wird, muß ihn zumindest für einen Zeitgenossen Bürgers nicht abgeschwächt haben. Der scharfe Kontrast von Rahmen und Erzählung freilich, der gerade durch dieses Moment der Nähe hervortritt, läßt deutlich werden, daß es um Rührung und Mitleid allein nicht gehen kann. Worum dann?

Im Erzählteil weist alles in eine Richtung. Die Auswahl der ausführlich behandelten Geschehensphasen, die Verteilung der Redepassagen, die relative Individualisierung des Mädchens gegenüber der typisierenden Zeichnung des Junkers und des Vaters, die standesspezifische Zügellosigkeit und Arroganz hier, Härte und Unduldsamkeit dort hervorhebt, die Bildlichkeit (vgl. Schlegel, S. 194; Ebeling, Bd. 3, S. 301 f.; Holzhausen, S. 325; Grisebach, S. XXXII), die Kommentierung durch den Erzähler, die Suggestion positiver und negativer Bewertungen: alles dient der Darstellung eines Falles despotischer Adelswillkür und spießbürgerlich-beschränkten Versagens der zur Hilfeleistung prädestinierten Instanzen, der Familie, der Kirche. Der Erzähler nimmt Partei und regt den Leser an, aufgrund der ihm vermittelten Einsichten desgleichen zu tun. Derselbe Sprecher läßt dann jedoch im Rahmenteil die mit so viel Aufwand als solche kenntlich gemachten Opfer einer Buße bis zum Jüngsten Tag oder gar der Verdammnis anheimfallen, nicht aber die wahren Täter. Auch durch das Folgende scheint die Einheitlichkeit seiner Perspektive auf provozierende Weise suspendiert: er läßt das sehr hervorgehobene, breit ausgestaltete, auf Bestätigung angelegte Motiv der Strophen 27–29 isoliert; ein auf dem Höhepunkt des Geschehens ausgestoßener Balladenfluch geht nicht in Erfüllung. (Wie kitschanfällig die Erfüllung bei ansonsten beibehaltener Konstellation des Rahmenvorgangs wäre, zeigt übrigens das jüngere, in die Sammlung von Waitz, Bd. 2, S. 38 ff., aufgenommene Gedicht *Clarine* von Carl Friedrich Benkowitz.) Ehe man das tadelt (Goldschmidt, S. 14; Kaim-Kloock, S. 225 f., dort auch zur ›reaktionären Korrektur‹ des Schlusses in einer Puppenspielversion des 19. Jahrhunderts), sollte man sich um die Erfassung desjenigen bemühen, das in der harten Kontrastierung als das Gemeinsame hervortritt. Es liegt deutlich zutage. Der Rahmen ist extremer, Provokation bezweckender Ausdruck derselben Parteinahme, die den Erzählteil beherrscht. Die Vernichtung des Opfers noch über den Tod hinaus und die Straflosigkeit suggerierende Nichterwähnung der Täter im Rahmen, der die ›Gerechtigkeit‹ der öffentlichen Meinung widerspiegelt, sind Bestandteile der Demonstration und rücken Schuld und Unschuld, Ungerechtigkeit und – über das Ende hinaus verweigerte – Gerechtigkeit in die grellste Beleuchtung. Weil der adlige Schurke und der unmenschliche Diener Gottes so auffällig gerade da unerwähnt bleiben, wo jedes unverformte Gerechtigkeitsempfinden nicht das Opfer, sondern eben sie erwartet, und weil der Schluß so überdeutlich dem populären Erwartungshorizont, nicht aber der Tendenz der Erzählung entspricht, werden auch die Emotionen, die das genregemäß schauerliche und gerade deswegen empörende Schlußbild weckt, gerade und um so heftiger auf die wahren Täter gelenkt. Die Elemente der Schauerballade sind genrewidrig genutzt, sind zu Mitteln der Erkenntnisstimulierung, zur Entlarvung falschen Bewußtseins umgewandelt. Schon der Vergleich der ersten Strophe, die nur begrenzte ›Schaurigkeit‹ des Eingangs weisen in diese Richtung. Das Emotionalisierungspotential auch der Schauer-Elemente steht im Dienste des aufklärerisch-kritischen Anliegens, für welches Bürgers Werk so vielfache Belege bietet. Man kann dieses Anliegen aber nicht, wie es meist versucht wird, allein vom Inhaltlichen her fassen. Wie stark es Bürgers Lyrik und seine Balladendichtung beherrscht, erschließt sich erst, wenn man die Darbietungsstrukturen erkennt und auswertet, die eingestalteteten Leserrollen wahrnimmt. In jüngerer Zeit hat dies die eklatante Fehldeutung Graefes (S. 138; vgl. Laufhütte, *Neues zum ›Erzählgedicht‹*, S. 558 f.) eindrucksvoll bestätigt.

Was hat sich ergeben? Der Leser wird durch die Erzählung in die Rolle desjenigen gewiesen, der den empörenden Vorgang verstehend und anteilnehmend nachvollzieht, das Verhalten des Opfers erklären, Verantwortung und Schuld richtig zuweisen und beurteilen kann. Dagegen muten ihm die Rahmenstrophen den Mitvollzug einer konventionellen Einstellung zu, deren pseudoreligiöse Gespensterglaubigkeit Erkenntnis verhindert und Unrecht verschleiert, ja verewigt. Die beiden Rollen stehen für antiquiertes und zeitgemäßes, für unmenschlich-dumpfes und menschlich-rationales Verhalten in ihrer in Bürgers Epoche so vielfältig bedachten Gegensätzlichkeit. Erst aus der – durch geeignete Signale nahegelegten – Wahrnehmung des Kontrasts beider Rollenzuweisungen, der auf der Ebene der Gestaltung – offenbar planvoll – unvermittelt bleibt, erschließt sich der kritische Gehalt. Ganz ebenso war Bürger neun Jahre zuvor schon in *Lenore* verfahren. Verständnis und Sympathie der Leser, zumindest derjenigen Leser, für welche sich in Lenorens Glücksverlangen und ihrer Abweisung überkommener Tröstungen der Anspruch des modernen Menschen artikulierte, die aus ihren alten Ordnungen gefallene Wirklichkeit vom eigenen Ich aus zu bestehen und mit Sinn zu erfüllen, können auch dort nur dem verzweifelnden Mädchen gehören. Der Ausgang aber gibt in ähnlich scharfer Kontrastierung, wie wir sie zu beschreiben hatten, der Mutter recht, der vor jeglicher Auflehnung warnenden Vertreterin des Herkommens, nach welchem Verzweiflung Sünde ist. Und in noch weitaus breiterer und intensiverer, auch viel stärker emotionalisierender Ausgestaltung wird die Geltung des Herkommens auch in *Lenore* von Gespenstern vertreten. Die Auskunft schon dieser ersten großen Ballade Bürgers, die immer noch als der Anfang der Gattung in der deutschen Kunstliteratur gilt, hatte mitschaffend derjenige Leser zu finden, der seine verständnisvolle oder sympathisierende Anteilnahme gegen den ins Gedicht als Rollenangebot miteingestalteten Hintergrund verbreiteter Wertungen behauptete, dann aber durch dieses Parallelangebot und die von ihm ausgehende Infragestellung in Wahrheit bestätigt fand. Die Geschichte der Rezeption beider Gedichte – wie mancher anderer dieses Autors – zeigt aber, daß zeitgenössische und spätere, auch wissenschaftlich interessierte Leser meist gegen das vorprägende Klischee der Schauerballade nicht ankamen. Letztlich hat es sich negativ ausgewirkt, daß Hölty mit seinen einschlägigen Gedichten (*Adelstan und Röschen*, 1771, 1774; *Die Nonne*, 1773, 1775) gleichzeitig mit Bürger bzw. vor ihm hervortrat. Auch Gleims noch ältere *Marianne* (1756) und anderes in ihrem Gefolge haben zur Entstehung einer Rezeptionsattitüde beigetragen, welche durch Überakzentuierung bestimmter Textmerkmale den Zusammenhang aller verfehlte oder entstellte. Bürgers Gedichte drängen dem Leser den Gespensterglauben als Bestandteil einer der beiden Rollen auf, die er jedesmal einzunehmen hat, und nutzen ihn im Gegenspiel beider zur Hervorbringung derjenigen Kontraste, deren Erkenntnis erst die kritische Demonstration bewirkt. Allzuoft ist jedoch der Gespensterglaube als Bestandteil des Verständnishorizonts mißdeutet worden, auf welchen die Demonstration zielt. Bürger ist ein noch immer weithin unentdeckter Autor.

Zitierte Literatur: Ludwig Christoph ALTHOFF: Einige Nachrichten von den vornehmsten Lebensumständen G. A. Bürgers; nebst einem Beitrag zur Charakteristik desselben. In: Gottfried August Bürger's sämtliche Werke. [Siehe Textquelle.] Bd. 5. S. 175–184. – Hans BENZMANN: Die soziale Ballade in Deutschland. Typen, Stilarten und Geschichte der sozialen Ballade. Nördlingen 1912. – Hans BENZMANN: Wesen, Typen, Stilarten und Entwicklung der Ballade. In: Die deutsche Ballade. Eine Auslese aus der gesamten deutschen Balladen-, Romanzen- und Legenden-Dichtung [...]. Mit Einl., Erl. und Registern hrsg. von H. B. 2 Bde. Leipzig: Hesse u. Becker, 1913. Bd. 1. S. XIII–XXXII. – Valentin BEYER: Die Begründung der ernsten Ballade durch G. A. Bürger. Straßburg 1905. – Bürgers sämtliche Werke. [Siehe Textquelle. Zit. mit Band- und Seitenzahl.] – Ernst CONSENTIUS: Lebensbild. In: Bürgers Gedichte. [Siehe Textquelle.] T. 1. S. VII–CXXXII. – Friedrich EBELING: Geschichte der komischen Literatur in Deutschland seit der Mitte des 18. Jahrhunderts. 3 Bde. Leipzig 1869. – Adolf GOERTH: Über die verschiedene Behandlung der Ballade. In: Archiv für das Studium der Neueren Sprachen 46 (1870) S. 369–406. – Joseph GOLDSCHMIDT: Die deutsche Ballade. In: Talmud Tora, Höhere Bürgerschule. Bericht über das Schuljahr 1890/91. Hamburg 1891. (Progr. 728.) S. 3–44. – Heinz GRAEFE: Das deutsche Erzählgedicht im 20. Jahrhundert. Frankfurt a. M. 1972. – Eduard GRISEBACH: Einleitung. In: Gottfried August Bürger's Werke. [Siehe Textquelle.] S. V–XXXII. – Walter HINCK: Die deutsche Ballade von Bürger bis Brecht. Kritik und Versuch einer Neuorientierung. Göttingen 1968. – Paul HOLZHAUSEN: Die Ballade und Romanze von ihrem ersten Auftreten in der deutschen Kunstdichtung bis zu ihrer Ausbildung durch Bürger. In: Zeitschrift für deutsche Philologie 15 (1883) S. 129–193, 297–344. – Lore KAIM-KLOOCK: Gottfried August Bürger. Zum Problem der Volkstümlichkeit in der Lyrik. Berlin [Ost] 1963. – Wolfgang KAYSER: Geschichte der deutschen Ballade. Berlin 1936. – Gerhard KÖPF: Die Ballade. Probleme in Forschung und Didaktik. Kronberg 1976. – Hartmut LAUFHÜTTE: Neues zum ›Erzählgedicht‹. In: Zeitschrift für deutsche Philologie 92 (1973) S. 553–559. – Hartmut LAUFHÜTTE: Die deutsche Kunstballade. Grundlegung einer Gattungsgeschichte. Heidelberg 1979. – Elsbeth LEONHARDT: Die mysteriose Ballade in ihren Anfängen. Ein Beitrag zur deutschen Geistesgeschichte im 18. Jahrhundert. Diss. Münster 1936. [Masch.] – [John MEIER:] Balladen. 2 Bde. Hrsg. von J. M. Leipzig 1935. Neudr. Darmstadt 1964. – Helmut PAUSTIAN: Die Lyrik der Aufklärung als Ausdruck der seelischen Entwicklung von 1710–1770. Kiel 1932. – [Thomas PERCY:] Reliques of Ancient English Poetry [...], by Th. P. [...]. Ed. [...] by Henry B. Wheatley. 3 Bde. New York 1966. – Heinrich PRÖHLE: G. A. Bürger. Sein Leben und seine Dichtungen. Leipzig 1856. – Jan Matthias RAMECKERS: Der Kindsmord in der Literatur der Sturm- und Drang-Periode. Rotterdam 1927. – August Wilhelm SCHLEGEL: Über Literatur, Kunst und Geist des Zeitalters.

Eine Auswahl aus den kritischen Schriften. Hrsg. von Franz Finke. Stuttgart 1964. S. 148–215. – Erich SCHMIDT: H. L. Wagner, Goethes Jugendfreund. Jena ²1879. – Peter SCHNELLBACH: Für die Ballade. Betrachtungen und Aufschlüsse. Heidelberg ²1931. – Emil STAIGER: Zu Bürgers »Lenore«. Vom literarischen Spiel zum Bekenntnis. In: E. St.: Stilwandel. Studien zur Vorgeschichte der Goethezeit. Zürich/Freiburg 1963. S. 75–119. – Erwin STERNITZKE: Der stilisierte Bänkelsang. Würzburg 1933. – [Adolf STRODTMANN:] Briefe von und an Gottfried August Bürger. Ein Beitrag zur Literaturgeschichte seiner Zeit. Aus dem Nachlasse Bürger's [...] hrsg. von A. St. 4 Bde. Berlin 1874. Neudr. Bern 1970. – Haucke Friedrich WAGENER: Das Eindringen von Percys Reliques in Deutschland. Diss. Heidelberg 1897. – [Carl Friedrich WAITZ:] Romanzen und Balladen der Deutschen. 2 Bde. Ges. von C. F. W. Altenburg/Erfurt [1799/]1800. – Wolfgang von WURZBACH: G. A. Bürgers Leben und Werke. In: Bürgers sämtliche Werke. [Siehe Textquelle.] Bd. 1. S. III–LXV.

Johann Wolfgang Goethe

Mir schlug das Herz; geschwind zu Pferde,
Und fort, wild, wie ein Held zur Schlacht!
Der Abend wiegte schon die Erde,
Und an den Bergen hieng die Nacht;
5 Schon stund im Nebelkleid die Eiche,
Ein aufgethürmter Riese, da,
Wo Finsterniß aus dem Gesträuche
Mit hundert schwarzen Augen sah.

Der Mond von seinem Wolkenhügel,
10 Schien kläglich aus dem Duft hervor;
Die Winde schwangen leise Flügel,
Umsausten schauerlich mein Ohr;
Die Nacht schuf tausend Ungeheuer –
Doch tausendfacher war mein Muth;
15 Mein Geist war ein verzehrend Feuer,
Mein ganzes Herz zerfloß in Gluth.

Ich sah dich, und die milde Freude
Floß aus dem süßen Blick auf mich.
Ganz war mein Herz an deiner Seite,
20 Und ieder Athemzug für dich.
Ein rosenfarbes Frühlings Wetter
Lag auf dem lieblichen Gesicht.
Und Zärtlichkeit für mich, ihr Götter!
Ich hoft' es, ich verdient' es nicht.

25 Der Abschied, wie bedrängt, wie trübe!
Aus deinen Blicken sprach dein Herz.
In deinen Küßen, welche Liebe,
O welche Wonne, welcher Schmerz!
Du giengst, ich stund, und sah zur Erden,
30 Und sah dir nach mit naßem Blick;
Und doch, welch Glück! geliebt zu werden,
Und lieben, Götter, welch ein Glück!

Abdruck nach: Iris. Des Zweyten Bandes drittes Stück. Düsseldorf, März 1775. S. 244 f. [Erstdruck. – Diese Druckfassung geht auf eine Abschrift des Gedichts zurück, die von Johanna Fahlmer, einer Tante der Jacobis und Frankfurter Bekannten Goethes, stammt. Sie wird im Nachlaß von Johann Georg Jacobi in der Universitätsbibliothek Freiburg i. B. aufbewahrt. Die Varianten betreffen Orthographie und Interpunktion. Vgl. *Der junge Goethe,* Ausg. in 5 Bdn., Bd. 2, S. 294.]

Weitere Fassungen: H. Kruse kopierte 1835 zehn Lieder nach einem Manuskript im Besitz von Friederikes Schwester, Sophie Brion. Dieses Originalmanuskript ist verloren. Nr. 10 enthält die ersten zehn Zeilen unseres Gedichts mit Varianten und dem später von Goethe bevorzugten neuen Anfang »Es schlug mein Herz«, die wohl im Frühjahr 1771 entstanden sind. Vgl. *Der junge Goethe,* Ausg. in 5 Bdn., Bd. 2, S. 31 f. – Die meisten Interpreten haben bisher die »Rekonstruktion« einer »Urfassung« zitiert, die Max Morris zum Urheber hat. Vgl. *Der junge Goethe,* Ausg. in 6 Bdn., Bd. 2, S. 59 f. Vgl. auch den Kommentar in Bd. 6, S. 161 ff. Darin hält Morris seine Fassung, die er aus den zehn von Kruse überlieferten Zeilen, der Fassung in den *Schriften* und der *Iris*-Fassung zusammengesetzt hat, »nicht mit Sicherheit für die gesuchte ursprüngliche«, sie komme ihr jedoch nahe. In Nachträgen zu seiner Ausgabe schrieb Morris in *Euphorion* 20 (1913) S. 498: »Statt der unsicheren Konstruktion der ersten Fassung hätte nur Vers 1–10 im Abschnitt ›Straßburg‹ gedruckt werden dürfen.« – Erich Trunz (*Hamburger Ausgabe,* Bd. 1) bietet außer der Fassung der *Werke* einen Text, der aus den zehn Zeilen der Kruse-Kopie und den folgenden 22 Zeilen des *Iris*-Drucks zusammengesetzt ist. – Die Fassung in den *Schriften* geht auf die von Kruse kopierte Fassung zurück und erhält die Überschrift »Willkomm und Abschied«. – Die in den *Werken* abgedruckte Fassung hat die Überschrift *Willkommen und Abschied.*

Gerhard Sauder

Willkomm und Abschied: wortlos. Goethes Sesenheimer Gedicht *Mir schlug das Herz*

Dieses Gedicht gilt als eines der berühmten der deutschen Lyrik überhaupt. Neben dem *Maifest* wird es immer wieder als Muster für Goethes Straßburger oder Sesenheimer Dichtung herangezogen. Der jugendliche Schwung, die Leidenschaft und Frische des Gedichts finden uneingeschränkte Bewunderung. Diese Wertschätzung entstammte schon immer einem Kategoriensystem, das dem Goetheschen Gedicht seinen ungewöhnlichen Rang im Vergleich mit der sonst bis zum Frühjahr 1771 veröffentlichten deutschen Lyrik anwies. So ist die Bemühung um ein angemessenes Verständnis vor allem auf eine Bestimmung des literarhistorischen Kontexts angewiesen.

Kaum eine Interpretation verzichtet auf den Hinweis, daß dem Gedicht die historische Signatur des Übergangs, der Ablösung und des Neubeginns eingeschrieben sei. Es stammt aus einer Phase des Experiments und weist keineswegs die Glätte und Einstimmigkeit des ›vollkommenen‹ Kunstwerks auf.

In seinem *Versuch eines Schemas zu Goethes Gedichten* führt Max Kommerell das Gedicht in der Gruppe auf, die durch eine »zusammengesetzte Situation« gekennzeichnet sei (Kommerell, S. 26). Auf den Gegensatz der Metaphorik (Dunkel der Nacht – Licht der Willkommens- und Abschiedsszenen) ist wiederholt hingewiesen worden. Der Kontrast wird durch die Aufteilung der vier Strophen auf die beiden Bereiche besonders augenfällig. Rolf Christian Zimmermann (Bd. 1, S. 228; Bd. 2, S. 29, 36) betont die polare Struktur des Gedichts: Der »Konzentration«, der »Verselbstung«, dem »Mut« und der »Verengung« des Herzens in der Nachtszenerie stehe die »Expansion«, das »Entselbstigung«, die »Freude«, »Weite« und »Erweiterung« des Herzens gegenüber. Dies entspricht – nach Zimmermann – hermetischer Tradition. Obwohl dieser Interpretationsvorschlag viel für sich hat, läßt er noch immer einige Fragen offen. McWilliams hat mit Recht an den bisher vorliegenden Deutungen kritisiert, sie seien nicht in der Lage, den Zusammenhang zwischen den Bildern des nächtlichen Schreckens und der Liebesszenen zu erklären. Der fundamentale Widerspruch in diesem Gedicht habe noch keine befriedigende Auflösung gefunden. Es genügt in der Tat nicht, die Strophen 1 und 2 als Manifestation des Goetheschen Sturm und Drang, die Strophen 3 und 4 als eher traditionsverhaftete, der Anakreontik verpflichtete zu bezeichnen. Damit kann das scheinbar so ›schlichte‹ Gedicht nur partiell verständlich gemacht werden.

Erstaunlich ist es gewiß, daß in der Deutungsgeschichte dieses Gedichts meist eher das den Erwartungen Widersprechende als das im Experiment Gelingende hervorgehoben wurde. Kurt May hat gezeigt, daß weder die Metrik noch der Rhythmus des Gedichts in irgendeiner Weise der von einem Sturm-und-Drang-Gedicht anzunehmenden »Entfesselung« entspricht. Der »obligate jambische Viertakter«, das »Allerweltsversmaß«, werde zwar von Zeile zu Zeile variiert, so daß gelegentlich nur zwei Haupthebungen zwei Nebenhebungen gegenüberstehen, doch klinge bei aller Mannigfaltigkeit das viertaktige Grundmaß wieder durch; die »Versbetonung spottet immer wieder der metrischen Form, aber ohne daß diese ganz verschwindet« (May, S. 322 f.).

Es ist eines der Vorurteile, die bis heute oft die Lektüre dieses Gedichts leiten, daß es bereits ein hervorragendes Beispiel Goethescher Erlebnislyrik darstelle. So wenig die Datierung des Gedichts auf den 6. Januar 1771 überzeugen kann – für May ist sie fraglos akzeptabel –, so wenig leistet folgende Passage aus *Dichtung und Wahrheit* zur Erhellung des Gedichts: »Ich glaubte eine Stimme vom Himmel zu hören, und eilte was ich konnte, ein Pferd zu bestellen und mich sauber herauszuputzen. [...] So stark ich auch ritt, überfiel mich doch die Nacht. Der Weg war nicht zu verfehlen, und der Mond beleuchtete mein leidenschaftliches Unternehmen. Die Nacht war windig und schauerlich, ich sprengte zu, um nicht bis morgen früh auf ihren Anblick warten zu müssen« (*Hamburger Ausgabe* IX,452). Diese Notiz, die mit keinem ›letzten Abschied‹ in Verbindung zu bringen ist, und Ergebnisse der älteren, biographisch orientierten Forschung, die bekanntlich aus Goethes Liebe zu Friederike Brion eine Pfarrhausidylle im elsässischen Sesenheim oder gar einen spekulativen Liebesroman konstruiert hat, wurden für ausreichend gehalten, den ›Erlebnischarakter‹ des Gedichts zu belegen.

Die episierenden Elemente, die Distanzierung durch das Kommentieren, Interpretieren, Überdenken und Beurteilen der einzelnen Phasen, aus welchen die Situation zusammengesetzt ist, geben dem Beobachten und Werten den Vorrang. Es ist nicht richtig, daß die Darstellung »ganz schlicht dem natürlichen Ablauf des Vorgangs« folge (Wiegand, S. 103). Der Vorgang – Ritt, Begrüßung, Abschied – wird in eine Reihe von Momenten aufgelöst, die nicht etwa einen ›Erlebnisvorgang‹ als Handlung evozieren. Der Vorgang wird immer wieder angehalten, unterbrochen, bewertet. Gerade in den Strophen 3 und 4 wirken Ausrufe, Vergewisserung und fiktive Anrede an das Mädchen in Verbindung mit dem konsequent gebrauchten Imperfekt distanzierend. Vergangenheit und nicht zur ›Einfühlung‹ verleitende Handlungsgegenwart bestimmt die Situationen des Gedichts (vgl. Müller, S. 28 ff.).

Sicher hat der furiose Einsatz des Gedichts wesentlich zu der Auffassung beigetragen, es handle sich um die poetische Niederschrift eines Erlebnisses. Die erste Zeile führt sofort zu einem affektiven Gipfel. Nach zeitgenössischer Theorie entsteht jede Art von Leidenschaft durch eine heftige Erschütterung der »sinnlichen« und »geistigen« Fibern oder, nach Anschauung der Assoziationstheorie, durch Vibrationen von Partikeln in der Mark-Substanz der Nerven. Heftige Leidenschaft wird einem vorübergehenden Irresein gleichgesetzt, wobei Vernunft und Urteil ausgeschaltet sind. Zu den heftigen Leidenschaften zählt die »Geschlechtsliebe«. In der ersten Zeile des Gedichts genügt die körperliche Äußerung der »Leidenschaft«, um den nicht lange geplanten, sondern aus der Eingebung des Augenblicks stammenden Entschluß zu einem Ritt zur Geliebten zu motivieren. Die Evokation der Leidenschaft durch die Wahl des körperlichen Affekts statt einer eher psychologischen Formulierung, die darauf folgenden elliptischen Ausdrücke der Aufforderung und der martialische Vergleich sind sicher zu Recht als typische Sprechhandlungen des Sturm und Drang eingeschätzt worden. Die gedämpfte Affektivität der

415

Leipziger Anakreontik, die Goethe ja in gelungenen Gedichten selbst erprobt hatte, wird schon durch diesen Strophenbeginn als vergangene Form poetischer Äußerung verabschiedet. So klar es nach einer ersten Lektüre schon ist, warum diesem lyrischen Subjekt das Herz schlägt, so klar ist dann auch der Typus des Liebesgedichts durch den Eingang und die zweite Hälfte des Textes erkennbar. In der Tradition erotischer Dichtung war es allerdings unmöglich, den Liebhaber als Kriegshelden einzuführen. Trotz Formeln wie »bellum amorosum« oder »militia Veneris« hatte der Krieger im erotischen Gedicht nichts verloren. Der Vergleich, der mit »wild« (2) sowohl die Leidenschaft als auch das »Heldische« kennzeichnet, wird dadurch um so gewichtiger, daß der eigentliche Bereich, dem der Vergleich ja gelten soll, das von sich sprechende Ich, dadurch geradezu verdrängt wird (vgl. Michelsen, S. 12). In den Strophen 1 und 2 spricht dieses Ich an keiner Stelle direkt von sich – es sagt, was ihm widerfährt; das dreimal eingesetzte Possessivpronomen »mein« (14–16), durch die anaphorische Stellung (15/16) noch hervorgehoben, steht vor dem Vermögen dieses »Helden« (2). Er wird damit aus den Momenten zusammengesetzt, die ihn befähigen, das nächtliche Wagnis zu bestehen.

Von der rokokohaften Naturevokation, die mit Hilfe stereotyper Versatzstücke, durch Erotisierung oder Idyllisierung zwar schon die »Schlangenlinie des Reizes« in Landschaft und Naturausschnitt entdeckte, ist die in diesem Gedicht so erstaunliche Dynamisierung der nächtlichen Welt schon weit entfernt. Auf die Anregungen, die Goethe für diese neue Sicht von Shakespeare, Ossian und Herder zuteil wurden, ist oft hingewiesen worden. Die Verbmetaphorik führt mit sanfter Steigerung von der Dämmerung (3: »wiegte«) zur hereinbrechenden Nacht (4: »hieng«). Das sonst so bedeutungsarme »stund« (5) wird durch den auf das »wie« verzichtenden Vergleich (6: »Ein aufgethürmter Riese«) semantisch aufgewertet. Die Empfindungen der nächtlichen Natur, die einer mythischen Welterfahrung entsprechen sollen, verändern nicht nur das Aussehen von Baum und Strauch – diese werden selbst zu Subjekten, die den Reitenden schrecken. Nach der Evokation des »kläglich« (10) scheinenden Mondes und den schauerlichen Tönen des Windes erfolgt die Steigerung des finsteren Schreckens: In Strophe 1 ist von »hundert schwarzen Augen« (8) die Rede, in Strophe 2 schon von »tausend Ungeheuern« (13). Aus den konventionellen Elementen der Nachtbeschreibung (Nebel, drohendes Gesträuch, Mond, schauerliche Geräusche) entsteht in diesem Gedicht eine Reihung des Unheimlichen, das wie ein Feind die »Helden« herausfordert. Von einem empfindsamen Poeten wären diese Elemente der nächtlichen Natur genutzt worden, um elegische oder melancholische Empfindungen hervorzurufen. Diese Natur aber scheint sich der Anthropomorphisierung zu entziehen – sie ist das Wilde, Ungezähmte, Bedrohliche. Um zu beweisen, daß es der Unzahl des Ungeheuerlichen gewachsen sei, greift dieses Ich zu einem Paradoxon: das Vervielfältigungszahlwort »tausendfach« (14) läßt sich sowenig wie etwa ›dreifach‹ steigern. Es handelt sich um eine Art von Analogiebildung zu Klopstocks ›absoluten Komparativen‹, so daß auch hier der Sinn einfach mit einem ›noch viel mehr‹ umschrieben werden kann. Wie zu Beginn des Gedichts die Leidenschaft das Wort hat, so wird die erste Hälfte auch mit den Metaphern der höchsten Leidenschaft, »Feuer« (15) und »Gluth« (16), beschlossen. Die Steigerungen der Zeilen 14–16 geben von einem Ich Zeugnis, das mit dem Helden-Vergleich, dem unendlichen Mut und seinem glühenden Geist und Herzen eine geradezu übermenschliche Größe beansprucht. Es ist ein Ich der ungeahnten Kraft, die nicht zufällig durch eine bedrohliche nächtliche Natur provoziert wird. Das hochklopfende Herz, Feuer und Glut sind Zeichen einer elementaren Stärke. An die »innre Glut«, die in *Wandrers Sturmlied* ein Jahr später, im Frühjahr 1772, mit Pindar beschworen wird, darf hier schon gedacht werden. Dem Dunkel der Nacht steht in »Feuer« und »Gluth« bereits eine ›innere‹

Helligkeit gegenüber, die sich in der dritten Strophe auch ›außen‹ wiederfinden läßt.

Wenn das erste Wort der dritten Strophe nun »Ich« heißt (17) – und dies ist das Ich des Liebenden –, so wird dem Leser ein harter Übergang von dem feurigglühenden Ich des nächtlichen Rittes abverlangt. Das Gedicht verzichtet auf sanfte Übergänge – die elliptischen Sätze der Zeilen 1 und 2 charakterisieren schon die Fügung der Strophen. Das Ich, das die Geliebte sieht, erscheint in seiner Leidenschaft sichtlich gedämpft. Wieder ist es erstaunlich, welches Gewicht das Allerweltsverb »sehen« in dieser Position erhält. Es wird überdies durch das Metrum hervorgehoben. Mit dieser an Einfachheit kaum zu überbietenden Formel »Ich sah dich« (17) macht das Gedicht erstmals das Motiv und Ziel des nächtlichen Rittes verständlich. So neu diese Sprache in einem poetischen Text auch klingt, so intensiv lebt sie doch aus der Tradition. Die erotische Poesie kennt als erste der ›quinque lineae‹ das Sehen (›visus‹). Die normalerweise zu erwartende Anrede (›allocutio‹) ist ausgespart – die Berührung (›tactus‹) impliziert die »Zärtlichkeit« des Willkomms; die Küsse des Abschieds (›osculum‹) stellen bereits die vorletzte Phase dar. Mehr erlauben Dezenz und früher Abschied nicht. Sowohl die Befolgung des Lineae-Schemas als auch die Verwendung des in erotischer Poesie konventionellen Augen-Topos – mit dem Extrem im Petrarkismus – und die aus der Anakreontik geläufigen Ausdrücke wie »rosenfarb« (21), »Zärtlichkeit« (23) werden paradoxerweise in diesem Gedicht zu Elementen der Innovation. Die Radikalisierung der Konvention, wie sie am eindrücklichsten durch die semantische Intensivierung des »Sehens« erreicht wird, bringt das Neue hervor. Es ist schwer verständlich, daß zahlreiche Interpreten des Gedichts die Verwendung von Traditionselementen als Minderung seiner Qualität kritisiert haben.

Der Verzicht auf die Allocutio, auf jede Form des Liebesdialogs mit Rede und Gegenrede, enthebt dieses sich erinnernde lyrische Subjekt der Schwierigkeit, für eine neue

Form der Liebe Wörter zu finden, die erst noch zu entdek-ken waren. Die Strophen des Willkomms und des Abschieds nutzen extensiv die Möglichkeiten nichtverbaler Kommuni-kation. Der »süße Blick« (18) der Geliebten genügt, um dem »Sehenden« alles zu sagen. Das »mild« der »Freude« (17) kontrastiert zu »Feuer« und »Gluth« (15 f.), bewahrt aber auch noch die alte Bedeutung der Mild- und Freigebigkeit. In den Zeilen 19/20 wird die Herz-Metaphorik der Zeilen 1 und 16 aufgenommen – aber es ist nicht mehr das leiden-schaftlich klopfende oder in Glut zerfließende Herz. Die Nähe der Geliebten entscheidet über die affektive Stim-mung. Der »Atemzug« des Liebenden »für« sie (20) ist Zeichen dafür, daß er körperliche und seelische Regungen ganz unter ihr sanftes Regiment stellt. Sie ist, im Gegensatz zur unheimlichen Nachtnatur, eine Erscheinung der Hellig-keit: Natur, Jahreszeit und das »rosenfarbe« (21) Licht verbinden sich, um das »liebliche Gesicht« (22) zu einem stummen und doch beredten Zeichen werden zu lassen. Daß in dieser Zeichensprache des Gesichts auch von erhoffter, geschenkter und nicht zu verdienender »Zärtlichkeit« die Rede ist, muß, als Gipfel des Glücks, wie später noch einmal in der Schlußzeile, den Göttern anvertraut werden (23). Im Anruf liegt Dank.

Die erste Zeile der Schlußstrophe fügt an das Thema »Abschied« zwei wertende Ausrufe. Was zwischen Ankunft und Abreise des lyrischen Subjekts liegt, bleibt ausgespart. Noch einmal wird die ›visuelle Interaktion‹ bemüht, um das Herz sprechen zu lassen. Die Steigerung der stummen Lie-bessprache bis hin zu den Küssen offenbart die in dieser Situation aufbrechende Ambivalenz: Der Kuß versichert die Liebenden ihrer wechselseitigen »Wonne« und, im vorweg-genommenen Abschied, ihres »Schmerzes« (28). Die in die-ser letzten Strophe häufigen Ausrufe (25, 27, 28, 31, 32) scheinen zunächst die Unmittelbarkeit der Situation herzu-stellen – tatsächlich enthalten sie aber durchweg affektive und differenzierende Wertungen des distanzierten lyrischen Subjekts. Was von der Abschiedsszene selbst berichtet wird, ist wiederum wortlose Szene. Die lapidare Formel »Du giengst, ich stund« (29), vergleichbar der in Zeile 17, zwingt die Liebenden durch die schlichte Gegenüberstellung der Personalpronomina und der sonst so tonlosen Verben »gehen« und »stehen« zu einem Abschiedstableau zusammen. Wieder genügt der Blick als Verständigungsmittel. Betretene Blicke zur Erde, ein Nachblicken unter Tränen sagen genug!

Die Beschränkung auf die Szenen von »Willkomm« und »Abschied« legte eine emotionale, ja empfindsame Auslegung der Situation nahe. Das bürgerliche Trauerspiel kann bei solchen Anlässen alle Register der Rührung ziehen. Gewiß sind diese beiden Szenen auch deshalb gewählt, um zwei emotionale Gipfel an den Ritt der Leidenschaft anschließen zu können. Doch wird eine empfindsame Auswertung der Szene nur angedeutet: Der empfindsame Terminus »Zärtlichkeit« und der »nasse Blick« sind sparsam eingesetzte Mittel aus einem wesentlich umfangreicheren Repertoire für rührende Szenen, das in der zeitgenössischen Literatur bereitstand. Wie in der Evokation der nächtlichen Natur wird in den Strophen 3 und 4 gegen die Konvention angeschrieben. Wird sie doch noch gebraucht, so in einer neuen Funktion, was ihr innovative Kraft verleiht.

Obwohl sich die Verständigung der Liebenden im wesentlichen auf die visuelle Interaktion beschränkt, kommt der Frau eine wichtige Rolle zu: Sie ist nicht mehr die zu umwerbende reizende Rokokoschöne, sondern ein Subjekt, das einem anderen gleichberechtigt Liebe entgegenbringt. Der Lakonismus, der alltagssprachlichen Wendungen eine bislang unerhörte Bedeutung im Kontext des Liebesgedichts gibt, versucht die partnerschaftliche Liebesbeziehung sprachlich abzubilden. Die Schlußsentenz, die durch das zweifache »Und« (29, 30) aus der Abschiedspantomime hergeleitet und ihr durch das »doch« gleichzeitig entgegengesetzt wird, will durch den Wechsel von Passiv und Aktiv diese Wechselseitigkeit als neues affektives Verhaltensmuster ausweisen. Die Intensität dieser Liebe ist gerade bei der Frau im Medium der visuellen Interaktion spürbar. Doch verrät die partielle Sprachlosigkeit, zu der das lyrische Subjekt die Geliebte ›verurteilt‹, auch ein nicht völliges Gelingen der intendierten Wechselseitigkeit. Die neue Nähe, die dieses Gedicht in der Fassung von 1775 zu erobern sucht, gelingt noch nicht ganz. Die Norm, gegen die diese beiden Strophen eine neue, individualisierte Sprache setzen, bleibt mächtig. Die Revolution kündigt sich erst an – eine Revolution auf ›Taubenfüßen‹. Das große männliche Ich des nächtlichen Ritts bleibt dominant.

Es war folgerichtig, daß Goethe in einer späteren Phase, als er in seinen Gedichten die Geliebte tatsächlich zu Wort kommen läßt, gerade die Vorherrschaft dieses Ichs zu korrigieren versuchte: Die wichtigen Formeln in den Zeilen 17 und 29 wurden in den späteren Fassungen von 1790 und 1806 durch Umstellung verändert. Nun heißt es: »Dich sah ich« und »Ich ging, du standst«. Durch diese scheinbar wenig gravierenden Korrekturen der frühen Fassung sind geradezu neue Gedichte entstanden: Wenn die Funktion der neuen Liebesbeziehung als zentral eingeschätzt wird, ist dieser These von Ellis zuzustimmen.

Zu den Widersprüchen dieses Gedichts gehört sicher die Opposition Liebhaber / glühendes Ich, das sich mit einer mythisierten, unheimlich vergötterten Natur auseinandersetzt, um seine eigene Kraft zu erfahren, die in der Liebesbeziehung keine Bedeutung zu haben scheint. In einer Rezension von Sulzers Schrift *Die schönen Künste in ihrem Ursprung, ihrer wahren Natur und besten Anwendung, betrachtet* (1772), die früher Goethe, heute eher Merck (bei möglicher Mitarbeit Goethes) zugeschrieben wird, findet sich eine Charakteristik der Natur, die der Naturkonzeption des Gedichts entspricht: »Sind die wütenden Stürme, Wasserfluthen, Feuerregen, unterirrdische Glut, und Tod in allen Elementen nicht eben so wahre Zeugen ihres ewigen Lebens, als die herrlich aufgehende Sonne über volle Weinberge und duftende Orangenhaine. [. . .] Was wir von Natur sehn, ist Kraft, die Kraft verschlingt nichts gegenwärtig alles vorübergehend, tausend Keime zertreten jeden Augenblick tausend geboren, groß und bedeutend, mannigfaltig ins Unendliche; schön und häßlich, gut und bös, alles mit gleichem Rechte neben einander existierend« (Merck, S. 568 f.). Wie die neue Form der partnerschaftlichen Liebe das zierliche, reizende und zum Kleinen neigende Rokoko hinter sich lassen will, so soll auch die Evokation der Natur die Distanz zur domestizierten, lieblichen Rokokonatur markieren. Die ganze Gott-Natur in ihrer ursprünglichen Kraft ist in diesem Gedicht Projektion des großen Ich, das gleichsam erst durch diese Natur zu sich selbst kommt. Man hat dieses Ich wiederholt das einer aufbrechenden Generation oder eines entschlossenen bürgerlichen Revolutionärs genannt. Vor vereinfachenden Zuordnungen hat Conrady mit guten Argumenten gewarnt. Sicher ist das Bestreben dieses lyrischen Subjekts, die Schranken zumindest im eigenen Erfahrungsbereich aufzuheben, die einem Deutschen bürgerlicher Abkunft damals in Deutschland – selbst dem Sohn eines reichen Patriziers – manche Lebensmöglichkeit versperrten, bahnbrechend. Aber das Neue bleibt zunächst im Kreis der literarischen Freunde. Die scharfe Ablehnung, welche die Sturm-und-Drang-Literatur durch die meisten lesenden Deutschen erfuhr, zeigt deutlich genug, daß Goethe und Herder, Lenz und Wagner, Klinger und Merck ein neues Selbstverständnis entwickelt hatten, das dem allgemeinen der bürgerlichen Aufklärung weit voraus war und durch keine öffentlichen oder ökonomischen Tendenzen um 1772 direkt oder indirekt aufgegriffen und befördert wurde. Die ›Gesellschaftslosigkeit‹, die für viele deutsche Autoren im 18. Jahrhundert zum herben Schicksal wurde, gilt auch für den Straßburger Zirkel der Sturm-und-Drang-Autoren.

Für Goethe bedeutete das Leben in der französischen Stadt mit vielen deutschen Traditionen eine individuelle Befreiung. Herder trug durch seine Kritik und Aufmunterung dazu wesentlich bei. Die Enge, die Goethe im »abgezirkelten Wesen« Leipzigs (*Hamburger Ausgabe* IX,371) sich selbst auferlegt hatte und wovon seine dort entstandenen Gedichte zeugen, weicht nun einer Ausdehnung des eigenen individuellen Lebensanspruchs ins Weite. Die Erfahrung einer nicht spielerischen oder literarisierten Liebe und einer offenen Landschaft ermöglichten Steigerungen des Selbstgefühls, die in literarischer Formulierung unerhört waren. Im Schema zum 7. Buch von *Dichtung und Wahrheit* heißt es über die gleichgesinnte Jugend, »Strebung und Naturgenuß, freyer Genuß der Kräfte« (*Hamburger Ausgabe* IX,751) seien ihr Ziel gewesen. Kritischer klingt die allgemeine Charakteristik der Zeit: »Epoche der genialen Anmaßung. Diese mußte nothwendig aus der Tendenz nach unmittelbarer Natur entstehn. Die Individuen wurden von allen Banden der Critik befreit und jeder konnte seine Kräfte schätzen und überschätzen, wie ihm beliebte« (*Weimarer Ausgabe* XXVIII,374).

Diesem Sesenheimer Gedicht, das wohl wie die übrigen als Briefbeilage und »Stückgen Papier so ein wahrer Trost, so ein geflügeltes Pferd« (*Briefe*, S. 117) für Autor wie Empfängerin war, ist die »Anmaßung« nicht ganz fremd. Neue Subjektivität, neue Liebesbeziehung und die ganze Natur sollten in einem Text und einem Experiment zusammenstimmen. Es ist müßig, den Ritt durch die Nacht als Ritt durch die Landschaft der Seele, die grundlose Tiefe des Mythos (Michelsen) oder als Ausdruck eines Schuldbewußtseins, einer ich-verhafteten Liebe oder gar als Angst vor der sexuellen Begegnung zu deuten (McWilliams). Die leisen Widersprüche sind damit nicht aufgelöst. Das Gedicht steht aber – unabhängig von seiner historischen Bedeutung – gerade in seiner Widersprüchlichkeit noch immer für Anmaßung und versuchte Nähe, ganze Natur und Bedrohung. Die Momente der Anziehung und der Distanzierung können den Leser noch immer provozieren.

Zitierte Literatur: Karl Otto CONRADY: Über »Sturm und Drang«-Gedichte Goethes. Anmerkungen zu ihrem historischen Ort und zu ihrer heutigen Bedeutung. In: K. O. C.: Literatur und Germanistik als Herausforderung.

Skizzen und Stellungnahmen. Frankfurt a. M. 1974. S. 125–153. – J. M. ELLIS: Goethes's Revision of ›Willkommen und Abschied‹. In: German Life and Letters 16 (1962/63) S. 14–22. – Goethes Werke. Hrsg. im Auftrage der Großherzogin Sophie von Sachsen. 143 Bde. Weimar 1887–1919. [Zit. als: Weimarer Ausgabe, mit Band- und Seitenzahl.] – Goethes Werke. Hamburger Ausgabe. 14 Bde. Hrsg. von Erich Trunz. Hamburg 1948–60. [Zit. als: Hamburger Ausgabe, mit Band- und Seitenzahl.] – Johann Wolfgang von GOETHE: Schriften. Bd. 8. Leipzig 1790. – Johann Wolfgang von GOETHE: Werke. Bd. 1. Tübingen 1806. – Goethes Briefe. Bd. 1. Hamburg ²1968. – Der junge Goethe. Neu bearb. Ausg. in 5 Bdn. Hrsg. von Hanna Fischer-Lamberg. Berlin [West] 1963–74. – Der junge Goethe. Neue Ausg. in 6 Bdn. Bes. von Max Morris. Leipzig 1909–12. – Max KOMMERELL: Gedanken über Gedichte. Frankfurt a. M. 1943. ²1956. – James R. MCWILLIAMS: A New Reading of ›Willkommen und Abschied‹. In: German Life and Letters 32 (1978/79) S. 293–300. – Kurt MAY: Drei Goethesche Gedichte. In: Die Werkinterpretation. Hrsg. von Horst Enders. Darmstadt 1978. S. 312–335. [Zuerst 1957.] – Johann Heinrich MERCK: Werke. Ausgew. und hrsg. von Arthur Henkel. Mit einer Einl. von Peter Berglar. Frankfurt a. M. 1968. – Peter MICHELSEN: ›Willkomm und Abschied‹. Beobachtungen und Überlegungen zu einem Gedicht des jungen Goethe. In: Sprachkunst 4 (1973) S. 6–20. – Max MORRIS: Zum »Jungen Goethe«. In: Euphorion 20 (1913) S. 492–500. – Peter MÜLLER: Zwei Sesenheimer Gedichte Goethes. Zur Interpretation von »Willkomm und Abschied« und »Mayfest«. In: Weimarer Beiträge 13 (1967) S. 20–47. – Julius WIEGAND: Zur lyrischen Kunst Walthers, Klopstocks und Goethes. Tübingen 1956. S. 103–105. – Rolf Christian ZIMMERMANN: Das Weltbild des jungen Goethe. Studien zur hermetischen Tradition des deutschen 18. Jahrhunderts. 2 Bde. München 1969–79.

Weitere Literatur: Alfred ANGER: Literarisches Rokoko. 2., durchges. und erg. Aufl. Stuttgart 1968. – Walter HINCK (Hrsg.): Sturm und Drang. Ein literaturwissenschaftliches Studienbuch. Kronberg (Ts.) 1978. – Joachim MÜLLER: Wirklichkeit und Klassik. Beiträge zur deutschen Literaturgeschichte von Lessing bis Heine. Berlin [Ost] 1957. S. 212–224. – S. S. PRAWER: German Lyric Poetry. London 1952. S. 54–59. – Heinz SCHLAFFER: Musa iocosa. Gattungspoetik und Gattungsgeschichte der erotischen Dichtung in Deutschland. Stuttgart 1971. – Emil STAIGER: Goethe. 1749–1786. Zürich / Freiburg i. Br. ³1960. – Herbert ZEMAN: Die deutsche anakreontische Dichtung. Ein Versuch zur Erfassung ihrer ästhetischen und literarhistorischen Erscheinungsformen im 18. Jahrhundert. Stuttgart 1972.

Johann Wolfgang Goethe

Prometheus

Bedecke deinen Himmel Zevs   I
Mit Wolckendunst!
Und übe Knabengleich
Der Disteln köpft,
An Eichen dich und Bergeshöhn!
Musst mir meine Erde
Doch lassen stehn.

Und meine Hütte   II
Die du nicht gebaut,
Und meinen Heerd
Um dessen Glut
Du mich beneidest.

Ich kenn nichts ärmers   III
Unter der Sonn als euch Götter.
Ihr nähret kümmerlich
Von Opfersteuern und Gebetshauch
Eure Majestät, und darbtet wären
Nicht Kinder und Bettler
Hoffnungsvolle Tohren.

Als ich ein Kind war   IV
Nicht wusste wo aus wo ein
Kehrt mein verirrtes Aug
Zur Sonne als wenn drüber wär
Ein Ohr zu hören meine Klage
Ein Herz wie meins
Sich des bedrängten zu erbarmen.

Wer half mir wider   V
Der Titanen Übermuth

Wer rettete vom Todte mich
30 Von Sklaverey?
Hast du's nicht alles selbst vollendet
Heilig glühend Herz?
Und glühtest iung und gut,
Betrogen, Rettungsdanck
35 Dem Schlafenden dadroben.

Ich dich ehren? Wofür?   VI
Hast du die Schmerzen gelindert
Je des Beladenen
Hast du die Tränen gestillt
40 Je des Geängsteten.
Hat nicht mich zum Manne geschmiedet
Die allmächtige Zeit
Und das ewige Schicksaal
Meine Herrn und deine.

45 Wähntest etwa   VII
Ich sollt das Leben hassen
In Wüsten fliehn
Weil nicht alle Knabenmorgen
Blütenträume reifften.

50 Hier sitz ich forme Menschen   VIII
Nach meinem Bilde
Ein Geschlecht das mir gleich sey
Zu leiden weinen
Geniessen und zu freuen sich,
55 Und dein nicht zu achten
Wie ich.

Abdruck nach: Der junge Goethe. Neu bearb. Ausg. in 5 Bdn. Hrsg. von Hanna Fischer-Lamberg. Bd. 3: September 1772 – Dezember 1773. Berlin: de Gruyter, 1966. S. 78 f. [Abdruck der frühesten Fassung.]
Entstanden: 1773/74 in Zusammenhang mit dem dramatischen Fragment *Prometheus.*
Erstdruck [Unautorisiert]: Friedrich Heinrich Jacobi: Über die Lehre des

Spinoza in Briefen an den Herrn Moses Mendelssohn. Breslau: G. Löwe, 1785. [Jacobi löste damit den ›Spinozismusstreit‹ aus (vgl. Blumenberg).] – *[Autorisiert:]* Goethes Schriften. 8 Bde. Leipzig: Göschen, 1787–90. Bd. 8. [Dort mit einigen sprachlichen Glättungen. Goethe ließ hier auf *Prometheus* unmittelbar den in der Tendenz konträren *Ganymed* folgen.]

Horst Thomé

Tätigkeit und Reflexion in Goethes *Prometheus*. Umrisse einer Interpretation

Jeder Versuch, den *Prometheus* zu interpretieren, stößt auf ein Geflecht schon längst tradierter philologischer, geistes- und sozialgeschichtlicher Probleme (vgl. die Literatur). Die Kontroversen der Deutungsgeschichte können hier nicht einmal nachgezeichnet, geschweige denn gelöst werden. Die Interpretationsskizze wird demgemäß weitgehend textimmanent verfahren und sich mit einigen Hinweisen auf weitere Zusammenhänge begnügen.

Der Titel macht die Ode als Rollengedicht kenntlich. Es spricht weder ein unspezifiziertes lyrisches Ich noch der Autor selbst, sondern eine mythologische Figur. Ihre Charakterisierung muß sich in das überlieferte Bild einfügen, damit der Text überhaupt verständlich ist. Der Mythos von Prometheus erzählt einen Ablauf von Ereignissen. Der Halbgott Prometheus bildet Menschen aus Ton und bringt ihnen gegen Zeus' Willen das Feuer. Zur Strafe wird er an den Kaukasus geschmiedet, später befreit und als Berater der Götter aufgenommen. Die Ode greift aus dem Zusammenhang *einen* markanten Augenblick heraus. Die gegen die Götter gerichteten Handlungen (Auflehnung, Feuer, Erschaffung der Menschen) zeitigen Erfolg: die Situation des Triumphes also. Der Text gibt keinen Hinweis auf das spätere Schicksal des Prometheus, schließt aber damit diesbezügliche Assoziationen des Lesers nicht aus, da der Sprecher ja seine Zukunft nicht kennen kann. Es bleibt offen, ob ein Verblendeter vor dem Untergang, ein Märtyrer oder ein Sieger spricht.

Die Sprechsituation ist nicht monologisch. Die Rede wendet sich das ganze Gedicht hindurch an ein Gegenüber, an Zeus, wie denn die Ode stets ermunternde, preisende oder mahnende Anrede ist. Offen bleibt, ob Zeus als (anwesender?) Hörer zu denken ist, oder ob ihn Prometheus bloß imaginiert – letzteres würde den provokativen Charakter abschwächen. Prometheus setzt stillschweigend voraus, daß Zeus mit seiner Lebensgeschichte vertraut ist. Er braucht so auf Gegenstände (10: »Heerd«) und Ereignisse (28: »Der Titanen Übermuth«) nur abkürzend zu verweisen. Der Leser muß diese Hinweise aus eigenem Wissen vervollständigen. Dabei ergeben sich offene Stellen, da nicht klar ist, auf welche Varianten des Mythos sich der Text bezieht. Beispielsweise bleibt unentschieden, ob sich die von Prometheus geformten Menschen sofort verlebendigen, oder ob sie, wie in einem Teil der mythologischen Überlieferung und in Goethes dramatischem Fragment Prometheus, erst noch der Beseelung durch Minerva bedürfen (zum unklaren Verhältnis zwischen Fragment und Ode vgl. Conrady). Dies ist aber von Bedeutung für die Gewichtung der Eigenständigkeit der prometheischen Schöpferkraft. Vieldeutigkeiten dieser Art, die hier nicht alle aufgeführt werden können, können nicht durch die Einholung zusätzlichen Wissens ›geklärt‹ werden. Sie sind ein Merkmal des Textes und gehören zu seinem ›Sinngehalt‹.

Thema der Rede ist die Abgrenzung der Sphären (vgl. Conrady). Das Universum wird eben nicht, wie von der Naturmystik des Sturm und Drang aus zu erwarten wäre, als großer, vom göttlichen Alleben erfüllter Zusammenhang erlebt (vgl. Werther, Brief vom 10. Mai). Wo demgemäß Ganymed in vertikaler Bewegung die Annäherung von Erde und Himmel vollzieht, treten hier beide in scharfer Opposition auseinander. Der eine ist der Bereich der Götter (1:

»deinen Himmel«), die andere ist der Bereich des Prometheus (6: »meine Erde«). Gemeinsamkeiten sind nur dadurch gegeben, daß beide der »Zeit« (42) und dem »Schicksaal« (43) unterworfen sind, unbeeinflußbaren und unpersönlichen Prozessen also, die lediglich in abstrakten Begriffen benannt werden und zu denen Prometheus in keine emotionale Beziehung tritt.

Grundgedanke in der Argumentation ist die wechselseitige Unbeeinflußbarkeit. Das Gebet als Bitte um göttlichen Beistand bleibt erfolglos (Str. 3–6), wobei offenbleibt, ob die Götter nicht helfen können oder nicht helfen wollen. Andererseits kann Prometheus höhnend die Blitze des Zeus herausfordern (Str. 1–2), weil ihr Zerstörungspotential die feste »Erde« (6) und die elementaren Kulturgüter (8, 10: »Hütte« und »Heerd«) nicht erreicht. Die Auflehnung des Prometheus, die sich in der von ihm gesetzten Trennung ausdrückt, entzündet sich am Anspruch der Götter auf »Opfersteuern« und »Gebetshauch« (16), obwohl sie in die Lebensbedingungen der Erde nicht entscheidend eingreifen können.

Die Opposition gegen Zeus ist bereits in der höhnenden Anrede der ersten Zeile gegeben. Die folgenden Strophen falten sie nur immer weiter aus. Insofern vollzieht der Text keine Entwicklung im Sinne der dramatischen Rede, die in Dialog oder Monolog (vgl. etwa Schiller, *Wallensteins Tod* I,4) durch das Sprechen selbst die entscheidende Klärung der Positionen als sein Ergebnis erst hervorbringt. Die Rede ist aber aufgrund ihrer Neigung zu Argumentation und rückschauender Erinnerung auch nicht als ›lyrisch‹-distanzloses Aussprechen einer emotionalen Gestimmtheit (vgl. etwa Goethe, *Maifest*) zu charakterisieren. Sie durchläuft durchaus eine reflektierende Bewegung. Diese beginnt mit der aktuellen Situation (Str. 1–3), wendet sich (Str. 4–6) der Vergangenheit zu (vgl. den Tempuswechsel »Als ich ein Kind *war*« [20]) und kehrt am Schluß zur Gegenwart zurück (Str. 7–8). Die Argumentation zieht sich (Ausnahme: Str. 1–2) nicht über die Strophengrenzen hinweg, zwischen denen auch die logischen Partikel fehlen. Die Gedanken springen, indem sinnfällige Bilder (Zeus und seine Blitze, das hilflose Kind, der Menschen formende Prometheus) gereiht werden. Gleichwohl gehen die Gedanken folgerichtig auseinander hervor. Auch dies ist für die Ode als Gattung kennzeichnend.

Die Strophen 1 und 2 gehen von einer eigenen Erfahrung aus (die tatsächliche oder vermutete Hilflosigkeit des Zeus). Strophe 3 zieht daraus als Folgerung allgemeine Aussagen über das Verhältnis von Göttern und Menschen. Von Strophe 4 an wird die generelle Behauptung dann wieder durch die erinnerte eigene Erfahrung gestützt. Die Struktur der Argumentation ist kennzeichnend. ›Erkenntnis‹ kommt nicht wie in der Metaphysik des 17. Jahrhunderts, etwa in Spinozas *Ethik*, dadurch zustande, daß aus Axiomen durch logische Deduktion spezielle Aussagen gewonnen werden, noch, wie im Empirismus des 18. Jahrhunderts, durch die induktive Generalisierung zahlreicher Beobachtungen. Medium der Erkenntnis ist allein die individuelle Erfahrung und Selbstwahrnehmung. Damit ist allerdings kein lediglich subjektiver Eindruck gemeint. So führt der junge Herder in seiner Erkenntnistheorie (vgl. *Vom Erkennen und Empfinden der menschlichen Seele*) mit Hilfe einer Reihe von komplizierten Spekulationen aus, daß das individuelle Empfindungserlebnis, das das Denken nicht überprüft, sondern nur bewußt macht, durchaus zutreffende Einsichten in die ›objektive‹ Wirklichkeit liefert. Nur unter diesem Aspekt ist der legitimierende Gebrauch verständlich, den Prometheus von seinen Erfahrungen macht.

Der Gehalt dieser Erfahrungen führt zur Opposition von Erde und Himmel zurück. Die Erde ist die feindliche Lebenswelt des Prometheus. Die enttäuschte Hoffnung auf den Himmel und die Götter (Str. 4) führt angesichts dieser allseitigen Verlorenheit nicht in die Verzweiflung, sondern zur Freisetzung der Produktivkraft, durch die Prometheus eben jene Kulturgüter geschaffen hat, von denen die zweite Strophe spricht. Er hat sie allein geschaffen (31: »Hast du's nicht alles selbst vollendet«), aber Bedingung dafür war die feindliche Umwelt. Erst die Erfahrung des Widerstandes setzt die Tätigkeit frei. Dies berührt sich mit Überlegungen des jungen Goethe, wonach die Natur für den Menschen nicht Quelle von Annehmlichkeiten ist, sondern zerstörend wirkt. Der Mensch behauptet sich dagegen, indem er seine Fähigkeiten entwickelt und seine eigene Kulturwelt schafft (vgl. Goethe, *Sulzer-Rezension*, XII,17 f.). Eben dies gilt für Prometheus. Damit beginnt gewissermaßen die Geschichte. Die Ode könnte durchaus auch als moderne Variante des in der antiken Literatur (Hesiod) weit verbreiteten Themas von der Kulturentstehung gedeutet werden.

Die Bedeutung der Produktivkraft erschöpft sich nicht im technischen Aspekt der Lebensbewältigung. Sie ist der Kern von Prometheus' Individualität, da er durch ihre Ausübung von der Stufe des Kindes zu der des reifen Mannes gelangt ist. Das »geschmiedet« (41) deutet dabei die Formung des einmaligen Gebildes unter harten Außenbedingungen an. Diese Festlegung des spezifisch Menschlichen auf die selbstbestimmte Tätigkeit deckt sich mit geläufigen Vorstellungen des Sturm und Drang (vgl. Jakob Michael Reinhold Lenz, *Über Götz von Berlichingen*).

Die nähere Bestimmung der Produktivkraft ergibt sich aus der Berufung auf das »Heilig glühend Herz« (32). Tätigkeit ist nicht Sache der planenden Vernunft, sondern Sache einer ›irrationalen‹ Instanz. Allerdings meint »Herz« in der Sprache des Sturm und Drang nicht unbedingt die Gefühlsseligkeit, die es auch gibt. Bei Herder ist das schlagende Herz sichtbarer Ausdruck eines vitalistischen Prinzips, der organischen Lebenskraft. Ihr gesteigerter Einsatz (»glühend«) bringt die Tätigkeit als gleichsam unwillkürliche Bewegung des organischen Gebildes hervor. Daß es mit den biologischen Sachverhalten nicht einfach sein Bewenden hat, zeigt sich daran, daß die Selbsterfahrung dieser ›Lebenskraft‹ die einzige Stelle ist, an der, zumindest für Prometheus, das ›Göttliche‹ als positiver Wert erfahrbar wird (»Heilig«). Die Charakterisierung des Sprechers durch sein »Herz«

erlaubt es, die Funktion der reflektierend-›vernünftigen‹ Denkbewegung im Gedicht zu klären. Prometheus spricht zu Zeus, indem er über sich selbst spricht. Seine Rede ist Selbstklärung. Klammert man einstweilen die Schlußstrophe aus, so dient diese Klärung nicht der vernünftig vorausschauenden Planung der Zukunft, sondern arbeitet die bisherige Tätigkeit und das bisher gelebte Leben auf. Trotz der Berufung auf das »Herz« ist die Haltung des Sprechers, und auch das ist bezeichnend für den Sturm und Drang, so irrational nicht, daß sie sich in der unwillkürlichen Empfindung erschöpfen würde. Diese schafft wohl die Leistungen, die die Eigenheit des Individuums ausmachen. Aber erst wenn dieser Prozeß reflektierend ins Bewußtsein gehoben ist, ist die Vollendung der Individuation erreicht.

Diese Konstitution des Selbst schließt mit der ›Lebensbilanz‹ der siebenten Strophe ab. Das Schlußbild zeigt Prometheus wieder als tätig in einer konkreten Situation, bei der Formung der Menschen. Er kann nicht Schöpfer aller Menschen sein. In Strophe 3 ist von Kindern und Bettlern die Rede, denen das charakteristische Merkmal seiner Geschöpfe fehlt, die Ebenbildlichkeit mit ihm. Diese gibt den Menschen eine andere Qualität, als sie »Hütte« und »Heerd« haben. Prometheus erzeugt hier keine elementaren Mittel des Lebens, sondern reproduziert sein Selbst. Voraussetzung dieser Reproduktion ist die in Strophe 7 abgeschlossene Selbstvergewisserung. Es ergibt sich die Abfolge von emotionaler Bewegtheit durch ein Objekt (hier durch den Bildungsprozeß der eigenen Person), reflektierender Klärung der erfahrenen Empfindung und Reproduktion des ›Objekts‹ in einem geschaffenen Gegenstand. Mit diesem Ablauf hat der junge Goethe, in Übereinstimmung mit Herder, den Schaffensprozeß des Künstlers bestimmt (vgl. Goethe, *Nach Falconet und über Falconet*, XII,23–28). Ob Prometheus durch diese Analogie schon zum Symbol des Künstlers wird, sei dahingestellt.

Das Pathos der Reflexion, das sich aus der Vereinigung von gesteigerter Emotionalität und reflektierender Klärung ergibt, schlägt sich in der stilistischen Sprechlage der Ode nieder. Sie steht damit innerhalb der Gattung, die Herder als »Poetische Ausbildung eines lebhaften Gedankens« charakterisiert hat. Von der tradierten Ode unterscheidet sich das Gedicht durch die ungleiche Zeilenzahl der Strophen und den Freien Rhythmus. Beides ist als Nachahmung der Lyrik Pindars zu verstehen, deren strenge metrische Bindung damals noch nicht entdeckt war. Der Freie Rhythmus erlaubt es, die Emotionalität des Denkens besonders intensiv nachzubilden (vgl. zum Stil Trunz, S. 459–463). So kann die metrische Form der jeweiligen emotionalen Einstellung angepaßt werden. Es gehören z. B. zu den erregt triumphierenden Ausrufen der zweiten Strophe relativ kurze, zum beruhigt erinnernden Sprechen der vierten Strophe längere Zeilen. Auf der Ebene der Syntax zeigt sich die Nachbildung der Emotionalität im freien Umgang mit der Wortstellung, Begriffe, die aufgrund ihrer Gefühlsgeladenheit zuerst im Bewußtsein auftauchen, werden im Satzgefüge vorgezogen (etwa 41 f.: »Hat nicht mich zum Manne geschmiedet | Die allmächtige Zeit« statt »Hat mich nicht die allmächtige Zeit zum Manne geschmiedet«). Im Bereich der Wortbildung fallen die intensiven, kühnen Komposita auf. Sie entstehen dadurch, daß mehrere Vorstellungen, die dem Bewußtsein zugleich gegenwärtig sind, in einem Begriff zusammengezogen werden (34: »Rettungsdanck«, 48 f.: »Knabenmorgen Blütenträume«).

Der Versuch, eine Summe zu ziehen, stößt noch einmal auf das Problem der offenen Stellen (vgl. Wünsch, S. 170–180). Anders als in der gleichzeitigen Liebeslyrik, in der ein scheinbar reales Ich ein scheinbar reales Du anredet, ist das Rollengedicht mit einer mythologischen Figur als Sprecher eindeutig fiktiv, weil der Mythos im 18. Jahrhundert nicht mehr als historische oder religiöse Tatsachenüberlieferung geglaubt wird. Das Gedicht bürdet so dem Leser die Frage auf, was der Autor mit Hilfe seiner offenkundigen Fiktion ausdrücken wollte. Dies kann nicht durch Goethes eigene ›Interpretation‹ in *Dichtung und Wahrheit* geklärt werden (vgl. X,47–50). Einerseits ist dieser Text selbst in hohem Maße der Deutung bedürftig, andererseits kann nicht als selbstverständlich angenommen werden, daß das Jugendgedicht in Goethes Altersdenken eine ›authentische‹ Auslegung gefunden hat. Die Lösung ergibt sich auch nicht aus dem mythischen Stoff selbst, da die Mythologie im späten 18. Jahrhundert nicht mehr als allegorische Einkleidung fest vorgegebener und zuordenbarer moralischer, wissenschaftlicher usw. Gehalte verwendet wird, sondern als relativ frei verfügbares Material der Einbildungskraft. Der Leser kann so den Text mit einer Reihe von zeitgenössischen Ideenkomplexen verbinden, er muß dies sogar, um sich ›einen Reim machen‹ zu können, ohne daß der Text bestimmte Ideenkomplexe erzwingt oder definitiv ausschließt.

Letztlich dreht sich das Problem der Auflösung um die Frage, wer mit den Namen »Prometheus« und »Zeus« ›gemeint‹ ist. Tätigkeit und Bewußtseinsprozeß des Prometheus sind nach Art der künstlerischen Produktion strukturiert. Es ist deshalb durchaus sinnvoll, Prometheus als Bild des Künstlers aufzufassen und das Gedicht in die Tradition des Künstler-Prometheus-Vergleichs einzuordnen (Walzel). Zwingend ist dies nicht, da Prometheus keine Kunstwerke produziert. »Zeus« aktiviert eine Reihe zeitgenössischer Vorstellungen: die Fürsten (Braemer – der Text bekommt eine sozialrevolutionäre Bedeutung), Goethes Vater (Blumenberg – der Text bekommt eine wichtige Funktion in der Ausbildung des Goetheschen Selbstverständnisses) oder den christlichen Gott. Im letzteren Fall ergibt sich ein metaphysisch-naturspekulativer Sinn, der an Spinoza (Braemer) oder an der Hermetik (Zimmermann) orientiert sein mag. Auch ›Verdichtungen‹ sind sinnvoll. In der Vorstellung von der äußeren Hemmung der eigenen künstlerischen Produktion kann der Vater mit der Religion verschmelzen (Blumenberg), während die sozialrevolutionäre Auflehnung mit den Fürsten zugleich das sie stützende Christentum meinen kann (Braemer).

Der Text stellt vielfältige Leseangebote zur Verfügung, die

zusammen einen vagen Bedeutungshorizont hervorrufen. Eben dies hat Goethe später als Kennzeichen des Symbols angesehen. Es gibt ein konkret-sinnfälliges Bild (Prometheus), dessen Gehalt sich nicht »rund aussprechen«, also nicht in die eindeutige abstrakte Begrifflichkeit zurückübersetzen läßt.

Zitierte Literatur: Hans BLUMENBERG: Arbeit am Mythos. Frankfurt a. M. 1979. – Edith BRAEMER: Goethes Prometheus und die Grundpositionen des Sturm und Drang. Berlin/Weimar ³1968. – Karl Otto CONRADY: Johann Wolfgang von Goethe. Prometheus. In: Die deutsche Lyrik. Form und Geschichte. Bd. 1. Hrsg. von Benno von Wiese. Düsseldorf 1962. S. 214–226. – Goethes Werke. Hamburger Ausgabe. 14 Bde. Hrsg. von Erich Trunz. Hamburg ⁸1966. [Zit. mit Band- und Seitenzahl.] – Erich TRUNZ: Anmerkungen des Herausgebers. In: Hamburger Ausgabe I,411–724. – Oskar WALZEL: Das Prometheussymbol von Shaftesbury zu Goethe. Darmstadt ³1968. – Marianne WÜNSCH: Der Strukturwandel in der Lyrik Goethes. Die systemimmanente Relation der Kategorien »Literatur« und »Realität«: Probleme und Lösungen. Stuttgart [u. a.] 1975. – Rolf Christian ZIMMERMANN: Das Weltbild des jungen Goethe. Studien zur hermetischen Tradition des deutschen 18. Jahrhunderts. Bd. 2. München 1979. S. 119–166.

Johann Wolfgang Goethe

Vor Gericht

Von wem ich es habe, das sag ich euch nicht,
Das Kind in meinem Leib. –
Pfui! speit ihr aus: die Hure da! –
Bin doch ein ehrlich Weib.

5 Mit wem ich mich traute, das sag ich euch nicht.
Mein Schatz ist lieb und gut,
Trägt er eine goldene Kett am Hals,
Trägt er einen strohernen Hut.

Soll Spott und Hohn getragen sein,
10 Trag ich allein den Hohn.
Ich kenn ihn wohl, er kennt mich wohl,
Und Gott weiß auch davon.

Herr Pfarrer und Herr Amtmann ihr,
Ich bitte, laßt mich in Ruh!
15 Es ist mein Kind, es bleibt mein Kind,
Ihr gebt mir ja nichts dazu.

Abdruck nach: Johann Wolfgang Goethe: Sämtliche Werke. Gedenkausgabe
der Werke, Briefe und Gespräche. 24 Bde., 3 Erg.-Bde. Hrsg. von Ernst
Beutler. Zürich: Artemis, 1948–71. Bd. 1. S. 128.
Erstdruck: Goethes Werke. 20 Bde. Stuttgart/Tübingen: Cotta, 1815–19.
Bd. 1.

Walter Müller-Seidel

Balladen und Justizkritik. Zu einem wenig bekannten Gedicht Goethes

Goethes Balladendichtung zeichnet sich durch eine ungewöhnliche Vielfalt der Töne, Themen und Motive aus,
obgleich man zumeist an eine bestimmte Gruppe von
Gedichten denkt, wenn von seinen Balladen die Rede ist.
Man denkt an Gedichte wie *Heidenröslein*, *Der Fischer*,
Erlkönig oder *Der König in Thule* vor allem, die in Lese-
büchern oder Anthologien kaum je fehlen. Wir bezeichnen
sie als naturmagische Balladen, und diese Bezeichnung
erscheint gerechtfertigt in Hinsicht auf die eigentümliche
Suggestion, die von ihnen ausgeht. Es sind dies jene
Gedichte, auf die in besonderer Weise zutrifft, was in der
bekannten *Betrachtung* (1821) ausgeführt wird: »Die Ballade
hat etwas Mysterioses, ohne mystisch zu sein; diese letzte
Eigenschaft eines Gedichts liegt im Stoff, jene in der Behandlung. Das Geheimnisvolle der Ballade entspringt aus
der Vortragsweise.« Die Magie dieser Gedichte, ihre Sprachmagie, drängt zur Musik hin; Vertonungen gibt es in großer
Zahl. Zu dieser Gruppe stehen andere Gedichte im Gegensatz, die sich nicht gleichermaßen zu Vertonungen zu eignen
scheinen. Es sind dies vor allem die Balladen der klassischen
Zeit, in denen Didaktik und Artistik unverkennbar den
Vorrang erhalten haben. Ein scherzend lehrhafter Ton ist
ihnen eigen – wie im *Schatzgräber* oder im *Zauberlehrling*;
die erzählte Handlung mündet gegen Ende in eine spruch-
hafte Lyrik ein. So in der *Legende*, wenn es zum Schluß
heißt:

Wer geringe Ding' wenig acht't,
Sich um geringere Mühe macht.

Im sogenannten Balladenjahr (1797) bezieht sich der scherzhafte Ton wiederholt auf die Balladen selbst: auf ihre Inhalte

wie auf ihre Herstellung. Von ihrer »Dunst- und Nebel-welt«, von ihrem »Reim- und Strophendunst« wird gespro-chen. Über einen der bekannten Balladenhelden Schillers heißt es im unverkennbar humoristischen Ton: »Leben Sie recht wohl und lassen Ihren Taucher je eher je lieber ersau-fen. Es ist nicht übel, da ich meine Paare in das Feuer und aus dem Feuer bringe, daß Ihr Held sich das entgegenge-setzte Element aussucht« (10. Juni 1797). Manche dieser Gedichte nehmen sich wie Späße aus, die man sich über der strengen Arbeit an Epen und Tragödien von Zeit zu Zeit gönnt.

In solchem Umgang mit den Erzeugnissen der eigenen Poe-sie verrät sich, zumal in den späteren Balladen, eine ihnen eigentümliche Artistik, das Erproben neuer Formen und Techniken des poetischen Ausdrucks. Die Freude an der Mache, am virtuosen Klangspiel dominiert über Inhalt und Handlungsverlauf. Den ernstesten Themen wird im Spiel mit den poetischen Formen ihre Schwere genommen – wie im Gedicht *Der Totentanz* (1815):

Nun hebt sich der Schenkel, nun wackelt das Bein,
Gebärden da gibt es vertrackte;
Dann klipperts und klapperts mitunter hinein,
Als schlüg man die Hölzlein zum Takte.

Im *Hochzeitlied* verbindet sich die Lust an der Artistik mit einem Humor, der einem Nichts an Handlung zu einem Sprachwerk ersten Ranges verhilft:

Da pfeift es und geigt es und klinget und klirrt,
Da ringelts und schleift es und rauschet und wirrt,
Da pisperts und knisterts und flisterts und schwirrt;
Das Gräflein, es blicket hinüber,
Es dünkt ihn, als läg er im Fieber.

Aber eine solcherart virtuose Artistik kündigt sich schon in der frühen Lyrik an. Im Gedicht *Der untreue Knabe*, das der Räuber Crugantino im Singspiel *Claudine von Villa*

Bella (1774) vorträgt, wird die Schauerballade des 18. Jahrhunderts schon fast parodiert. Und von den frühesten Gedichten bis hin zur späten Lyrik gibt es die Gruppe der sozialkritischen Balladen, die sich von der Freude am artistischen Spiel ebenso abheben wie vom ›Irrationalismus‹ der Naturmagie.

Zu den Gedichten mit sozialer Motivik oder sozialkritischem Akzent gehört die *Paria*-Trilogie, die 1823 abgeschlossen wird. Sie ist im Blick auf die untersten Schichten und Randgruppen eines Volkes mit dem 1797 entstandenen Gedicht *Der Gott und die Bajadere* verwandt. Aber vertraut sind Goethe solche Motive, seit er sich auf Anregung Herders mit Balladendichtung zu beschäftigen begann. Die Sammlung der Lieder, die er von seinen Streifzügen durchs Elsaß heimbrachte, handelt von Herr und Knecht, von Unterdrückten und von Standesgegensätzen der verschiedensten Art – auch von solchen, die ein außereheliches Verhältnis zwischen einem Fuhrknecht und einer Gräfin zum Inhalt haben. Sie aufgrund einer engen Definition aus dem Umkreis der sozialen Ballade auszuschließen, weil in ihnen eine kritische Haltung nicht erkennbar sei, geht nicht an; denn nicht so sehr auf das, was die ›Hersteller‹ solcher Volksballaden gedacht und gemeint haben, kommt es an als darauf, wie sie in der Zeit des Sturm und Drang aufgenommen wurden und wirkten. Goethes Auswahl ist deutlich vom Interesse an sozialer Motivik bestimmt. Aber auch in den eigenen Balladen dieser Zeit wie der späteren Zeit gibt es sie, und erst eigentlich in der Verbindung von Naturmagie und Sozialkritik beruht die Einheit seiner frühen Balladendichtung. Das ist am Beispiel des *Königs in Thule* zu zeigen. Die Buhle des Königs, der dieser seine Treue über den Tod hinaus erweist, indem er den goldenen Becher ins Wasser versenkt, kann »im guten Verstande« aufgefaßt werden, wie Adelungs Wörterbuch erläutert: »Ehedem bedeutete dieses Wort auch unter vornehmern Personen so viel als einen Gemahl [. . .].« Aber dasselbe Wörterbuch kennt den Ausdruck auch im »nachtheiligen Verstande«, wie gesagt wird: im Sinne nämlich von unerlaubter Liebe. Im *Lied vom Herrn von Falckenstein*, mit dem Goethes elsässische Balladensammlung beginnt, wird er so gebraucht:

Wohin wonaus du schöne Magd?
Was machen ihr hier alleine,
Wollen ihr die Nacht mein Schlafbule seyn,
So reiten ihr mit mir heime.

An eine solche Bedeutung hat man auch im Fall des *Königs in Thule* nicht zu denken. Eheliche Treue, die sich gegenüber der Verstorbenen über ihren Tod hinaus bezeugt, muß nicht unbedingt angenommen werden. Handelt es sich aber um eine Geliebte des Königs, nicht um seine Gemahlin, so sind damit Standesgegensätze verbunden. Sie sind unüberhörbar im Kontext des Liedes, als einer Verseinlage im *Urfaust*, die Gretchen in einer bestimmten Situation singt, um der Angst zu wehren, die sie überkommt. Ihr eigenes Verhältnis, dasjenige eines einfachen Bürgermädchens zum höher situierten Gelehrten, kann als Widerspiegelung des Gedichts mit vorausdeutender Symbolik verstanden werden: Wie der König das Symbol seiner Liebe im Wasser versenkt, so wird Gretchen mit dem Symbol ihrer Liebe verfahren: »Meine Mutter hab ich umgebracht | Mein Kind hab ich ertränkt«. So oder so: die Naturmagie der Ballade steht im Kontext einer sozialkritischen Kindsmörderthematik. Auch das in der Zeit der Klassik entstandene Gedicht *Die Spinnerin* hat es noch einmal mit ihr zu tun. Doch die Ballade *Vor Gericht* sucht man in den meisten unserer Anthologien vergeblich. Das im Stil der Volksballade gehaltene Gedicht gehört aber ganz in diese Tradition.
Über seine Entstehung wissen wir wenig. Daß es vor 1778 entstanden sein muß, steht fest: in dem Sammelheft der Frau von Stein, das 1777 oder 1778 angelegt wurde, ist es aufgeführt; ebenso in einem Verzeichnis der Frau Schultheß, hier mit der Überschrift *Verantwortung eines schwangeren Mädchens*. Als Goethe 1788 eine Auswahl seiner Gedichte für

die *Schriften* bei Göschen zusammenstellte, wurde ihm, mit anderen bedeutenden Texten, die Aufnahme verwehrt. Erst während des Sommers in Karlsbad und Teplitz, im Jahre 1810, wird es hervorgeholt und Zelter zur Vertonung übergeben. Mit geringfügigen Abweichungen im Text hat es in seiner Bearbeitung die Überschrift *Das Geheimniß* erhalten. Im Jahre 1815 erscheint es zum erstenmal im Druck. Von ›Anthologisten‹ und Interpreten wurde es seither wenig beachtet. Die mit reichhaltigem Kommentar versehene Festausgabe von 1926, die Robert Petsch besorgt hat, hält es kaum der Erwähnung wert. Emil Staiger handelt in seiner dreibändigen Monographie ausführlich über die Balladen *Der Fischer* und *Der König in Thule*. *Vor Gericht* wird gänzlich übergangen. Auch Max Kommerell, der die einzelnen Balladen nacheinander charakterisiert, hält offensichtlich von seiner literarischen Qualität nicht viel. Nach kurzem Eingehen auf die schon genannte Ballade *Die Spinnerin* heißt es in seinem Buch *Gedanken über Gedichte*: »Das zweite Gedicht ist in den Mitteln altertümlich, aber vielleicht überzeugen sie nicht ganz, zumal der unsichere Schluß. Die Balladenwendungen wirken ein wenig zusammengetragen.« Anders Erich Trunz! Er zum erstenmal hat das Gedicht in der Hamburger Ausgabe gebührend herausgestellt – mit einem kurzen, aber prägnanten Kommentar: »Das Thema der Mutterschaft ohne Ehe, von der Dichtung der Zeit als etwas ganz Neues ergriffen, wurde entweder moralisch-aburteilend oder sentimental-bedauernd dargestellt [...]. Ganz anders hier Goethe. Die aufrechte, klare, sichere Haltung erinnert an Klärchen in *Egmont*« (I,516). Gewiß ist damit das Gedicht in der Vielfalt seiner Bedeutungen noch nicht erfaßt. Es ist auch kaum aus sich selbst heraus zu verstehen, sondern setzt rechtsgeschichtliche Kenntnisse voraus, wie es schon der Titel andeutet.

Obwohl wir es mit einer Kindsmörderin nicht zu tun haben, sondern mit einer schwangeren unverheirateten Frau, ist von dem im 18. Jahrhundert noch weithin rigide gehandhabten Strafrecht in Fällen von Kindesmord nicht abzusehen, weil auch die Mutter eines totgeborenen Kindes belangt und wie eine Kindsmörderin bestraft werden konnte. Zum Teil noch bis ins 19. Jahrhundert hinein wurde Kindsmord in den meisten deutschen Staaten nach der *Constitutio Criminalis Carolina*, der *Peinlichen Gerichtsordnung Karls V.*, aufs strengste geahndet. Nicht nur war die Todesstrafe beschlossene Sache im vorhinein; einige Artikel dieser Gerichtsordnung waren auch hinsichtlich der praktizierten Todesart an Grausamkeit kaum zu überbieten. Artikel 131 Absatz 1 sah vor: »Item, welches weil jre kind, das leben und glidmass empfangen hett, heymlicher bosshaftiger williger weiss ertödtet, die werden gewohnlich lebendig begraben und gepfelt.« Es ist keine Frage, daß es seit der Aufklärung zumal auf diesem Gebiet beträchtliche Wandlungen im Rechtsverständnis gegeben hat. Schon 1740 hatte Friedrich der Große die einfache Enthauptung eingeführt, wenn auf Todesstrafe zu erkennen war. Dennoch konnten bis zum Ende des Jahrhunderts Totgeburten wie Kindsmord behandelt werden, wenn die Schwangerschaft verheimlicht worden war. In der Erzählung *Zerbin oder die neuere Philosophie* von Jakob Michael Reinhold Lenz, ist das der Fall; und zweifellos handelt es sich nicht um eine erfundene Geschichte. »Nach den Gesetzen ist eine verhehlte Schwangerschaft allein hinlänglich, einer Weibsperson das Leben abzusprechen«, heißt es im Text der Erzählung. Erst seit 1794, seit der Einführung des Allgemeinen Landrechts, gab es in Preußen die Möglichkeit, die Todesstrafe in lebenslängliches Zuchthaus umzuwandeln, wenn Zweifel über Tot- oder Lebendgeburt bestehen blieb; und erst 1813 wurde in Bayern als erstem Staat die Todesstrafe für Kindsmord abgeschafft. Kein anderer als Anselm von Feuerbach hat sich um diese Abschaffung verdient gemacht, der so wenig aus der deutschen Rechtsgeschichte wie aus der Geschichte der klassischen Literatur in Deutschland wegzudenken ist.

Wenigstens seit der Mitte des 18. Jahrhunderts waren sich die Verfechter von Strafrechtsreformen darin einig, daß durch die Verhängung von Strafen bei Bekanntwerden einer

Schwangerschaft die Fälle von Kindsmord erhöht wurden. Man begriff, daß solche Taten der Verzweiflung vielfach in der Furcht vor öffentlicher Schande ihren Grund hatten. Die Kirchenordnungen trugen hierzu das ihre bei. Im *Rechtslexikon für Juristen aller teutschen Staaten* (1839) wurden im geschichtlichen Rückblick die inzwischen abgeschafften Strafen behandelt: »Nicht sowohl durch das römische Recht, als durch die Geltendmachung kirchlicher Satzungen hat sich, besonders seit der Zeit der Reformation, in Teutschland der Grundsatz geltend gemacht, daß der außereheliche Geschlechtsgenuß an und für sich [...] strafbar sei. Das canonische Recht verhängte, ohne die weltliche Strafe auszuschließen, die blos kirchliche Strafe der Kirchenbuße, welche lange in Uebung erhalten, sich endlich durch ihre innere Verwerflichkeit selbst das Grab bereitete«. Mehrere Edikte Friedrichs des Großen hatten wegweisende Wirkung. Im Jahre 1765 erließ er das *Edikt wider den Mord neugeborener unehelicher Kinder, Verheimlichung der Schwangerschaft und Niederkunft*, in dem die eingeführten Strafen für einfache Unzucht abgeschafft wurden. Im Herzogtum Sachsen-Weimar waren die Landstände schon 1763 bei der Herzogin Anna Amalia mit einer Eingabe auf Abschaffung von Kirchenstrafen vorstellig geworden. Vierzehn Jahre später, im Jahre 1777, brachten die Stände des Eisenachischen Fürstentums dieses Anliegen erneut vor, und diesmal nahm sich Herzog Karl August der Sache an. Seit dieser Zeit war auch Goethe als Mitglied des Conseils mit der Angelegenheit offiziell befaßt. Anders als der ›Kirchenmann‹ Herder votierte er für weitgehende Beseitigung in einem vom 14. Dezember datierten Memorandum. Ihm zufolge sollen die bußfertigen »Sünder« nicht mehr öffentlich angeprangert werden, allenfalls die ungehorsamen und »unverbesserlichen«: »Kein Glied der Gemeinde wird sein Societätsrecht für gekränkt halten, wenn man menschlich, ordentlich und geziemend mit einem andern Gliede verfährt«, heißt es in den *Betrachtungen über die abzuschaffende Kirchenbuße*. Diese im Sommer 1777 erneut in Gang gekommene Diskussion macht es wahrscheinlich, daß die Ballade *Vor Gericht* im Zusammenhang solcher Diskussionen entstand, nachdem ein für die Literaturbewegung des Sturm und Drang so zentrales Thema wie dasjenige des Kindsmords 1776 in mehreren maßgeblichen Texten behandelt worden war: von Heinrich Leopold Wagner in dessen Drama *Die Kindermörderin*, in dem Goethe eine Art Plagiat seiner *Faust*-Dichtung zu erkennen vermeinte, von Lenz in dessen schon genannter Erzählung *Zerbin oder die neuere Philosophie*; und vor allem mit Lenz, aber auch mit Klinger, war Goethe im Sommer 1776 wiederholt zusammengekommen, wie es die Eintragungen im Tagebuch bezeugen. Aber anders als die früheren Mitstreiter im Gefolge dieser Literaturrevolution hat Goethe mit der Ballade *Vor Gericht* der Kindsmörderthematik eine ganz andere Wendung gegeben, als es in den genannten Texten von Wagner und Lenz geschehen war.

Sowohl den Typus des Verführers von der Art Fausts, Zerbins oder des Offiziers von Groeningseck in Wagners Drama schließt Goethes Ballade aus; ebenso den Fall einer Kindsmörderin, die man hin und wieder, wie z. T. auch bei Heinrich Leopold Wagner, als weinerliche Märtyrergestalt dargestellt fand. Auch Lenz entgeht dieser Gefahr nicht ganz. In Goethes Gedicht bleibt der Liebhaber unbehelligt. Die junge Frau steht zu ihm und verteidigt ihn mit Entschiedenheit. Die Standesfrage – »Trägt er eine goldene Kett am Hals | Trägt er einen strohernen Hut« (7 f.) – sieht sie als durchaus nebensächlich an. Nichts Belastendes wie in Fällen der verführten Unschuld steht hier in Frage. Die außereheliche Partnerschaft, um die es geht, wird bejaht, und was einer Ehegemeinschaft entgegenstehen könnte, bleibt offen. Auf eine durch keine Ordnung sanktionierte Bindung freilich legt die Sprecherin den größten Wert. Der Amtmann und der Pfarrer sind die Vertreter solcher Ordnungen, denen sie sich gegenübersieht. Freigeisterei oder Abwendung von der Religion bleiben außer Betracht. Ausdrücklich versichert sie:

Ich kenn ihn wohl, er kennt mich wohl,
Und Gott weiß auch davon. (11 f.)

Aus der Unbedingtheit ihres Denkens heraus, die das Unmittelbare und Ursprüngliche höher stellt als das Abgeleitete
menschlicher Satzungen und Institutionen, versteht sich
auch die nicht leicht erklärbare Aussage der zweiten Strophe: »Mit wem ich mich traue« (5). Sie nimmt Bezug auf die
erste Verszeile, in der bereits die Weigerung – »das sag ich
euch nicht« – ausgesprochen war, die sich refrainartig wiederholt. In der ersten wie in der zweiten Strophe wird am
Verschweigen des Geliebten festgehalten. Aber während es
in der ersten um das Verschweigen der Vaterschaft geht,
handelt es sich in der zweiten Strophe um ihr Verhältnis zu
ihm allgemein. Nach Auskunft der Wörterbücher könnte das
reflexiv gebrauchte Verbum ›trauen‹ bzw. ›sich trauen‹ nur
bedeuten: etwas wagen, sich auf etwas risikohaft einlassen. In
Adelungs Wörterbuch sind als Beispiele eines solchen Ge-
brauchs angeführt: »Ich traue mir nicht, dieses zu unternehmen. Er trauete sich nicht, die Augen aufzuschlagen.« Die
andere Bedeutung im Sinne von ›vermählen‹ kennt nur den
transitiven Gebrauch: daß jemand einen anderen oder mehrere traut, also ›kopuliert‹ – es sei dies ein Pfarrer oder ein
Standesbeamter. Angeführt werden Wendungen wie die folgenden: »Er hat getraut, d. h.: er hat geheurathet [. . .]. Der
Priester trauet ein Paar«; und schließlich: »Sich mit einer
Person trauen lassen«. Aber diese Wendung ist passivisch,
während sie in Goethes Gedicht bezeichnenderweise im
Aktivum verwendet wird: nicht sie hat sich durch einen
anderen, einen Pfarrer, trauen lassen, wie es dem üblichen
Wortgebrauch entspricht; sie selbst hat sich mit dem Geliebten getraut. Sie hat die Trauung für ihre Person selbst
vorgenommen, natürlich im übertragenen, im symbolischen
Sinn. Die Wendung kann kaum anders gemeint sein – nämlich
so, wie es in keinem Wörterbuch steht. Wir hätten es mithin
mit einer kühnen und eigenwilligen, mit einer poetischen
Ausdrucksweise zu tun. Eine solche Trauung ohne den Segen

der Kirche wird in unserem Gedicht durch die Einbeziehung Gottes in der Rede der jungen Frau bestätigt; und daß sie selbst es ist, die sich mit jemand traut, entspricht dem gesunden Selbstbewußtsein, von dem die Frauengestalt Goethes ein so eindringliches Zeugnis ablegt.

Solches Selbstbewußtsein findet in der Redeform seinen Ausdruck. Sie ist monologisch, aber doch anders, als es Monologe sonst sind; denn vom Dialog hat sich die Redeform der Sprecherin nicht gänzlich entfernt, und von Dialogen macht zumal die Ballade gern Gebrauch. Auch bei Goethe ist das der Fall. Dem Dialog nähert sich das Gedicht schon von der Situation her an, worauf die Überschrift verweist. Wir haben uns mithin sowohl den Amtmann wie den Pfarrer hinzuzudenken als diejenigen Personen, zu denen hier gesprochen wird. In seiner Schrift *Ueber Gesetzgebung und Kindesmord* (1780/81) hat Pestalozzi solche Verhöre wiedergegeben:

Von wem sie schwanger?
Von Rudolf H.**
Ob sie mit selbigem versprochen gewesen?
Er habe schon sollen einen Schein vom Ehegericht holen, sei aber
                                                         weggegangen.
Ob man ihr im Dorf die Schwangerschaft vorgeworfen?
Ja, und sie habe bekannt, daß sie schwanger [...].

Nichts davon findet sich in Goethes Ballade. Was die Verhörenden gesagt haben könnten, ist nur indirekt über die Redeweise der werdenden Mutter zu erfahren. »Pfui« und »Hure« (3) haben sie gesagt. Sie aber beharrt darauf, dennoch ein ehrliches Weib zu sein. Eine dialogähnliche Rede wird zum Monolog, aber nicht zum Monolog einer alleinstehenden Person, sondern zu einer Redeform, in der die Angesprochenen nur noch als Statisten zugelassen sind, denen ein Rederecht nicht erteilt wird. Im Grunde ist Goethes Ballade kein Monolog, sondern eine Aussageform, in der nur eine Person spricht, die Rede und Antwort steht, in einem ganz wörtlichen Sinn. Daß ihre Redeform nichts mit

Anmaßung und Überheblichkeit zu tun hat, ist dem Ton und Tenor der Ballade unmißverständlich zu entnehmen. Aber zugleich zeigt sich am gesunden Selbstbewußtsein dieser Frauengestalt – »ein Frauentyp, den Goethe liebte und den vor ihm noch niemand dichterisch geformt hatte«, wie Erich Trunz anmerkt (I, 516) –, in welcher Weise er mit diesem Gedicht über verwandte Frauengestalten in den zeitgenössischen Kindsmördergeschichten hinausführt.

Auch Marie in der Erzählung von Lenz und Evchen Humbrecht in Heinrich Leopold Wagners Drama sind nicht ohne Selbstbewußtsein dargestellt. Die Kindsmörderin Wagners ist kein ungebildetes Mädchen. Sie ist weit entfernt, nur verführte Unschuld zu sein oder zu bleiben. Daher läßt sie nichts unversucht, den Fehltritt zu legalisieren und alles wieder in Ordnung zu bringen. Aber ihre Pläne werden durch billige Intrigen durchkreuzt, so daß sie der Melancholie verfällt, die sie in die Verzweiflung hineintreibt. Die soziale Anklage ist unüberhörbar, aber sie wird in grellen und effektvollen Szenen dargeboten; eine ungetrübte Sympathie stellt sich zu keiner Figur des Dramas her. Die Marie in der Erzählung von Lenz hat mit der jungen Frau in Goethes Gedicht gemeinsam, daß auch sie den Liebhaber verschweigt – aber doch einen solchen, der es eigentlich nicht verdient. Sie wird zur Märtyrergestalt in Texten der sozialen Anklage, die nur Ruchlosigkeit und Opfer kennen. Am Ende bleibt alles beim alten, weil die Frauengestalten in die Rollen zurückfallen, die ihnen die Gesellschaft zugedacht hat. Das ist in Goethes Gedicht sehr anders. Hier ist es gerade die Frau, die eine Revolutionierung der Denkart einleitet, indem sie allem Spott und allem Hohn zum Trotz ihr Tun verantwortet; denn wenn andere auch so denken, wenn die öffentliche Anprangerung in Fällen wie diesen unterbleibt, kann auch die Furcht vor ihr unterbleiben, die dem Tatbestand des Kindsmordes häufig zugrunde liegt. Justizreform sei Geistesreform, hat der Strafrechtslehrer Gustav Radbruch in den zwanziger Jahren bemerkt. Er wollte damit zum Ausdruck bringen, daß es hier vor allem auf Änderungen in der Denkweise ankommt. Sie betreffen in erster Linie diejenigen, die Justiz ausüben, also die urteilenden Staatsanwälte und Richter im heutigen Sinn; aber darüber hinaus diejenigen doch auch, die durch ihr von Vorurteilen geprägtes Denken anderen Schaden zufügen. Die Sprecherin vor Gericht nimmt eine solch neue Denkart vorweg. In diesem Punkt geht Goethe im Grunde auch über seine eigene Gretchen-Tragödie hinaus. Seine Ballade ist das literarische Zeugnis einer solchen Geistesreform. Reformerische Tätigkeit im Dienste des Herzogs und literarische Tätigkeit, die sich einem von der Aufklärung geprägten Humanitätsdenken verpflichtet weiß, wirken zusammen. Das Gedicht *Vor Gericht* nimmt die Motive des Sturm und Drang auf und modifiziert sie in Richtung eines Denkens, wie es für die frühe Weimarer Klassik bezeichnend ist. Von beiden Texten – von den *Betrachtungen über die abzuschaffende Kirchenbuße* wie von der Ballade *Vor Gericht* – hat Bernhard Suphan als einer der wenigen Interpreten dieses Gedichts gesagt: »Der Zeitgeist [...] spricht aus beiden, der Geist des Zeitalters der Humanität« (Suphan, S. 607). Über die Reform in Fragen der Kirchenbuße, die im Sommer 1777 durch die Stände des Eisenachischen Fürstentums in Gang gekommen war, wurde 1781 im Sinne Goethes entschieden. Auch Herder hat schließlich der neuen Regelung zugestimmt.

Im Blick auf die Ballade als literarische Gattung ist eine abschließende Beobachtung angezeigt. In ihrer Geschichte, in der Geschichte der Kunstballade, hat man nicht unberechtigt das ›Nordische‹ als ein konstituierendes Merkmal erkannt und einen Drang zur Heldenballade (wie bei Strachwitz) oder zu den ritterlichen Liedern (wie zuletzt noch einmal bei Börries von Münchhausen) wahrgenommen. Aber damit ist allenfalls eine Linie, ein Strang neben anderen bezeichnet: ein solcher, der den männlichen Helden bevorzugt wie ähnlich das klassische Drama, sieht man von der Sonderform des bürgerlichen Trauerspiels ab. Schillers Balladen, die vom Merkmal des ›Nordischen‹ zwar kaum zu erfassen sind, zeigen es überdeutlich: der Taucher, die Freunde in der *Bürgschaft*, der Ritter Delorges, der Ritter von Toggenburg, der Graf von Habsburg – und so fort. Dennoch beginnt die Geschichte der deutschen Kunstballade mit einer rebellierenden Frau, mit Bürgers Lenore, die aus der Bahn gerät; und die Kindsmörderthematik, die um die Mitte der siebziger Jahre ihren Höhepunkt erreicht, klingt 1781 mit seinem sozialkritischen Gedicht *Des Pfarrers Tochter von Taubenhain* ab. In Goethes Balladendichtung ist solche Prävalenz zugunsten von Frauen oder Mädchen um vieles deutlicher ausgeprägt. Sowohl *Heidenröslein* wie *Der König in Thule*, trotz des Titels, wären zu nennen. Die Situation unterdrückter Frauen in einer fremden, vom Orient bestimmten Kultur behandelt die 1774/75 entstandene Volksballade *Klaggesang von der edlen Frauen des Asan Aga*; und mehrere der klassischen und späteren Balladen könnten mit gutem Grund als Frauenballaden bezeichnet werden: *Der Gott und die Bajadere*, *Johanna Sebus* und die *Paria*-Trilogie. Für mehrere dieser Gedichte ist kennzeichnend, daß sie fremde oder vergangene Kulturkreise zum Schauplatz haben, an denen vergleichend die Stellung der Frau verdeutlicht werden kann, wie sie ist, aber vielleicht nicht unbedingt sein sollte. Das gilt auch für *Die Braut von Korinth*. Mit dem Gedicht *Vor Gericht* als einem solchen der Frühklassik ist die hochklassische Ballade trotz unterschiedlicher Thematik in mehrfacher Hinsicht verwandt. Ein auf Selbstbestimmung des mündigen Menschen gerichtetes Denken, das auch der Frau zugute kommt, bildet hier wie dort den Kern der Aussage: gerichtet auf eine Geistesreform in dichterischer Form, damit die Vorurteile beseitigt werden, die dem Bild des Menschen abträglich sind.

Zitierte Literatur: Goethes Werke. Hamburger Ausgabe. 14 Bde. Hrsg. von Erich Trunz. München 1981. [Zit. mit Band- und Seitenzahl.] – Max KOMMERELL: Gedanken über Gedichte. Frankfurt a. M. 1944. – Bernhard

Suphan: Goethe im Conseil. In: Vierteljahrsschrift für Litteraturgeschichte 6 (1893) S. 597–608.

Weitere Literatur: Balladenforschung. Hrsg. von Walter Müller-Seidel. Königstein (Ts.) 1980. – Hans Benzmann: Die soziale Ballade in Deutschland. Typen, Stilarten und Geschichte der sozialen Ballade. Nördlingen 1912. – Der junge Goethe. Neu bearb. Ausg. in 5 Bdn. Hrsg. von Hanna Fischer-Lamberg. Berlin [West] 1963. Bd. 2. S. 34–53. – Walter Hinck: Die deutsche Ballade von Bürger bis Brecht. Göttingen 1968. – Wege zum Gedicht. Hrsg. von Rupert Hirschenauer und Albrecht Weber. München 1963. – Wolfgang Kayser: Geschichte der deutschen Ballade. Berlin 1936. – Hartmut Laufhütte: Die deutsche Kunstballade. Grundlegung einer Gattungsgeschichte. Heidelberg 1978. – Ulrike Trumpke: Balladendichtung um 1770. Ihre soziale und religiöse Thematik. Stuttgart 1975. – Volkslieder, gesammelt von Johann Wolfgang Goethe. Hrsg. von Hermann Strobach. Weimar 1982. – Beat Weber: Die Kindsmörderin im deutschen Schrifttum vom 1770–1795. Bonn 1974.

Friedrich Schiller

Die Freundschaft

(aus den Briefen Julius an Raphael; einem noch
ungedruckten Roman)

Freund! genügsam ist der Wesenlenker –   I
Schämen sich kleinmeisterische Denker,
 Die so ängstlich nach Gesezen spähn –
Geisterreich und Körperweltgewüle
5 Wälzet *Eines* Rades Schwung zum Ziele,
 Hier sah es mein Newton gehn.

Sfären lehrt es Sklaven *eines* Zaumes   II
Um das Herz des grosen Weltenraumes
 Labyrinthenbahnen ziehn –
10 *Geister* in umarmenden Systemen
Nach der *grosen Geistersonne* strömen,
 Wie zum Meere Bäche fliehn.

War's nicht diß allmächtige Getriebe,   III
Das zum ew'gen Jubelbund der Liebe
15 *Unsre* Herzen aneinander zwang?
Raphael, an *deinem* Arm – o Wonne!
Wag auch ich zur grosen Geistersonne
 Freudigmutig den Vollendungsgang.

Glüklich! glüklich! *Dich* hab ich gefunden,   IV
20 Hab aus Millionen *Dich* umwunden,
 Und aus Millionen *mein* bist *Du* –
Laß das Chaos diese Welt umrütteln,
Durcheinander die Atomen schütteln;
 Ewig fliehn sich unsre Herzen zu.

25 Muß ich nicht aus *Deinen* Flammenaugen   V
Meiner Wollust Wiederstralen saugen?
 Nur in *Dir* bestaun ich mich –

Schöner malt sich mir die schöne Erde,
Heller spiegelt in des Freunds Gebärde
 Reizender der Himmel sich.

Schwermut wirft die bange Thränenlasten,   VI
Süßer von des Leidens Sturm zu rasten,
 In der Liebe Busen ab; –
Sucht nicht selbst das folternde Entzüken
In des Freunds beredten Stralenbliken
 Ungedultig ein wollüstges Grab? –

Stünd im All der Schöpfung ich alleine,   VII
Seelen träum' ich in die Felsensteine,
 Und umarmend küßt' ich sie –
Meine Klagen stöhnt' ich in die Lüfte,
Freute mich, antworteten die Klüfte,
 Thor genug! der süßen Sympathie.

Tode Gruppen sind wir – wenn wir hassen,   VIII
Götter – wenn wir liebend uns umfassen!
 Lechzen nach dem süsen Fesselzwang –
Aufwärts durch die tausendfache Stufen
Zalenloser Geister die nicht schufen
 Waltet göttlich dieser Drang.

Arm in Arme, höher stets und höher,   IX
Vom Mogolen bis zum griechschen Seher,
 Der sich an den lezten Seraf reyht,
Wallen wir, einmüth'gen Ringeltanzes,
Bis sich dort im Meer des ew'gen Glanzes
 Sterbend untertauchen Maaß und Zeit –

Freundlos war der grose Weltenmeister,   X
Fühlte *Mangel* – darum schuf er Geister,
 Sel'ge Spiegel *seiner* Seligkeit! –
Fand das höchste Wesen schon kein Gleiches,
Aus dem Kelch des ganzen Seelenreiches
 Schäumt *ihm* – die Unendlichkeit.

Abdruck nach: Schillers Werke. Nationalausgabe. Begr. von Julius Petersen. Weimar: Böhlau, 1943 ff. Bd. 1: Gedichte in der Reihenfolge ihres Erscheinens. 1776–1799. Hrsg. von Julius Petersen und Friedrich Beißner. 1943. S. 110 f.
Erstdruck: [Friedrich Schiller:] Anthologie auf das Jahr 1782. [Stuttgart: Joh. Benedict Metzler, 1781.]

Wolfgang Düsing

»Aufwärts durch die tausendfachen Stufen«. Zu Schillers Gedicht *Die Freundschaft*

Das Gedicht entstammt der *Anthologie auf das Jahr 1782.* Vieles spricht dafür, daß diese Gedichtsammlung vor allem als Antwort auf eine Anthologie von G. F. Stäudlin konzipiert wurde, als Kampfansage an den zur damaligen Zeit neben Schiller wohl bekanntesten Schriftsteller der jüngeren Generation in Württemberg. Neben zahlreichen Autoren aus dem Tübinger Stift und der Stuttgarter Akademie war auch Schiller in Stäudlins *Schwäbischem Musenalmanach* vertreten, aber nur mit einem Gedicht, der *Entzückung an Laura.* Schiller soll mehrere Gedichte eingesandt haben, die jedoch nicht nach dem Geschmack Stäudlins waren, der nur die Laura-Ode übernahm, nachdem er sie zuvor gekürzt hatte (Berger, Bd. 1, S. 198).
Schiller ging es mit seiner alternativen *Anthologie* ähnlich wie später mit seinen Zeitschriften. Er hatte Mühe, Mitarbeiter zu gewinnen, und mußte deshalb die meisten Beiträge selbst liefern. Um dies nicht allzu deutlich werden zu lassen, publizierte er die Gedichte nicht unter seinem Namen, sondern verwendete Chiffren, die eine Vielzahl von Autoren vortäuschen sollten. Die Polemik gegen Stäudlin, den herrschenden Geschmack und den literarischen Markt, gegen die »große Bücherepidemie in Leipzig und Frankfurt«

(XXII,84) bestimmt die Vorrede und manches satirische Gedicht, jedoch nicht *Die Freundschaft*. Dieses Gedicht gehört zu der großen Gruppe odischer und hymnischer Lyrik in der *Anthologie*. Was es jedoch von anderen, vergleichbaren Gedichten unterscheidet, ist der im Untertitel angegebene Hinweis: »aus den Briefen Julius an Raphael; einem noch ungedruckten Roman«. Damit wird für die Interpretation der *Freundschaft* neben der *Anthologie* ein weiterer Bezugsrahmen geschaffen. Der philosophische Roman in Briefen ist allerdings ein Fragment geblieben, ein vorzeitig abgebrochener Versuch, »einige Revolutionen und Epochen des Denkens, einige Ausschweifungen der grübelnden Vernunft in dem Gemählde zweier Jünglinge von ungleichen Karakteren zu entwikkeln« (XX,108). Schiller sah sich vor allem in der Rolle des Julius, der hier die Grundgedanken eines von Leibniz, Shaftesbury und der deutschen Popularphilosophie beeinflußten harmonisierenden Weltentwurfs mitteilt, aber zugleich seine Einwände nicht unterdrücken kann. Er schwankt zwischen Glaube und Zweifel, zwischen einem metaphysischen Enthusiasmus und einem materialistischen Skeptizismus, um die damals – z. B. bei Shaftesbury oder Wieland – gebräuchlichen Begriffe, die auch Julius verwendet, hier anzuführen.

Das Zentrum der *Philosophischen Briefe* bildet die *Theosophie des Julius*, ein Versuch, die bedingte Welt auf das Unbedingte hin zu transzendieren und sich der inneren Harmonie, der Sinnhaftigkeit des Weltganzen zu vergewissern. Die Grundbewegung ist dabei nicht eine meditative Versenkung in den Mittelpunkt der Schöpfung, sondern – wie in dem vorliegenden Gedicht – ein von der Phantasie getragener Aufschwung, der das Ich mit dem gesamten Kosmos und zuletzt mit Gott vereinen soll. Der Ausgangspunkt der *Theosophie* entspricht der natürlichen Theologie der Aufklärung, für die die Harmonie im Ganzen der Natur auf einen planvollen Verstand verweist, der diese Ordnung gestiftet hat. Die harmonische Zusammenstimmung jeder

Einzelheit zum Ganzen erlaubt dem nachvollziehenden Geist den Aufstieg zu Gott von Stufe zu Stufe. Selbst Kant, der die Unhaltbarkeit eines solchen Vorgehens demonstriert hat, räumt ein, daß derartige Gedankengänge einen »gewaltigen Einfluß auf das Gemüt« haben und die physische Teleologie »verehrungswert« sei. Wenn sie haltbar wäre, würde sie – wie es ganz im Sinne des Julius heißt – »Hoffnung geben, eine Theosophie hervorzubringen« (Kant, S. 352, 355).

Die Freundschaft, selbst eine Art lyrischer Theosophie, wird im Rahmen der *Theosophie des Julius* in den Abschnitten *Liebe* und *Gott* zitiert. Schiller hat durch seine Zitierweise eine Gliederung des Gedichts angedeutet, denn zunächst werden die Strophen 3–7 angeführt und später die Strophen 8–10. Damit ergibt sich für das zehnstrophige Gedicht eine Dreiteilung, denn zu den beiden von Schiller in den *Philosophischen Briefen* zitierten Strophengruppen kommen als dritter Teil noch die dort fehlenden ersten beiden Strophen der *Anthologie*-Fassung.

Das Gedicht besteht aus sechszeiligen Strophen mit dem Reimschema aabccb, also aus sogenannten Schweifreim-Strophen. Ernst Müllers Beobachtung, daß der Endreim in den *Anthologie*-Gedichten nicht nur eine klangliche Funktion hat, sondern auch den »gedanklichen Akzent« trägt (Müller, S. 284), gilt ebenfalls von diesem Gedicht. An die Reinheit der Reime stellt Schiller keine hohen Anforderungen. Unreine Reime wie »spähn«/»gehn« (3/6), »Systemen«/»strömen« (10/11), »höher«/»Seher« (49/50) usw. stören ihn nicht. Die Strophe aus sechs trochäischen Fünfhebern gliedert sich in zwei gleiche Teile. Der erste und der zweite, der vierte und der fünfte Vers enden weiblich, der dritte und der sechste Vers jeweils männlich. Die männlich endenden Verse sind häufig um einen Takt gekürzt, um den Abschluß zu akzentuieren, den stark betonten, trochäischen Rhythmus vor Eintönigkeit zu bewahren und durch Straffung zu beschleunigen. Diese Strophenform findet sich häufiger beim jungen Schiller in Gedichten mit hymnischem oder odischem Charakter.

Bei zehn sechszeiligen Strophen gilt auch von diesem Gedicht die kritische Bemerkung in Schillers Selbstrezension: »Im ganzen sind fast alle Gedichte zu lang, und der Kern des Gedankens wird von langweiligen Verzierungen überladen und erstickt« (XXII,134). Dennoch beruht die Länge der Gedichte nicht einfach auf mangelnder Gestaltungskraft, sondern auf der Art und Weise, wie ein großes, ideelles Thema behandelt wird. Dilthey bemerkt hierzu: »Das starke, aber dunkle Gefühl, das ein großer Gegenstand hervorruft, wird an dessen Teilen entfaltet, bis alle seine Momente zum Bewußtsein erhoben sind und nun so im Gemüt zusammengehalten werden« (Dilthey, S. 254; vgl. hierzu auch Keller, S. 116).

Das Gedicht muß vor dem Hintergrund des enthusiastischen Freundschaftskults und der Freundschaftsdichtung des 18. Jahrhunderts gesehen werden (vgl. die Studie von Rasch). Es beginnt mit der emphatischen Anrede »Freund!«. Die Apostrophe, deren pathetische Wirkung in der antiken Rhetorik besonders betont wird, findet sich häufiger in der *Anthologie*. Die beiden ersten Strophen formulieren eine Grundvoraussetzung des gesamten Gedichts, sie fassen die Freundschaft als eine Kraft auf, die unmittelbar mit dem einen Fundamentalgesetz des Kosmos zusammenhängt, das alle Vorgänge auf der Erde, im All und im »Geisterreich« (4) bestimmt. »Schämen sich kleinmeisterische Denker« (2), dieser grammatisch nicht ganz eindeutige Vers richtet sich gegen die Naturwissenschaft der Aufklärung, die eine Vielzahl von Gesetzen erforscht, ohne das eine, übergeordnete Gesetz sehen zu wollen. Die Berufung auf Newton (6) deutet an, daß dieses große Gesetz eine extreme Metaphorisierung – im Sinne Blumenbergs (S. 122 ff.) – des Gravitationsgesetzes ist. Newton, der den »kleinmeisterischen Denkern« gegenübergestellt wird, hatte Keplers Darstellung der Planetenbewegung und Galileis Fallgesetz auf das grundlegende Gravitationsgesetz zurückgeführt. Diese Vereinigung zweier Gesetze in einem dritten war für die Zeitgenossen ein Beweis für die Zweckmäßigkeit und Harmonie des Weltgebäudes. Durch die »kopernikanische Wende« (Blumenberg) und die damit einsetzende Besinnung auf die veränderte Stellung des Menschen in der Welt wird der Kosmos ein zentrales Thema der Naturbetrachtung. In der literarischen Darstellung der Unendlichkeit des Alls verbinden sich naturwissenschaftliche Erkenntnisse mit der rhetorischen Tradition des Erhabenen (Richter, S. 143 f.). Die hymnische Dichtung erfährt in einer säkularisierten Form einen neuen Aufschwung (Böckmann, S. 4 ff.).

Der Kosmos ist für den frühen Schiller nicht nur ein zentrales lyrisches Thema, auch die *Philosophischen Briefe* sind von dieser Thematik geprägt: »Daß sich mein Julius gleich mit dem Universum eingelaßen, ist bey mir wohl individuell; nehmlich, weil ich selbst fast keine andre Philosophie gelesen habe«, schreibt Schiller an Körner in einem Brief vom 15. April 1788. Er fährt fort: »Ich habe immer nur das aus philosophischen Schriften [...] genommen, was sich dichterisch fühlen und behandeln läßt« (XXV,40). Da es Schiller vor allem auf die literarischen Aspekte ankommt, löst sich die kosmologische Metaphorik immer mehr aus allen naturwissenschaftlichen Zusammenhängen und bildet in seiner klassischen Lyrik ein eigenständiges Reich des schönen Scheins (Düsing, S. 208 ff.). Die *Anthologie*-Gedichte sind dagegen noch stärker von der »lyrischen Kosmologie« Hallers und Klopstocks beeinflußt (Richter, S. 60 ff., 159 ff.), wodurch die Spannungen im Verhältnis zur Naturwissenschaft verdeckt bleiben.

Das eine Fundamentalgesetz läßt die Sphären in »Labyrinthenbahnen« (9) das »Herz« des »Weltenraumes« (8) umkreisen. Von den »Geistern« heißt es in analoger Weise, daß sie in »umarmenden Systemen« (10) der »Geistersonne« (11) zuströmen. Hier vermischen sich kopernikanische Vorstellungen von der Sonne als Allmittelpunkt mit Newtons Himmelsmechanik, die den unendlichen Raum als göttliche Allgegenwart, als »Sensorium Dei« bestimmte.

Mit der dritten Strophe setzt das eigentliche Thema ein, die Darstellung der Liebe oder der Freundschaft als eines kosmischen Geschehens. Liebe, Freundschaft, Enthusiasmus – all das sind nur wechselnde Namen für eine Kraft, die göttlicher Natur ist, die den Menschen unmittelbar Gott näherbringt und das Ich zum All erweitert. Die Verbindung dieser Konzeption der Liebe mit dem Gravitationsgesetz hat Schiller von Ferguson übernommen (Iffert, S. 62 ff.).

Das Gedicht entwickelt sich zu einem hymnischen Preis der Freundschaft. In den Laura-Oden, die alles andere sind als Liebesgedichte im traditionellen Sinn der Gattung, geht es nur scheinbar um andere Themen, in Wahrheit sind sie wie das vorliegende Gedicht von dem Willen geprägt, im Aufschwung des lyrischen Ich die empirische Welt zu transzendieren. Der »pathetische Transzendierungsdrang« prägt, wie Keller gezeigt hat (S. 51 ff.), alle Stilelemente der *Anthologie*-Gedichte, den Satzbau, die Wortwahl, die rhetorischen Figuren, Metrum und Rhythmus, sogar die Zeichensetzung. In dem vorliegenden Gedicht bringt der häufige Gebrauch des Gedankenstrichs das Versagen der Sprache vor der Übermacht der Empfindung zum Ausdruck. Dabei wird nicht ein Zustand dargestellt, sondern eine Bewegung, die auch den Leser suggestiv beeinflussen und mit emporreißen soll. Wenn es als Gegenbegriff zu Gottfried Benns *Statischen Gedichten* den Terminus ›Dynamische Gedichte‹ gäbe, auf Schillers frühe Lyrik müßte man ihn anwenden. Der Charakter der einzelnen Strophen wird wesentlich durch die Verben geprägt. Dabei sollen die barocken Wortballungen und expressiven Komposita, z. B. »Körperweltgewüle« (4), »Labyrinthenbahnen« (9), »Thränenlasten« (31), »Stralenblike« (35), in ihrer pathossteigernden Wirkung keineswegs verkannt werden. Die Freundschaft erscheint jedoch vor allem durch die Verben als dramatischer Weg zur Vollendung, als Aufstieg zur »Geistersonne« (17). Sie ist wie die Liebe in dem *Geheimniß der Reminiszenz* beherrscht von dem Drang, »Gottheit zu erschwingen« (V. 60; I, 105).

Im zweiten Teil des Gedichts, also in den Strophen 3–7, wendet sich Julius als lyrisches Ich unmittelbar an Raphael als Du, nur die sechste Strophe kehrt mit allgemeinen Reflexionen über die Freundschaft zum Stil der ersten beiden Strophen zurück. Die Fassung von Vers 35 in den *Philosophischen Briefen* hebt durch die unmittelbare Anrede (»Raphael in deinen Seelenblicken«, XXI,120) diesen Charakter allgemeiner Reflexionen wieder auf, der für die *Anthologie*-Fassung charakteristisch ist (»In des Freunds beredten Stralenbliken«). Die Änderung ist wohl dadurch motiviert, daß eine häufigere Nennung Raphaels in der *Anthologie*-Fassung ohne den Kontext des Briefwechsels wenig sinnvoll wäre.

Die siebente Strophe, die letzte des zweiten Teils, weist auf die Schlußstrophe des gesamten Gedichts voraus. Sie beginnt mit den Versen:

Stünd im All der Schöpfung ich alleine,
Seelen träumt' ich in die Felsensteine,
  Und umarmend küßt' ich sie – (37–39)

Die Kraft der Liebe überträgt sich sogar auf das Leblose, sie könnte – wie Pygmalion – einen Stein beseelen, allerdings nur zum Schein. Die Liebe, die hier wie in den *Philosophischen Briefen* mit der produktiven Phantasie zusammenfällt (v. Wiese, S. 105 ff.), schafft sich ihre eigene Welt, die damit nichts anderes ist als eine maximale Steigerung des Ich. In der klassischen Lyrik dagegen, z. B. in dem elegischen Gedicht *Die Ideale*, wird dieser subjektive Enthusiasmus nur noch als Erinnerung an die Jugend beschworen. Aus der pathetischen Freundschaft, der kaum das All als Partner genügte, wird der »Freundschaft leise zarte Hand« (V. 94; I,237).

In der Theorie des Erhabenen, die Schiller später vor allem unter dem Einfluß Kants entwickelt, bildet das Bewußtsein der eigenen physischen Nichtigkeit im Vergleich zu der überwältigenden Größe der Natur und ihrer Kräfte die

Voraussetzung für die Erfahrung, daß der Mensch als geistiges Wesen aller Natur überlegen ist. In der Jugendlyrik dagegen wird oft das negative Moment des Erhabenen im Enthusiasmus, in der rauschhaften Identifikation mit dem Unendlichen überspielt. Allerdings kehrt sich der Aufschwung in anderen Gedichten jäh um in einen Absturz aus angemaßten Höhen. Ob aber Aufschwung oder Absturz, Schiller fasziniert vor allem die grandiose Dynamik der Bewegung, in der sich die kosmische Dimension der Freundschaft, der Liebe oder der Verzweiflung und damit die Größe der Subjektivität selbst manifestiert.

Die das gesamte Gedicht durchziehende Aufwärtsbewegung erreicht im letzten Teil ihren Höhepunkt und Abschluß. Der lyrische Transzensus übersteigt nicht nur die empirische Realität, sondern auch das Stufenreich der Geister. Diese Vorstellung weist zurück auf Leibniz' Konzeption eines »Continuum formarum«. Die Bewegung erreicht in der neunten Strophe ihr Ziel. Ähnlich heißt es in der *Theosophie des Julius*: »Die Höhe ist erstiegen, der Nebel ist gefallen, wie in einer blühenden Landschaft stehe ich mitten im Unermeßlichen« (XXI,119). Der lyrische Transzensus im Zeichen der Freundschaft vollendet sich in der Aufhebung von Raum und Zeit:

Bis sich dort im Meer des ew'gen Glanzes
  Sterbend untertauchen Maaß und Zeit – (53 f.)

Die Aufhebung der Zeit in der »Lustsekunde« (*Das Geheimniß der Reminiszens*, V. 126) oder der »Elisiumssekunde« und der Wunsch: »O daß doch der Flügel Chronos harrte« (*Die seeligen Augenblicke*, V. 44, 49), aber auch die Klage über das Scheitern dieser Bemühungen bilden ein zentrales Thema der *Anthologie*-Gedichte. Dazu gehören ferner die apokalyptischen Visionen des Weltuntergangs und des Jüngsten Gerichts. Die Überwindung der Zeit vollzieht sich in Schillers klassischer Lyrik nicht mehr in einer ekstatischen »Elisiumssekunde«, die das Zeitbewußtsein unter-

bricht, sondern als Aufhebung der »Zeit in der Zeit« im
ästhetischen Spiel (XXI,353).
Die letzte Strophe überbietet das Erreichte noch einmal mit
dem Versuch, die Existenz Gottes, das höchste, vollkom-
menste Sein darzustellen. Die Schöpfung wird dabei in Analogie zur Freundschaft verstanden und die Spiegelmetapho-
rik der fünften Strophe wiederaufgenommen. Die Schöpfung
hebt die Einsamkeit des Schöpfers auf und ermöglicht einen
unbegrenzten, permanenten Selbstbezug:

Aus dem Kelch des ganzen Seelenreiches
    Schäumt *ihm* – die Unendlichkeit. (59 f.)

Hegel schließt mit diesen Versen, wobei er allerdings »See-
lenreich« durch »Geisterreich« ersetzt, die *Phänomenologie
des Geistes*. Während er jedoch die letzte Strophe als Darstellung der Entwicklung des Geistes zum vollendeten,
absoluten Wissen seiner selbst versteht, geht es Schiller um
den Aufschwung zum höchsten, vollkommensten Dasein,
um eine »Apotheose des Subjekts« (Staiger, S. 113). Gott,
der sich in den von ihm geschaffenen Geistern spiegelt, der
»sich, sein groses, unendliches Selbst, in der unendlichen
Natur« erblickt (Brief an Reinwald vom 14. April 1783,
XXIII,79), ist nur eine Metapher für die kühnsten Möglichkeiten des menschlichen Bewußtseins. Der enthusiastische,
subjektive und deshalb ständig gefährdete Aufschwung der
Jugendlyrik weicht später der Harmonie des Schönen oder
der tragischen Selbstbewahrung des Erhabenen. Das höchste
Ziel der klassischen Kunst jedoch ist die Einheit des Schönen
und Erhabenen im Idealschönen. In der Lyrik nähert sich
z. B. die Aufnahme des Herakles in den Olymp in der
Schlußstrophe von *Das Ideal und das Leben* diesem Ziel.
Wenn Schiller dann in einem Brief an Humboldt vom
30. November 1795 von einer geplanten Fortsetzung
spricht, die über alles bisher Dargestellte hinausgehen und
eine »Scene im Olymp«, den »Uebertritt des Menschen in

den Gott« gestalten soll (XXVIII,119 f.), so zeigt sich, daß hier noch die gleiche Grundbewegung lebendig ist, daß das Transzendieren der Jugendlyrik in der idealisierenden Kunst der Klassik nachwirkt.

Zitierte Literatur: Karl BERGER: Schiller. Sein Leben und seine Werke. 2 Bde. München 1921. – Hans BLUMENBERG: Die kopernikanische Wende. Frankfurt a. M. 1965. – Paul BÖCKMANN (Hrsg.): Hymnische Dichtung im Umkreis Hölderlins. Eine Anthologie. Tübingen 1965. – Wilhelm DILTHEY: Das Erlebnis und die Dichtung. Lessing, Goethe, Novalis, Hölderlin. Göttingen ¹⁴1965. – Wolfgang DÜSING: Kosmos und Natur in Schillers Lyrik. In: Jahrbuch der Deutschen Schillergesellschaft 13 (1969) S. 196–220. – Georg Wilhelm Friedrich HEGEL: Phänomenologie des Geistes. Hrsg. von J. Hoffmeister. Hamburg ⁶1952. – Wilhelm IFFERT: Der junge Schiller und das geistige Ringen seiner Zeit. Eine Untersuchung auf Grund der Anthologie-Gedichte. Halle a. d. S. 1926. – Immanuel KANT: Kritik der Urteilskraft. Hrsg. von K. Vorländer. Hamburg 1959. – Werner KELLER: Das Pathos in Schillers Jugendlyrik. Berlin [West] 1964. – Ernst MÜLLER: Der Herzog und das Genie. Stuttgart 1955. – Wolfdietrich RASCH: Freundschaftskult und Freundschaftsdichtung im deutschen Schrifttum des 18. Jahrhunderts. Vom Ausgang des Barock bis zu Klopstock. Halle a. d. S. 1936. – Karl RICHTER: Literatur und Naturwissenschaft. Eine Studie zur Lyrik der Aufklärung. München 1972. – Schillers Werke. [Siehe Textquelle. Zit. mit Band- und Seitenzahl.] – Emil STAIGER: Friedrich Schiller. Zürich 1967. – Benno von WIESE: Friedrich Schiller. Stuttgart 1959.

Autorenregister